Wilhelm Schapp · Philosophie der Geschichten

WILHELM SCHAPP

Philosophie der Geschichten

Herausgegeben von
Karen Joisten und Jan Schapp

VITTORIO KLOSTERMANN

Bibliographische Information der Deutschen Nationalbibliothek

Die Deutsche Nationalbibliothek verzeichnet diese Publikation in der Deutschen Nationalbibliographie; detaillierte bibliographische Daten sind im Internet über
http://dnb.dnb.de abrufbar.

3., überarbeitete Auflage 2015
© Vittorio Klostermann GmbH Frankfurt am Main 1981
Alle Rechte vorbehalten, insbesondere die des Nachdrucks und der Übersetzung.
Ohne Genehmigung des Verlages ist es nicht gestattet, dieses Werk oder Teile in einem photomechanischen oder sonstigen Reproduktionsverfahren zu verarbeiten, zu vervielfältigen und zu verbreiten.
Gedruckt auf Alster Werkdruck der Firma Geese, Hamburg,
alterungsbeständig ∞ ISO 9706 und PEFC-zertifiziert.
Satz: Mirjam Loch, Frankfurt am Main
Druck: Wilhelm & Adam, Heusenstamm
Bindung: Litges & Dopf, Heppenheim
Printed in Germany
ISBN 978-3-465-04228-0

WILHELM SCHAPPS
PHILOSOPHIE DER GESCHICHTEN.
EIN ZUGANG

Die Geschichtenphilosophie Wilhelm Schapps gehört zu den philosophischen Konzeptionen, die eine besondere Originalität aufweisen und in den unterschiedlichsten geistes- und kulturwissenschaftlichen Zusammenhängen eine enorme Wirkung entfalten können. Das ist alles andere als selbstverständlich. Denn Wilhelm Schapp entwickelte seinen geschichtenphilosophischen Ansatz zunächst fernab öffentlicher Beeinflussungen und Korrekturmöglichkeiten – gewissermaßen allein auf sich und seinen philosophischen Eigensinn und Wagemut gestellt. Jenseits universitärer Konventionen, Moden und Erwartungscodes, ging er innerhalb der Phänomenologie seinen eigenen Weg und trieb die Ausarbeitung seiner Geschichtenkonzeption zielstrebig voran. Greifbare Ergebnisse sind insbesondere die drei Bücher, die man heute gerne unter dem Titel ‚Geschichtentrilogie' subsumiert, nämlich: *In Geschichten verstrickt. Zum Sein von Mensch und Ding* (1. Aufl. 1953), das vorliegende Buch *Philosophie der Geschichten* (1. Aufl. 1959) und schließlich das Buch *Metaphysik der Naturwissenschaft* (1. Aufl. 1965).

Auch wenn es in diesem Kontext nicht möglich ist, den geistigen Werdegang Schapps zu verfolgen, ist doch der Hinweis wichtig, dass er bei Heinrich Rickert, Wilhelm Dilthey, Georg Simmel und Alexander Pfänder in Freiburg, Berlin und München studiert hat. Denn in seinem Werk lassen sich Bezüge zu diesen philosophischen Positionen aufzeigen und deren schöpferische Anverwandlung erkennen. Zweifelsohne den größten Einfluss übte allerdings der Phänomenologe Edmund Husserl aus, bei dem er in Göttingen studierte und seine viel beachtete Dissertation *Beiträge zur Phänomenologie der Wahrnehmung* verfasste, die erstmals im Jahr 1910 in Halle erschienen ist.

Mit Hilfe Husserls gelang es Schapp – ebenso wie den anderen Schülern um Husserl – sich von den beiden dominanten philosophischen Richtungen, nämlich einerseits der von Immanuel Kant und andererseits der des Empirismus, zu befreien. Nachdrücklich schreibt daher Schapp rückblickend in seinen 1959 veröffentlichten *Erinnerungen an Edmund Husserl*, dass sich dank dieses Befreiungsprozesses „ein ungeheures Arbeitsfeld im Rahmen der Phänomenologie eröffnete, mit unübersehbaren Einzeluntersuchungen und mit Möglichkeiten, die alten Philosophien auf ihren phänomenologischen Gehalt zu untersuchen und von Konstruktionen zu befreien."

Schapps Dissertation, die mittlerweile in der 5. Auflage in Frankfurt am Main erschienen ist, zählt zu den klassischen Texten der Phänomenologie. Kann man einem Hinweis von Thomas Rolf in seinem Beitrag *Wilhelm Schapps „Beiträge zur Phänomenologie der Wahrnehmung"* Glauben schenken, dann wendete man sich im Phänomenologenkreis um Husserl dieser Schrift zu, um von ihr aus einen leichteren Zugang und ein Verständnis von Husserls schwierigem Werk der *Logischen Untersuchungen* zu erhalten: „Man las um 1910 die Schappsche Dissertation, weil man in ihr zu erfahren hoffte, was es mit Husserls Jahrhundertbuch auf sich hatte."

Dies ist umso erstaunlicher, als man bei einer gründlichen Lektüre von Schapps Dissertation bereits geschichtenphilosophische Keimgedanken findet, die eine erste Distanzierung von Husserls Denken darstellen. So findet sich in ihr – um wenigstens einen Beleg anzuführen – im Zusammenhang mit seinen Ausführungen zum „Ding selbst" die Überlegung: „Es ist, als ob jedes Ding seine Geschichte habe und als ob diese Geschichte Spuren in ihm hinterlassen. Diese Spuren, zuweilen erscheinen sie uns fast wie Narben, verstehen wir zu lesen; unmittelbar darin sehen wir, was es mit dem Dinge ist. [...] Jedes Ding zeigt immer in seiner zufälligen Gestaltung das, was es schon durchgemacht hat und damit seine Geschichte, seine Eigenart, die Art, wie es seine Schicksale überstanden hat." Aber auch wenn sich bereits in dieser frühen Schrift solche Keimgedanken aufspüren lassen, wird es doch über 40 Jahre dauern bis Wilhelm Schapp mit seiner Geschichtenphilosophie nach und nach an die Öffentlichkeit tritt.

Schaut man nun auf die drei Bände der Geschichtenphilosophie, die Schapp nach und nach in der Loslösung von Husserl entwickelt hat, können diese in ihrem Verhältnis zueinander als eine Art Dreiklang bezeichnet werden. Auch wenn man jeden Ton zunächst einzeln in den Blick nehmen kann, um sich seinem spezifischen Klang zu nähern, sind bei einem Dreiklang doch die drei Töne zusammen von Bedeutung, um überhaupt einen Akkord bilden zu können. So können die drei Bücher natürlich einzeln gelesen und die jeweilige Intention, die jeweiligen Kerngedanken und der Gedankengang herausgeschält werden. Andererseits stehen sie aber zueinander in einem bestimmten Verhältnis und können trotz des Abstands, den sie voneinander haben, als eine Einheit in Mannigfaltigkeit gelesen werden, die Schapps Geschichtenphilosophie repräsentiert.

Wendet man sich in der gebotenen Kürze etwa Schapps Buch *In Geschichten verstrickt. Zum Sein von Mensch und Ding* zu, ist in diesem der Gedanke des In-Geschichten-Verstricktseins des Menschen von zentraler

Relevanz. Das Verstricktsein des Menschen in Geschichten ist nicht negativ konnotiert, bringt es doch das „Urphänomen" des menschlichen Eingebundenseins in lebendige Geschichtenzusammenhänge zum Ausdruck, dem sich kein Mensch entziehen kann. Denn der Mensch ist aus dieser Sicht mit seiner Geburt in ein Geschichtenbezugsgewebe eingewoben, wodurch er qua Mensch – nichts mehr, aber auch nichts weniger – als dieses Verstricktsein in Geschichten ist. Das meint, ob der Mensch es weiß oder nicht, ob er es will oder nicht: dort, wo der Mensch ist, ist ein Geschichtenbezugsgewebe, mit ihm als eine integrale Mitte.

Verstricktsein bringt demnach das unhintergehbare Urfaktum zum Ausdruck, dass mit dem Sein des Menschen eine Geschichtenhaftigkeit einhergeht und man infolge dessen auch einen Zugang zum jeweiligen Menschen nur über seine spezifischen Geschichten gewinnen kann. Geradezu programmatisch heißt es daher im Buch *In Geschichten verstrickt*: „Das Wesentliche, was wir von den Menschen kennen, scheinen ihre Geschichten und die Geschichten um sie zu sein. Durch seine Geschichte kommen wir mit einem Selbst in Berührung. Der Mensch ist nicht der Mensch von Fleisch und Blut. An seine Stelle drängt sich uns seine Geschichte auf als sein Eigentliches." (S. 105)

Die Möglichkeit des Menschen besteht darin, diese prinzipielle Geschichtenhaftigkeit zu erfassen und sie wissentlich und willentlich zu übernehmen. Dies geschieht, indem man z. B. im Vertiefen in seine eigenen Geschichten einen Ein- und Überblick über deren Verläufe erkennt und ihnen zukünftig aufgrund dieser Einsicht vielleicht andere Wendungen zu geben versucht. Denn der Mensch kann sich nicht an seinem eigenen Schopf aus seinem eigenen lebendigen Geschichtenzusammenhang herauslösen, er kann diesen aber handelnd und sprechend verändern und ihm andere Richtungen und Ausrichtungen und – wenn möglich – auch weitere Horizonte zu geben versuchen.

In Entsprechung zu diesem geschichtenphilosophischen Zugang zum Sein des Menschen ändert sich auch der Zugang zum Sein des Dings und damit zugleich der Zugang zur sogenannten Außenwelt. Ist nämlich das Verstricktsein in Geschichten das erste und letzte Phänomen, vor bzw. hinter das nicht weiter zurück- und hinausgegangen werden kann, haben Geschichten auch einen Primat vor der Außenwelt, wobei die „Nahtstelle" zwischen beiden die Gebilde sind, die er „Wozudinge" nennt. Darunter versteht Schapp „die vom Menschen geschaffenen Dinge wie Tische, Stühle, Tassen, Häuser, Paläste, die Werke der Menschen" (S. 3). Bringt dieser oder jener Mensch schaffend ein solches Kulturding hervor, hat er eigentätig ein Gebilde hergestellt, das einem bestimmten Zweck dient und zur Geschichte eines Menschen gehört.

Würde man mit Schapp dieses Tätigsein und Tätigwerden des Menschen „von innen her" genauer erfassen, würde man erkennen, wie bei diesem eine dynamische Einheit von Stoff und Leib zum Ausdruck kommt. In den Tätigkeiten des Sägens, Hämmerns und Bohrens, die in einem Sinnzusammenhang geschehen, taucht nämlich der „tätige Leib" auf, der in einem untrennbaren Zusammenhang mit dem Werkzeug, dem Erdboden und dem Stoff steht, von dem aus betrachtet der „visuelle Leib" und die Außenwelt sekundär sind.

Das Sein des Menschen, das als ein In-Geschichten-Verstricktsein mit Schapp gedeutet werden kann, führt in seiner Konsequenz daher ein verwandeltes Verständnis vom Sein des ‚Dings' mit sich. Es wird angesichts eines bestimmten Zwecks schaffend hervorgebracht und lässt als ein *Wozuding* dergestalt zugleich die Außenwelt für den Menschen mit hervorgehen; sie ist aus dieser Sicht keine ‚reine' Außenwelt – das wäre eine bloße Konstruktion –, entsteht sie doch im Zuge des Hervorbringens eines Wozudings mit diesem.

Im dritten Band der Geschichtenphilosophie, dem Buch *Metaphysik der Naturwissenschaft*, wird Schapp das Verhältnis der Welt der Geschichten zu der Welt der Wissenschaften genauer verfolgen und damit den Gegenstandsbereich der Wissenschaft, das sind die Gegenstände und Dinge der Außenwelt, aus einer anderen Perspektive erneut in den Blick nehmen können. Im Zuge dessen wird er die Frage zu beantworten versuchen, ob nicht letztlich die Geschichtenwelt das Primat vor der naturwissenschaftlichen Welt hat, auch und gerade angesichts der herrschenden Position, die von den Naturwissenschaften aus den anderen Wissenschaften und Forschungszusammenhängen ihren jeweiligen Rang zuschreiben. Immerhin ist für Schapp dabei zu klären, ob die naturwissenschaftlichen Grundbegriffe – wie z. B. der des Atoms, des Raums, der Zeit – ohne die Welt der Geschichten überhaupt verstanden werden können, da sie letztlich auf den Menschen und die von ihm zu einem bestimmten Zweck geschaffenen Wozudinge verweisen würden.

Aus den bisherigen Bemerkungen geht bereits hervor, dass die Geschichtenphilosophie nicht vorschnell mit traditioneller Geschichtsphilosophie verwechselt werden darf, betont sie doch zunächst das auf einer elementaren Ebene zu verortende untrennbare Zusammengehören von Mensch und Geschichten. Allerdings bleibt sie dabei nicht stehen. Denn sie stellt sich auch in einer historischen Perspektive einer Sachverhaltsauffassung von Welt, die in der Tradition aufgewiesen werden kann und als eine Art Geschichtenvergessenheit gedeutet werden kann; diese erfordert in einer systematischen Perspektive zugleich eine philosophische Betrachtung von Geschichten, um kenntlich machen zu können, worin das Wesentliche und

Originäre einer Geschichtenkonzeption besteht. Diese beiden Perspektiven, die historische und die systematische, können nicht voneinander getrennt werden, weshalb sie in Schapps umfangreicher Untersuchung der *Philosophie der Geschichten*, die wir in der Hand halten, leitend sind. Aufgabe dieses Werks ist es nämlich, einerseits die Geschichtenvergessenheit, die in der abendländischen Tradition aufgewiesen werden kann, durchsichtig werden zu lassen und andererseits zugleich wesentliche Gesichtspunkte einer philosophischen Durchdringung des Mensch-Geschichtenzusammenhangs herauszuarbeiten, die für eine Geschichtenphilosophie konstitutiv sind.

Blickt man in einer historischen Perspektive in unsere Tradition, kann man mit Schapp zunächst bei Homer und Hesiod ansetzen, die ein Geschichtenverständnis vertreten, das mit seinem eigenen im Wesentlichen übereinstimmt. Bei diesem geht man, um wenigstens einen wichtigen Aspekt herauszugreifen, nicht den ‚Umweg' über Wissenschaften, Sachen und Sachverhalte, um dann zum Menschen zu gelangen, nähert man sich doch dem eigenen Selbst bzw. dem des Menschen primär über Geschichten. Geschieht dies, ist Philosophie keine strenge Wissenschaft, die im Fahrwasser der Mathematik und der Naturwissenschaften nach möglichst objektiven und universalen Erkenntnissen sucht, verwandelt sie sich doch in eine Weisheitslehre, die den einzelnen Menschen ins Zentrum rückt. Im Zuge dieses Philosophieverständnisses wird auch die herkömmliche scharfe Trennung zwischen ‚Wissen' und ‚Glauben' fragwürdig und die philosophische Durchdringung einer Wissensform erforderlich, die man als Weisheit bezeichnen könnte.

Es wäre allerdings ein Missverständnis, wenn man Schapp aufgrund dieser holzschnittartigen Überlegungen als Gegner einer strengen Wissenschaft ansehen wollte. Denn Schapp ist letztlich ein integrativer Denker, der zunächst und zuvor die Ansprüche und den „Übermut der Philosophentitanen, die den Himmel mit dem Donnerkeil der strengen Wissenschaften und der Wahrheit stürmen" (S. 27) wollen, entschieden zurückweist. Dies geschieht nicht, um das Gebiet der Wissenschaften schlechthin durchzustreichen, sondern um diesem Gebiet den ihm gebührenden Rang zu geben. Dazu ist es erforderlich einen Versuch „andersherum" vorzunehmen und vom sicheren Phänomen der Geschichten ausgehend, den Platz aufzusuchen, der den Wissenschaften angemessen ist. Eine Philosophie der Geschichten, die sich dieser Aufgabe stellt, vollzieht nach Thales, Francis Bacon und Immanuel Kant, deren Philosophien als Revolutionen hin zu den Wissenschaften gelesen werden können, eine vierte Revolution: d. i. eine Revolution, die „zum Selbst des Menschen und damit zu seinen Geschichten führen muß" (S. 26).

Nimmt man mit Schapp in einer systematischen Perspektive eine philosophische Betrachtung der Geschichten vor, ergibt sich, wie das Buch eindrucksvoll belegen kann, eine Vielzahl von Fragestellungen. Eine besteht darin, die „Gebiete der Geschichten" voneinander abzuheben, während eine andere z. B. den Zusammenhang zwischen dem Sprechen, dem Denken und den Geschichten näher zu erfassen versucht.

Will man mit Schapp die Gebiete der Geschichten – das sind das wache Leben, der Traum, der Rausch, der Wahnsinn und die Hypnose –, offen legen und phänomenologisch betrachten, können, um ein erstes Verständnis zu gewinnen, die Gebiete zunächst auf Zustände verweisen, in denen sich der Mensch befindet. Sie sind gewissermaßen ‚Befindlichkeiten', besser gesagt ‚Grundbefindlichkeiten', aus denen der Mensch nicht aussteigen kann, weil, wie Schapp explizit schreibt, „wir ständig in Geschichten aus diesen Gebieten verstrickt sind." Lässt man sich zunächst von Schapp leiten, dann „führt uns der Weg (von den gegenwärtigen Wachgeschichten) zu den Traumgeschichten, den Geschichten in der Hypnose, den Rauschgeschichten, den Wahnsinnsgeschichten, und was es sonst geben mag." Nachdrücklich betont er, dass wir „in der Region der Geschichten bleiben, wenn wir uns von dem einen Gebiet in das andere begeben", also nicht aus dem Geschichtenkontext aussteigen oder uns von diesem entfernen, wenn wir in diesen Gegenden umherstreifen.

In einer philosophischen Betrachtung der Geschichten geht es allerdings nicht darum, wie Schapp betont, eine begriffliche Aufgliederung des Gebiets der Geschichten in unterschiedliche Gebiete vornehmen zu wollen oder gar zu können, da sich diese nicht in säuberlich voneinander abgezäunten und abgegrenzten Bezirken bewegen. Vielmehr finden sich in einer Geschichte und unter verschiedenen Geschichten überall „Übergänge, Verdeckungen, Verzahnungen, Überlagerung von Schichten", weshalb angesichts der „Durchdringung" dieser Gebiete ein anderer Weg beschritten werden muss: dieser besteht darin, bei den Verstrickungen selbst anzusetzen, bei denen die „Einheit dieser fünf Gebiete" zutage tritt.

Versucht man mit Schapp den Zusammenhang zwischen dem Sprechen, dem Denken und den Geschichten näher zu erfassen, wendet man sich dem Themenkomplex „Das Wort und die Geschichte" zu, den Schapp im vierten Teil seiner Untersuchung ins Zentrum rückt. Dazu gehört es u. a. erstens prinzipiell danach zu fragen, was das Wort selbst ist und wie man sich ihm im Geschichtenkontext nähern kann. Zweitens wird es möglich, die Frage nach der Bedeutung der Grammatik zu verfolgen, in der es z. B. um Wortarten, das Hauptwort, das Eigenschaftswort und das Verb geht. Schließlich kann drittens – und das ist sicherlich für Schapp besonders relevant – das Sprechen näher betrachtet werden, das als ein „stilles" bzw. „leises" Sprechen gedeutet werden kann und vom lauten Sprechen abzuheben ist, das sich an einen Adressaten richtet.

All diese Ausführungen würden aber zu kurz greifen, wenn man nicht die Zentralperspektive vor Augen hätte, die von Schapp selbst ans Ende seiner Untersuchung gestellt worden ist – und die genauso gut am Anfang, wie an der Mitte, ja wie an jeder Stelle des Buchs stehen könnte: „Wenn man uns aber fragt, was wir mit unseren Überlegungen bezwecken, oder ob wir überhaupt etwas damit bezwecken, so mag man das, was wir vortragen, für den Entwurf einer Allgeschichte nehmen, in der alle Völker und Kulturen Platz haben. Es würde uns genügen, wenn wir alle fühlen würden, daß wir in einem Boot fahren, etwas mehr als Schiffbrüchige im Nichts und als solche zusammenhalten müssen." Eine Philosophie der Geschichten hat daher so etwas wie eine Theorie vor Augen, die eine praktische Relevanz hat und die dazu auffordert, Toleranz und Offenheit angesichts theoretischer Überlegungen konkret zu leben. Besser gesagt, sie repräsentiert Weisheitswissen, das im Zuge der Dominanz und Herrschaft naturwissenschaftlichen Wissens in den Hintergrund gedrängt wurde und mehr denn je vonnöten ist, um die Möglichkeiten bereit zu stellen, mit jeder Kultur angemessen umgehen und ihr begegnen zu können.

Wie wir gesehen haben, fordert uns Schapp dazu auf und heraus, den Geschichten ihre Bedeutung angesichts des Seins des Menschen als eines In-Geschichten-Verstricktseins rückzuerstatten und die klassische Beziehung zwischen Geschichte(n) und dem Sein der Dinge neu zu bedenken. Im Zuge dessen wird es möglich, ein verwandeltes Verständnis des Menschen zu gewinnen, da wieder der einzelne unverwechselbare Mensch, mit seinen ihm je eigenen und einzigartigen Geschichten in das Blickfeld gelangt. Ein solches Philosophieren macht ernst damit, dass wir den Zugang zu uns und unseren konkreten Mitmenschen nicht allein über Abstraktionsprozesse finden, sondern über Konkretisierungsvollzüge. Diese führen uns mitten in seine besonderen Geschichten hinein und damit zugleich in sein eigentliches (über Geschichten vermitteltes) Selbst.

Karen Joisten

INHALT

Vorwort 23

ERSTER TEIL
GESCHICHTEN UND WELT

A. GESCHICHTEN

Kapitel I
*Die jeweils gegenwärtige Wachgeschichte. Verfolgung der Geschichten
nach rückwärts. Ihr Anfang. Das Erben von Geschichten* 31

Kapitel II
*Die Geschichten und das Sprechen. Denken und Sprechen.
Die Grammatik* 33

Kapitel III
*Die vergangenen Geschichten.
Die Geschichten am jüngsten Tage* 34

Kapitel IV
*Die Traumgeschichten, die Geschichten in Hypnose, im Rausch,
im Wahnsinn und ihr Zusammenhang mit den Wachgeschichten.
Die Welt der Geschichten und die Dichtung* 34

Kapitel V
*Märchen, Sagen, Mythos, Kunst, Religion, Philosophie.
Das Sein der Geschichten. Die Rede vom Charakter, vom Trieb,
von Anlagen. Die Rede von den Akten. Das Sein der Tiere und
Pflanzen in den Geschichten* 36

B. WELT

Kapitel I
Die positiven Welten 41
1. Zugang nur in Geschichten 41
2. Gott in den positiven Welten 42
3. Die Verbindung der positiven Welten 44

4. Persönlichkeiten und die positiven Welten. 47
5. Selbstgegebenheit in den positiven Welten (Wahrnehmung) 48
6. Von den positiven Welten zur physikalischen Welt als Sonderwelt des Abendlandes 49

Kapitel II
Die Sonderwelt des Abendlandes 54
1. Einführung 54
2. Führer durch die folgende Untersuchung des ersten Teils 60
3. Die Reihe (Serie) 62
   a) *Die organischen Gebilde, die Wozudinge, die Geschichten* 62
   b) *Reihen im Recht: Wozuding und Eigentum, das konkrete Eigentum als Reihe, der Wechsel des Eigentums als Reihe. Wechsel des Eigentums und seine Grundlage im BGB. Der abstrakte Vertrag, der Schuldvertrag. Der Konsensus. Der faktische Vertrag* 64
   c) *Reihen in der Mathematik, in der Naturwissenschaft* 89
   d) *Der Zusammenhang zwischen Reihe und Einzelgebilde* 97
   e) *Reihe und Horizont; Ordnung* 100
4. Die Einzelgebilde 103
   a) *Die Begegnung mit den Einzelgebilden. Die Horizonte der Einzelgebilde. Die Wahrnehmung der Einzelgebilde, erster Versuch* . . 103
   b) *Der Mensch als Einzelgebilde. Seine leibliche Erscheinung* 107
   c) *Chromosomen und leibliche Erscheinung* 109
   d) *Abstammung und Vererbung. Der Leib. Der fremde Leib, der eigene Leib. Der Leib kein Erkenntnisobjekt. Leib – Stoff – Fleisch* 111
   e) *Versuch über das Alter. Das Alter des Menschen. Das Alter der Wozudinge. Das Alter des Stoffes. Das Alter der sonstigen Einzelgebilde. Das Alter der Welt* 117
5. Die Wahrnehmung der Einzelgebilde 120
   a) *Einzelgebilde und Wahrnehmung. Auftauchen, Begegnen mit, Gegenständlichwerden. Selbstdarstellung. Selbst. – Die Deutlichkeit bei den verschiedenen Gebilden. Das Sehen* 120
   b) *Die Wahrnehmung des Sternes und des Himmels. Die Illusion* . . 122
   c) *Deutung der Wahrnehmung des Himmels, der Sternenwelt* 125
   d) *Ein veralteter Standpunkt. Blick auf die Sterne, Blick in die Vergangenheit* 132
   e) *Untersuchung über Farbigkeit und farbige Welt im Verhältnis zur getasteten Welt. Die Farbe ist keine Eigenschaft des Stoffes, die*

Unselbständigkeit der Farbe, die Unmöglichkeit der Einordnung der Farbe; Licht und Beleuchtungseffekte, die Illusion. Übergang von der gesehenen Welt zur „getasteten" Welt. Die Welt in der Dunkelheit, die Welt in der Helligkeit 136

f) *Wahrnehmung und Selbstdarstellung. Die Rede von Deutlichkeit in der Selbstdarstellung des Leibes, des Wozudinges, des Stoffes* 144

g) *Das Bild und sein Gegenstand, die Nachahmung, die Illusion. Weltlinie* 148

ZWEITER TEIL
WELT UND GESCHICHTEN BEI KANT, PLATO, DESCARTES

VORBEMERKUNG
DIE PINSELFÜHRUNG BEI KANT, PLATO, DESCARTES

Kapitel I
Anmerkung zu Kant 155
Erfahrung und Geschichten. Von der Unmöglichkeit eines ontologischen Beweises vom Dasein Gottes. Hundert wirkliche Taler, hundert mögliche Taler, Begriff vom Taler. Der geträumte Taler, der Märchentaler, der Taler in der Geschichte, Gott in der Geschichte ... 155

Kapitel II
Anmerkung zu Plato 167
1. Im *Kratylos*: Das Wort, die Geschichte 167
2. Der *Sophist*: Die Rede, der Satz, Wahrheit und Falschheit 168
3. Der *Sophist*: Wie sich die Worte zur Rede zusammenfügen 176
4. Im *Theaitetos*: Wahrnehmung, Vorstellung, Denken, Erkenntnis. Der Wagen und seine Erkenntnis. Theaitetos und seine Erkenntnis. Die Sinne, die Wahrnehmung und die Erkenntnis. Traum, Wahnsinn 177

Kapitel III
Anmerkung zu Descartes 187
Das Stück Wachs, Wahrnehmung und Denken, Hüte und Kleider, Puppen 187

Kapitel IV
Zusammenfassung 190

DRITTER TEIL
VON HOMERS ALLGESCHICHTE ÜBER DIE
SACHVERHALTE DER ANTIKEN WISSENSCHAFT
ZUR ALLGESCHICHTE DES CHRISTENTUMS UND
WEITER ZUM SACHVERHALT DER MODERNEN
WISSENSCHAFT

A. VORBEMERKUNG

Kapitel I
*Versuch über die Geschichten bei Homer und Hesiod: Chaos und
Kosmos, Chaos und Geschichten* 193
1. Die Geschichten bei Homer und Hesiod sind unsere Geschichten.
   Die Götter und Toten in den Geschichten. die Vorzeit der
   Geschichten, Kronos und Uranos 193
2. Die Garanten der Geschichte, Wahrheit, Wirklichkeit, Existenz
   der Geschichten in Geschichten 194
3. Die Irrtumsquellen der Philosophen und Bezug auf Wahrheit und
   Erkenntnis. Die Frage nach Wahrheit und Wirklichkeit hinsichtlich
   der Geschichten 194
4. Die Sicherheit meiner Existenz und meiner Geschichten. Die Existenz der Mitverstrickten. Die Existenz der Götter, der Halbgötter
   und der Toten 196
5. Was bleibt von den Geschichten Homers, wenn man Götter und
   Tote streicht? 196
6. Die Allgeschichte. Die Allgeschichte bei Homer, bei uns. Homers
   Allgeschichte und die Allgeschichte der Folgezeit 197

Kapitel II
*Versuch über Einzelgeschichte, Allgeschichte, Wirgeschichte,
das Allwir* 198
1. Die Einheit der Geschichten und der Allgeschichte, die Einheit
der Allgeschichten. Die Form der Geschichten und ihr Wechsel. 2.
Geschichten und Dichtung.
3. Die Allgeschichten und die Wir-Geschichte. Wie jeder anders in
dieselbe Geschichte verstrickt ist. Die Rede von derselben Geschichte.
4. Die Vorfahren und Wir als neues Wir. Das Allwir, die Vorfahren und
Wir, die Toten und Wir, das Wir bei Göttern, das Wir der Toten, alles
nach Homer; die Folgezeit. Die Allgeschichte und die Einzelgeschichten.
Das Verhältnis der Allgeschichten untereinander 198

Kapitel III
Die Allgeschichte und die Wissenschaft 206
1. Die Allgeschichte und die philosophischen Systeme. Das Verhältnis der Systeme zueinander. Lückenlosigkeit von Allgeschichte, Wissenschaft und Philosophie 206
2. Die Allgeschichte und das System im Einzelnen. Der Unterschied in den Systemen. Wie der Einzelne in ein System hineinkommt und aus ihm herauskommt. Das System ohne Mensch. Die Vieldeutigkeit der Allgeschichte und der Systeme. Die Auslegung 208
3. Übergang zur Einzelbetrachtung. Der Übergang von Homer zur Wissenschaft und Philosophie. Wissenschaft und Technik 210

B. VON DEN GESCHICHTEN HOMERS ZUM BAU DER ANTIKEN PHILOSOPHIE UND WISSENSCHAFT

Kapitel I
Die Welt Homers: Himmel, Erde, Unterwelt. Der Groll des Achill. Die Ilias, die Odyssee, Hesiod. Geschichten, nichts als Geschichten, zusammengefaßt zu einer Allgeschichte. Die Unterwelt: Homer und die Toten; Homer und die Lebenden, die Sterblichen. Der Tod als Einsatz. Wie die Geschichten vom Tode leben. Die Götter und der Tod. Der Kampf des Achill mit dem Skamander. Die Götterschlacht. Wie den Göttern etwas fehlt mit dem Tode 213

Kapitel II
Wie der Tod aus Geschichten erwächst. Wie wir den Tod aus der Unterwelt in die Geschichten hineinnehmen. Der Tod und die Toten. Die Toten und die Vorfahren. Die Einheit von Tod und Leben. Die Grenzen Homers. Die Einteilung Himmel, Erde, Unterwelt. Die Ureinteilung Himmel, Erde, Dunkel, Nacht, Licht 223

Kapitel III
Vom Trojanischen Krieg zur Theogonie. Die Allgeschichte Hesiods und unser Zugang zu ihr. Der Himmel Hesiods und der gestirnte Himmel Kants, oder das Verhältnis von Geschichten und Sachverhalt. Die verfolgbare Änderung der in Geschichten Verstrickten. Von Naturgottheiten zu Personen. Aber was ist Natur? Für Hesiod gibt es nichts Erkennbares in der Natur. Die Naturwissenschaft handelt nicht von der Natur. Die Geschichte in der Geschichtswissenschaft und unsere Geschichten. Die Deutung der Geschichten Hesiods. Sind Vorstufen zu Hesiod erkennbar? Vorstufen im Sinne von Geschichten? Vorstufen im Sinne von Sachverhalt, von Gegenstand? 225

Kapitel IV
Wie bei Homer und Hesiod alle Geschichten zu einer Einheit verschmelzen, und wie wir nirgends auf Sachverhalte stoßen 231

Kapitel V
Verstricktsein und Erkennen. Bei Homer kein Platz für das Erkennen, bei den Philosophen kein Platz für das Verstricktsein 235

Kapitel VI
Der Übergang zum Sachverhalt. Rückwendung. Wie die Philosophen die Verbindung mit dem Trojanischen Kriege verlieren, vielleicht über die Wachgeschichten, und damit mit dem Menschen. Die Entlarvung von Lügengeschichten und ihr Ersatz. Die Erschütterung der Allgeschichte. Wie der Philosoph aus der Welt flüchtet. Wie die Erkenntnistheorie zum Mittelpunkt wird, während bis dahin Erkenntnis nicht Gegenstand war und keinen Gegenstand hatte 239

Kapitel VII
Versuch zu Anaxagoras: Entstehen und Vergehen der Dinge. Was ist ein Ding? Entstehen und Vergehen der Verstrickten, der Wozudinge. Wo kann man sonst von Entstehen und Vergehen reden? Entstehen und Vergehen und die Geschichten, Entstehen und Vergehen der Geschichten, in Geschichten. Der Irrtum des Anaxagoras. Das Auswas der Wozudinge und Entstehen und Vergehen. Die Lehre vom Stoff, die Lehre vom Raum 245

Kapitel VIII
Homer und Xenophanes. Der Vorwurf der Anthropomorphie. Gott als Person. Personsein und in Geschichten Verstricktsein........ 249

Kapitel IX
Homer und Heraklit. Wie Heraklit einen Maßstab anlegt an die Geschichten. Was bedeutet Heraklits Beschäftigung mit Geschichten? Das Weltgesetz des Heraklit. Krieg und Gegensätze aus Geschichten entnommen. Gattung und Weltgesetz. Heraklits Einstellung zum Sachverhalt und zum allgemeinen Gegenstand. Heraklit als Deuter der Geschichten. Gewaltsame Deutung? Heraklits persönliches Verhältnis zu Homer. Was treibt Heraklit, was Homer? Die Brücke? Die Spannung der Geschichte. Heraklit und das Christentum. Homer als Schatzkammer Heraklits. Die „Hauptbegriffe" Heraklits 252

Kapitel X
Das Dogma Homers, das Dogma der Physiker. Die Wahrheit in der Physik. Die Zeit der Geschichten, die Zeit der Physik. Wie das Pendel durchschlägt von der Allgeschichte Homers über die Physiker und über Plato zur Allgeschichte des Christentums 264

C. VERSUCH ZUR *BHAGAVADGITA*

Der Tod und der Mord als Mittelpunkt des Gedichts. Rückblick auf Homer. Die Bekehrung des Arjuna. Von der Philosophie des Todes zur Philosophie des Tötens. Das Töten und die Sünde. Die Verteidigung des Tötens. Das letzte Wort? 285

VIERTER TEIL
DAS WORT UND DIE GESCHICHTE

Kapitel I
Vom stillen Sprechen 285

Kapitel II
Schweigen 288

Kapitel III
Die Bücher 289

Kapitel IV
Die toten Sprachen 290

Kapitel V
Die Tradition 291

Kapitel VI
Sprechen lernen – Sprachen lernen 293

Kapitel VII
Sprechen und Hören – Sprechen und Verstehen 294

Kapitel VIII
Anschluß der Geschichten und des Sprechens 296

Kapitel IX
Das Wort als Überschrift 297

Kapitel X
Das Wort und die Zeit 302

Kapitel XI
Namengebung – Taufe... 304

Kapitel XII
Viele Namen für eine Geschichte 308

Kapitel XIII
Bedeutungswandel – Gegenstandswandel. 310

Kapitel XIV
*Die Reihe: Überschrift, Satz, Inhaltsverzeichnis, volle Geschichte,
erlebte Geschichte, Erfüllung* 310

Kapitel XV
Die Grammatik 313
1. Wortarten
   *Hauptwort – Eigenschaftswort – Zeitwort; Wurzel und Endung.
   Der Satz innerhalb der Geschichte. Der Beispielsatz. Der Satz in der
   Novelle. Der Satz als Überschrift über die Novelle. Die Grammatik
   kennt nicht die Geschichte. Besser etwas Verkehrtes lernen, als gar
   nichts lernen*... 313
2. Das Hauptwort 316
   a) *Die Arten des Hauptwortes. Die Einheit der Person, die Einheit
   des Wozudinges. Kant, Plato, Descartes. Die Einheit des Tieres,
   die Einheit der Pflanze im Verhältnis zur Einheit der Geschichte.
   Die Einheit des Auswas, des Stoffes: Das Gold, der Knochen,
   das Holz, alles als Überschrift. Das Verhältnis des Stoffes zur
   Zeit. Funktionale Verhältnisse von Wozuding und Stoff. Die
   Substantivierung der Eigenschaftswörter und Zeitwörter,
   der Sätze* 316
   b) *Der Genitiv. Der Genitivus possessivus, Besitz und Eigentum
   und ihre Beziehung zum Genitiv. Genitiv und Wozuding. Der
   Verwandtschaftsgenitiv. Das Problem des Genitivs und der
   anderen Fälle. Schopenhauers Glaube an den Genitiv* 322
   c) *Der Nominativ als Kasus. Die Unselbständigkeit der
   Nominativform. Der Vokativ*................................. 327
3. Das Eigenschaftswort
   *Die sprachliche Verbindung mit dem Hauptwort. Sachliche Einheit.
   Eigenschaft*.. 328

4. Das Verbum
Die Abwandlungen des Zeitwortes. Zeitwort und Person. Die Befehlsform. Das Zeitwort und die Akte. Das Zeitwort und seine Ergänzungen: Akkusativ, Dativ, Instrumentalis. Seine Ergänzungsbedürftigkeit. Die Person im Zeitwort. Das Zeitwort im Verhältnis zur Geschichte. Wurzel und Endung. Das lebendige Wort, das erstarrte Wort, insbesondere das Zeitwort als Überschrift. Wie das Zeitwort schon den bestimmten Menschen enthält. Der Sachgehalt der Endung 331
5. Die Verbindung von Sätzen. Der Wenn-Satz................... 336
6. Die Logik. Der Buchstabensatz. Das Seriengesetz............... 337
7. Husserls Idee der reinen Grammatik. Die kopernikanische Wendung. Der Satz, die Aufweisung des Satzes, die Aufweisung des Begriffes. 340

Kapitel XVI
Die Geschichte im Verhältnis zur Kultur unserer Tage 344

Sach- und Namenregister 347

Nachwort der Herausgeber 359

VORWORT

In der Vorrede zur zweiten Auflage der *Kritik der reinen Vernunft* (1787) weist Kant drei eng miteinander zusammenhängende Revolutionen der Denkart auf. Die erste Revolution: die Begründung der Mathematik als Wissenschaft bei den Griechen; die zweite: die Begründung der Naturwissenschaft, an der Kant dem sinnreichen Bacon ein großes Verdienst, wenn nicht das Hauptverdienst zuschreibt; die dritte Revolution: die Begründung der Metaphysik als Wissenschaft, Kants Tat, die wieder in engem Zusammenhang steht mit einer endgültigen Fundierung der Mathematik und der Naturwissenschaft als Wissenschaft.[1]

Mit diesen drei Revolutionen hält Kant die Welt wie in einer Nußschale mit Hilfe einiger Grundbegriffe oder Grundtatbestände, etwa Raum und Zeit, Sinnlichkeit, Verstand und Vernunft und seiner Lehre vom Apriori als Fundament der Mathematik und Naturwissenschaft sowie der Metaphysik, sofern es diese gibt und nicht gibt. Mit diesen drei Wissenschaften ist für Kant die Welt umsegelt. Neues kann nicht mehr zu Gesicht kommen. „Wissenschaft" gewinnt damit bei Kant in gewissem Sinne eine größere Bedeutung als die Philosophie; die Philosophie, die Metaphysik muß erst Wissenschaft werden, auf den Heerweg der Wissenschaft kommen, wenn sie zu sich selbst kommen will. Was allerdings dann Wissenschaft ist, darf man vielleicht nicht fragen. Ein Spötter könnte sagen: „Wenn Raum und Zeit sich zum Sein zuletzt doch negativ verhalten, was nützt dann schon Mathematik, wenn die Naturwissenschaft das Sein nicht erreicht, was

[1] Ich bin im Zweifel, in welchem Verhältnis der Begründer der Phänomenologie Husserl zu diesen drei Revolutionen stehen mag. Seine enge Verbindung mit ihnen ergibt sich aus dem ihn kennzeichnenden großen Respekt vor den traditionellen Wissenschaften, insbesondere der Mathematik und der Logik und der Naturwissenschaft und aus dem Bestreben, im philosophischen Bereich diese Wissenschaften an Strenge zu erreichen oder zu übertreffen und zugleich eine Grundlage für alle Wissensgebiete nach einer Methode, der Methode des Apriori, mit jeweils vollendeter Anpassung an die Sachgebiete zu schaffen. Dies führte zur Aufdeckung der idealen Gegenstände, insbesondere im Gebiet der Mathematik, zu einer Erweiterung der Logik und zu einer allgemeinen Lehre vom Apriori im Anschluß an die Lehre Kants, aber doch in gewaltiger Fortbildung dieser Lehre. Nimmt man noch die Lehre von den Akten und den Werten, wie sie von Husserl begründet worden ist, hinzu, die auch wieder im engsten Zusammenhang steht mit der Lehre vom Apriori, so finde ich eigentlich keinen Grund dafür, hier nicht von einer vierten Revolution zu sprechen. Angesichts der Störung in der Entwicklung der Phänomenologie durch die beiden Kriege ist ein Urteil hierüber aber schwierig, da die Phänomenologie infolge ungünstiger Verhältnisse nicht ausgereift ist. Diese Unterbrechung im Wachstum läßt sich nicht rückgängig machen, so wenig, wie bei einem lebendigen Wesen oder in einer Geschichte.

nützt sie dann, und wenn die Metaphysik sich damit begnügen muß, dies negative Verhältnis von Mathematik und Naturwissenschaft zum Sein aufzudecken, was nützt dann die Metaphysik." Kant weiß sich natürlich zu verteidigen – er kann auf die praktische Vernunft und die Urteilskraft verweisen – aber ein Stachel bleibt. Es bleibt die Frage nach dem Sinn dieser Revolutionen. Wir könnten über diese drei Revolutionäre am Schreibtisch, über Thales, Bacon, Kant, und über ihre Wissenschaft spotten, wenn uns nicht der Ausdruck Revolution, wie Kant ihn gebraucht und mit dem er sich an die Spitze der dritten Revolution stellt, stutzig machte. Wir glauben nicht, daß Kant diesen Zusammenhang, auf den wir hier lossteuern, im Auge gehabt hat. Er wird ihn aber gefühlt haben. Statt vieler Worte einige Zahlen: 2. Vorrede 1787; Sturm auf die Bastille 1789; Abschaffung des Königtums 1792; Warnung des Kultusministeriums an Kant 1794; 1830; 1848; 1905; 1917; 1949.

Mit ähnlichen Zahlen könnten wir die wissenschaftlichen und technischen Revolutionen in der Neuzeit seit Bacon belegen. Es bestehen also doch wohl Beziehungen zwischen der Wissenschaft und ihren Begründern und den Revolutionen in der Technik und in der Politik.

Aus diesem Gefühl heraus mag Kant auch für die 2. Auflage der *Kritik der reinen Vernunft* das Vorwort Bacons unverändert übernommen haben, wie Bacon es etwa 150 Jahre vorher geschrieben hatte. Bacon, der nach Kant die Entdeckung der Naturwissenschaft als Wissenschaft teils veranlaßte, teils mehr belebte, hat in seinem Vorwort drei Gedanken hervorgehoben:

V o n   u n s   s e l b s t   s c h w e i g e n   w i r; in Betreff der Sache aber, um die es sich handelt, bitten wir, daß man überzeugt ist, es handele sich nicht dabei um d i e   G r u n d l e g u n g   einer Sekte oder eines beliebigen Einfalls, sondern d e r   m e n s c h l i c h e n   W o h l f a h r t   u n d   W ü r d e. Schließlich mögen sie unsere Instauratio mit ihrem Verstande auffassen, daß sie in Wahrheit d a s   E n d e   u n d   d i e   n a t u r g e m ä ß e   G r e n z e   u n e n d l i c h e n   I r r t u m s   i s t.

Dies Vorwort Bacons erinnert schon mehr an Revolution in der Bedeutung, die wir mit dem Worte verbinden. Diese Bedeutung wird auch Kant gefühlt haben. Bacon sieht die Naturwissenschaft als Instrument zur Beherrschung der Natur heraufkommen. Das ist ihm wohl noch wichtiger als die theoretische Begründung dieser Wissenschaft. Er sieht ihre Bedeutung für die menschliche Wohlfahrt und Würde und für die Beseitigung des Aberglaubens.

Damit hat Bacon die Wurzel oder eine Wurzel der späteren Revolutionen offengelegt oder besser zu seinem Teil das Fundament für die späteren Revolutionen gelegt, oder, vorsichtiger ausgedrückt, es bestehen hier Beziehungen zwischen Bacon, Kant und den richtigen Revolutionen. Es ist unheimlich, mit welcher Gelassenheit Kant hier von Revolutionen im Reiche oder im Bereiche des Geistes spricht zu einer Zeit, in der schon in Paris das Königtum abgeschafft wurde, ohne daß Kant auf den Gedanken kommt, den Zusammenhängen, die hier vorliegen mögen, nachzusinnen. In gewissem Sinne könnte man auch sagen, und zwar im Sinne Kants, daß wir seit Thales oder seit Bacon oder seit Kant die Revolution in Permanenz haben bis auf unsere Tage und für eine unabsehbare Zukunft.

Diese Revolution ist allerdings in unseren Tagen etwas anders ausgefallen, als Bacon und Kant es sich gedacht haben. Immerhin, der Aberglaube, oder was man in der Wissenschaft unter Aberglauben versteht, scheint mehr oder weniger gründlich abgeschafft zu sein. Allerdings hapert es noch hier und da an der menschlichen Wohlfahrt und Würde.

Ob die Philosophie nun an diesem Prozeß beteiligt ist, ob sie das Wetter macht oder nur das Barometer ist oder irgendetwas dazwischen, das können wir hier nicht prüfen. Schließlich ist das, was im Barometer vor sich geht, nur ein Teil des Geschehens im Sturm und Gewitter. Wenn wir versuchen, uns selbst in den großen Zusammenhang einzureihen, den Kant hier im Auge hat, so finden wir eine Stelle bei Bacon, wo wir eindringen können.

Was heißt: „Von uns selbst schweigen wir; im Betreff der Sache aber, um die es sich handelt" ...? Dürfen wir sagen, daß Kant auch diesen ersten Satz von Bacon übernimmt? Zunächst: Ja, denn in der Mathematik, in der Naturwissenschaft und auch in der Metaphysik im Sinne Kants ist von „uns selbst" herzlich wenig die Rede, aber was heißt „wir selbst"? Was die Sache heißt, um die es sich handelt, dafür haben wir einen gewissen Anhaltspunkt in den Gegenständen der Mathematik, der Naturwissenschaft, der Metaphysik. Hier handelt es sich um Sachen, Sachverhalte, Sätze, in denen wenigstens auf den ersten Blick von uns selbst nichts vorkommt. Die Sachen, um die es sich hier handelt, so will es uns fast scheinen, haben überhaupt kein Selbst. Wenn wir uns unserem Selbst nähern wollen, so können wir das nicht über die Wissenschaften, nicht über Sachverhalte, sondern nur über Geschichten. Wir selbst sind da nicht blutleere gespenstige Beziehungspunkte, die Sachverhalte intendieren, sondern in Geschichten verstrickte Helden, Könige, Ritter, Priester, Seher, Heilige, Propheten, Dichter oder jemand aus dem Volke, alle mit ihren Sondergeschichten, wobei aber diese Geschichten alle vom Beginn der Tage an bis heute zusammenhängen, eine Einheit bilden, in der der Armseligste so gut einen Platz hat wie – und hier sieht man deutlich, wie sich die Kreise schließen – der Prophet und der Religionsstifter.

Dies mag aber nur ein Band sein unter Tausenden, welche wir hier verfolgen können.

In einer Vorarbeit[2] haben wir die Straße freizulegen versucht zu dieser Philosophie der Geschichten. Wenn wir sie als vierte Revolution bezeichnen, so meinen wir damit: Wir wissen zwar nicht, was Philosophie ist, sondern sind erst auf der Suche danach. Aber eine Wissenschaft wie Mathematik oder wie die Naturwissenschaft ist die Philosophie sicher nicht. Wenn sie es wäre, lohnte es sich nicht, ihretwegen einen Finger krumm zu machen. Immerhin könnte man untersuchen, wie die abendländische Philosophie trotz starker gegenteiliger Tendenzen – man beginnt sie noch heute mit den sieben Weisen – ihren Ehrgeiz darin gesucht hat, auf mathematische Art das Thema der Philosophie zu behandeln. Wenn wir versuchen, in unserem folgenden Weltbild noch irgendwie Mathematik und Naturwissenschaft unterzubringen, so mag fraglich sein, ob wir nicht zu viel Arbeit und Mühe daran verwandt haben, die alte Verbindung der Philosophie mit diesen Wissenschaften zu lösen oder aufzulockern. Unsere Entschuldigung ist Kant, der in der *Kritik der reinen Vernunft* mit seinem ganzen Gewicht die Philosophie in diesen Zusammenhang stellt. Wir bekennen allerdings, daß wir zu dem Kant der praktischen Vernunft und insbesondere der Urteilskraft bessere und freundschaftlichere Beziehungen haben mögen. Diese konnten aber nicht ausgenutzt werden, da das philosophische Gewicht Kants auf der *Kritik der reinen Vernunft* beruht. Für diese paßt das Bild der dritten Revolution in erster Linie.

Hier zeigt sich der Revolutionär und der Titan Kant. Sein Auftreten ist wieder eine Geschichte. Im Augenblick interessiert uns aber nicht diese Geschichte, sondern der Inhalt dieser Geschichte nach einer bestimmten Richtung, nämlich als vermeintliches Ende aller Geschichten, als reine Vernunft.

Für uns sind die Geschichten Urphänomene, Urgebilde, urhafter als die Gebilde der Wissenschaft. Die Geschichten bestehen in keiner Weise aus Sätzen, und das, was man für Sätze halten könnte, besteht wieder nicht aus Worten. Sie haben keinen Anfang und kein Ende. Sie sind auch nicht Gegenstände der Erkenntnis, sondern wir sind in sie verstrickt oder mitverstrickt. Die Geschichten stehen nur dem Mitverstrickten offen. Bei diesen Untersuchungen taucht ständig die Frage auf, was denn die Sätze, Worte und Gebilde der Wissenschaften sein mögen. In welchem Verhältnis die Sätze, die es hier und dort zu geben scheint, und die Begriffe und die Gebilde und die Sachverhalte zueinander stehen mögen.

Wir können, ähnlich wie Kant bei Beginn der dritten Revolution, die Frage aufwerfen, ob die nächste Revolution zum Selbst des Menschen und damit zu seinen Geschichten führen muß, und wir könnten sogar die Frage

---

[2] Wilhelm Schapp, *In Geschichten verstrickt. Zum Sein von Mensch und Ding*, Frankfurt a. M. ⁵2012.

aufwerfen, ob Bacon dies bereits bei der zweiten Revolution vorgeahnt hat. Der Respekt vor der Wissenschaft, vor der Konstruktion in der Mathematik, vor dem Experiment in der Naturwissenschaft und im weitesten Sinne vor der Nachprüfbarkeit, Verifikation aller Behauptungen, der Respekt vor der Grenze von Wissen und Glauben ist nicht nur uns anerzogen, wir teilen ihn mit allen Gelehrten, wie sie seit vielen Jahrhunderten an unseren Universitäten ausgebildet worden sind, wozu auch Bacon gehört, und doch ist die Frage erlaubt und muß immer wieder gestellt werden, was denn „Wissen" und „Glauben" jedes für sich ist und was sie trennt und verbindet. Man könnte zum Beispiel fragen, ob „wir" das Gebiet unserer Untersuchung oder Prüfung auf gewisse simple „Wahrheiten", die Konstruktion und Verifikation einfachster Art zuzulassen scheinen, beschränken und schwierigere Fragen von der Untersuchung ausschließen sollen. Wenn man die Frage so stellt, ist sie schon beantwortet. Wenn die Geschichte der abendländischen Philosophie mit den Sprüchen der sieben Weisen beginnt, so erkennt der einfachste Verstand, daß in diesem Bereich mit dem Unterschied von Wissen und Glauben nichts anzufangen ist. Diese Sprüche werden auch in Indien und China und weit darüber hinaus verstanden und hoch gewertet. Husserl würde vielleicht versuchen, über seine Lehre von den Werten hier einen Anbau an das große Gebäude der Wissenschaften zu errichten und diesen Bereich für die Wissenschaft zu retten oder zu erobern versuchen. Wir versuchen es andersherum, indem wir von dem sicheren Phänomen der Geschichten, in die wir verstrickt sind, ausgehen, um in diesem Bereich sowohl den strengen Wissenschaften wie auch den Aussprüchen der sieben Weisen und ihrer Nachfolger beschiedenen Platz aufzusuchen. Nicht so, als ob wir mit unserer Philosophie an die sieben Weisen anknüpfen wollten – was übrigens keine Schande wäre. Nur bei der Frage, was haben wir in der Zwischenzeit in dem Abendlande gemacht als Philosophen, könnten wir versuchen, diese Aussprüche in vielen Bogen über viele Philosophen bis zu Kants *Kritik der Urteilskraft* und Husserls und Schelers Wertlehre zu verfolgen, aber mit dem Vorbehalt, daß wir diesen Aussprüchen erst ein festes Fundament in den Geschichten geben und sie gegen den Übermut der Philosophentitanen, die den Himmel mit dem Donnerkeil der strengen Wissenschaften und der Wahrheit stürmen, verteidigen und deren Ansprüche, endgültig oder für einige Jahrhunderte, wenn nicht abweisen, so doch auf ein bescheidenes Maß zurückführen.

Wilhelm Schapp

Aurich (Ostfriesland)
Emder Straße

ERSTER TEIL

GESCHICHTEN UND WELT

A. GESCHICHTEN

Kapitel I
Die jeweils gegenwärtige Wachgeschichte.
Verfolgung der Geschichten nach rückwärts.
Ihr Anfang. Das Erben von Geschichten

Wir gehen aus von der jeweils gegenwärtigen Wachgeschichte. Wer uns verstehen will, muß eine solche Geschichte bereithalten, eine Geschichte um Liebe, Leben, Ehre, Besitz, Ruhm, Haß, Rache, am besten eine private eigene Geschichte, mit der er abends zu Bett geht und morgens aufwacht, und zwar aus der Zeit, in der er diese Zeilen liest. Wir werden häufig gezwungen sein, um nicht langatmig zu werden, von Geschichten der Dichter auszugehen. Wir bitten aber den Leser, solche Geschichten immer in eigene gegenwärtige Geschichten zu übertragen oder zu prüfen, ob das, was wir sagen, auf solche eigensten Geschichten zutrifft.

Wenn wir von gegenwärtig reden, so meinen wir damit nicht ein Hier und Jetzt, sondern wir haben dies eigentümliche Phänomen im Auge, daß ein und dieselbe Geschichte monate- oder jahrelang in alter Frische dauern kann. Zuweilen steht sie still, dann macht sie wieder sehr schnelle Fortschritte. Sie ist „ständig" als „Ganzes" gegenwärtig in ihrem Verlauf. Es hat keinen Sinn, einen Zeitpunkt in bezug auf die Geschichte anzugeben, etwa wie ihr Sein am 11. Dezember 1956 vormittags 10 Uhr war, weil zur Geschichte stets Vergangenheit und Zukunft als zu einem Ganzen gehören. Vergangenheit und Zukunft sind im „Jetztpunkt" gegenwärtig. Lieber aber reden wir nicht vom Jetztpunkt. Man muß sich von alten Zeitvorstellungen lösen, um diesem eigenwilligen Sein der Geschichte nahezukommen. Die gegenwärtige Wachgeschichte kann mehr oder weniger geformt sein. Vielleicht sind wir ständig mit der Formung beschäftigt, so etwa, wenn wir beim Einschlafen noch alles einmal überlegen oder wenn wir einen Brief vorbereiten oder schreiben über die Geschichte oder über einen ihrer Abschnitte. Jedenfalls können wir jederzeit Auskunft geben über den Stand und Verlauf der Geschichte, oft in Verteidigungs- oder Angriffsstellung.

Jede Geschichte ist mehr oder weniger selbständig. Sie kann sinnvoll für sich erzählt werden, und doch scheint sie andererseits nur in einem Meer von Geschichten zu schwimmen, in dem sie zugleich ihren Halt hat. Dies Meer von Geschichten ist kein glücklicher Ausdruck. Wir haben damit zunächst im Auge: die Vorgeschichten, die Parallelgeschichten, die Seitengeschichten, die Nachgeschichten und insbesondere die Geschichten als Geschichten von Mitverstrickten.

Wenn wir davon sprechen, daß wir in Geschichten verstrickt sind, so gehört es zu jeder Geschichte, daß es Mitverstrickte gibt, daß wir zusammen in eine Geschichte verstrickt sind als Verwandte, Freunde, Feinde, Nachbarn, Kameraden, Kollegen, so daß man oft nicht sagen kann, wie weit sich unsere Geschichte in die Geschichten der Mitverstrickten erstreckt.

Dieselbe Geschichte sieht von den verschiedenen Verstrickten aus gesehen, notwendig verschieden aus; selbst eine Liebesgeschichte wie Werthers Leiden erst recht die Allgeschichte. Damit berühren wir eine Frage, die sich ständig wieder vordrängen wird. Was heißt hier „dieselbe" Geschichte, in die Werther und Lotte verstrickt sind? Sollte es so sein, daß keine Geschichte e i n deutig ist? Daß vielmehr jede von Anfang an m e h r deutig ist?

Von den gegenwärtigen Geschichten kommen wir rückwärts zu immer neuen Geschichten oder zu immer älteren Geschichten, bis unsere eigensten Geschichten einmal aufhören oder vom anderen Standpunkte anzufangen scheinen. Aufhören vom Jetzt aus. Anfangen vom Damals aus gesehen. Hiermit wollen wir über dies Phänomen aber nichts Endgültiges gesagt haben, über dies Phänomen, welches man mit einem gewissen Recht als unsere Geburt bezeichnen könnte. Wenn wir hier mit einem gewissen Recht sagen können, daß wir an ein Ende kommen, so ist das nicht ganz richtig, denn wir erkennen jetzt, daß wir einen Berg von Geschichten mit der Geburt geerbt haben, einen Berg, demgegenüber unsere eigenen Geschichten zunächst fast nichts bedeuten, Geschichten von anderen, von Eltern, Geschwistern, Vorfahren, Geschichten unseres Dorfes, unserer Stadt, unseres Standes, unseres Berufes, unserer Religion, unseres Gottes, unserer Welt. Man könnte fast meinen, als ob unser Leben, unsere Geschichte, durch diese Erbschaft schon zum größten Teil in ihrem Verlauf – nach einem alten Ausdruck – vorherbestimmt wäre (Romeo und Julia).

In diese Geschichte wachsen wir langsam hinein. Unser Wort vom Meer der Geschichten, in welchem wir nur ein Tropfen sind, erhält damit einen neuen Sinn, eine große Ausweitung. Hier mag weiter die Frage auftauchen, ob sich die Geschichten, die alten Geschichten irgendwie zu einem Ganzen ordnen, in dem der einzelne mit seiner gegenwärtigen Geschichte einen festen Platz habe, wie dies etwa in der *Bibel* oder auch bei Homer der Fall zu sein scheint. Wir sehen dabei allerdings, daß wir hier unversehens von unserer gegenwärtigen Geschichte in etwas übergeglitten sind, was etwas anderes zu sein scheint als die Summe aller aktuellen Geschichten, der gegenwärtigen und der vergangenen.

Kapitel II
Die Geschichten und das Sprechen. Denken und Sprechen. Die Grammatik

Über die gegenwärtigen Geschichten können wir nichts Erschöpfendes sagen, ohne gleichzeitig auf die Sprache zu kommen. Es ist schwer auf den ersten Blick zu sagen, ob die Geschichten das Sprechen voraussetzen oder ob das Sprechen Geschichten voraussetzt. Früher hat man wohl gefragt, wie sich Denken und Sprechen zueinander verhalten. Wir kommen damit auf einen neuen Punkt. Wir meinen, daß wir nicht nur jederzeit in gewisse gegenwärtige Geschichten verstrickt sind, sondern daß wir ständig in viele, um nicht zu sagen unzählige gegenwärtige Geschichten verstrickt sind, und daß dies Verstricktsein oder vielleicht auch Verstricktgewesensein unser Sein ausmacht. Wir haben diese Frage bislang behandelt unter dem Titel „Geschichten und Sachverhalte" und waren dabei zu dem Ergebnis gekommen, daß alle Sachverhalte sich auf Geschichten zurückführen lassen. Diese Überlegungen werden hier vorausgesetzt.

Wenn man mit uns die Sachverhalte leugnet oder in Geschichten aufgehen läßt, so gewinnt damit das Denken einen neuen Platz, da Sachverhalt und Denken in engstem Zusammenhang stehen. Wenn man also den Sachverhalt aufgibt, so verliert damit auch das Denken seinen angestammten Platz. Dem Denken der Tradition vergleichbar könnte dann das Verstricktsein in Geschichten sein oder das Beschäftigtsein mit Geschichten. Wie sich dies beides zueinander verhält, können wir hier noch nicht auseinander setzen. Wenn nun das Denken seinen alten Platz verliert, muß auch das Sprechen seinen Platz wechseln. Das Sprechen muß dann in Beziehung zu Geschichten gebracht werden, und die Urform des Sprechens wird wohl in dem leisen Sprechen gesucht werden müssen, von dem jede Geschichte in ihrem Verlaufe begleitet ist. Vielleicht darf man nicht einmal sagen „begleitet", sondern vielleicht ist die Verbindung eine viel innigere und ist das Sprechen so ewig, wie das in Geschichten Verstricktsein, und entspricht immer einer ganzen Geschichte. Vielleicht gewinnt das Sprechen erst eine Stelle im Verhältnis zu einer ganzen Geschichte, so daß man auch sagen könnte, nur soweit gibt es Sprechen, als es ganze Geschichten gibt. Wo dabei das einzelne Wort, die Grammatik, die Flexion, die Syntax, der Satz und all diese Gebilde bleiben, das ist eine Frage, die wir im vierten Teil untersuchen.

Kapitel III
Die vergangenen Geschichten.
Die Geschichten am jüngsten Tage

Wir sind von den gegenwärtigen Wachgeschichten ausgegangen und haben zunächst vorausgesetzt, daß wir selbst (das Ich) in der Folge und Verknüpfung aller Geschichten dasselbe bleiben. Das ist allerdings ein Fundament, welches auf seine Tragfähigkeit noch untersucht werden muß. Gehen wir aber zunächst davon aus, so ist die Frage, wo die Geschichten bleiben, die endgültig überstanden sind? Unsere eigenen Geschichten und die Geschichten unserer Mitmenschen und Vorfahren? Gibt es Friedhöfe für diese Geschichten oder gibt es nur Friedhöfe, weil es vergangene Geschichten gibt? Können dann die vergangenen Geschichten wieder erweckt werden? Sind sie, wie manche meinen, von Anfang an darauf angelegt, an einem jüngsten Tage wieder erweckt zu werden? Leben die Geschichten vielleicht in Spuren immer weiter? Oder, wenn das nicht der Fall ist, was heißt dann Vergangenheit? Gibt es vergangene Geschichten, die vollständig vergangen sind? Oder bleibt für sie wenigstens immer eine Lücke, ein Platz im Horizont der vergangenen Geschichten, von den gegenwärtigen Geschichten aus gesehen? Gehören die ganz und gar vergangenen Geschichten auch noch zu den Geschichten, welche die aktuellen Geschichten tragen? Kann die Sprache dazu etwas sagen? Was ist Tradition?

Was hat es für eine Bewandtnis, daß man Menschen begraben kann, vielleicht auch Hunde und Kanarienvögel, aber nicht Steine oder Sterne?

Kapitel IV
Die Traumgeschichten, die Geschichten in Hypnose, im Rausch,
im Wahnsinn und ihr Zusammenhang mit den Wachgeschichten.
Die Welt der Geschichten und die Dichtung

Von den gegenwärtigen Wachgeschichten führt uns der Weg zu den Traumgeschichten, den Geschichten in der Hypnose, den Rauschgeschichten, den Wahnsinnsgeschichten, und was es sonst geben mag. Hier reiht sich nun eine Frage an die andere. Versuchen wir, den Leser zu überrumpeln, indem wir in diesen Gebieten von Geschichten reden? Wenn der Mensch für uns der in Geschichten Verstrickte ist, so gehen wir dabei aus von den Wachgeschichten. Haben wir nun ein Recht, in demselben Sinne oder im vergleichbaren Sinne, wie wir das wache Leben ausschöpfen wollen mit Geschichten, mit dem Traum, Rausch, Wahnsinn, der Hypnose zu verfahren, so daß alle anderen Versuche, diese Geschichten in ein Ganzes einzuordnen, damit überflüssig werden? Nach unserer Meinung müssen wir vor allem immer beachten, daß wir in der Region der Geschichten bleiben, wenn wir uns von dem einen Gebiet in das andere begeben. Dies ist schon uneigentlich gesprochen. Ebenso wie wir in Wachgeschichten verstrickt sind, sind wir in Geschichten auf den anderen Gebieten verstrickt. Noch präziser könnte man vielleicht sagen, daß mit „ebenso" noch viel zu wenig gesagt ist. Ja, man könnte fragen, fallen nicht alle Schwierigkeiten oder viele Schwierigkeiten über den Zusammenhang zwischen Geschichten in diesen Regionen fort, wenn man mehr in den Vordergrund stellt, daß es sich hierbei nicht um scharfe Unterscheidungen handelt, sondern um fließende Übergänge, so, wenn wir etwa den Wachzustand oder die Geschichte im Wachzustand vergleichen mit dem leichten Teerausch, Kaffeerausch, Weinrausch bis zur sinnlosen Betrunkenheit oder die „Träumereien", das Träumen am Tage mit den Träumen in der Nacht, oder wenn wir bedenken, daß nach der Meinung der Ärzte wir alle etwas mehr oder weniger verrückt sind und daß wir andererseits auch immer mehr oder weniger suggestiven Einflüssen, alltäglichen Dauersuggestionen im kleinen und großen unterliegen. All diese Übergänge können wir uns nur in Geschichten und über Geschichten klarmachen, oder wie wir besser sagen, in diesen Verstrickungen tritt die Einheit dieser fünf Gebiete, wenn wir bei diesem Ausdruck verbleiben wollen, zutage oder es tritt zutage, daß wir ständig in Geschichten aus diesen Gebieten verstrickt sind.

Diese Überlegungen sind vielleicht aber noch nicht so überzeugend wie die andere, daß sich eine Geschichte, in die wir verstrickt sind, in diesen fünf Reichen als einheitliche Geschichte abspielen kann. Wir wollen uns hier nicht wiederholen, sondern verweisen auf das, was wir hierzu über Lady Macbeth, Hamlet, Ophelia, die „dumme" Geschichte in unserer ersten Arbeit[1] ausgeführt haben.

Man könnte fast sagen, daß ein Mensch, der nur in Wachgeschichten verstrickt wäre, nur ein halber Mensch wäre, oder daß der wache Mensch auf den Schultern des Schlafenden, des Träumenden, des Berauschten, vielleicht des Wahnsinnigen lebt. Diesem letzten Satz wird der Leser von heute zustimmen, aber vielleicht auf Grund eines Mißverständnisses. Wenn ich, der Verfasser, von Traum, Rausch, Wahnsinn rede, so gehe ich dabei nicht aus von der Durchschnittsmeinung des gebildeten Lesers von heute. Wenn man diese Gebilde recht verstehen will, so muß man zurückgehen, soweit uns unsere Füße oder die Geschichten tragen, und findet dann, wie Traum, Rausch und Wahnsinn in der Fülle aller Geschichten ständig ihren Ort

---

[1] W. Schapp, *In Geschichten verstrickt*.

wechseln und erst um Neunzehnhundert zu dieser Nebenrolle kommen, die sie vorher nie gehabt haben und aus der sie jetzt seit einiger Zeit wieder zu neuem Glanz emporsteigen, obwohl man das Geschichtenmäßige und das Verstricktsein in Geschichten noch nicht erfaßt hat. Wenn wir unbefangen mit den Wachgeschichten beginnen, um von ihnen aus zu den anderen Geschichten zu gelangen, so zeigen wir damit, wie sehr wir unserer Zeit verhaftet sind. Es liegt darin schon eine Vergewaltigung der Geschichten, in die wir verstrickt sind. Wenn wir so mit den Wachgeschichten beginnen, ohne gleich die Einschränkung zu machen, daß die Wachgeschichten Wachgeschichten nur sind, weil es Traum-, Rauschgeschichten gibt oder auch nur insofern sind, als diese ihnen irgendwie die Waage halten, so zeigen wir damit eine Befangenheit an, die einem späteren Historiker die Datierung unserer Überlegungen leicht macht. In einer Zeit, in der der Traum den Weg zu den Göttern öffnete oder in der der Wahnsinnige als von einer Gottheit besessen galt, wird die Wachgeschichte nicht ohne weiteres den Ausgangspunkt in der Beurteilung aller Geschichten gebildet haben.

Kapitel V
Märchen, Sagen, Mythos, Kunst, Religion, Philosophie.
Das Sein der Geschichten. Die Rede vom Charakter, vom Trieb,
von Anlagen. Die Rede von den Akten. Das Sein der Tiere und
Pflanzen in den Geschichten

An dieser Stelle müssen wir uns mit diesen Andeutungen begnügen. Wir kommen jetzt zu einem fast noch schwierigeren Problemkreis. Mit einem gewissen Recht mag man von unserem Standpunkt aus sagen, daß mit der Fülle aller Geschichten, den jetzigen, den vergangenen und den zukünftigen, in all den Bereichen, die wir kurz gestreift haben, die Welt getroffen und ausgeschöpft sei, daß es daneben und dahinter nichts mehr geben könne. Von der Materie, von dem Stoff und was die Rede davon zu bedeuten hat, sehen wir an dieser Stelle noch ab. Wenn wir aber so versuchsweise eine Welt zurecht zu zimmern versuchen aus Geschichten und wenn wir diese Welt nach allen Richtungen durchschritten haben, so fehlt uns schließlich noch viel an dieser Welt, an unserer Welt. Es fehlen noch die Märchen, die Sagen, der Mythos und alles, was in dieser Richtung liegt. Mit diesen drei Ausdrücken ist an sich wohl nur ein ungeheures Gebiet angeschnitten, welches mit mehr oder weniger Recht in diese drei Gebiete unterteilt ist. Es fehlt aber weiter noch das große Gebiet der Dichtung und alles, was mit ihr verwandt ist, vielleicht sagen wir besser der Kunst. Indem wir aber diesen Ausdruck wählen, führt er uns von selbst weiter zu dem Dreiklang

Kunst, Religion, Philosophie oder Weisheitslehre. Auch in diesem Dreiklang bilden Geschichten, die den Geschichten, von denen wir ausgehen, zum Verwechseln ähnlich sehen, vielleicht den Grundstock; wir denken etwa an die biblischen Geschichten und an die entsprechenden Geschichten anderer Religionen oder an die Kurzgeschichten der Sprichwörter oder an die Lehren der Weisheit in Gestalt von Geschichten.

So können wir das Motiv „Geschichte" von der Alltagsgeschichte über Märchen, Sage, Mythos und über die Geschichten der Dichter zu den religiösen Geschichten verfolgen, und zwar nicht nur als Motiv, sondern auch in einem gegenseitigen Tragen und Getragenwerden. Der Alltag und die Alltagsgeschichte verweisen schon auf den Feierabend und den Feiertag und die Feste mit ihren Geschichten. Der Festtag strahlt in den Alltag hinein. Er steht andererseits unter der Last des Alltags. Märchen und Sagen strahlen in die Alltagsgeschichten hinein und der Mythos umfaßt alles.

Die Traumgeschichten sind mit den Märchen verwandt, und die Rauschgeschichten haben eine Beziehung zur Dichtung. Wenn wir dies Motiv „Geschichten" verfolgen in den drei Bereichen, die wir angedeutet haben, die wir vielleicht aber gar nicht Bereiche nennen dürfen, weil alle zusammen ein untrennbares Ganzes bilden, so finden wir kaum etwas, was nicht in Geschichten hineingehörte oder was sich nicht als Geschichte fassen ließe. Das Merkzeichen dafür ist, daß wir in allen Bereichen den Verstrickten finden, den in Geschichten Verstrickten mit seinen Vorgeschichten, um den sich die Geschichte aufbaut, mag es ein Märchen, mag es eine Sage, ein Mythos, ein Epos, ein Drama sein. Selbst die Götter sind auf ihre Weisen in Geschichten verstrickt, die Toten sind in Geschichten verstrickt gewesen, und alle zusammen gehören zu dem großen Allwir der in Geschichten Verstrickten. Wir können das an dieser Stelle nicht im einzelnen verfolgen. Im dritten Abschnitt gehen wir näher auf diese Zusammenhänge ein. Hier möchten wir nur sagen, daß man z.B. bei dem lyrischen Gedicht fragen kann, ob auch hier im Mittelpunkt der Verstrickte steht, und vielleicht ist die Antwort darauf, daß der Verstrickte durchaus nicht immer im Mittelpunkt zu stehen braucht. Er kann ganz versteckt irgendwo sozusagen außerhalb des Bildes in seiner Fortsetzung stehen und hält doch das Bild zusammen.

Wir können aber noch auf einige am Tage liegende Verbindungen der Geschichten hinweisen, so etwa, wie in allen Geschichten dieselbe Sprache (Landessprache) gesprochen wird und wie sich doch auch wenigstens mit jeder Geschichtenart die Sprache oder Sprechweise ändert. Das Märchen hat einen anderen Klang wie eine juristische Geschichte, und doch kann eine juristische Geschichte auch einmal in die Nähe des Märchens geraten.

Wie dieselbe Sprache gesprochen wird in allen Bereichen, so treffen wir auch dieselben Wozudinge an, den Zinsgroschen, die Taler, die Flasche, in die der Geist gebannt ist, den Teppich. Sie kommen in allen drei Bereichen vor, und zwar, was wohl der Aufmerksamkeit wert ist, mit ihren Geschichten, aus denen sie kommen, im Horizont: Der Taler, der Zinsgroschen, die Flasche, der Teppich stammen aus Geschichten.

Wenn wir aber im übrigen nach der Verbindung zwischen der Welt der Geschichten und der Dichtung, vielleicht müssen wir auch sagen, der Welt der Dichtung suchen, und zwar ohne jede Voreingenommenheit, so können wir zunächst vielleicht sagen, daß die Traumgeschichte, die Rauschgeschichte der Dichtung verwandter seien als die Wachgeschichte. Aber diese Verwandtschaft mag mehr äußerlich sein oder einen Hinweis geben auf eine andere Vermittlungsmöglichkeit. Es mag sein, daß die Welt, so wie wir sie auffassen, die Welt der Geschichten einmal ohne Dichter war, aber niemals war sie ohne Dichtung. Die Dichtung gehört von Anfang zu den Geschichten, in die die Menschheit, hier dürfen wir vielleicht nicht sagen der Mensch, verstrickt war. Bevor es eigentliche Dichter gab, gab es die Märchen, gab es die Sagen, gab es den Mythos, gab es die religiösen Gedichte. Was diese Erzählungen, wenn wir sie so benennen dürfen, um sie von den Geschichten abzuheben, für uns bedeuten und was sie in anderen Zeiten bedeutet haben, ist schwer verständlich zu machen.

Schon in unserem kurzen Leben wechselt äußerlich dieselbe Erzählung oft ihren Platz. Aus dem Märchen vom Rotkäppchen wird der Mythos vom Fenris-Wolf, aus der Weihnachtsgeschichte wird für viele ein Weihnachtsmärchen oder auch wieder ein Weihnachtsmythos oder ein Gebilde, das anklingt an Märchen und Mythos. Schließlich wird man unsicher über die Grenzen zwischen diesen Gebilden. Unter den Märchen finden wir Gleichnisgeschichten; Geschichten aus der *Bibel* ließen sich in Grimms Märchenbuch unterbringen, und auch das eine oder andere Märchen von Grimm ließe sich in der *Bibel* unterbringen. Wenn wir so unsicher werden in der Abgrenzung dieser Gebilde untereinander und in ihrem Verhältnis zur Dichtung, so müssen wir im Verfolg dieser Gedanken auch bekennen, daß zwischen Dichtung, Weisheit, Philosophie, Religion keine scharfen Grenzen zu ziehen sind. So wie wir die Verhältnisse jetzt sehen, sind Dichtung, Religion, Philosophie, Weisheit verwandt. Wir dürfen jetzt auch die Dichtung auf Kunst überhaupt ausdehnen. Sie sind so verwandt, daß sich die Frage nach den Grenzen vielleicht von selbst umwandelt in die andere Frage, ob sie nicht eins sind und ob man nicht viel leichter ihre Einheit fühlbar machen kann als ihr Getrenntsein. Wie soll man auch nur den Versuch unternehmen, in Homers *Ilias*, in Dantes *Göttlicher Komödie*, in Goethes *Faust*, Dichtung, Religion, Philosophie, Weisheit zu trennen. Trennen heißt hier nur Verwüstung anrichten.

Wenn für uns Traumgeschichten, Rauschgeschichten, vielleicht auch Wahnsinnsgeschichten als Geschichten sich irgendwie in die große Geschichten-Wirklichkeit (wenn wir von einer solchen reden dürfen) einfügen und an dieser Wirklichkeit teilnehmen, so möchten wir etwas ähnliches für die geschichtenartigen Gebilde der Dichtung, der Weisheit, für die Gleichnisgeschichten in Anspruch nehmen. Diese Geschichten sind unendlich vieldeutig. Sie treten vielleicht zunächst auf im Gewande der Geschichte, die sich hier oder dort begeben hat, und weisen zugleich weit über sich hinaus in ein Reich von Geschichten hinein, die damit zugleich eine höhere Wirklichkeit erhalten. Im Gleichnis vom verlorenen Sohn ist das irdische Sohn-Vater-Verhältnis die Stufe, auf der man zu Gott-Vater gelangt. Zugleich strahlt aber von diesem Gott-Vater dann wieder etwas von dessen Glanz auf den irdischen Vater zurück und nicht nur von dem Glanze, sondern auch von dem Gewicht und der Verantwortung. – Wenn wir von dem Menschen als dem in Geschichten Verstrickten reden, so meinen wir damit niemals eine Aneinanderreihung von Geschichten. Soweit ist die Lage einfach und durchsichtig. Einen Einblick aber, wie die Geschichten zusammenhängen, geben uns Kunst, Religion, Philosophie; oder die Durchblicke, die wir vorfinden, bezeichnen wir als Kunst, Religion, Philosophie.

In den Geschichten kommen die Wozudinge vor. Wir haben in der erwähnten früheren Untersuchung noch versucht, von den Wozudingen zu dem Auswas der Wozudinge zu kommen. Damit hätten wir die Welt der Geschichten durchwandert und könnten nun versuchen, diese Welt in Beziehung zu setzen zu dem Sein des Philosophen. Wir würden dies Sein nicht in Anspruch nehmen für die lauten, aktuellen Wachgeschichten. Diese geben nur den Vordergrund ab. Wir würden auch das eigentliche Sein entsprechend nicht für die Gegenwart, für die jeweilige Gegenwart in Anspruch nehmen, sondern diese Gegenwart der Wachgeschichten treibt auf einem Meer von Vergangenheit und hält sich wohl nur auf der Oberfläche, weil es schon von der Zukunft gehalten wird. Vielleicht mußte jede Wachgeschichte einmal durchlebt werden, damit die heutige Wachgeschichte entsteht. Vielleicht gehört aber auch jeder Mythos, jede Sage, jedes Märchen, jede Dichtung zur heutigen Wachgeschichte in vielen, vielen Zusammenhängen, wie etwa das Märchen zur Großmutter und zum Enkel und damit zur Familie und damit zum Stamm, Volk gehört, dauernder als die Alltagsgeschichte, modern aber mißverständlich gesprochen mit unübersehbaren Funktionen. Selbstverständlich hat das Märchen keine Funktionen. Es ist aber im großen Sein, so wie der Abend ist und wie das Herdfeuer ist.

Wenn wir so vom Sein der Geschichten sprechen, wollen wir nur andeuten, wie schwierig es ist, dies Urwort der Philosophie hier einigermaßen verständig anzuwenden. Wir kommen damit zugleich zu einem selbstverständlichen und durchaus nicht leichtzunehmenden Einwand gegen unsere Betrachtungen. Wenn wir das Sein in Geschichten suchen, in welchem Zusammenhang auch immer, so ist unsere Hauptstütze das Verstricktsein in Geschichten, welches sich uns als der Kern des menschlichen Seins aufdrängt. Wenn wir hier vom menschlichen Sein reden, so wollen wir damit nicht zugegeben haben, daß man noch in einem anderen Sinne von Sein reden könne. Man kann aber gewissermaßen mit uns noch an einem Strange ziehen, indem man unseren Ausgangspunkt vielleicht billigt, aber die Geschichten doch nur als das für den Tag Wichtige, Bedeutende annimmt, hinter dem erst das wirkliche Sein zu suchen ist, die sterbliche oder unsterbliche Seele, der Mensch mit seinen Anlagen, Möglichkeiten, Instinkten, Trieben, Kräften, mit seinem Charakter als dem Urboden, aus dem die Geschichten wachsen. Von unserem Standpunkt aus nähern wir uns dem Menschen über seine Geschichten. Wir meinen, daß er sich selbst am nächsten ist in seinen Geschichten und daß wir uns ihm nur nähern können über seine Geschichten. Es kann vorkommen, daß wir ihn besser verstehen, als er sich selbst versteht. Das zeigt aber nur an, daß keine Geschichte rationalisiert ist. Es ist eine neue Geschichte, wenn wir jemanden zum besseren Verständnis seiner eigenen Geschichten bringen, eine neue Geschichte für uns und für den anderen. Im übrigen wird es ein langer Weg sein, die wahre oder vernünftige Meinung der Rede von Charakter, Trieb, Anlagen, Akte aufzuklären und in ein Verhältnis zu bringen zu den Geschichten, in denen nach unserer Meinung die letzte Stütze für diese Rede zu suchen ist. Wir sind auch überzeugt, daß niemand einen anderen Ausgangspunkt für diese Arten zu reden aufdecken kann. Die Brücke zur Welt der Tiere fanden wir schließlich auch über das Verstricktsein in Geschichten. Auch diese Redeweise ist uneigentlich. Das Tiersein bedeutet für uns das Verstricktsein in Geschichten und innerhalb gewisser Grenzen das Mitverstricktsein von Tier und Mensch in eine Geschichte, durchaus vergleichbar dem Verstricktsein von mehreren Menschen in dieselbe Geschichte. Man muß sich allerdings erst von den Theorien über Vernunft, Verstand, Sinnlichkeit, Wahrnehmen freimachen, um diese unmittelbare Beziehung zwischen Tier und Mensch zu sehen. Wir meinen, daß man diese Beziehung zum Hunde, zum Pferde, zu den Affen und in ähnlichen Fällen unmittelbar dartun könnte, so wie Rainer Maria Rilke, Thomas Mann und B. Traven es versucht haben, und daß man innerhalb der Tierwelt nicht noch zwischen vernünftigen und unvernünftigen Tieren oder zwischen Tieren mit Geschichten und Tieren ohne Geschichten unterscheiden könne, und daß man eine solche Scheidungsmauer auch nicht zwischen Tier und Pflanze aufrichten könne. Mit einem gewissen Vorbehalt kann man dann von uns sagen, daß wir Geschichten spüren, wo andere vom Leben sprechen.

B. WELT

Kapitel I
Die positiven Welten

1. Zugang nur in Geschichten

Der Ausdruck Welt, der in der folgenden Betrachtung im Mittelpunkt steht, ist vieldeutig. Wir könnten etwa philosophieren über die Welt Homers, über die Welt des *Alten Testaments*, über die indische Welt. Ich glaube nicht, daß es uns gelingen würde, auch nur für eine Kultur oder ein Zeitalter zu einem eindeutigen Gebilde Welt vorzudringen. Wohl möchte es uns gelingen, innerhalb der Kulturen der Umbildung und Fortbildung und Rückbildung, wie man will, dieses Gebildes Welt näher zu kommen. In der *Bibel*, bei Homer, in der *Bhagavadgita*, im *Gilgamesch-Epos* erfolgt diese Annäherung für uns Sterbliche – nur Sterblichen ist der Zugang dahin gegeben – über Geschichten. Und im Mittelpunkt all dieser Geschichten steht der Tod, der vielleicht erst den Geschichten ihr Gewicht gibt.

Wir begnügen uns nicht mit dem Ausdruck Welt, sondern sprechen von positiver Welt in Anlehnung an den Ausdruck positive Religion. Wir gehen dabei davon aus, daß die Welt der Alten, jedenfalls im Abendlande und weit bis in das Mittelalter hinein, ohne Religion nicht vorstellbar ist. Diese Welt ist so nach allen Richtungen mit Religion durchsetzt, daß sie keine selbständige Existenz ohne Religion hat. Wenn man Himmel und Unterwelt, Himmel und Hölle, Gott oder Götter und die Unterirdischen fortnimmt, so behält man nicht etwa Erde und Mensch übrig. Denn die Erde und das Herz der Menschen ist zugleich die Wohnung der Götter, oder steht in einem noch viel innigeren Zusammenhang mit dem Himmel und mit Gott. Dies sagen wir hier nur zur Einleitung; denn dies Verhältnis gehört in Wirklichkeit zum Thema unserer Arbeit.

Der Leser braucht nicht darin mit uns einig zu sein, daß diese Gebilde „Welt" Geschichten sind und ohne Geschichten nicht sind, nichts sind, um unsere folgenden Ausführungen zu verstehen; er muß sich aber von Grund auf klarmachen, daß eine „Annäherung" an diese Welten, ein „Hineinkommen" in diese Welten, ein „Heimischwerden" in diesen Welten – alles verkehrt, denn wir sind ständig darin – nur über Geschichten möglich ist und auch wohl nur über solche Gebilde wie etwa den Tod mit seiner eigentümlichen zentralen Stellung in den Geschichten.

Solche Welten, denen man sich über Geschichten nähert, die alle für uns erreichbar und nur für uns erreichbar sind, mag es sehr viele geben. Ja, wenn wir in Betracht ziehen, wie diese Gebilde Welt – wenn auch wohl immer von einem bestimmten Stil – in einer bestimmten Zeit wohl niemals aus einem Guß sind und sich außerdem in der Zeit noch ändern; wie etwa die Welt bei Homer nicht einheitlich ist, bei Hesiod nicht einheitlich ist und sich von Homer bis Hesiod ändert, wie dies im *Alten Testament* und in der *Bhagavadgita* sich ähnlich verhalten mag, so entstehen, wenn wir unseren Blick immer weiter schicken, immer neue „Modifikationen" des Gebildes Welt. Und wenn wir uns selbst fragen, wie unser Gebilde Welt heute aussieht, so sind auch wir von einem einheitlichen Gebilde weit entfernt, haben aber vielleicht gerade dadurch, daß unser Gebilde Welt durchsetzt ist mit Erinnerungen, Resten, Versteinerungen von anderen Welten, erleichterten Zugang zu diesen, so daß wir uns im Abendland etwa einbilden, daß uns der Zugang zu den primitivsten Kulturen bis zu den höchsten Kulturen möglich ist, wobei ich Gott lächeln sehe, wenn wir von primitiven Kulturen reden.

Nun mag es möglich sein, alle diese Gebilde in einen Zusammenhang oder sogar in eine Ordnung zu bringen. Einen solchen Versuch unternehmen wir im dritten Abschnitt.

2. Gott in den positiven Welten

Wenn wir von der Welt des *Alten Testamentes*, von der christlichen Welt, von der mohammedanischen Welt, von der Welt Homers, von der Welt Dantes reden, so haben wir den Vorteil, daß wir zunächst leicht verstanden werden mit dem, was wir unter Welt verstehen. Für den Philosophen ist vielleicht bedenklich, daß bei all diesen Welten fast selbstverständlich Gott oder ein Gott die erste Rolle spielt. In den verschiedenen Welten ist diese Rolle verschieden. In der christlichen Welt wird die Welt zum Gegenpol Gottes oder auch zu einer Welt der Prüfungen.

Wir dürfen auch nicht außer acht lassen, daß es ähnliche Welten ohne Gott als Ausgangspunkt gibt. Wir wollen hier nicht untersuchen, ob und inwieweit diese Welten, etwa die indische Welt und die chinesische Welt in gewissen Modifikationen (oder wie wir das sonst ausdrücken sollen), in ihrer Struktur ohne Gott auskommen und wie der leere Platz, wenn wir so sagen dürfen, der entsteht, wenn Gott fehlt, bei ihnen ausgefüllt wird.

In den positiven Welten, die wir antreffen in der Welt Homers, Dantes, im Islam, im *Alten Testament*, ist immer Gott vorhanden, treffen wir immer auf Gott und nicht so, daß wir Gott auch wegdenken könnten, sondern so, daß Gott, Zeus, Allah die ganze Welt durchdringt, und zwar in den verschiedensten Abwandlungen, worauf wir hier nicht näher eingehen wollen. Wenn wir Gott streichen, was ferne von uns sei, so bleibt von den Welten nichts oder nicht viel. Für uns ist es ein Problem, was dann noch bleibt. Darauf gehen wir hier nicht näher ein.

Wie Gott zu diesen Welten gehört, so gehört auch der Mensch dazu. Auch darauf gehen wir hier nicht näher ein. Wir könnten auch fragen, inwieweit Stoff oder Materie dazugehört zu diesen Welten. Im *Alten Testament* hat Gott die Materie gemacht. Bei den Griechen mag die Materie in Verbindung mit dem Chaos gebracht werden, aus dem die Welt entstanden sein könnte.

Mit welchem Recht reden wir hier von Welten statt von Weltanschauungen oder Weltvorstellungen? Wir können hierzu nur einen kleinen Hinweis geben. Jede dieser Welten, von der wir sprechen, steht jeweils im Mittelpunkt von anderen Welten. Dies gehört, wenn man so sagen darf, zu ihrer Struktur. Zur christlichen Welt gehört die Welt der Heiden, die jüdische Welt ist die Welt des auserwählten Volkes, umgeben von der Welt der Heiden. Die Welt Homers ist umgeben von den Welten der Barbaren. Wenn der Horizont der Welt nicht in dieser Weise ausgefüllt ist, so wird wenigstens eine Leerstelle im Horizont vorhanden sein. Man kann natürlich, und das wird vielleicht richtiger sein, auch sagen, daß zur christlichen Welt die Welt der Heiden gehört, da Gott über Christen und Heiden herrscht.

Wir müssen die Leser bitten, diese Frage selbst weiter auszuspinnen. Wir stellen diese Überlegung nur an, um einen ersten Zugang zu dem Ausdruck Welt und was mit ihm gemeint sein kann, zu gewinnen im Gegensatz zu der Welt der Naturwissenschaft oder besser im Verhältnis zur Welt der Naturwissenschaft. Noch wichtiger aber ist für uns, das Verhältnis dieser positiven Welten zu unserer Lehre von den Geschichten und von dem Verstricktsein in Geschichten aufzuklären. Dies „Gehören zu einer positiven Welt" ist für uns nur ein anderer Ausdruck für in Geschichten Verstricktsein. Die positive Welt löst sich für uns auf in ein Verstricktsein in Geschichten. Die Fülle jeder Welt und aller Welten wird nur über Verstricktsein in Geschichten lebendig, oder wie man das sonst ausdrücken will. Wir können auch sagen, wir können uns diesen positiven Welten nur nähern von unsern eigensten Geschichten aus. Wir treffen dabei immer wieder auf Geschichten, die unsere eigensten Geschichten sind oder Fremdgeschichten von Mitverstrickten. Auf etwas anderes können wir nirgends stoßen. Wenn wir diese Geschichten in Gedanken streichen, so bleibt von den positiven Welten nichts, oder es bleibt wie in der *Bibel*, sollen wir nun sagen, das Nichts, oder sollen wir sagen Gott und das Nichts, oder es bleibt wie bei den Griechen das Chaos. Das mögen so Grenzen der Geschichten sein.

Mensch sein heißt in Geschichten verstrickt sein, heißt aber auch, in einer positiven Welt sein oder leben, zu einer positiven Zeit. In einer positiven Welt leben heißt wieder, in einer Welt leben, in deren Horizont andere positive Welten ohne Ende auftauchen. Jeder Mensch ist in einer solchen positiven Einzelwelt und hat damit im Horizont andere positive Welten oder die anderen positiven Welten. Wir würden es aber für bedenklich halten, die Allheit der Welten wieder unter dem Ausdruck Welt zusammenzufassen. Ebenso würden wir ungern sagen, daß der einzelne, indem er in seiner positiven Welt ist, zugleich in den anderen Welten ist. Der Christ, der Jude, der Moslem würde es ablehnen, in den anderen Welten zu sein. Die anderen Welten mögen für ihn den Charakter der Unwirklichkeit haben. Man kann wohl von einem Erdteil zum anderen fahren, von einem Land zum anderen reisen, man kann aber nicht ohne weiteres von einer positiven Welt in die andere kommen, dazu bedarf es einer Bekehrung, eines Vorganges, der noch völlig unerforscht ist. Über dies Nebeneinandersein von Welten, Zusammensein von Welten, dies alles nur vorläufig formuliert, müssen wir uns weiter unterhalten.

3. Die Verbindung der positiven Welten

In der *Theogonie* ruft Hesiod die Musen an:

„Kündet mir, wie zuerst die Götter und Erde entstanden,
Ströme dazu, das endlose Meer und die brausende Brandung,
Leuchtende Sterne und droben des Himmels unendliche Weite,
[...].
Dies verkündet mir, Musen, Bewohner der himmlischen Häuser,
Alles von Anbeginn und was als erstes entstanden." (*Theogonie*, Vers 108 ff.)

Auf die Frage des Hesiod gibt das *Alte Testament* die Antwort: „Im Anfang schuf Gott Himmel und Erde"; und das *Neue Testament* gibt die Antwort: „Im Anfang war das Wort". Nach unserer Meinung führt unsere eigenste Geschichte oder kann unsere eigenste Geschichte in der Verlängerung zu dieser Geschichte vom Anfang führen, zum Anfang des Hesiod und der *Bibel*. Sie ist dann eine einheitliche Geschichte etwa für jeden Christen des Mittelalters und für den frommen Christen von heute. In diese Allgeschichte sind aber auch die Juden und die Mohammedaner verstrickt. In der Geschichte von der Schöpfung der Welt laufen anscheinend ihre Geschichten zusammen. Man könnte dann fragen, wo und wie sich die Geschichten trennen und was überhaupt eine solche Trennung bedeutet. Das *Neue Testament* weist uns in allen Phasen die Vorgänge bei der Gabelung der einen Allgeschichte in zwei Allgeschichten auf, allerdings unter christlichem Aspekt. Die Entstehung des Islam erfolgte unter anderen Vorzeichen.

Es wäre aber eine Betrachtung von außen, wenn man sagen wollte, daß Mohammed christliche und jüdische Lehren übernommen habe. Das Verhältnis der drei Religionen zueinander und ihre Verwandtschaft ist mit dem Stichwort Monotheismus nicht im Kern getroffen. Wir würden aber auch nicht sagen, daß den drei Religionen der erste Teil der Geschichte von der Erschaffung der Welt etwa bis zum Erscheinen Christi oder bis zum Auftreten Mohammeds gemeinsam wäre. Dabei ist das Verhältnis von Judentum, Christentum, Islam noch wieder verschieden. Man könnte Jude sein, ohne vom Christentum etwas zu wissen, aber nicht umgekehrt. Wohl aber könnte man Jude oder Christ sein, ohne vom Islam etwas zu wissen. Der umgekehrte Fall wäre wohl nicht möglich. Was diese Zusammenhänge aber in der Geschichtenwirklichkeit bedeuten, ist noch wieder eine Frage für sich. Man läuft immer Gefahr, sie von außen zu beurteilen, während sie Sinn erst gewinnen in den Geschichten oder im Zusammenhang mit den Geschichten des orthodoxen Juden, Christen, Moslem oder der entsprechenden Kollektive oder auch des Scheinchristen, Scheinjuden oder auch des Christen aller möglichen Färbungen. Wenn wir so die Frage erweitern, sehen wir bald, daß die Schöpfungsgeschichte in den Geschichten des einzelnen bei demselben Inhalt einen anderen Standort haben kann, womit sie allerdings auch den Inhalt wechselt. Diese Verschiebung des Inhaltes geht nicht in die Worte ein, weil diese Worte eine unendliche Weite haben und immer das vorwegnehmen, was zu beweisen ist. So ist das christliche Glaubensbekenntnis ein Meisterwerk der Wortkunst und doch fast sinnlos, wenn man es von dem Boden, auf dem es gewachsen ist, von der *Bibel* und der Tradition abschneidet.

So wird auch die Schöpfungsgeschichte einen ganz anderen Klang haben bei Juden, Christen und Moslimen, und so darf auch die Schöpfungsgeschichte nicht als allgemein gültige Antwort auf die Frage des Hesiod aufgefaßt werden, und so sind wir der Frage, was eine Bekehrung sein mag, durch unsere Betrachtung keinen Schritt nähergekommen. Eine Schöpfungsgeschichte, die nicht Ausgangspunkt einer Großgeschichte wäre, und die nicht über diese Großgeschichte erst in die Einzelgeschichten einflösse, scheint es nicht zu geben. Ob es dagegen Einzelgeschichten gibt, die nicht zur Frage des Hesiod führen, Einzelgeschichten mit leerem Horizont, möchte ich hier nicht entscheiden. Sicher gibt es keine Einzelgeschichten ohne Horizont.

Wir müssen uns von dem Gedanken freimachen, als ob die drei Religionen, von denen wir hier ausgehen, oder irgendeine andere Religion ein Forschungsgebiet für irgendeine Wissenschaft oder einen Forscher wäre. Zu den drei Religionen gewinnt man nur Zugang über Geschichten und über eine Allgeschichte. Was die christlichen Religionen anbetrifft, so können wir den großen Zusammenhang in einigen Sätzen aufleuchten lassen: Die Schöpfung der Welt, des Menschen; der Sündenfall, die Vertreibung aus dem Paradiese, die Sintflut, Sünde und Tod als Menschenschicksal, Errettung von Sünde und Tod durch den Kreuzestod des Erlösers. In diesem lebendigen Geschichtenzusammenhang, in dem es ebensoviel Unerklärliches als Einsichtiges gibt, steht jeder einzelne gläubige Christ durch Taufe und Abendmahl in ständiger handgreiflicher Verbindung mit dem großen Zusammenhang oder durch die christlichen Feste wieder in etwas anderem Zusammenhang. Wir zweifeln nicht, daß wir ähnliches, nämlich Einordnung in den großen Zusammenhang und Verstricktsein oder Geborgensein in diesem großen Zusammenhang auch von den Juden und Moslimen sagen könnten. Wir meinen dann aber weiter, daß man Zugang zu diesen Allgeschichten nur als in Geschichten Verstrickter habe und daß auch der Forscher und Analytiker nur auf der Grundlage seiner Geschichten einen Zugang hier hat, daß der Zugang, den er hat, von diesen seinen Geschichten ständig erhalten und genährt wird. Je mehr der Forscher sich von der Eigenverstrickung zu lösen versucht, desto loser wird seine Verbindung. Man kann Pflanzen in ein Herbarium legen, man kann den menschlichen Leib zu einer Mumie machen. Etwas Ähnliches kann man mit einem Stein oder einem Stück Metall nicht machen. Die Mumie weist noch irgendwie hin auf den blühenden Leib. Wer aber die Mumie untersucht, darf nicht glauben, daß er den Leib vor sich habe. Wir könnten auch sagen: Sicher wäre das Christentum nichts ohne Christus, aber ebenso sicher ist es nichts ohne Christen. Die beiden sind ein Leib. Wer nicht zu diesem lebendigen Leib gehört, der steht außerhalb. Wer über Religionsforschung reden will, der müßte zunächst den Ort angeben, an dem er steht. Eine Theologie von außen her kann es nicht geben.

Dabei sind wir versucht, immer wieder darüber nachzudenken, wie es kommen mag, daß es gerade diese drei Religionen in ihrem eigenartigen Verhältnis zueinander und mit den Verbindungslinien zu den anderen Religionen gibt. Wir können uns nicht mehr in die Zeit zurückversetzen, in welcher jeder Gläubige glaubt, im Besitz des echten Ringes zu sein. Die Änderung unserer Stellung durch die Aufklärung und Nachaufklärung bedeutet aber nur, daß wir Haus und Hof und Heimat verloren haben und ruhelos durch die Welt pilgern.

Im Mittelpunkt unserer Untersuchung steht der einzelne in seine Geschichten verstrickte Mensch. Von ihm oder von seinen Geschichten aus tasten wir uns nach allen Richtungen über Geschichten und nur über

Geschichten vorwärts, soweit wir kommen. Dabei stoßen wir nirgends auf eine Grenze. Wir sind nicht nur in unsere Geschichten verstrickt, sondern in die Geschichten bis zur Erschaffung der Welt und ebenso nach seitwärts verstrickt bis zum entferntesten Menschen und, wie wir meinen, auch bis zu jeder Kreatur.

Wie aber diese, unsere Überlegungen unterzubringen sind in all dem, was Menschen treiben, in welchem Verhältnis sie zur Philosophie, zur Kunst, insbesondere zur Dichtung stehen, in welchem Verhältnis zur Weltgeschichte, zur Wissenschaft jeder Art, in welchem Verhältnis insbesondere zur Phänomenologie, darüber handelt diese ganze Schrift. Wir kommen dabei zu keinem Ende, und das ist auch gut so, denn fast möchte ich sagen: Eine richtige Welt muß unausschöpfbar sein.

4. Persönlichkeiten und die positiven Welten

Ajax, Agamemnon, Achill. Saul, David.
Arjuna. Alexander. Gilgamesch

Diese Namen stehen für Welten, Weltbilder oder Weltanschauungen. Die Beziehung dieser Namen zu den Geschichten liegt auf der Hand. Die Namen sind Überschriften von Geschichten. Nur über Geschichten gibt es Zugang zu ihnen und gleichzeitig zu ihren Welten.

Hier kann man nun fragen, leben oder sind diese Helden alle in einer Welt, oder leben sie wenigstens auf derselben alles ernährenden Erde unter demselben Himmel, über derselben Unterwelt? Hier stocken wir schon. Es läßt sich leichter aufweisen, daß ihre Geschichten alle in dem Zusammenhang stehen, in welchem Geschichten stehen können, als daß sich die Einheit von Himmel und Unterwelt, von Palästina bis Indien nachweisen ließe. Wir Heutigen wissen oder glauben zu wissen, daß die eine Erde sie alle ernährt und ein Sternenhimmel sie überwölbt. Wir kommen damit zu einer ersten vorläufigen Auffassung von Welt. Es ist aber die Frage, ob in dieser neuen Welt all die alten Welten von Homer bis Dante einen Platz, einen Ort, oder ein Haus finden, oder welche Verbindung sonst zwischen diesen bunten Welten der Alten und unserer Welt bestehen mag. Gewiß, Homer hat vor soundsoviel tausend Jahren da und dort gelebt, König David dort und dort. Die Orte können wir heute noch aufsuchen. Heißt das aber nicht, daß wir Homer und König David aus ihrer Welt herausnehmen und in unsere nach rückwärts verlängerte Welt übernehmen, so wie man Schiffbrüchige von ihrem Boot auf ein Schiff übernimmt. Wir können offenbar nicht ihren Gott und ihre Götter, ihre Unterwelt und ihren Himmel mit verpflanzen in unsere Welt. Wenn man diesen Gedanken verfolgt, wird das, was wir von ihrer Welt übernehmen können, immer weniger und geringer, bis zuletzt vielleicht nichts mehr bleibt als Geschichten. Man kann darauf erwidern, daß unsere Welt doch real ist und daß es weiter nicht verwunderlich ist, daß der Spuk der Alten in unsere Welt nicht mehr hineinpaßt, daß aber genau unsere Welt mit all ihren Gesetzlichkeiten doch schon zu Zeiten Homers und König Davids existiert habe, und diese nur eine ungenügende Kenntnis von dieser Welt gehabt haben. Wir erwidern oder fragen darauf, was diese unsere reale Welt denn eigentlich sei oder von welcher Welt unsere Freunde und Gegner reden. Sie werden verweisen auf die Welt der Wissenschaft, insbesondere auf die Welt der Naturwissenschaft. Es bleibt uns dann nichts übrig, als daß wir zusammen die Welten der Alten und die neue Welt durchwandern und versuchen, die Beziehungen dieser Welten festzustellen.

5. Selbstgegebenheit in den positiven Welten (Wahrnehmung)

Der Inderin, welche am Morgen das Feuer anzündete oder aus der Kohle zur Glut und Flamme entfachte, kam damit der Feuergott persönlich in die Hütte, da das Feuer und die Flamme nicht ein Symbol des Gottes, sondern der Gott selbst war. Der Gott selbst kam mit der Flamme an und offenbarte sich damit; wenn das Feuer erlosch, verließ er damit die Wohnung. Vielleicht ist unsere provinzielle Redensart: „Das Feuer kommt an, das Feuer geht aus" noch auf diese alten Vorstellungen zurückzuführen, indem damit auf die Ankunft und auf den Abgang des Feuergottes angespielt sein könnte.

Es gehört nicht viel Phantasie dazu, um sich die lebendige demütige Unterhaltung der Inderin mit dem Feuergott während des Vormittags vorzustellen: Wir mögen auch noch einen Nachklang des Glücksgefühls, welches der Feuergott spendet, spüren.

Wenn in Indien der Mensch vom Fieber verzehrt wurde, so zeigte sich darin der Fiebergott gegenwärtig. Derselbe Fiebergott suchte den Menschen hier und den Menschen da heim. Der Fiebergott war eine Einheit so gut wie der Feuergott. Die räumliche und zeitliche Entfernung in ihrem Auftreten machte keine Schwierigkeiten, und es scheint mir, als ob auch wir diese Einheit noch nachfühlen können.

Diese Vorstellungen gehören einer positiven Welt an, oder wie wir auch sagen können, einer positiven Großgeschichte.

An diesem Beispiel möchten wir zeigen, wie schwierig es ist, über Gegenstand und Wahrnehmung oder über Gegenstand und Selbstgegebenheit zu sprechen. Wir können mit diesen Vorstellungen von einer positiven Welt zur anderen gehen und die ganzen positiven Welten daraufhin ansehen, wie sie hineinpassen. Vielleicht wären diese Vorstellungen für den Juden Götzendienst, und ähnlich würde der Christ sie ansehen und auch der Mohammedaner; der heidnische Grieche würde etwas mehr Verständnis haben, da sein Hephaistos noch an den indischen Feuergott erinnert. Wenn wir selbst aber mit der Frage nach der Wahrnehmung, nach der Gegenstandsnatur, nach der Selbstgegebenheit in diese positive Welt der Inderin eintreten, so wagen wir nicht zu sagen, daß sie den Feuergott nicht wahrgenommen habe. Wenn wir uns selbst und unsere Wahrnehmungen prüfen, so werden wir zugeben müssen, daß .... Hier stocke ich, hier wird es schwer, das auszudrücken, worauf es ankommt. Der Phänomenologe hat es hier leicht. Er unterscheidet etwa das Gemeinte und das Selbstgegebene. Er analysiert die Flamme und versucht immer genauer das im Augenblick Selbstgegebene zu fassen, ähnlich wie der Maler das macht oder zu machen glaubt. Die Differenz zwischen dem Gemeinten und dem Selbstgegebenen ist dann das Nichtselbstgegebene. Das Phänomen der Flamme ist für jeden Menschen dasselbe. Die dazu gehörenden Meinungen mögen verschieden sein.

Natürlich wird dem Phänomenologen dies Beispiel vom Feuergott nicht gerade gut liegen. Lieber würde er an einer Metallkugel den Unterschied vom Gegebenen und Gemeinten zeigen oder an einem Wagen oder an einem Tisch. Wenn wir heute diese Unterscheidung für eine Konstruktion halten, so dürfen wir nicht vergessen, daß sie im Anfang eine wertvolle Entdeckung war, und vor allen Dingen, daß wir noch heute weit entfernt sind, die Fragen, die hier auftauchen, beantworten zu können. Wir meinen etwa – und das muß immer wieder nachgeprüft werden –, daß der Feuergott mit seiner ganzen Geschichte persönlich die Inderin aufsucht und daß es keinen Sinn hat, die Flamme gleichsam als Haut von dem Feuergott zu trennen, ebensowenig wie man einem Menschen die Haut abziehen kann, ohne ihn zu töten.

6. Von den positiven Welten zur physikalischen Welt als Sonderwelt des Abendlandes

Wir dürfen nicht glauben, daß wir die positiven Welten in ihrem Verhältnis zu den philosophischen Welten und zur Sonderwelt des Abendlandes, der physikalischen Welt, in wenigen Strichen zeichnen könnten. In diesen drei Welten wird eine verschiedene Sprache gesprochen. Es genügt nicht, daß die Texte übersetzt werden. Die Worte sind hier wie Instrumente, die für den Hausgebrauch genügen, aber darüber hinaus versagen. Der Goldschmied kann nicht mit dem Hammer und Amboß des Grobschmiedes arbeiten. Selbst wenn wir zunächst von den philosophischen Welten oder den Systemen der Philosophie absehen, soweit sie nicht die „Natur", die „Physis" betreffen, und uns auf das Verhältnis positive Welt – physikalische Welt beschränken, so besteht die erste Schwierigkeit schon darin, daß wir keine vollständige Übersicht über die positiven Welten haben, sondern uns mit Beispielen begnügen müssen, ohne daß wir sagen könnten, was in diesem Fall Beispiel, streng genommen, bedeutet.

Wenn wir uns über diese Schwierigkeit hinwegsetzen, so besteht die nächste darin, daß wir selbst noch in einer Art positiver Welt leben, deren Verhältnis zu den positiven Welten der Vorzeit schwer zu bestimmen ist. Für eine erste Einführung in das Verhältnis der positiven Welten zur physikalischen Welt müssen einige Hinweise genügen.

Wir können ausgehen von den Gebilden, die sich in der „Welt" vorfinden. Wir können nicht definieren, was ein Gebilde ist, wir können aber Beispiele aufzählen: Mensch, Tier, Pflanze, Wozudinge, Auswas der Wozudinge, Stoffe, die Erde, der Himmel, die Unterwelt, die Sternenwelt, Gott, Götter, Halbgötter, Naturgewalten, Flüsse, Berge, Täler, Wolken, Regenbogen. Wir wollen uns nicht darüber auslassen, was diese Gebilde von „Dingen" oder von „Gegenständen" unterscheidet. Indem wir den Ausdruck Gebilde einführen, vermeiden wir einige Schwierigkeiten, insbesondere wird die Frage nach Wirklichkeit oder Unwirklichkeit damit zunächst ausgeschaltet.

Man könnte nun daran denken, diese Gebilde gleichsam als das eiserne Inventar der positiven Welten zu erklären. Von diesem Inventar hätte sich dann ein beträchtlicher Teil gleichsam als Rest der alten positiven Welten in unserer positiven Welt noch erhalten, allerdings beiseite gedrückt durch die physikalische Welt, während der andere Teil als Häufung von Scheingebilden entlarvt wäre, so daß als einzige Aufgabe übrigbliebe, aufzuklären, wie es zu diesem Schein gekommen ist. Dabei könnte das Verhältnis dieser Scheingebilde zur Wirklichkeit noch wieder sehr verschieden sein. Unter diesem Gesichtspunkt könnte man etwa sagen, die Gebilde, Mensch, Tier, Pflanze, die Wozudinge mit ihrem Auswas sind in den positiven Welten der Vorzeit nachweisbar dieselben wie bei uns heute, während etwa Hölle, Unterwelt, Himmel, Gott, Götter als Truggebilde entlarvt sind. Die Erde im Horizont, mit Horizont, die Sternenwelt mögen zwischen beiden Arten von Gebilden stehen. Wenn man die Frage umgekehrt stellt nach dem Zusammenhang zwischen den Gebilden der Naturwissenschaft, etwa dem Atom, dem Element, der Lichtwelle und den Gebilden der Alten oder den Gebilden der positiven Welten, so ist schwer zu sagen, wie weit die Ansätze zu diesen Gebilden in die positiven Welten zurückgreifen. Spötter, die nicht recht an Himmel und Hölle glaubten, an Götter und Teufel, mag es schon in den positiven Welten gegeben haben, und diese mögen schon verwandt gewesen sein mit unseren Aufklärern. Wenn wir nun aber etwas genauer sein wollen, müssen wir diese grobe Zeichnung fast ganz wieder wegradieren. Wie sollen wir das verstehen, daß Mensch, Tier und Pflanze in den positiven Welten bis auf unsere Zeit dieselben geblieben seien? Können wir dies auch nur für die Menschen behaupten? Am ehesten scheint man es noch für die Wozudinge behaupten zu können, aber auch hier mag der Schein trügen.

Was zunächst den Menschen betrifft, so ist das, was man vom Menschen sieht, sicher das wenigste vom Menschen, jedenfalls wenn man nur auf das Stoffliche sieht. Genau genommen kann man natürlich diese Einschränkungen nicht machen; denn das sogenannte Stoffliche weist mit jeder Faser über sich hinaus. Man vergegenwärtige sich etwa das Stoffliche des menschlichen Antlitzes und eines Pferdekopfes, es fällt uns schon schwer, von einem Pferdegesicht oder gar Pferdeantlitz zu sprechen, oder man vergegenwärtige sich das menschliche Auge, das Auge des Hundes. Diese Beziehungen zwischen Leib und Seele, wenn wir so sagen dürfen, die vielleicht in Wirklichkeit gar keine Beziehungen sind, sind erst seit Lavater wirklich bewußt geworden, obwohl sie natürlich seit Urzeiten bekannt gewesen sind. Seitdem sie bewußt geworden sind, werden sie wahrscheinlich auch immer wieder falsch interpretiert.

Man kann also mit einem gewissen Recht sagen, daß die Verbindung zwischen dem Menschen der positiven Welten und dem heutigen Menschen nicht über den Körper oder über den Leib gefunden werden kann, sondern nur über die Geschichten, die in ihnen ausgedrückt werden. So wenigstens würden wir uns ausdrücken, wobei wir wohl wissen, daß von zehn Gelehrten oder zehn Philosophen jeder eine andere Meinung über den Menschen und seinen Ort hat. Es bedeutet schon viel, wenn man sich so weit verständigt, daß man nach einem solchen Ort sucht oder suchen kann. Dies Suchen nach einem Ort setzt schon Welt und damit vielleicht schon wieder Mensch voraus. Wir könnten diese Sprechweise ergänzen, indem wir etwas von der folgenden Untersuchung vorwegnehmen und nicht nach dem Ort suchen, sondern nach den Reihen, in die wir den Menschen einreihen können, oder in die der Mensch von jeher eingereiht worden ist und dabei auf den Wechsel dieser Einreihung achten, von der *Bibel* an über Homer, Hesiod, Dante, Goethe, Darwin. Statt dieser fünf Namen könnten wir natürlich auch hundert Namen nennen.

Wenn man von den Geschichten absieht, wird es schwer sein, etwas Gleichbleibendes hinsichtlich des Menschen vom Anbeginn der Tage bis heute festzustellen, während wir andererseits nur das Buch Hiob oder die

Geschichte Hektors, seiner Familie, der Andromache, des Priamos oder die Geschichte vom verlorenen Sohn oder eine Geschichte von Dostojewski uns zu vergegenwärtigen brauchen, um die Einheit über die Geschichten festzustellen und zu dem Urteil zu kommen, daß es eine Welt, eine positive Welt ist, zu der diese Geschichten gehören. Und wenn wir weiter ausholen nach Indien und China oder auch zu den einfachsten Völkern, so werden auch diese uns nicht im Stich lassen auf der Suche nach Geschichten, die uns mit den in diese Geschichten Verstrickten verbinden.

So kann man von Volk zu Volk reisen und Geschichten sammeln, wie sie am Herd oder am Lagerfeuer erzählt werden. Wir haben in diesem Zusammenhang früher von Fremdgeschichten gesprochen, und es ist eine wichtige Aufgabe, den Zusammenhang zwischen diesen Fremdgeschichten und den eigenen Geschichten oder den eigensten Geschichten aufzuklären. Vielleicht berühren uns die Fremdgeschichten nur, weil sie ihrem Sinne nach eigene oder eigenste Geschichten sind, die uns ebenso hätten passieren können, wie sie dem Helden der Geschichte passiert sind. Aber selbst das mag noch nicht das Wesentliche sein in unserem Verhältnis zu den Fremdgeschichten. Aristoteles sucht nach einem solchen Kontakt, wenn er die Wirkung der Tragödie auf den Zuschauer untersucht. Er will in zwei, drei Worten fassen, was vielleicht nicht einmal in einem Buch gefaßt werden kann, wenn er von der bekannten Reinigung spricht. Der indische Gelehrte würde vielleicht sagen: Das bist du. Wir trauen uns nicht, ein solches Urteil abzugeben, obwohl wir glauben, daß wir wenigstens halb verstehen, was hier gemeint ist. Man müßte von allen Seiten nun immer wieder untersuchen, wie sich fremde und fremdeste Geschichten und eigene und eigenste Geschichten verbinden, wenn auch nicht zu einer Einheit, wenn auch nicht zu einem Ganzen, so doch um einen Kern herum, oder zu einem Fluß oder zu einem Strom. Vielleicht können wir durch ein Beispiel das, auf was wir hier abzielen, noch etwas klarer machen. Der Untergang eines Schiffes gehört in eine Geschichte, er gehört immer in eine Geschichte, weil Schiff und Untergang ohne Geschichte nicht ist oder nichts ist. Der Untergang kann auf die verschiedenste Art zu unserer Geschichte gehören. Er kann fern im Horizont unsere Geschichte streifen, wenn es sich um den Untergang eines Schiffes aus fernen Zonen handelt. Er kann mehr und mehr auf uns zukommen, etwa in der Reihenfolge, daß es sich um das Schiff eines Nachbarvolkes, des eigenen Volkes, einer Nachbarstadt handelt, und die Geschichte kann so auf uns zukommen, daß es sich um ein Schiff unserer eigenen Stadt handelt, und schließlich um unser eigenes Schiff, beladen mit unserem eigenen Hab und Gut, und die letzte Steigerung: geführt von unseren eigenen Verwandten, von unserem Vater, von unserem Sohn. Die Nachrichten von dem Untergang des Schiffes können sich auch so folgen, daß uns der Untergang von Stufe zu Stufe näherrückt, bis wir im Zentrum des Sturmes stehen. Hier handelt es sich um den Übergang von Fremdgeschichten zur eigensten Geschichte. Die Fremdgeschichte setzt voraus, daß man in eigensten Geschichten lebt, und die eigenste Geschichte muß wohl immer von Fremdgeschichten umgeben sein. Es wird auch Geschichten geben, die uns wie Raubtiere überfallen und sich in unser Zentrum drängen, obwohl sie uns bei kühler Betrachtung nichts angehen sollten. Diese Betrachtung mag uns etwa zur Tragödie führen oder die Tragödie zu einer solchen Betrachtung. Wenn wir aber zu dem Untergang des Schiffes zurückkehren, so möchten wir von hier die Brücke zur Religion und zur Religionsgeschichte schlagen. Es kommt nicht darauf an und man wird nicht dadurch ein Christ oder ein Anhänger des Christentums oder einer Kirche, daß man die Geschichten der *Bibel* glaubt oder von ihrer Wahrheit überzeugt ist, sondern nur dadurch, daß man sich in diese Geschichten als eigenste Geschichten verstrickt fühlt, verstrickt ist, richtig verstrickt ist. In diesem Zusammenhang hat es keinen Sinn, von Wahrheit oder Falschheit zu reden oder vom Glauben oder Nichtglauben, denn es handelt sich dabei um Fragen zweiten Ranges. Wer in die Geschichte verstrickt ist, dem fällt alles andere zu. Wie man in eine Geschichte hineinkommt und wie man vielleicht ihr einmal entfliehen kann, das wird wohl niemand sagen können. Aber nur so weit reicht das Christentum, als man sich in die Geschichte Adams und in die Geschichte Christi als eigenste Geschichte einreiht, besser, als man in sie eingereiht ist.

Wenn wir auch mit gewissem Recht sagen können, daß jede Geschichte, auch jedes Märchen, jede Sage die eigenste Geschichte von irgend jemandem gewesen sein muß, oder in der Sprache der Phänomenologen, „als eigenste Geschichte eines X, der sie erlebt hat, dem sie passiert ist, von Y gemeint ist", so werden wir doch zugleich wieder einen Schritt zurückgehen müssen und – nachdem wir alle möglichen Geschichten als eigenste Geschichten eines Verstrickten angesprochen haben und gleichsam die vorhandenen Geschichten, auch die Geschichten von Kaffeekränzchen und Stammtisch verteilt haben auf die vorhandenen Menschen – erkennen, daß wir die Geschichten nicht beliebig verteilen können, sondern daß darin irgendeine Ordnung herrscht. Eine Geschichte schickt sich nicht für alle. Wenn wir aber davon wieder absehen, so erkennen wir weiter, daß die Geschichten auch wieder eine verschiedene Nähe zum Zentrum zu haben scheinen, wobei wir gleich bekennen müssen, daß wir nicht genau wissen, was wir unter Zentrum verstehen sollen.

Wir meinen nun, daß wir nur von den Geschichten aus und über Geschichten den Zugang zu den positiven Welten der *Bibel*, Homers, der Chinesen und der Inder und aller anderen positiven Welten haben, und daß wir selbst zu den Göttern nur Zugang über Geschichten haben, obwohl dies noch ein schwieriger Punkt ist, und daß alles andere, was in den positiven Welten vorkommt, nur über Geschichten und in Geschichten zur Gegebenheit kommt. Dabei müssen wir allerdings berücksichtigen, daß Träume, Halluzinationen, Illusionen selbst auch nur über Geschichten und in Geschichten faßbar sind, innerhalb dieser Geschichten aber von Zeitalter zu Zeitalter ihren Ort wechseln.

Kapitel II
Die Sonderwelt des Abendlandes

1. Einführung

Unter Sonderwelt des Abendlandes verstehen wir die physikalische Welt, die Welt der Atome. Wie sich die biologische Welt dazu verhält, ist eine Frage für sich, die wir fortwährend im Auge behalten. Die Anfänge dieser Welt gehen zurück bis in die Anfänge der griechischen Philosophie. Die Fortbildung ruhte viele Jahrhunderte, vielleicht ohne daß die Tradition jemals ganz verlorenging, bis sie mit der Renaissance im Abendland mehr und mehr zum herrschenden Weltbild wurde.

Wir können nicht beurteilen, ob sich der Ausdruck Sonderwelt des Abendlandes in dieser Prägnanz halten läßt, oder ob sich in Indien oder China Entsprechungen vorfinden, die dann allerdings nicht zu dieser gewaltigen Entwicklung geführt haben. Diese Sonderwelt des Abendlandes, welche die Erde und alle Sterne umfaßt unter dem Leitbild des Atoms, ist negativ gekennzeichnet durch die Unabhängigkeit von Religion und vom Menschen und tritt dadurch in Gegensatz zu den positiven Welten von Homer bis Dante. Wenn wir allerdings sagen Gegensatz, so ist damit wenig gesagt. Die positiven Welten oder etwas Vergleichbares haben sich bis in unsere Tage erhalten, und wenn der Himmel teilweise hat abdanken müssen, so ist doch der Mensch geblieben. Im folgenden versuchen wir nun das Verhältnis von positiver Welt und physikalischer Welt aufzuklären oder die Verbindungen aufzuzeigen, die von der positiven Welt, aus der wir alle kommen, zur physikalischen Welt, in der wir uns anscheinend befinden, laufen. Wir werfen dabei die Frage auf, ob nicht die positive Welt noch heute das Fundament für die physikalische Welt ist. Mit den Ausdrücken:
1. Welt
2. Raum, Zeit
3. Materie, Stoff, Atom, Bewegung, Kraft, Feld

4. Gebilde der Geometrie, der Arithmetik, der Mathematik
5. Wahrnehmung, Denken, Erkenntnis, die Sinne, das Ich
6. Satz, Begriff, Gattung (Reihe), Sachverhalt, Wahrheit
7. Sein

mögen wir ungefähr das Gebiet für die Physik und Mathematik abgegrenzt haben. Eine Aufgabe wäre nun, die Gebilde, die mit diesen Ausdrücken gemeint sein mögen, in ihrem heutigen Bestand festzuhalten und nach rückwärts zu verfolgen bis zu ihrem ersten Auftreten oder soweit wir kommen. Jede Zeit, die etwas wie Physik kennt, scheint anzunehmen, daß diesen Gebilden ein feststellbares Sein zukommt, daß sie im Laufe der Untersuchung dieselben bleiben, seitdem es eine Wissenschaft gibt, und daß sie wohl auch im wesentlichen schon vor dem Aufkommen von Wissenschaft fixiert sind in dem Sinne, den sie heute noch haben. Dies müßte nun jeder für sich prüfen bei den einzelnen Ausdrücken. Wir selbst sind anderer Ansicht. Wir meinen, daß es nicht einmal möglich ist, für die Zeiträume seit Aufkommen von Wissenschaft einen festen Kern in dem, was die Ausdrücke meinen, aufzuweisen, einen festen Kern, der sich identisch durch die Jahrhunderte hindurch erhielte. Jede Zeit mag glauben, zu einer endgültigen Fixierung dieser Ausdrücke vorgedrungen zu sein, das letzte Wort gesagt zu haben, allerdings wohl immer im Gegensatz zu Oppositionen, die noch zurück oder schon weiter sind.

Wenn wir die Aufgabe hätten, das Werden der Gebilde, die den obigen Ausdrücken entsprechen mögen, zu verfolgen, so würden wir von vornherein in den Mittelpunkt stellen, daß sie in jedem Zeitalter einen Zusammenhang untereinander haben und daß jede Änderung auf einem Teilgebiet oft nur ein Anzeichen dafür ist, daß das Ganze sich ändert.

Zugleich müßte man aber auch fragen, welche Verbindungen zwischen diesem Gebiet, das wir hier in den Mittelpunkt stellen, und den anderen Gebieten, die es geben mag, bestehen. Es fragt sich sehr, ob man unsere Untersuchung als Spezialuntersuchung durchführen könnte oder ob man auf Sand baut, wenn man dies Gebiet isoliert.

Wenn wir uns nun den Gebilden selbst zuwenden, so ist es heute nicht mehr schwer, festzustellen, daß sie alle durch und durch unklar, nebelhaft, verschwommen sind und daß es uns heute nicht mehr gelingt, zu einem Kern oder zu einem Selbst vorzudringen, ja daß wir die Frage stellen müssen, ob ein solcher Wille oder eine solche Absicht noch Sinn hat. Sicher ist diese Absicht in der Vergangenheit wertvoll gewesen, und es ist eine schwerwiegende Frage, was denn an die Stelle dieses Kerns, dieses Selbst treten soll, und ebenso wichtig mag die Frage sein, worin denn dieser Umschwung, dies Verzagen an dem Finden des Selbst oder auch des eigentlichen Seins in diesem Gebiet begründet sein mag.

Die Ausdrücke, die wir an den Anfang stellten, bilden unter sich eine Einheit. Mit der Auflösung dieser Einheit laufen wir schon Gefahr, Fehler zu begehen, wenn wir diese Einheit nicht stets vor Augen haben. Die Ausdrücke werden auch von Beginn der Wissenschaft an eine Einheit bilden. Ihr Gewicht in dieser Einheit kann aber in den verschiedenen Stadien verschieden sein. Die Aufteilung des Gesamtgebietes mag sich von Zeitraum zu Zeitraum ändern. Wir müssen die Ausdrücke immer im Zusammenhang verfolgen und dabei die ständig sich verändernden Gewichte der einzelnen Ausdrücke berücksichtigen. Neben diesem Gebiet der Physik und Mathematik stehen die positiven Welten, die auch ständig dem Wechsel unterworfen sind, und in diesen Welten die Geschichten und das, was in Geschichten vorkommt. Die Wozudinge kommen in Geschichten vor, ebenso das Auswas der Wozudinge und der Standort der Wozudinge. Im Mittelpunkt stehen die in Geschichten Verstrickten, die untereinander die Einheit bilden, auf welche die Griechen mit Polis und mit Zoon politikon, wenn auch erst ganz von außen, hinweisen. So könnte man versuchen, in einigen Stücken unsere Untersuchung zum Staat Platos in Beziehung zu setzen. Wie weit stehen bei Plato Geschichten im Vordergrund oder im Hintergrund?

Es ist die Frage, ob wir mit den Gebilden der Physik und mit den Geschichten alles erfaßt haben, was uns begegnen kann. Die Gebilde der Psychologie werden wir wohl in den Geschichten unterbringen, und außerhalb der Geschichten wird kein Ort für sie sein. Wir müßten aber noch näher aufklären, wohin das gehört, was wir im Sinne Goethes vielleicht mit Natur bezeichnen können, Sommer und Winter, Gewitter, Nacht, Licht, die Farben, die Töne. Die Physik hat mehr oder weniger erfolgreich versucht, diese Gebilde auszuhöhlen, so daß sie nur als Fassaden übrigblieben. – Ob wir damit alles herangebracht haben, was uns begegnen kann oder je begegnet ist, lassen wir dahingestellt. Wir haben bei unserer folgenden Untersuchung die Geschichten als Festung, auf die wir uns jederzeit wieder zurückziehen können, im Rücken, die Geschichten, in die wir verstrickt sind, die wir selbst sind. Hier gibt es keine Erkenntnis, sondern nur Deutung. Zugang haben hier nur, die selbst in Geschichten verstrickt sind, nur die Kämpfer. Die Frage ist, ob es daneben eine Welt gibt nach Art und Weise der physikalischen Welt und wie diese sich zur Geschichtenwelt verhalten mag.

Wenn ein Physiker sich zu den Ausdrücken, die wir an den Anfang gestellt haben, äußern sollte, so würde er Ziffer drei (Materie, Stoff, Atom, Bewegung, Kraft, Feld) und vier (Gebilde der Geometrie, der Arithmetik, der Mathematik) wohl in den Mittelpunkt stellen. Dann würde für ihn Raum und Zeit (Ziffer zwei) kommen, dann wohl die Ziffer eins (Welt), und erst dann mit großem Abstand die Ziffern fünf, sechs und sieben

(Wahrnehmung, Denken, Erkenntnis, die Sinne, das Ich und die anderen Ausdrücke). Unter der Ziffer fünf (Wahrnehmung, Denken, etc.) wird er in erster Linie an Ausdrücke denken wie Ungenauigkeit der Wahrnehmung, Wahrnehmungsgrenze.

Was die Ausdrücke unter Ziffer sechs (Satz, Begriff, Gattung (Reihe), Sachverhalt, Wahrheit) anbetrifft, so liegt die Sache für den Physiker ähnlich wie bei dem Historiker, er setzt die Ausdrücke voraus, ohne sich groß mit ihnen auseinanderzusetzen.

Wir geben im folgenden nicht etwa eine Philosophie der Natur. Wir prüfen vielmehr nur, wieweit Naturwissenschaft und Mathematik „Wissenschaft" seien und, was wohl auf dasselbe hinauskommt, in welchem Verhältnis sie zum Sein und zur Wahrheit stehen, wenn es diese gibt. Wir können dafür auch sagen, wir prüfen, ob es Wissenschaft gibt oder was diese sei oder sein könnte. Selbst damit haben wir aber uns wohl schon reichlich viel vorgenommen. Wir können nicht mehr als einige Schwerpunkte bilden und dabei Fragen an die Wissenschaft richten. Die Fragen, bei denen wir keine genaue Reihenfolge einhalten können, mögen etwa lauten: Ist die Welt der Naturwissenschaft Welt? Hat die Zeit in der Naturwissenschaft ein Jetzt? Oder ist sie eine Zeit ohne Jetzt? Was ist Begriff Gattung (Reihe, Serie), Satz, Sachverhalt, Wahrheit in der Naturwissenschaft? Wo begegnen uns diese Gebilde sonst? Was ist Wahrnehmung, Erkenntnis im Gebiete der Naturwissenschaft? Sind Geschichten in der physikalischen Welt oder ist diese Welt in den Geschichten?

Wir machen zunächst die strenge Isolierung der Atomwelt von der Geschichtenwelt einmal mit und verzichten auf die Nahtstelle in den Wozudingen und alles, was zu den Wozudingen gehört oder, modern gesprochen, auf die Technik als Nahtstelle zwischen der naturwissenschaftlichen Welt und der geschichtlichen Welt. Die Welt der Geschichten kommt in Fortfall. Von Ewigkeit zu Ewigkeit existiert nur die Atomwelt oder existieren die entsprechenden Sachverhalte und, worauf es uns jetzt auch nicht mehr ankommt, die den Sachverhalten entsprechenden Sätze, die im Sinne der klassischen Phänomenologie in ihrer Art ebenso existieren mögen wie die Sachverhalte, auf die sie sich beziehen. Wenn wir der Wissenschaft soweit entgegenkommen, so haben wir jetzt mit ihr gemeinsam die isolierte Atomwelt. Wir sehen davon ab, daß durch irgendein zufälliges oder notwendiges Ereignis aus dieser Atomwelt bei passender Temperatur und bei passenden sonstigen Bedingungen Lebewesen und schließlich Menschen, in Geschichten Verstrickte, entstehen können. Wir stellen nun die präzise Frage, ob dies Gebilde, das wir mit Atomwelt bezeichnen, noch in irgendeinem Sinne die Bezeichnung „Welt" verdient. Hier steht uns natürlich im Wege, daß uns niemand sagen kann, was Welt eigentlich ist und was das Sein ist und insbesondere, was das Sein einer Materie sein könnte. Wir müßten uns erst selbst erarbeiten, was man in diesem Zusammenhang unter diesem gewichtigen Wort Welt zu verstehen hat. Wir können aber auch von einer ganz anderen Seite kommen und sagen, daß eine solche Welt weniger als ein Spielzeug sei, denn zu einem Spielzeug gehört schon irgendwie die Welt der Geschichten, oder das Spielzeug findet seinen ordnungsmäßigen Platz in der Welt der Geschichten. Wir können nun Vergleiche nehmen, woher wir wollen. Die Vergleiche werden immer damit beginnen, daß wir sagen, diese Atomwelt ist weniger als eine Wolke, weniger als ein Feuerball, denn bei all diesem, womit wir die Atomwelt vergleichen, handelt es sich um Vergleiche, die der Geschichtenwelt entnommen sind.

Wir können sagen, die Welt ist leblos, ist eine Wüste, ist etwas Totes. Das alles sind Worte, die aus Geschichten entnommen sind. Vielleicht dürften wir sagen, diese Welt ist das Nichts, aber selbst das Nichts ist entnommen seinem Gegenteil, oder nur von Bestand in Verbindung mit seinem Gegenteil.

Diese „Welt" steht in einem sonderbaren Verhältnis zur Zeit.[2] Wir können das, was das Jetzt ist, was Vergangenheit und Zukunft sind, an Geschichten orientieren. Wir können im Raume der Geschichten von unserem Jetzt sprechen, oder auch vom Jetzt Homers, im Verhältnis zu welchem unser Jetzt in der Zukunft liegt. Die Rede von Gegenwart, Vergangenheit und Zukunft ist ausgerichtet an Geschichten. Der Aufhängepunkt ist unser heutiges Jetzt, nach welchem die anderen Jetzt sich ausrichten. Nur in bezug auf unser heutiges Jetzt kann man von den Jetzten der Vergangenheit und Zukunft reden. Unser heutiges Jetzt ist wieder unser heutiges Verstricktsein in Geschichten. Ohne dies heutige Verstricktsein in Geschichten hat die Rede vom Jetzt keinen Sinn. Unser „Jetzt" darf nicht verwechselt werden mit dem „Hier" und „Jetzt" der Philosophen. Man versuche sich dies „Hier" und „Jetzt" zur Selbstgegebenheit zu bringen. Das wird nicht gelingen, während das „Jetzt" der Geschichten, die uns bedrängen, in seiner zeitlichen Ausdehnung, mit seinen Horizonten jederzeit zu stellen ist.

Wenn wir von der Zeit in unserem Sinne ausgehen, so ist es schwer, für die Atomwelt zu einer Zeitvorstellung zu kommen, die noch irgendwie vergleichbar wäre mit der sich aus den Geschichten ergebenden Zeitvorstellung: Über die Wahrnehmung könnte man von dem Jetzt der Geschichte zu einem Jetzt der Atomwelt kommen, wenn man Wahrnehmung im üblichen Sinne nimmt.

Über das Denken im üblichen Sinne oder auch über das Verstehen kommen wir nicht zu einem solchen Jetzt. Diese gedachte oder vorgestellte

---

[2] Vgl. hierzu Hermann Lübbe, *Das Ende des phänomenologischen Platonismus*. Eine kritische Betrachtung aus Anlaß eines neuen Buches, in: Tijdschrift voor Philosophie, Bd. 16, 1954, S. 639–666, besonders S. 663 ff.

Atomwelt mögen wir einrichten mit all unseren Vorstellungen und Erkenntnissen von der Atomwelt, wir kommen nicht zu einem Jetzt und nicht zu einer Vergangenheit und Zukunft, wenn wir nicht uns selbst über den Zeitpunkt unseres „Denkens" hineinschmuggeln. Die Änderungen, insbesondere die Bewegungen, die wir uns in der Atomwelt denken, fundieren keine Zeitvorstellung im Sinne von Jetzt, Vergangenheit und Zukunft. Unsere Zeitvorstellungen gehen aus von Geschichten, d.h. von unserer Jetztzeit, von Christi Geburt, von der Erbauung Roms. Man kann diese Zeitvorstellungen irgendwie verlängern bis zum angeblichen Auftauchen der ersten Lebewesen und kann sie dann weiter verlängern in die Geschichte der Erde und des Weltalls. Alle diese Berechnungen gehen von unserem jeweiligen Jetztpunkt aus. Wie soll man aber zu etwas ähnlichem kommen, wenn man die Verbindung mit diesem Jetzt-Punkt löst? Gewiß, man kann sagen: „Als der Mond sich bildete." Anscheinend nimmt man dabei keine Rücksicht auf die Geschichten, und anscheinend kann man jetzt von dieser Mondbildung aus Ordnung schaffen für ein Vorher und Nachher in der Atomwelt. Man darf dabei aber nicht vergessen, daß der Ausgangspunkt für diesen Zeitpunkt „unser" guter alter Mond, der Geschichtenmond, ist. Dieser Mond ist bestimmt durch uns und nur bestimmbar durch uns. Wie sollte man einen Mond ohne Sonne, Erde und diese ohne uns bestimmen? Wie wollte man einen Zugang öffnen zu ihm in dieser Welt ohne Jetzt?

Ein Gelehrter erzählt einem Bauersmann vom Sirius; über seine Entfernung von der Erde, über seine Zusammensetzung, über seine Masse, über sein Gewicht. Der Bauersmann findet alles sehr schön und gut, wundert sich auch über nichts, stellt aber schließlich die Frage: „Woher wissen Sie eigentlich, daß der Stern der Sirius ist?" Diese Geschichte habe ich kürzlich gelesen. Mit dieser Frage des Laien ist der Nagel auf den Kopf getroffen. Ohne den Taufakt, in dem der Sirius seinen Namen erhalten hat, oder jedenfalls ohne Beziehung auf den Taufakt eines anderen Gegenstandes, von dem aus man den Sirius fassen kann, läßt sich dieser nicht fassen. Jedes Koordinatensystem ist abhängig vom Jetzt der Geschichten. Ohne diese Geschichten ist der Sirius ein ineffabile. Die Frage, die wir hier behandeln, ist uralt. Bisher hat man davon gesprochen, daß das Individuum durch Allgemeinbegriffe nicht erfaßt werden könnte. Wir deuten die Lage anders und kommen in der folgenden Untersuchung ständig auf diese Sachlage zurück. Zunächst halten wir noch fest, daß man ohne Zuhilfenahme der Geschichten in dem gedachten oder in dem konstruierten System der Atomwelt keinen Zeitpunkt festlegen kann, keinen Jetztpunkt, keine Vergangenheit und keine Zukunft. Wenn wir von Atomwelt reden, meinen wir immer die jetzige Atomwelt oder die Atomwelt in der Vergangenheit vor diesem Jetzt oder auch in einem bestimmten Abstand in dieser Vergangenheit von dem

Jetzt oder die Zukunft der Atomwelt von dem Jetzt aus berechnet oder die Atomwelt in den Horizonten der Vergangenheit und Zukunft vom Jetzt aus berechnet. Wenn dieser Gedankengang richtig ist, so ist eine Verbindung mit der Atomwelt immer nur von dem Jetzt der Geschichtenwelt aus möglich, und zwar sowohl die Verbindung in die Weiten des Raumes als auch die Verbindung in Vergangenheit und Zukunft. Wir können auch sagen, daß die Verbindung immer nur von der fest gegründeten Erde möglich sei. Dabei ist die Erde immer schon der Schauplatz der Geschichten. Was aber Schauplatz heißt in diesem Sinne, das können wir am besten über die Wozudinge klarmachen und über das Auswas der Wozudinge. Wir könnten allerdings auch versuchen, über Heimat, Vaterland an die festgegründete Erde heranzukommen, wobei aber wesentlich für die Heimat und für das Vaterland die Wozudinge sind.

Mit dieser Überlegung sind wir allerdings von dem Pfade, den wir bisher verfolgt haben, abgewichen. Man kann von den Geschichten ausgehen und versuchen, den Produkten der Naturwissenschaft und der Mathematik den Platz in den Geschichten zuzuweisen. So meinen wir, daß wir den Wozudingen einen solchen Platz zugewiesen haben. Die Wozudinge führen uns zu dem Auswas der Wozudinge, und auf diesem Wege müßten wir zu den Naturwissenschaften gelangen, denn sie beschäftigen sich mit dem Auswas der Wozudinge.

2. Führer durch die folgende Untersuchung des ersten Teils

Zunächst ein Führer durch den folgenden Teil des ersten Abschnittes: In alter Sprechweise handelt es sich um die Behandlung einiger Grundbegriffe aus der Zusammenstellung, die wir in Kapitel II.1 gemacht haben. Die Auswahl ist nicht willkürlich erfolgt. Sie soll die Abhängigkeit der Physik oder der physikalischen Welt von der Welt der Geschichten offenlegen, oder wenn das für den Anfang zuviel ist, die Verbindungslinien zwischen der Welt der Geschichten und der physikalischen Welt aufzeigen, wobei man sich ständig die Frage vorlegen muß, welche Welt das größere Gewicht hat und wie sonst die Beziehung dieser beiden Welten sein mag.

Mit diesem Ziel greifen wir aus der Fülle der sogenannten Grundbegriffe die Reihe heraus, die in engster Beziehung zu dem steht, was man in alter Sprechweise Gattung nennt, und damit auch wieder in Beziehung zu Gesetz, Satz, Gegenstand, Begriff. Alle diese Ausdrücke bekommen bei uns eine andere Bedeutung. Wir legen dabei mehr Wert darauf zu zeigen, wie wir es sehen und was wir sehen, als darauf, uns mit anderen Ansichten auseinanderzusetzen, obwohl dies unbedingt nachgeholt werden muß. Ich hoffe, daß man von unseren Überlegungen aus jede Seite bei Plato, Kant, Descartes mit neuem Aspekt lesen wird.

Wenn wir mit den Reihen beginnen, so mag der Grund darin liegen, daß man über die Reihen am leichtesten Eintritt in das Gebiet gewinnt, welches wir hier behandeln. Wenn aber das, was wir über Reihen vortragen, verhältnismäßig leicht einleuchtet, so dürfen wir dabei nicht verschweigen, daß es sich nur um einen ersten Anfang handelt, und daß hinter unserer Betrachtung eine unendliche Reihe von „wenn und aber" steht.

Von der Reihe kommen wir zum Einzelgebilde. Es handelt sich hier nicht um einen zufälligen Übergang, sondern beide stehen in einem festen Verband. Einbaum und Ozeandampfer gehören als Schiffe auf andere Weise zu einer Reihe als Amöbe und Mensch oder als ein Dreieck in die Reihe der Dreiecke gehört, oder eine Zahl in die Reihe der Zahlen oder ein Atom in die Reihe der Atome. Ist ein Atom ein Einzelgebilde?

Ähnlich wie das Einzelgebilde seinen Platz in der Reihe hat, hat es nach alter Sprechweise sein Verhältnis zur Zeit, wir sagen lieber, hat es sein Alter. Nicht alle Einzelgebilde mögen dies Alter haben. Wo wir aber das Alter bei den Einzelgebilden antreffen, stehen sie m i t i h r e m A l t e r in der Reihe der Einzelgebilde. Dies Alter treffen wir an zum Beispiel bei Lebewesen, bei Wozudingen und vielleicht auch bei dem Stoff, bei dem Atom. Es taucht dabei die Frage nach den Zusammenhängen auf, in denen die Rede vom Alter ihren Ursprung haben mag, oder auch die Frage, in welcher Beziehung das Alter zum traditionellen Gebilde Zeit steht.

Eng verbunden mit der Untersuchung über die Reihen und die Einzelgebilde ist eine Untersuchung über Wahrnehmung, Gegenständlichwerden, Selbstdarstellung, Selbstgegebenheit. Wenn zum Einzelgebilde irgendwie die Einordnung in eine Reihe gehört, und wenn andererseits zum Einzelgebilde, oder wenn und soweit zum Einzelgebilde ein Alter gehört, mit gegenwärtig ist, in Selbstdarstellung sich zeigt, oder wie man das sonst ausdrücken will, so kommt man mit der Rede von Wahrnehmung als Sinneswahrnehmung, oder mit Wahrnehmung im Verein mit Empfindung nicht sehr weit. Man kann dies auch anders ausdrücken: Wenn zum Einzelgebilde seine Geschichte gehört, oder wenn das Einzelgebilde nur in Geschichten oder über Geschichten auftaucht, so hilft die Rede von der Wahrnehmung beim Einzelgebilde und erst recht bei der Serie nicht weiter, sondern kann man nur von Selbstdarstellung reden. Der Ausgangspunkt für die Selbstdarstellung wird dabei die laufende Geschichte sein, in die ich verstrickt bin, in die wir verstrickt sind. Nur im Anschluß daran wird die Rede von Selbstdarstellung und Darstellung bei all den anderen Geschichten geprüft werden können und wird schließlich geprüft werden können, ob es Sinn hat, bei dem Atom und seinen Derivaten von Wahrnehmung, Darstellung,

Selbstdarstellung zu reden. Hat das Atom selbst ein Selbst oder hat es über die Wozudinge ein von den Geschichten erborgtes Selbst?

Wenn wir vom Löwen, vom Raubtier und vom Säugetier reden oder vom Schellfisch und vom Fisch überhaupt, oder vom Adler und vom Vogel überhaupt, oder schließlich vom Tier überhaupt, so hat diese Art zu reden in den letzten hundert bis zweihundert Jahren eine neue Grundlage erhalten. Die Rede von dem Löwen, dem Schellfisch, dem Säugetier, dem Fisch, dem Vogel gründete sich darauf, daß keine Übergänge zwischen diesen Tieren bekannt waren oder gesehen wurden. Dabei getraue ich mich nicht zu sagen, wohin der Ausdruck Löwe in dieser Zeit vor zweihundert Jahren führte. Die Antwort, wie man in dieser Zeit vom Löwen zum Raubtier, vom Raubtier zum Säugetier, vom Säugetier zum Tier kommt, ist nicht einfach. Seit Goethes *Metamorphose der Pflanzen*, seit Lamarck, seit Darwin ist auf den ersten Anschein die Antwort so viel einfacher geworden, der Löwe ist ein Säugetier, er hat seinen Platz in der Reihe der Säugetiere, und das Säugetier ist ein Tier. Es hat seinen Platz in der Reihe der Tiere. Durfte man nach dieser Entdeckung noch von „Löwe" und „Säugetier" im alten Sinne sprechen, oder hieß das eine vollständig veraltete Sprechweise, die falsche Behauptungen in sich schloß, übernehmen, oder berichtigte man nur eine falsche wissenschaftliche Sprechweise? War unter den Löwen vor der Entdeckung der Einheit des Lebens auch nur eine Reihe von Löwen, das Geschlecht der Löwen verstanden, das als Reihe sich im Unbestimmten verlor, ebenso wie das Geschlecht der Tiger und war dieser Unbestimmtheitsfaktor im Horizont die Stelle, wo die spätere Theorie von der Einheit von Tiger und Löwe ansetzen konnte? Diese Frage wird schwer zu entscheiden sein. Eine gewaltsame Entscheidung liegt vor in der wörtlich verstandenen Schöpfungsgeschichte, wonach Gott jede Gattung besonders geschaffen hat.[3]

3. Die Reihe (Serie)

a) Die organischen Gebilde, die Wozudinge, die Geschichten

Bei unseren bisherigen Untersuchungen[4] über Serie, Reihe, Gattung hatten wir nicht die Gattung Löwe, sondern nur das Geschlecht der Löwen vorgefunden, auch nicht die Gattung Taler, sondern die Serie Taler, und

---

[3] Vgl. hierzu die für die klassische Phänomenologie grundlegenden Ausführungen von Jean Hering, *Bemerkungen über das Wesen, die Wesenheit und die Idee*, in: Jahrbuch für Philosophie und phänomenologische Forschung, Bd. IV, 1930 (2. Ausg.), insbesondere zum Schluß.

[4] Vgl. *In Geschichten verstrickt*, Erster Abschnitt, Kap. 8.

entsprechend hatten wir auch nicht den Begriff Löwe und nicht den Begriff Taler vorgefunden.

Damit sind die einzelnen organischen Gebilde untereinander in einen großen Zusammenhang gebracht, ebenso die Wozudinge. Jedes organische Gebilde, jedes Blatt, jedes Korn, jedes Ei findet seine Stelle in dem gewaltigen Zusammenhang der organischen Gebilde, findet seinen Platz, menschlich gesprochen, zwischen Ahnen und Nachkommen. Hierbei kann man davon absehen, ob die Lebewesen von einzelligen Tieren abstammen oder etwa von einem ersten, von Gott geschaffenen Ahnherren. In beiden Fällen findet jedes existierende lebendige Wesen seine Stelle in der Reihe, in einer Reihe, nur die Reihe wird anders bestimmt. In einem Fall gibt es e i n e Reihe, in einem anderen Fall gibt es viele Reihen. Soviel für den Anfang und für uns. Für die Alten stellten sich die Zusammenhänge vielleicht etwas anders dar.

Die Wozudinge finden ihren Platz entsprechend in der Serie, und zwar in den Sinnzusammenhängen, in den Geschichten der Menschen. Die Gattung ist bei Lebewesen und Wozudingen nicht aufgebaut auf Gleichheit und Ähnlichkeit, sondern auf Zugehörigkeit zu einem Ganzen, welche die Gleichheit und Ähnlichkeit fundiert.

Wenn wir lieber von Serie statt von Gattung sprechen, so haben wir mit Serie noch keineswegs einen adäquaten Ausdruck gefunden. Was in eine Serie hineingehört, scheint selbständig gegenüber der Serie zu sein, die Serie scheint sich aufzubauen aus den selbständigen einzelnen Gliedern der Serie. So sehen wir aber das, was hier vorliegt, nicht. Wir meinen eher, daß Serie und das, was zur Serie gehört, sich gegenseitig bedingen, und auch das ist noch nicht richtig. Zu jedem Einzelmenschen gehört seine Einzelgeschichte von der Geburt bis zum Grabe und nach beiden Seiten darüber hinaus gehören zu ihm die Geschichten, die er geerbt hat und die er vererbt. Mit seinen Geschichten ist er nach rückwärts und vorwärts und nach allen Seiten eingefügt in immer neue Geschichten, in unendlich viele Geschichten, die sich aber doch mehr oder weniger ordnen lassen oder von selbst ordnen. Ein Gleichnis dieser Ordnung aller Geschichten oder auch der in ihnen herrschenden Unordnung ist dann schließlich die leibliche Erscheinung des Menschen, die jeden Tag Rechenschaft ablegt über die Vergangenheit und auch in die Zukunft weist. Jeder Geschichte mag eine kleine Falte entsprechen, und vielen kummervollen Geschichten mögen herabgezogene Mundwinkel entsprechen. Diese Erscheinungsweise der Geschichten, enthalten in Augenwinkeln, in Mundwinkeln, kann zu einer falschen Vorstellung von der Selbständigkeit der Geschichten führen. Erst wenn wir bedenken, daß diesen Falten und Winkeln „Züge" bei den andern Menschen entsprechen, daß sie hinüberleiten zu diesen Zügen und erst mit diesen Zügen mehr und mehr verständlich werden, löst sich diese Selbständigkeit auf und wandelt sich um zu einem Moment in einer Komposition. So entsprechen den Kummerfalten und -winkeln im Antlitz des Vaters gewisse Leichtsinns- und Eigensinnskurven im Gesicht des verlorenen Sohnes. Wenn wir durch beider Antlitz hindurchsehen, kommen wir zu dem Gerippe der Geschichte vom verlorenen Sohne. Ohne solche Geschichten gibt es kein Vatersein, kein Sohnsein, kein Menschsein. Dies alles müssen wir erst zu Ende gedacht haben, wenn wir uns darüber unterhalten wollen, in welchem Sinn man bei den Menschen von Gattung oder lieber von Reihe oder besser noch von etwas Drittem, für das uns der Ausdruck fehlt, reden wollen.

Wir meinen auch, daß wir erst über solche Überlegungen zu dem vordringen können, was man allenfalls unter Gattung „Löwe", „Elefant", unter „Blatt" und „Ei", unter „Huhn" und „Storch", aber auch wieder unter „Haus" und „Uhr" und unter „Tisch" und „Stuhl" verstehen kann. Wenn wir an Stelle von Gattung von Serie oder Reihe sprechen oder gesprochen haben, so sind wir auf halbem Wege stehen geblieben. Die Zusammengehörigkeit eines einzelnen zu einem vorläufigen Ganzen ist damit äußerlich ausgedrückt. Wir müssen uns bemühen, in dieser Richtung weiter vorzudringen. Dabei ist jeder Schritt, den wir gehen, Mißdeutungen ausgesetzt, vielleicht führt er auch in die falsche Richtung. Wir oder unsere Nachfolger werden noch häufig umkehren und einen neuen Weg suchen müssen. Wenn z. B. der Löwe der in Löwengeschichtenverstrickte ist, so bedeutet Reihe etwas anderes, als wenn der Löwe ein biologisches Gebilde ist. Dies gilt ebenso für die Maus und den Käfer und die Rose.

b) Reihen im Recht: Wozuding und Eigentum, das konkrete Eigentum als Reihe, der Wechsel des Eigentums als Reihe. Wechsel des Eigentums und seine Grundlage im BGB. Der abstrakte Vertrag, der Schuldvertrag. Der Konsensus. Der faktische Vertrag

Die folgende Überlegung behandelt den Zusammenhang zwischen den Geschichten und den Gebilden des Rechtes, wobei wir die Aufdeckung von Reihen in den Mittelpunkt stellen. Unter diesem Gesichtspunkt interessieren uns zunächst Eigentum, Anspruch, Vertrag. Die Reihen und die Ordnungen, die wir hier sehen, stehen nicht überall in Einklang mit der Art, wie der Gesetzgeber oder die Rechtstheorie sie schafft oder aufstellt. Es war daher nötig, uns auch mit dem Gesetzgeber und der Rechtstheorie auseinanderzusetzen, um aus Konvergenz und Divergenz wesentliche Einblicke zu gewinnen.

Wir beginnen mit dem Recht im subjektiven Sinne.

Der Jurist teilt dies Recht im wesentlichen wieder auf in das Eigentum und die absoluten Rechte einerseits und die Ansprüche andererseits. Den Ansprüchen entsprechen Verbindlichkeiten. Von den anderen Rechtsgebilden sehen wir hier ab.

Als Philosophen fragen wir nun, wo und wie uns das Eigentum und der Anspruch selbst begegnen, oder wo die mit diesen Ausdrücken verbundene intentio, Meinung, ihre Erfüllung findet.

Wir gehen von dem Eigentum aus. Wie bringen wir das Eigentum zur Selbstgegebenheit, wo und unter welchen Umständen begegnet uns das Eigentum selbst?

Wenn wir so mit dem Eigentum beginnen, so mögen wir einen Fehler begehen, wenn sich das Eigentum nicht trennen läßt vom Recht im objektiven Sinne und nicht von den anderen Rechten, ebenso wie diese Gebilde sich vielleicht nicht vom Eigentum trennen lassen. Diesen Fehler nehmen wir zunächst in Kauf.

Wo begegnet uns nun das Eigentum selbst? Der Ausdruck Eigentum ist insofern eigenartig, als mit ihm nicht das konkrete Eigentum anzielt ist. Vielleicht darf man überhaupt den Ausdruck konkretes Eigentum nicht bilden, so wie man ohne weiteres den Ausdruck konkreter Anspruch, vielleicht auch konkretes Recht bilden könnte. Woran dies liegt, wollen wir hier nicht weiter untersuchen. Wenn wir über Ausdrücke noch näher an das Eigentum herankommen wollten, müßten wir „mein" und „dein" und „sein" und viele andere in Verbindung mit Eigentum bringen. Diese Wort- und Ausdrucksuntersuchung lassen wir, so wichtig sie ist, hier beiseite.

Das konkrete Eigentum umgibt uns nun tausendfach in jedem Augenblick unseres Lebens, und zwar in Verbindung mit den Sachen, die uns umgeben. Den Ausdruck Sachen übernehmen wir von dem Juristen. Er scheint uns mißverständlich. Wir enthalten uns aber der Kritik. Es gibt vielleicht Sachen im Sinne des Juristen, mit denen oder bei deren Betrachtung nichts wie Eigentum aufleuchtet, und es gibt Sachen, die über und über eingehüllt sind oder verbunden sind mit dem, was man unter Eigentum versteht, wir meinen die Wozudinge,[5] und zwar die Wozudinge von der Gewinnung und der Bereitstellung des Stoffes bis zur Fertigstellung.

Wir müßten in den Bereich unserer Betrachtung auch noch die Tiere, insbesondere die Haustiere und das Eigentum an ihnen ziehen. Davon sehen wir ausdrücklich ab, obwohl die Brücke zu den Wozudingen über Zähmung, Wartung, Pflege leicht zu schlagen wäre. Ebenso behandeln wir

---

[5] Vgl. zum folgenden: Harry Westermann, *Lehrbuch des Sachenrechts*, Karlsruhe 1951, § 28. Die Stellungnahme Westermanns bezieht sich allerdings auf Wilhelm Schapp, *Die neue Wissenschaft vom Recht. Zweiter Band: Wert, Werk und Eigentum*, Berlin-Grunewald 1932. Was ich jetzt vorlege, ist in gewissem Sinne eine Fortführung dieser Arbeit.

nicht das Eigentum an den Sklaven im Sinne früherer Rechtsordnungen oder die Herrschaftsverhältnisse über Frau und Kinder. In einer vollständigen Darstellung müßte dies alles mitberücksichtigt werden. Dagegen trifft unsere Darstellung zum größten Teil zu auf das Eigentum an Grund und Boden, soweit dieser den Charakter der Wozudinglichkeit aufweist, soweit er z. B. vom Pflug bestellt wird. Näher gehen wir nicht darauf ein.

Was meinen wir nun mit der Einhüllung der Wozudinge in das Eigentum? Nach unserer Sprechweise verweisen die Wozudinge auf Geschichten, kommen sie in Geschichten vor und sind ohne Geschichten nichts, und mit diesen Wozudingen taucht Eigentum und Eigentümer auf, ebenfalls in Geschichten; nicht so, daß jedes Wozuding notwendig einen Eigentümer haben müßte; aber es fehlt ihm etwas, wenn es keinen Eigentümer hat. Auch würde man in Schwierigkeiten geraten, wenn man sich eine Welt vorstellte nach Art der unseren mit Wozudingen, aber ohne Eigentum und ohne Eigentümer. Damit würden die Wozudinge jedes Gewicht verlieren. Es wäre dann eine Welt, in der mein und dein nicht vorkommt. Es ist wohl überflüssig zu sagen, daß auch in der kommunistischen Welt mein und dein keineswegs aufgehoben ist. Es handelt sich in dieser Welt nur um eine Neuorientierung zu mein und dein mit Wirkung für die Zukunft. Dabei kann die Vergangenheit als Geschichte keineswegs ausgelöscht werden.

Wir geraten hier von unserem Wege ab. Wie ist das zu verstehen, daß die Wozudinge in Eigentum eingehüllt sind? Es mag die Frage sein, ob dies ohne Beziehung auf das Recht im objektiven Sinne restlos geklärt werden kann. Es scheint uns aber, als ob dieses zunächst im Hintergrund bleiben könnte, wenn wir das Ineinander von Eigentum und Wozuding untersuchen. Zum Wozuding gehört seine Erschaffung, seine Beziehung zu dem Material, aus dem es erschaffen wird, sein eigenartiges Sein als Wozuding, mit all den Charakteren des Alltags, des Unmodernwerdens, oder des Brüchigwerdens bis zur Auflösung oder Zerstörung. Von dem Wozuding führt der direkte Weg zum Schöpfer, oder wie wir sagen, zu dem in Geschichten Verstrickten und damit in nächste Beziehung zum natürlichen Eigentümer oder zum ersten Eigentümer. In derselben Ebene tauchen da mit derselben Selbstverständlichkeit – bevor wir überhaupt wissen, was Eigentum ist – die Fragen auf, wie Eigentum übertragen wird, wie Eigentum vererbt wird, wie Eigentum verloren wird, wie es aufgegeben wird, ob es mit dem Tode endigt, oder ob man es mitnehmen kann ins Grab, ob man dingliche Rechte bestellen kann an dem Eigentum oder auf Grund des Eigentums, in welcher Beziehung Eigentum zum Verkaufen und Kaufen, zu Miete und Pacht steht.

Was dabei aber das Eigentum selbst sein mag, kommt noch nicht in den Gesichtskreis. Wir könnten allerdings das gesuchte Eigentum ausstatten mit diesen Befugnissen oder Möglichkeiten, mit Übertragbarkeit, Vererblichkeit, Dereliktion, Belastung. Sicher sind diese Befugnisse fortwährend im Eigentum vorhanden und gehören also eng zum Eigentum. Wenn sie fehlen, wie etwa beim Fideikommiß, bei der Vorerbschaft, fehlt etwas Wesentliches. Es ist dann die Frage erlaubt, wo dies Wesentliche geblieben ist. Bei der Vorerbschaft kann man etwa untersuchen, ob diese Befugnisse dem Nacherben zustehen oder diesem zusammen mit den Vorerben. Wir werden auch bei jeder positiven Regelung des Inhalts von Eigentum fragen dürfen, wie weit sie wirklich zum Eigentum gehört. So kann die Vererbung nach Gesetz etwas ganz anderes sein als die testamentarische Vererbung, wie uns die Rechtsgeschichte zeigt. Trotzdem meinen wir, daß wir mit Hilfe des Wozudings einerseits und mit Hilfe dieser Manipulation andererseits den Bezirk abstecken können, in dem das Eigentum als eigenartiges Gebilde auftaucht.

Der Jurist wird sich wundern, daß wir nicht die Herrschaft über diese Sache, das Verfahrendürfen nach Belieben mit aufnehmen. Dieser Gedanke ist eng verbunden mit der Wozudinglichkeit. Er bringt aber ein fremdes Element in diesen Gedankenkreis, denn das Wozuding ist gemacht zum vernünftigen oder bestimmungsmäßigen Gebrauch, nicht zu beliebiger Verwendung. Ob es in dieser Sphäre, in der wir uns hier befinden, eine Befugnis zum sinnlosen Gebrauch geben könnte, untersuchen wir hier nicht.

Das „Eigentum" steht im Gegensatz zum „Besitz". Ja, man versucht am Besitz, der nicht so problematisch sein soll wie das Eigentum, dieses aufzuhellen. Dazu scheint mir der Besitz allerdings wenig geeignet. Unser Recht kennt verschiedene Arten von Besitz. Eine wichtige Art ist der Eigenbesitz. Dieser Eigenbesitz kann wohl nur mit Hilfe des Eigentums in den Blick kommen. Er setzt Eigentum voraus und kann daher das Eigentum nicht erklären. Der Unterschied von mittelbarem und unmittelbarem Besitz führt in der Regel auf den Eigenbesitz zurück und findet im Eigenbesitz seinen Halt. Der Besitz, der nur Besitz wäre im Sinne des BGB, ist eine ganz seltene und schwierige Angelegenheit, so daß man mit ihm das Eigentum nicht aufhellen kann.

Wohl mögen Eigentum und Besitz sich gegenseitig aneinander aufklären lassen, insofern als uns ein Eigentümer begegnen kann, der nicht Besitzer ist, oder auch ein Besitzer, der nicht Eigentümer ist. Wenn wir in beiden Fällen von Besitz und Eigentum sprechen, so müssen wir wohl im Auge haben, daß beide Dauerzustände sind und sich nie in einem Querschnitt durch die Welt zeigen können, sondern nur in Längsschnitten mit ihrer Entstehung oder nach unserem Ausdruck in Geschichten. Ohne die Geschichten können wir uns weder dem Eigentum noch dem Besitz, weder dem konkreten Eigentümer noch dem konkreten Besitzer nähern. Der Eigenbesitz hat irgendwie das Eigentum als Hintergrund, und auch das Eigentum kann ohne Eigenbesitz nicht voll verstanden werden. Wir halten als Ergebnis fest, daß das Eigentum in dieser Ebene, in der wir uns hier befinden, über das Wozuding und, was dasselbe ist, über Geschichten erreichbar ist und daß es eine zeitliche Existenz hat und haben muß als konkretes Eigentum; markante Punkte in dieser zeitlichen Existenz mögen die Entstehung des Wozudings und seine Zerstörung sein, was aber nicht ausschließt, daß man die Existenz noch weiter zurück und weiter voraus verfolgen kann am Material und nach der anderen Richtung bis zum Schrott.

Die Verbindung mit dem Wozuding wird im Laufe dieser Betrachtung immer enger. Das Eigentum ist nicht etwa eine Folge der Erschaffung des Wozudinges, sondern auch gleichzeitig eine Voraussetzung für dessen Zustandekommen. Niemand schafft aufs Geratewohl; wer schafft, will auch Eigentümer sein, wenn er nicht für einen anderen schafft. Hier mag auch das positive Recht in den Gesichtskreis kommen, und zwar als Schutz und Schirm des Eigentums und des Eigentümers. Bis zu einem gewissen Grade schützt das Eigentum sich selbst, wie man etwa aus dem Notwehrrecht ablesen kann; wenn aber der darüber hinausgehende Schutz fehlt, so sinkt das Eigentum im Werte. Der Wert eines Wozudinges setzt sich zusammen aus dem Eigentum am Wozuding oder dessen Wert und dem Schutz, auf den das Eigentum rechnen kann.

Sprachlich interessant mag in diesem Zusammenhang auch die Beziehung zwischen Schaffen, Anschaffen, Beschaffen, Verschaffen sein. Das klingt fast so, als ob der spätere Erwerber noch eine Beziehung zum ersten Schaffen hätte.

Bei unserer Frage nach dem Eigentum selbst begegnet uns konkretes Eigentum, welches in demselben Sinne konkret ist, wie die einzelnen Wozudinge. Das einzelne Wozuding führt diese Aura Eigentum mit sich vom Einbaum bis zum Ozeandampfer, von der Holzbank bis zum Sofa, vom Büffelwagen bis zum Straßenkreuzer. So wie wir uns diesen Wozudingen Schiff, Wagen über die Reihen nähern, über die Reihen, die wieder in Beziehung zu den Geschichten stehen, so nähern wir uns auch dem konkreten Eigentum in diesen Reihen der Wozudinge. Das konkrete Einzeleigentum am Wozuding läßt sich vom Beginn bis zum Ende verfolgen. Bei Grundstücken etwa mag kein Ende abzusehen sein, sondern das Eigentum setzt sich als konkretes Eigentum am konkreten Grundstücke durch Jahrhunderte oder noch länger fort. Neben diesem Eigentum oder außerhalb dieses Eigentums noch von Eigentum zu sprechen, damit können wir keinen Sinn verbinden.

Wenn wir von dem Eigentum überhaupt sprechen, so sind wir damit bezogen auf das konkrete Eigentum in seiner Fülle, wie es mit den Wozudingen, mit den Reihen der Wozudinge, sozusagen in Reihen zweiter Ordnung aufleuchtet, oder wie es mit dem Grund und Boden als Wozuding aus uralter Vergangenheit sich in unsere Tage und Geschichten erstreckt oder zu erstrecken scheint, während wir vielleicht richtiger sagen, daß dies konkrete Eigentum nur von unseren Jetzt-Geschichten aus erreichbar, nur von diesen Geschichten aus ansprechbar ist. Das Verhältnis von „Eigentum überhaupt" und dem konkreten Eigentum mag dann ungefähr vergleichbar sein dem Verhältnis von „Gold" zu dem einzelnen Vorkommen von Gold in seinen Lagerstätten oder im Besitze der Menschen. Mit Eigentum überhaupt sind wir nicht bezogen auf eine Gattung, sondern auf diese Reihen von konkretem Eigentum, konkreten Wozudingen, konkreten Eigentümern bis in die fernste Vergangenheit hinein mit einem unabsehbaren Horizont. Wieweit dabei gleichzeitig positives Recht sich irgendwie als Grundlage oder Grundpfeiler des Eigentums ausweist, die Frage untersuchen wir hier nicht. Wir neigen dazu, diese Frage entweder zu verneinen oder für unbeantwortbar zu erklären. Jedes Recht, welches wir kennen, setzt schon Eigentum voraus, und es setzt sich mit dem vorgefundenen Eigentum auseinander. Auch diese positiven Rechte mögen sich in Reihen ordnen derart, daß das Massiv des Rechtes bei allen positiven Änderungen aufrechterhalten bleibt: Was bei den sogenannten Revolutionen mit dem subjektiven Recht und dem objektiven Recht geschieht, ist dabei wieder eine Frage für sich. Bei den Wozudingen des Konsums kann eine Revolution auch nicht viel ändern.

Mit dem Eigentum am Wozuding in naher Verbindung steht das Patentrecht, Recht der Erfindung; darauf gehen wir hier nicht näher ein, obwohl erst Erfindung und Patentrecht und der Gedanke, der ihnen zugrunde liegt, ein volles Verständnis des Wozudinges und des Eigentums an ihm eröffnet.

Von dem Eigentum am Wozuding gelangen wir nun unmittelbar zu den wichtigsten konkreten Rechtsgebilden des bürgerlichen Rechts, Anspruch und Vertrag, wie sie uns schon aus dem römischen Recht als Vorgängerin unseres modernen Rechts vertraut sind. Im Mittelpunkt steht dabei der Wechsel des Eigentümers oder etwas anders ausgedrückt, der Wechsel des Eigentums an dem Wozuding oder umfassender, die Änderung des Eigentums am Wozuding. Wenn wir uns der Fülle des konkreten Eigentums bis in eine ferne Vergangenheit zuwenden, so blitzt hier und dort gleichfalls bis in die fernste Vergangenheit der Wechsel des Eigentümers auf. Wir denken dabei zuerst an den friedlichen Wechsel des Eigentümers. Wenn wir diesen aber ganz verstehen wollen, so dürfen wir auch den anderen Wechsel, der den Kontrast hierzu bildet, nicht übersehen, den Wechsel durch Plünderung, Raub, Diebstahl, Krieg, Betrug. Hier handelt es sich allerdings nicht um legitimen Eigentumswechel im heutigen Sinne. In der Vorzeit haben aber jedenfalls Beute und Plünderung in vielen Fällen Eigentumswechsel herbeigeführt, wie wir bei Homer nachlesen können. Bedeutungslos ist dieser Erwerb auch heute noch nicht geworden. Insbesondere das Kriegsrecht und Nachkriegsrecht könnte zu diesem Thema viele Beispiele geben. In diesem Zusammenhang müßte man auch den Umsturz der Eigentumsverhältnisse in der Revolution betrachten.

Wenn wir uns nun wieder dem friedlichen Eigentumswechsel zuwenden, so sehen wir hier auch gleich eine Brücke zwischen dem illegitimen Wechsel und dem legitimen Wechsel, nämlich in § 123 BGB. Das BGB rechnet damit, daß Betrug und Drohung zum Eigentumswechsel führen, und gibt Mittel an die Hand, diesen Eigentumswechsel wieder rückgängig zu machen.

Wenn wir uns nun in diesem Felde des friedlichen Eigentumswechsels zurechtfinden wollen oder auch hier wieder nach Reihen suchen, so sondert sich eine Reihe sofort ab, nämlich der Wechsel des Eigentümers mit dem Tode. Bei diesem Wechsel können wir wieder unterscheiden den Wechsel, der auf dem objektiven Recht beruht, vom Wechsel, der auf testamentarischen Verfügungen beruht. Wir reden in beiden Fällen statt vom Eigentum vom Vermögen: den Unterschied von Vermögen und Eigentum untersuchen wir hier nicht weiter. Der enge Zusammenhang ist klar. Der gesetzlichen Erbfolge mag ein Zustand vorausgehen, in welchem das Eigentum in der Hauptsache der Familie oder Sippe gehörte und das Ausscheiden eines Gliedes der Sippe nach modernem Sprechgebrauch nur zum Anwachsen seines Teils an die Teile der anderen G e m e i n s c h a f t e r führte. Weiter wollen wir diese Zusammenhänge Geschichte, Wozuding, Eigentum, Tod, Wechsel im Eigentum beim Tod hier nicht verfolgen.

Wir sind hier mitten im Erbrecht als positivem Recht mit seiner Verankerung in Eigentum und Tod. Ein Vorspiel zu diesem Erbrecht mag die Vermögensübertragung oder Hofübertragung unter Lebenden, unter dem Gesichtspunkt der vorweggenommenen Erbfolge sein. Auch diese fügen sich in den Zusammenhang ein, den wir hier behandeln.

Wir wenden uns jetzt dem friedlichen Eigentumswechsel unter Lebenden zu. Dieser Eigentumswechsel mit seinem Vorspiel und seinem Nachspiel bildet den Hauptgegenstand des bürgerlichen Rechtes. Er hat Bedeutung auch für das Familienrecht. Davon sehen wir hier ab. Ohne diesen Eigentumswechsel mit Vor- und Nachspiel hätte das bürgerliche Recht heute keine große Bedeutung, es bliebe wohl im wesentlichen nur der Schutz des Eigentums als Inhalt des bürgerlichen Rechtes.

Der Wechsel des Eigentums ist eingebettet in Geschichten. Bei diesen Geschichten können wir wieder zwei Reihen unterscheiden, nämlich den

Übergang des Eigentums gegen Entgelt und ohne Entgelt. Dazwischen mag es Übergänge geben. Wir können auch versuchen, innerhalb dieser Reihen noch eine Ordnung zu finden oder nach Unterreihen Ausschau zu halten. Vorläufig beschränken wir uns darauf, das Vor- und Nachspiel des Eigentumswechsels genauer zu fassen. Wir können vorher den Eigentumswechsel selbst noch ausdehnen, indem wir die Bestellung dinglicher Rechte nach dem Sprachgebrauch unseres bürgerlichen Rechtes und des römischen Rechts in den Eigentumswechsel mit einbeziehen und dann auch gleich die Frage aufwerfen, ob Miete, Pacht, Leihe und ähnliche Rechtsverhältnisse auch in naher Beziehung zum Eigentumswechsel stehen. Wir wollen die Frage hier nur aufwerfen. Wir neigen dazu, sie in die Nähe des Eigentumswechsels zu bringen ohne Rücksicht auf die positivrechtliche Regelung, lediglich wegen ihres Inhalts.

Wir brauchen nun kaum näher auszuführen, daß jeder Eigentumswechsel mit Vorspiel und Nachspiel nur aus einer Geschichte heraus verständlich wird. Die Belege findet jeder in Geschichten Verstrickte in seinen eigenen Geschichten und in seinen Fremdgeschichten. Voraussetzung für das Verständnis des folgenden ist aber, daß man sich vorher in diese Geschichten um den Eigentumswechsel versenkt hat. Etwa so: Man wohnt zur Miete in einem unruhigen Hause. Spannungen mit Vermieter und Nachbarn. Entschluß, ein eigenes Haus zu kaufen. Man spart Jahre hindurch eisern. Man bemüht sich um Darlehen. Endlich hat man die Anzahlung beisammen. Prüfung vieler Objekte. Abwägung des Für und Wider, schließlich Kauf, Auflassung, Eintragung im Grundbuch, und eines schönen Morgens erwacht man im eigenen Hause.

Nach unserer Sprechweise kommt der Eigentumswechsel in Geschichten vor und wird erst aus Geschichten verständlich. Wir können in den Geschichten von unserer eigenen Geschichte ausgehen, dann den Wechsel des Eigentums in die Vergangenheit in den vergangenen Geschichten verfolgen, in einer Reihe. Bei den Konsumgütern, etwa bei dem Apfel hier, endigt die Reihe nach einigen Stationen im Apfelbaum, von dem aus wir sie vielleicht noch weiter verfolgen können. Bei dem Haus, in dem wir wohnen, wird die Reihe schon länger; wenn wir das Grundstück dazu nehmen, kommen wir schon auf eine Reihe, die sich über viele hundert Jahre erstrecken kann. Wenn wir von der Summe des gegenwärtigen konkreten Eigentums in der Welt ausgehen, so haben wir nach rückwärts im Horizont bezüglich dieses Eigentums jeden Wechsel im Griff. Der heutige Zustand gründet sich auf die vorhergehenden Wechsel. So können wir durch jede Zeit einen Querschnitt legen und nach rückwärts die Reihen feststellen. In dem Querschnitt von vor fünfzig Jahren, von vor hundert Jahren, finden wir Eigentum vor, welches sich bis heute im Wechsel erhalten hat, und konsumiertes Eigentum, von dem keine Spur mehr vorhanden ist. Mit der Verfolgung des heutigen Eigentums nach rückwärts und mit der Ergänzung durch Querschnitte in den vergangenen Zeiten erfassen wir jeden Wechsel im Eigentum.

Infolge der Ersitzung hat dieser Gedankengang für den Juristen geringes Interesse. Trotzdem muß man sich diesen Zusammenhang klarmachen, wenn man zu einem Verständnis des Eigentums kommen will.

Wir beschränken uns in unserer Untersuchung auf den friedlichen entgeltlichen Wechsel des Eigentums. Es ist nicht schwierig, die Untersuchung auszudehnen auf den unentgeltlichen Wechsel und den mehr oder minder gewaltsamen Wechsel. Es ist auch nicht schwierig, die Hilfsgeschäfte, wie etwa Vollmacht, Auftrag oder die anderen um das Eigentum kreisenden Rechtsänderungen und die Änderungen, die im Eigentum ihre Wurzel haben, wie Miete, Pacht, in diesen Zusammenhang mit einzuflechten, um das Gemälde immer vollständiger zu machen, d. h. um mehr oder weniger geschlossen die verschiedenen Reihen nebeneinander zu verfolgen, soweit sie mit dem Eigentum zusammenhängen.

Von diesem Standpunkt aus oder von dieser Übersicht aus können wir nun versuchen, eine Verbindung herzustellen mit dem BGB, und zwar mit dem Buch 1 bis 3. Wir pflegten früher zu sagen, wer diese 3 Bücher beherrscht, der kennt die Hälfte des bürgerlichen Rechts; ungefähr wird das auch heute noch stimmen. So führt uns unsere Untersuchung in das Zentrum des positiven Rechts.

Wir setzen also voraus Eigentum und Wechsel im Eigentum, wie beides in Geschichten vorkommt, und fühlen uns bei diesen beiden Gebilden, wie sie auch jedes Märchen kennt, noch frei vom BGB und seinem System. Welche Stellung hat beides nun im BGB? Auch hier stehen im Mittelpunkt der Wechsel des Eigentums (oder der beschränkte Wechsel des Eigentums) und seine Vorbereitung oder Vorstufe.

Der Wechsel des Eigentums und seine Belastung wird im dritten Buch behandelt, die Vorstufe dazu im zweiten. Was die zwei Bücher in dieser Hinsicht zusammenhält, ist der Vertrag, der Konsensus, der im dritten Buch den Übergang des Eigentums bewirkt, im zweiten Buch etwa im Kauf, die Vorstufe zu dem Übergang behandelt, oder anders ausgedrückt: Im dritten Buch ist der Sitz des abstrakten Verfügungsgeschäftes, im zweiten Buch der Sitz des obligatorischen Geschäftes, während das erste Buch „gemeinsame" oder „allgemeine" Vorschriften enthält. Der Vertrag erzeugt im zweiten Buch Ansprüche, im dritten Buch bewirkt er den Übergang des Eigentums und damit die Erfüllung der Ansprüche.

Was der Vertrag selbst ist, erfahren wir im ersten Buch. Der Vertrag verweist wieder auf Willenserklärung.

Diese ist damit das Mark der ersten drei Bücher, die in erster Linie den Vertrag zum Gegenstand haben. Mit der Willenserklärung treten das Recht und die Lehre vom Recht in Verbindung mit einer psychischen Wirklichkeit und gewinnen damit den Übergang von den schwer faßbaren juristischen Gebilden zu einer Wirklichkeit, welche Rechtsgebilde schafft, ändert oder lenkt. Mit dieser Lehre vom Vertrag und von der Willenserklärung suchen wir uns auseinanderzusetzen. Wir könnten uns begnügen, innerhalb des Systems des BGB oder auch irgendeines anderen positiven Rechts die Rechtsgebilde und ihre Grundlagen als Reihen aufzuweisen im Gegensatz oder in Ergänzung zu der Lehre von Gattung, Art, Begriff, wie sie dem BGB zugrunde liegt. Wenn dies ursprünglich unsere Absicht war, so zeigte es sich im Laufe der Untersuchung, daß wir etwas weiter ausholen mußten. Insbesondere stellt sich heraus, daß der Vertrag und die Willenserklärung des BGB nicht so in der Wirklichkeit der Geschichten wurzeln, wie man vielleicht zunächst annimmt, sondern schon zurechtgestutzte Gebilde sind, die so in der Wirklichkeit nicht angetroffen werden, während andererseits leicht aufgezeigt werden kann, daß die zugrunde liegende Wirklichkeit ständig den Gang der mehr künstlichen Rechtsgebilde reguliert. Das Stichwort für den Juristen zur Aufspürung dieser Zusammenhänge, die wir suchen, ist etwa iusta causa oder Motiv.

Wir sprechen von der Einfügung des Vertrages in die Geschichten. Dabei wird aber der Begriff des Vertrages oder das Gebilde Vertrag selbst problematisch. Der Vertrag und damit die Willenserklärung haben diese eigenartige und fast unheimliche Macht, die sich aus den ersten drei Büchern ergibt, soweit diese mit dem Eigentumswechsel in Verbindung stehen. Wir lassen hier den Vertrag zugunsten Dritter, den Erbvertrag und die familienrechtlichen Verträge, also insbesondere Verlöbnis und Ehe, zunächst beiseite.

Das BGB mutet uns zu, die Verträge des dritten Buches und die Verpflichtungsverträge als Verträge unter einem Gesichtspunkt zu sehen. Die Einheit besteht darin, daß sie beide aus Willenserklärungen bestehen. Ein weiterer Zusammenhang besteht darin, daß die Übertragungsverträge entweder Erfüllungsverträge im Hinblick auf die Verpflichtungsverträge sind, oder mit diesen Erfüllungsverträgen im engsten Zusammenhang stehen.

Man kann nun fragen, ob umgekehrt auch die schuldrechtlichen Verträge immer auf Erfüllungsgeschäfte, wie sie das dritte Buch vorsieht, abzielen oder auf verwandte Geschäfte, die irgendwie um das Eigentum kreisen, mit anderen Worten: ob die Verpflichtungsgeschäfte des zweiten Buches immer vermögensrechtlichen Inhalt haben oder Hilfsgeschäfte zu solchen Geschäften sind. Diese Frage wollen wir im Auge behalten.

Der Vertrag im dritten Buch präsentiert sich uns in der Sprechweise des BGB als abstrakter Vertrag, als Einigung, die aus eigener Kraft Rechte überträgt und von der causa gelöst ist, im zweiten Buch als obligatorischer Vertrag, der als solcher Ansprüche erzeugt, aber seiner Natur nach nicht den Übergang von Eigentum oder anderen Rechten bewirken kann. Wohin hiernach die Übertragung einer Forderung oder auch die Anerkennung einer Forderung als selbständiger Verpflichtungsgrund oder das damit verwandte Schuldversprechen gehören, wollen wir nicht entscheiden. Diese Rechtsgeschäfte scheinen enge Verwandtschaft mit dem abstrakten Vertrag des dritten Buches, also insbesondere dem Übereignungsvertrag und dem Vertrag, durch den dingliche Rechte bestellt werden, zu haben.

Die Einigung über den Übergang des Rechtes zwischen dem Gebenden und dem Nehmenden bildet den Hauptinhalt des Vertrages, von dem das dritte Buch handelt. Diese Einigung, für sich genommen, hat keine andere rechtsgeschäftliche Wirkung als die, daß das Eigentum wechselt. Auf den ersten Blick scheinen also Vertragsinhalt und Vertragsfolge einander aufs Haar zu entsprechen. Die Beteiligten wollen beide, daß das Recht übergeht, und damit geht es über. In der Auflassung gibt das BGB diese Einigung in der reinsten Form, weil diese Einigung bedingungsfeindlich ist und keine Zusätze irgendwelcher Art duldet. Die Einigung bei der Übertragung des Eigentums an beweglichen Sachen ist zwar nicht in diesem Sinne bedingungsfeindlich, sie behält aber trotzdem als Erbteil aus dem Sachenrecht die Einspurigkeit, d. h. einen gewissen Widerstand gegen Kontakt. Damit hängt es zusammen, daß die Einigung ihre Kraft nur entfaltet, wenn sie fortdauert bis zum Übergang des Eigentums, zu welchem etwa Übergabe oder Ersatzübergabe erforderlich sein mag.

Wenn nun auch mit dieser Einigung nur die unmittelbar erstrebte Rechtsfolge eintritt, so ist damit nicht gesagt, daß nicht noch weitere Rechtsfolgen ungewollt oder sogar gegen den Willen der Beteiligten eintreten. Wir denken hier in erster Linie an Bereicherungsansprüche, die Kraft des Gesetzes mit dem Übergang des Rechtes entstehen, wenn die causa für das abstrakte Rechtsgeschäft fehlt. Selbst wenn der Berechtigte wieder auf den Bereicherungsanspruch abstrakt verzichtet, ist dieser Verzicht wieder kondizierbar. Durch ein abstraktes Rechtsgeschäft oder auch durch Verbindung von abstrakten Rechtsgeschäften kann kein endgültiger Rechtszustand geschaffen werden. So ist es nach unserem BGB. Die Frage, ob nicht in irgendeinem positiven Recht auch durch abstraktes Rechtsgeschäft ein endgültiger neuer Rechtszustand geschaffen werden könnte, ist damit keineswegs beantwortet.

In unserer Sprechweise bedeutet die Einigung und ihre Rechtswirkung eine Trennung des Eigentumswechsels von der Vorgeschichte, und zwar eine radikale Trennung. Die Vorgeschichte wird allerdings durch eine Hintertür wieder hereingelassen über den Bereicherungsanspruch, der sich auf die Vorgeschichte stützen muß. Der Eigentumswechsel an den Wozudingen, dieser leicht verfolgbare Wechsel, daß heute A Eigentümer eines Wozudinges ist, dessen Eigentümer gestern B war, ist durch den abstrakten Vertrag nur unzureichend aufgeklärt; wenn wenigstens nach unserem Recht der Gesetzgeber bei dem abstrakten Vertrag mit der anderen Hand zurücknimmt, was er mit der einen gibt, so ist der abstrakte Vertrag nicht das, was uns den Eigentumswechsel verständlich machen kann; ja diese Überlegung, die wir hier anstellen, mag uns zu zweifeln veranlassen, was denn überhaupt diese sogenannte Einigung oder der Einigungsvertrag sei, ob hier überhaupt noch ein Vertrag vorliegt, und was denn ein Vertrag überhaupt ist.

Die Rechtswissenschaft ist um die Antwort nicht verlegen. Selbstverständlich muß die Einigung eine causa haben, und diese causa ist wieder ein Vertrag oder kann wieder ein Vertrag sein. Wir sehen davon ab, auf die anderen causae einzugehen. So kann eine unerlaubte Handlung die causa für die Zahlung von 100 Talern sein; dann ist auch im Ganzen gesehen der Wechsel des Eigentums an den 100 Talern so weit aufgeklärt, daß es keinen Sinn hat, weitere Fragen zu stellen. Wie kann nun aber ein Vertrag die causa für den Einigungsvertrag bilden? Es leuchtet ein, daß ein Übereignungsvertrag selbst für sich allein nicht wieder die causa für einen anderen Übereignungsvertrag sein kann. Ein abstrakter Übereignungsvertrag kann im gewissen Sinne die causa für den entgegengesetzten Rückübertragungsvertrag sein. Das ist nicht das, was wir suchen. Die Frage ist, wie kommen wir aus dem Gebiet dieses für sich unverständlichen und wirtschaftlich unfruchtbaren abstrakten Vertrages heraus? Eine andere Frage wäre, gibt es ihn überhaupt, den abstrakten Vertrag? Oder welches Gebilde entspricht in der Wirklichkeit dem abstrakten Vertrag?

Kann man überhaupt so fragen? Die Rechtswissenschaft ist mit einer Antwort schnell bei der Hand. Die Rechtsänderung tritt ein als Folge des Konsensus, weil sie gewollt und erklärt ist, als Folge übereinstimmender Willenserklärungen, vielleicht muß man hinzufügen, auf Grund des Gesetzes, welches den Willenserklärungen diese Wirkung zuteilt. Diese Streitfrage, ob die Rechtsfolge allein auf Grund der Willenserklärungen oder auf Grund der Willenserklärungen und des Gesetzes eintritt, interessiert uns weniger als die Frage, in welchem Zusammenhang der abstrakte Vertrag in der Wirklichkeit zu der Rechtsfolge steht. Da haben wir nun das große Bedenken, daß der abstrakte Vertrag, so wie er vom Gesetz konstruiert wird, in der Wirklichkeit überhaupt nicht vollziehbar ist. Man mag zu der Wissenschaft von der Seele stehen, wie man will, der abstrakte Vertrag ist unvollziehbar, jedenfalls von Seiten des Gebenden. Welcher vernünftige Mensch würde wohl abstrakt eine Übereignung ohne Verbindung mit der

75

causa vornehmen? Nun wird man sagen, die causa ist natürlich vorhanden. Man kann nicht jemand beim Ärmel nehmen und einen abstrakten Vertrag mit ihm schließen. Das wäre ein Zeichen von Verrücktheit. Wie kann man den abstrakten Vertrag aber abschirmen gegen die Geschichte, zu der er gehört, deren Abschluß er meinetwegen bildet? Kann man dem Patienten aufgeben, die Übereignung abstrakt zu wollen, rechtlich getrennt von den Vorgängen, von der Vorgeschichte? Würde das überhaupt noch jemand verstehen? Versteht der Jurist dies? Oder ist es nicht vielmehr so, daß die Erklärung in Gottes Namen abgegeben werden muß und damit, wie bei einer Zauberformel, wie bei dem Mutabor der Wechsel des Eigentums erfolgt? Welche Stelle dies Mutabor aber wieder in der Geschichte des Eigentumswechsels hat, und wie der Gesetzgeber auf dies Mutabor gekommen ist, wahrscheinlich, ohne das Magische zu erkennen, das wollen wir hier auf sich beruhen lassen.

Mit den größten Bedenken bezeichnen wir hier also die Einigung als Vertrag, oder reden wir vom abstrakten Vertrag, weil die Abstraktheit in einem unlösbaren Widerspruch zum Verlauf der Geschichte steht, in die der Vertrag sich irgendwie einfügen muß, wenn wir ihn in der Wirklichkeit unterbringen sollen.

Wenn uns so der Verfügungsvertrag, den der Berechtigte mit dem Erwerber abschließt, schon Schwierigkeiten bereitet, so häufen sich die Schwierigkeiten, wenn wir den entsprechenden Vertrag, den der Nichtberechtigte abschließt, unter die Lupe nehmen. Nach dem BGB sind in vielen Fällen solche Verträge wirksam und haben dieselbe Rechtsfolge wie die Verfügung des Berechtigten. Wir beschränken unsere Betrachtung auf die Auflassung, insbesondere die §§ 873, 892 BGB. Der Bucheigentümer A läßt an B auf. A weiß, daß in Wirklichkeit X Eigentümer ist. Nach der Sprechweise des BGB liegen bei der Auflassung zwei Willensakte, wenn man so sagen darf, und zwei Erklärungen vor, die im eigentümlichen Verhältnis zueinander stehen, welcher das Wesen des Vertrages ausmachen soll. Der Wille und die Erklärung beziehen sich bei der normalen Auflassung auf das konkrete Eigentum an dem konkreten Grundstück. Diese Sprechweise ist dem Juristen geläufig.[6] Dies konkrete Eigentum soll nach dem Inhalt der Auflassung auf B übergehen. Die Sprechweise des BGB ist nicht ganz eindeutig, doch kann auch das BGB, wenn es von Übertragung des Eigentums spricht, unter Eigentum wohl nur das konkrete Eigentum verstehen. Bei einer normalen Auflassung würde in unserem Fall also A mit B darüber einig sein, daß sein konkretes Eigentum auf B übergeht. Insoweit würden die beiden Willenszustände und die beiden Erklärungen von A und B sich

[6] Vgl. z. B. Konrad Hellwig, *Anspruch und Klagrecht*, Jena 1900.

decken. Wie ist es nun in unserem Fall? Erster Fall: A weiß, daß ihm das konkrete Eigentum nicht zusteht.

Er kann also auch nicht den Willen haben, dies konkrete Eigentum auf B zu übertragen; wenn er eine entsprechende Erklärung abgibt, so ist zunächst zu prüfen, was diese Erklärung zu bedeuten hat. Man könnte eine Prüfung nach § 116 BGB vornehmen. Die Prüfung könnte zu dem Ergebnis führen, daß, wenn A zwar nicht den Willen hat oder haben kann, sein konkretes Eigentum zu übertragen, er doch so behandelt wird, als ob er diesen Willen gehabt hätte. Damit kommt man keinen Schritt weiter. Es würde dann lediglich eine Einigung vorliegen über den Übergang von konkretem Eigentum, welches es in der Wirklichkeit nicht gibt.

Man könnte nun versuchen, so zu konstruieren, daß A in Wirklichkeit den Willen hat, das konkrete Eigentum von X zu übertragen. Es scheint mir sehr fraglich, ob man einen solchen Willen in einem solchen Fall annehmen darf. Wenn man dies aber dürfte, kommt man noch keinen Schritt weiter, weil B nicht das konkrete Eigentum des X erwerben will, sondern das konkrete Eigentum des A. Ganz abgesehen hiervon würde die Wirkung der Eigentumsübertragung in Frage gestellt sein, wenn B damit rechnete, daß ein Dritter, etwa X, Eigentümer sein kann.

Nun könnte man etwa sagen, § 892 enthält eine Fiktion hinsichtlich des Eigentums. In Konsequenz dieser Fiktion muß man auch irgendwie mit dem Auflassungsvertrag des Nichtberechtigten fertigwerden, sonst würde § 892 jede Bedeutung verlieren. Dabei enthält § 892 nicht irgendeine Bestimmung des Sachenrechtes, sondern macht einen Grundpfeiler des Sachenrechts in Verbindung mit den analogen Vorschriften über bewegliche Sachen usw. aus. Es muß also ein Weg gefunden werden, § 892 in vollem Umfange Geltung zu verschaffen.

Wenn nun § 892 eine Fiktion enthält, so könnte man weiter sagen, dann muß ein Auflassungsvertrag fingiert werden, wenn er in Wirklichkeit nicht vorliegt. Dabei ist soviel klar, daß, abgesehen von der Schwierigkeit aus § 892, im übrigen ein Vertrag vorliegen muß. Das, was hier vorliegt, es mag sein, was es will, muß im übrigen allen Anforderungen eines Vertrages und der Auflassung insbesondere entsprechen, so daß an dem Vertrag nichts auszusetzen wäre, wenn A nur wirklich konkreter Eigentümer wäre. Die Frage ist, welchen Sinn die Aufteilung eines solchen Gebildes nach Art der Auflassung in existierende und nicht existierende Bestandteile oder in reelle und fiktive Bestandteile haben könnte. Das Bedenkliche dabei mag sein, daß der Gesetzgeber hier so oder so mehr oder weniger tätig an der Untreue des A oder an dessen unsittlichem Verhalten mitwirkt, indem er durch komplizierte Konstruktionen einen Vertrag fingiert, wo keiner vorliegt, und diesen Vertrag mit Rechtsfolgen ausstattet auf Grund einer Fiktion (und schließlich den A wegen dieser Rechtsfolgen bestraft).

Wenn der nichtberechtigte Bucheigentümer C an sein Eigentum glaubt und an D aufläßt, so bietet der Auflassungsvertrag nicht solche Schwierigkeiten, wie in dem vorhergehenden Fall. Wille und Erklärung sind bei C und D in Ordnung, sie beziehen sich auf das konkrete Eigentum des C, an welches beide glauben. Ohne § 892 wäre der Vertrag wirkungslos. Auf Grund der Fiktion des § 892 geht das Eigentum über. Hier taucht aber die Frage auf, ob C zur Anfechtung wegen Irrtums berechtigt ist und vielleicht sogar dem wirklichen Eigentümer Y gegenüber zur Anfechtung verpflichtet ist. Man könnte auch noch an andere Möglichkeiten denken. Die Frage ist, ob die Anfechtung durch § 892 ausgeschlossen ist. Eine etwas andere Frage ist, ob D wegen Irrtums anfechten könnte, weil er nicht auf Kosten eines anderen etwas erwerben will. Vielleicht ist D abergläubisch und will nicht sein Haus auf einem so erworbenen Grundstück bauen. Wenn § 892 davon spricht, daß zugunsten desjenigen, welcher ein Recht einwirbt, der Inhalt des Grundbuchs als richtig gilt, so könnte man aus dem Ausdruck folgern, daß der Erwerber sich von dem Vertrage irgendwie freimachen könne. Sehr schwierig ist die Frage, wie die Rechtslage bei Rücktritt von dem Kausalgeschäft oder bei Wandlung ist, wenn das Kausalgeschäft durch Verfügung des Nichtberechtigten erfüllt ist. Wer erwirbt Eigentum bei der Rückauflassung? A (C) oder X (Y)? Wie muß die Rückauflassung gefaßt werden?

Wir können hier diese Verfügung des Nichtberechtigten nicht ausführlich behandeln, sondern müssen uns auf diese Andeutungen beschränken und flüchten jetzt aus dem unergiebigen Sachenrecht in das zweite Buch, in das Recht der Schuldverhältnisse.

Wenn die Einigung ein abstrakter Vertrag ist, so ist eine Möglichkeit, vielleicht auch die einzige Möglichkeit, die Einigung oder ihren Effekt aufzuklären, die Verbindung mit einem Schuldverhältnis, dessen Erfüllung sie ist. Wir lassen die anderen Schuldverhältnisse beiseite und wenden uns den Schuldverhältnissen aus Verträgen zu, und unter diesen Schuldverhältnissen wieder den Schuldverhältnissen, die auf einen Eigentumswechsel im weitesten Sinne abzielen. Wenn überhaupt irgendwo, dann muß hier das Hauptgebiet liegen, in dem der Eigentumswechsel, der freiwillige Eigentumswechsel, seine Stelle oder sein Fundament hat. Wir beschränken uns dabei wieder auf den entgeltlichen Eigentumswechsel. Die Frage ist dabei: Wenn sich schon die Einigung und der Einigungsvertrag schwer in die Wirklichkeit der Geschichten einfügt, wie ist dies Verhältnis dann bei den zugrunde liegenden obligatorischen Verträgen? Das Hauptbeispiel mag etwa Auflassung und Kaufvertrag sein.

Wir suchen die Beziehung zwischen Eigentumswechsel und der Geschichte, in der er sich abspielt, offen zu legen. Die erste Antwort, die das BGB uns gibt, indem es uns auf die Einigung als Grund des Eigentumswechsels verweist, lehnen wir ab. Die Frage ist, ob der obligatorische Vertrag – oder vielleicht irgendein anderes Vertragsgebilde – uns das gibt, was wir suchen. Das BGB verweist uns dabei wieder auf den Konsensus, auf die erklärte Übereinstimmung des Willens der Vertragsschließenden. Man muß sich das wohl vom Standpunkte des BGB aus ungefähr so vorstellen, daß die beiden Seiten zunächst ihre eigenen Wege gehen, daß sie dann im Konsensus des obligatorischen Vertrages, wenn auch nur einen Augenblick, Kontakt miteinander aufnehmen. Dieser Kontakt bedeutet den Abschluß des obligatorischen Vertrages. Er erzeugt Ansprüche; darunter auch den Anspruch auf Übereignung. In einem zweiten Kontakt geht jetzt die Übereignung vor sich. Der Gesetzgeber trennt dabei den zweiten Kontakt von dem ersten. Jede Bezugnahme auf den ersten Kontakt ist bei dem zweiten Kontakt überflüssig. Wie die Rechtslage etwa wäre, wenn die Bezugnahme auf den ersten Kontakt aufrechterhalten würde, im Ernst gewollt wäre, wollen wir hier nicht entscheiden.

Eine Antwort auf die Frage, wie der Eigentumswechsel vor sich gehen mag, in welchem Zusammenhang er stehen mag, ist mit dieser Überlegung nicht erteilt. Die Möglichkeit, § 139 BGB heranzuziehen, kann in diesem Zusammenhang außer Betracht bleiben.

Die Frage ist nur etwas zurückgestellt und taucht an diesem Orte wieder auf in etwas veränderter Form. Wenn der abstrakte Konsensus keine Aufklärung für den Eigentumsübergang bietet, so bietet der Konsensus für sich ebenso wenig eine Aufklärung, wie es zur Entstehung des Anspruches auf Übertragung des Eigentums kommt.

In dieser Hinsicht sind Eigentumsübergang und Entstehung der Verpflichtung zur Eigentumsverschaffung gleich. Diese Verpflichtung kann niemals aus dem Konsensus erklärt werden, sondern es muß etwas hinzukommen: Der Vertrag muß entgeltlich oder unentgeltlich sein, und diese Entgeltlichkeit oder Unentgeltlichkeit darf nicht auf einem Lippenbekenntnis beruhen, sondern muß den Vertrag tragen, muß in einem eigentümlichen Verhältnis zu dem Vertrage stehen oder muß ein Moment in dem ganzen Gebilde bilden, welches man herkömmlich als Vertrag bezeichnet. Den Musterfall bietet hierfür der gegenseitige Vertrag, der nicht ein Vertrag neben anderen Verträgen ist, sondern das Rückgrat des Vertragsrechts bildet. Ein Vertragsgebilde, welches nicht, etwa nach Art des Kaufes, in näherem oder weiterem Zusammenhang mit dem Eigentumswechsel stände, gibt es nicht. Wenn es nach dem BGB so scheint, als ob ein Vertrag auf jede Leistung, auf jedes Tun oder Unterlassen gerichtet sein könnte, und als ob der Konsensus einen solchen Anspruch oder eine solche Verpflichtung hervorbringen könnte, so scheitert dies schon innerhalb des Systems des BGB an zwei Umständen. Der nackte Konsensus könnte höchstens einen kondizierbaren Anspruch erzeugen, müßte also in einer weiteren causa einen Grund haben; es scheitert aber weiter daran, daß die Entstehung des Anspruches auf entgeltlicher oder unentgeltlicher Basis erfolgen muß, und daß darüber auch wieder Einigung bestehen muß. Es liegt nicht in der Macht der Beteiligten, zu bestimmen, ob das Verhältnis von Leistung und Gegenleistung vorhanden ist oder nicht, sondern dies ergibt sich aus dem Lauf der Geschichte und der Vorgeschichte. Erst wenn dies Verhältnis von Leistung und Gegenleistung vorhanden ist, kann es zu einem Austausch kommen. Erst dann kann man fragen, welche Rolle nun der Konsensus oder etwas wie Konsensus in dem ganzen vorliegenden Gebilde spielt. Es wird gar nicht einfach sein, die Rolle des Konsensus positiv zu bestimmen. Viel wichtiger ist die Gegenseitigkeit: Wenn sie nicht vorliegt, so kann kein Konsensus eine Rechtsänderung herbeiführen. Der Vertrag des zweiten Buches des BGB ist nicht nur der Grund für die Übereignung, sondern er enthält seinen eigentlichen Grund in sich selbst, in den Umständen, so etwa in der Gegenseitigkeit, in der Geschichte; ohne dies nützt der Konsensus nicht.

Wenn wir sagen, daß jeder Vertrag entgeltlich oder unentgeltlich sein muß, so ist das eine starke Abkürzung. Wir können wohl besser sagen, daß jeder Vertrag etwas in dieser Richtung, Entgeltlichkeit und Unentgeltlichkeit, Liegendes enthalten muß.

Nach dem BGB erzeugt der obligatorische Vertrag Ansprüche. Die Ansprüche gehen auf eine Leistung, auf ein Tun oder Unterlassen. Man kann hierzu die Frage stellen, ob jedes Tun oder Unterlassen Inhalt eines Anspruches sein kann. Es gibt selbstverständliche Grenzen, wie etwa Unsittlichkeit. Gewisse Bedenken wird man auch haben, ob künstlerische Leistung und alles Verwandte Gegenstand von Ansprüchen sein kann. Das interessiert uns hier nicht. Dagegen ist ein anderer Gesichtspunkt wichtig: Bei dem entgeltlichen Vertrage müssen die Leistungen in einem gewissen, schwer faßbaren Zusammenhange miteinander stehen: Ein Handwerksmann mit vielen Kindern, arbeitsam und bieder, hat den einen Fehler, daß er mehr trinkt, als er nach seinen Verhältnissen dürfte. Er trifft seinen Pastor und sie kommen auf das Trinken zu sprechen. Der Pastor ist ein älterer milder Herr, das Muster eines Bürgers. Er macht dem Handwerksmann Vorhaltungen. Dieser, ein etwas freier Geist, sagt: „Herr Pastor, wenn Sie von jetzt ab keinen Wein mehr trinken, werde auch ich keinen Tropfen mehr trinken." Bei dem Pastor kam nur ein Gläschen Wein bei Kindtaufen oder Hochzeiten in Frage.

Er nahm das Angebot an. Beide tranken hinfort keinen Tropfen mehr. War dies ein Vertrag im Sinne des BGB oder sagen wir lieber im Sinne des Rechts? Nach den Bestimmungen des BGB könnte man einen Vertrag annehmen, weil im BGB nicht zum Ausdruck kommt, daß die beiderseitigen Leistungen in dem eigenartigen Verhältnis stehen müssen, wofür Kauf, Miete, Pacht einerseits oder Schenkung andererseits so überzeugende Beispiele sind.

Man könnte vielleicht auch die Vertragsnatur leugnen, weil vermögensrechtliche Verhältnisse nicht unmittelbar berührt werden. An sich kann natürlich Nichtrauchen und Nichttrinken ohne weiteres Gegenstand eines Vertrages werden, etwa bei Anstellung eines Kraftfahrers oder eines Arbeiters in einem Munitionsdepot. In beiden Fällen fügt sich die Verpflichtung, nicht zu rauchen oder nicht zu trinken, in den Rahmen des Gesamtwerkes so ein, wie die einzelnen Verpflichtungen bei Kauf, Miete, Pacht. Soweit die obligatorischen Verträge nicht abstrakt sind, gehen sie also nicht einfach auf Begründung von Ansprüchen, sondern die Ansprüche müssen in einem Sinnzusammenhang zueinander stehen, wie wir ihn etwa mit entgeltlich oder unentgeltlich zunächst zu treffen versuchen.

Hiermit hängt es zusammen, daß die obligatorischen Verträge, im Gegensatz zu den dinglichen Verträgen, Rechtswirkungen erzeugen, die weit über die sogenannten Willenserklärungen hinausgehen und ihre Rechtfertigung aus dem Sinnzusammenhang nehmen. So haftet man bei entgeltlichen Geschäften für jede Fahrlässigkeit, bei unentgeltlichen Geschäften nur für grobe Fahrlässigkeit; so haftet man beim Kauf für Fehler und Mängel. Beim abstrakten dinglichen Rechtsgeschäft ist kein Raum für diese Haftung. Wie es sich beim abstrakten obligatorischen Geschäft, bei Schuldversprechen oder Schuldanerkenntnis in dieser Beziehung verhält, ist im Gesetz näher geregelt. Der Schuldner haftet für Erfüllung, er kann in Verzug kommen. Wenn allerdings das abstrakte obligatorische Geschäft als solches kondiziert werden kann, so entfällt natürlich auch diese Folge.

Wenn das BGB im zweiten Buch im siebten Abschnitt einzelne Schuldverhältnisse behandelt oder diesem Abschnitt die Überschrift gibt: „Einzelne Schuldverhältnisse", so könnte man daraus folgern, daß es noch beliebig viele andere Schuldverhältnisse gibt, da im BGB Vertragsfreiheit herrscht, und hiernach jedes Schuldverhältnis durch Vertrag begründet werden kann. Nach unserer Meinung aber sind mit diesen einzelnen Schuldverhältnissen die Hauptschuldverhältnisse erfaßt. Die hier erfaßten Schuldverhältnisse, abgesehen von einigen anderweitig zu erklärenden Ausnahmen, tragen nämlich den Kern, den wir mit Entgeltlichkeit, Unentgeltlichkeit angedeutet haben, in sich, diesen Kern, der die Grundlage für den Vertragsabschluß bildet, die Grundlage, die der Konsensus allein nicht abgeben kann. Dieser Kern liegt besonders offen zutage bei dem Eigentumswechsel und allen damit wieder im Zusammenhang stehenden Hilfsgeschäften, weil hier relativ feste Anhaltspunkte für die Abwägung von Leistung und Gegenleistung vorliegen. Hierbei setzt natürlich jeder Vertrag Partner voraus, die einander gewachsen sind. Die alten Verträge der Seefahrer und Kolonisten mit Indianern und Schwarzen auf der Grundlage von Branntwein und Glasperlen sind nur Zerrbilder von Verträgen.

Mit den Verträgen des dritten und des zweiten Buches haben wir einen Überblick über die wichtigsten vermögensrechtlichen Verträge gewonnen. Von Bedeutung daneben sind noch Erbvertrag, Vertrag zugunsten Dritter, vielleicht auch Verlöbnis und Ehe. Das allen denkbaren Verträgen Gemeinsame, also auch insbesondere das dem Vertrage im dritten und zweiten Buch Gemeinsame, ist im allgemeinen Teil, dem ersten Buch, geordnet, und zwar wieder besonders im dritten Abschnitt unter Rechtsgeschäften und hier wieder unter Willenserklärung und Vertrag, in den §§ 116 bis 145 und den §§ 145 bis 157. Es wäre nun eine interessante Aufgabe zu untersuchen, in welchem Umfange man in diesem allgemeinen Teil Bestimmungen findet, die für alle Vertragsgebiete oder Vertragsarten gleichmäßig Bedeutung haben und, was vielleicht auf dasselbe hinausläuft, das Gebilde Vertrag in seinem Kern treffen. Wenn wir mit dieser Erwartung an den allgemeinen Teil herangehen, so werden wir stark enttäuscht. Ein großer Teil der Bestimmungen hat technischen Charakter. Darunter möchte ich etwa rechnen Vertragsschluß unter Abwesenden und die Vorschriften über die Formen der Verträge, die Unterscheidung vom schriftlichen Vertrag, gerichtlichen Vertrag, notariellen Vertrag, Vertrag bei Versteigerungen. Hier handelt es sich keineswegs um allgemeine Vorschriften zum Vertrag oder über den Vertrag, sondern um gemeinsame Vorschriften für Verträge, Vorschriften, die über das, was der Vertrag eigentlich ist, nichts aussagen. Ähnlich könnten wir die Vorschriften über die Willenserklärungen prüfen. So mögen die Vorschriften über Scherz- und Scheinverträge allgemeinen Charakter haben. Sie stehen aber doch wohl nur im losen Zusammenhang mit den richtigen Verträgen, mit den ernsthaften Verträgen, die doch der Gegenstand des bürgerlichen Rechtes sind. Ob sie wirklich in das Vertragsrecht hineingehören, kann zweifelhaft sein. Im wesentlichen treten hier jedoch Rechtsfolgen ein, nicht weil es sich um Verträge handelt, sondern obwohl es sich nicht um Verträge handelt.

Die Vorschriften über Irrtum, Täuschung und Drohung sind wohl echte Bestimmungen zum Wesen des Vertrages, die den Kern des Vertrages treffen. Sie könnten die Überschrift „Allgemeiner Teil", soweit sie das Vertragsrecht betrifft, rechtfertigen. Die Bestimmungen können Wirkung äußern auf allen Gebieten des Vertrages und darüber hinaus für Rechtsgeschäfte ähnlicher Bedeutung, etwa für das Testament. Diese Bestimmungen enthalten aber schwer darzustellende Rückgriffe auf die Vorgeschichte des formulierten Vertrages, von dem das BGB in erster Linie ausgeht. Wenn also insbesondere Täuschung und Drohung für die Gültigkeit eines formulierten Vertrages eine bedeutsame Rolle spielen, so verlängert das Gesetz den hier und jetzt geschlossenen Vertrag in seine Vorgeschichte hinein und faßt ihn mit seiner Vorgeschichte zu einer Einheit zusammen, die zu seiner Aufhebung führt. Eine entsprechende Vorgeschichte liegt jedem Vertrag zugrunde. Sie ist aber nur von dieser großen Bedeutung in den Fällen von §§ 119, 123.

Wir machen nun noch einen Versuch, den Vertrag in der Geschichte, in welche er eingebettet ist, zu sehen, ihn aus der Geschichte heraus zu verstehen. Dies ist ein großes Unternehmen. Wir beschränken uns auf einige Punkte.

Wir haben schon hingewiesen auf die Vorgeschichte des Vertrages. Diese Vorgeschichte endigt oder kommt zu einem vorläufigen Abschluß damit, daß der Vertrag geschlossen wird; wenn keine schriftliche oder sonstige Festlegung des Vertrages erfolgt, so muß die ganze Vorgeschichte darauf abgeleuchtet werden, was davon nun wohl Inhalt des Vertrages geworden ist. Dies ist eine häufig fast unlösbare Aufgabe. Das Gesetz schreibt daher in wichtigen Fällen schriftliche oder feierliche Beurkundung des Vertrages vor und macht damit den natürlich wachsenden Vertrag zu einem Kunstgebilde, welches erst existent wird mit der Unterschrift. Dieser Vertrag hat die Vermutung der Richtigkeit und Vollständigkeit für sich. Die Vorgeschichte ist damit erledigt, soweit nicht über Irrtum, arglistige Täuschung und Drohung unter Umständen ein Rückgriff auf die Vorgeschichte möglich ist.

Andererseits kennt die Rechtslehre auch Rechtsgebilde, die ähnliche Wirkungen wie ein Vertrag haben, zum Beispiel die faktischen Vertragsverhältnisse. Die Anerkennung dieser Gebilde ist ein Abweichen von dem Grundsatz, daß, abgesehen von Rechtsgebieten, welche hier nicht in Frage kommen, nur der Konsensus Verbindlichkeiten erzeugt.

Die erste Ausnahme wird in der Lehre unter culpa in contrahendo, Verschulden beim Vertragsschluß, behandelt. Das Reichsgericht ist dazu übergegangen, aus dem Eintritt in Vertragsverhandlungen ein vertragsähnliches Vertrauensverhältnis abzuleiten, das die Beteiligten zur Beobachtung der im Verkehr erforderlichen Sorgfalt verpflichtet und ihnen namentlich gewisse Mitteilungs-, Aufklärungs- und Erhaltungspflichten auferlegt. Aus der culpa in contrahendo ist damit also schon längst eine culpa während der gesamten Vertragsverhandlungen geworden. Dabei ist auch die Frage behandelt, ob nur das negative Interesse, das Vertrauensinteresse oder auch das Erfüllungsinteresse zu ersetzen ist.[7]

Wenn man mit uns den Vertrag vom Beginn der Verhandlungen bis zum Abschluß und natürlich auch darüber hinaus als eine Geschichte auffaßt, kann man diese Haftung leichter unterbringen als von der klassischen Vertragstheorie aus, insbesondere wenn man berücksichtigt, daß diese Haftung auch besteht, wenn es überhaupt nicht zum Vertragsschluß kommt. Es handelt sich hier natürlich nicht um eine Erfindung des Reichsgerichts, sondern um elementare Vorgänge im Rechtsleben, welche die Verfasser des BGB in ihrer Struktur nicht erkannt haben, insbesondere weil sie sich die Aussicht verbaut hatten durch ihre Vertragstheorie des Hier und Jetzt.

Eine weitere Ausnahme bilden die faktischen Vertragsverhältnisse. Haupt versteht darunter Sonderverbindungen, die von der Rechtsprechung so behandelt werden oder behandelt werden müßten, wie wenn sie durch einen fehlerfreien Vertrag begründet worden wären. Haupt zählt drei Gruppen auf:

1. solche aus sozialem Kontakt, die heute meist aus dem Gesichtspunkt des Verschuldens beim Vertragsschluß gelöst würden,
2. solche, deren konstituierendes Element die Einordnung in ein Gemeinschaftsverhältnis bilde (faktische Gesellschaft und faktisches Arbeitsverhältnis) und
3. solche kraft sozialer Leistungsverpflichtung (wie z.B. Straßenbahnfahrt, Inanspruchnahme eines Versorgungsbetriebs u. dgl.)[8]

Lehmann hält diese Begriffsbildung für gefährlich, „weil sie sehr verschiedenartige Fälle zusammenfaßt, die z.T. der scharfen tatbestandlichen Abgrenzung völlig entbehren und nur durch eine Verneinung zusammengehalten werden – es fehlt als Grundlage ein fehlerfreier Vertrag. Dadurch entsteht die Versuchung, diese Fälle zu weitgehend und gleichmäßig mit Vertragswirkungen auszustatten, während ihre richtige Behandlung nur durch vorsichtige analoge Anwendung der auf ihre Eigenart passende Wirkungen eines gültigen Vertrages gewonnen werden kann. Da die analoge Ausstattung mit Vertragswirkung aus ganz verschiedenen Rechtfertigungsgründen geboten ist, darf sie niemals die Wirkungen des gültigen Vertrages einfach kopieren."

Wir können natürlich zum Streit selbst keine Stellung nehmen. Wir werfen nur die Frage auf, wie tief das Fundament dieser Lehre reicht, ob insbesondere die klassische Theorie mit ihrer Lehre Anschluß an eine Wirk-

---

[7] Im einzelnen verweisen wir auf: Ludwig Enneccerus/Heinrich Lehmann, *Lehrbuch des Bürgerlichen Rechts. Zweiter Band: Recht der Schuldverhältnisse*, Tübingen [15]1958, § 43.

[8] Zitiert nach L. Enneccerus/H.Lehmann, *Recht der Schuldverhältnisse*, a.a.O., § 26 IV.

lichkeit oder mit anderen Worten Anschluß an ein „Selbst" erreicht, oder ob der Vertragsschluß ein künstliches Gebilde ist, welches nicht alles leisten kann, was man aus ihm ableiten möchte. Auch hiermit mag noch nicht der letzte Ausdruck für das, um was es sich hier handelt, gefunden sein. Man könnte uns vorwerfen, daß die Phänomenologie grade mit der Lehre Reinachs[9] ein Musterbeispiel dafür geliefert habe, wie man die klassische Jurisprudenz in der Vorgegebenheit der sozialen Akte und der daraus entspringenden Rechtsgebilde fundieren könne und wie man auf diese Weise zu einem System von synthetischen Sätzen a priori als Vorgegebenheit für jedes positive Recht kommen könne, während wir trotz unserer Verbindung mit der Phänomenologie gerade den entgegengesetzten Standpunkt vertreten. Es mag sich in der Tat die Frage erheben, ob zwischen uns und Reinach noch phänomenologische Gemeinsamkeit besteht. Jedenfalls können wir aber die klassische Jurisprudenz und die Lehre Reinachs in unserem Schauspiel von der juristischen Welt unterbringen, wenn auch nur mit den ihnen anhaftenden Schwächen.

Eine weitere Ausnahme von der klassischen Vertragstheorie bildet die bereits im Reichserbhofsrecht vorbereitete günstige rechtliche Stellung des Hofanwärters, der sich durch Dienste auf dem Hofe ein gewisses Recht auf Zuteilung des Hofes erworben hat. Dies ist laienhaft ausgedrückt. Der Kern der Regelung besteht darin, daß an die Stelle des Vertragsschlusses die lange Vorgeschichte tritt, die eigentlich zum Vertragsschluß hätte führen müssen. Auf die Nuancen gehe ich dabei nicht ein. Die Vorgeschichte kann unmittelbar bis zum Vertragsabschluß gediehen sein, sie kann sich auch noch in einem weiter zurückliegenden Stadium befinden. Die Rechtsprechung ist geneigt, in solchem Fall nicht nur von der Beobachtung der Form abzusehen, sondern auch von einem übereinstimmenden Willen und vielleicht sogar von allen sogenannten Vorverhandlungen. Im übrigen ist die Rechtsprechung hier noch im Fluß. Auch hier tritt an die Stelle des formellen Vertragsschlusses eine unter Umständen lange Geschichte, die eigentlich hätte zum Vertragsschluß führen müssen und nun als Ersatz für den Vertragsschluß genommen wird.

Ob die positive Vertragsverletzung oder allgemeiner die positive Forderungsverletzung auch in diesem Zusammenhang behandelt werden könnte, möchte ich hier nicht entscheiden. Diese Frage steht in Zusammenhang mit der Frage, welche Rechtsfolgen eintreten, weil sie gewollt und erklärt sind, und welche Rechtsfolgen eintreten als gesetzliche Folgen eines solchen Willens ohne Rücksicht darauf, ob sie gewollt und erklärt oder vorgestellt sind,

---

[9] Adolf Reinach, *Zur Phänomenologie des Rechts*. Die apriorischen Grundlagen des bürgerlichen Rechts (1913), München 1953.

wenn sie nur nicht ausdrücklich ausgeschlossen sind. Die Rechtslehre hat diese Fragen unter dem Titel „wesentliche Geschäftsbestandteile, natürliche Geschäftsbestandteile und Nebenbestimmungen" behandelt.

Man müßte versuchen, im Sinne unserer Überlegungen diese Entwicklung des Vertrages in der Einheit einer Geschichte zu sehen. Es ist immerhin merkwürdig, wenn zu irgendeiner Zeit irgendjemand sieht, daß eine Hauptregel über den Vertrag durchbrochen werden muß, daß nämlich die Vorverhandlungen doch schon gewisse Verbindlichkeiten erzeugen müssen, oder wenn Staub plötzlich sieht, daß es neben der gesetzlichen Vertragsverletzung im engeren Sinne noch die positive Vertragsverletzung gibt oder geben muß.[10] Dies scheint immerhin darauf hinzudeuten, daß die klassische Auffassung des Vertrages nicht in Gegebenheiten begründet ist, sondern im wesentlichen mit einer Gradeinteilung zu vergleichen ist. Wer den Vertrag der klassischen Jurisprudenz in der Wirklichkeit sucht, ist dem Seefahrer zu vergleichen, der nach dem Äquator selbst ausschaut; das ändert nichts daran, daß es wiederum auch ohne Äquator nicht geht.

In dieselbe Richtung mag die clausula rebus sic stantibus weisen. Sie beruht nicht nur auf der Verbindung des Vertrages mit der Einzelgeschichte, sondern mit einer Geschichte größeren Ausmaßes, in der die Einzelgeschichte wieder ruht.

Wir haben uns lange mit der Frage beschäftigt, in welchem Verhältnis Geschichte in unserem Sinne und der juristische Fall, wie wir ihn aus vielen Sammlungen kennen, stehen mögen. Die menschlich interessanten Geschichten auf juristischem Gebiet haben keine nahe Beziehung zu den interessanten Rechtsfällen, die oft an die Lösung einer Schachaufgabe erinnern. Vielleicht wird es möglich sein, in diesen Fällen ein System zu entdecken oder, nach unserer Sprechweise, Reihen aufzuspüren. Die zahlreichen Fälle, in denen der Gesetzgeber gegen den Strich arbeitet, scheinen den fruchtbaren Boden für das Aufsprießen von Rechtsfällen zu geben. Die Grundsätze über den Rechtsschein lassen Vermögensverschiebungen zu, die aber gleichzeitig eine Korrektur in anderer Hinsicht nötig machen. Ähnlich ist es mit den Vorschriften über Nichtigkeit und Anfechtbarkeit, Unwirksamkeit von Verträgen oder Rechtsgeschäften und der Rückgängigmachung der Folgen.

Wie sich die Reihen, die hier auftauchen, etwa die Reihen der anfechtbaren, der nichtigen, der unwirksamen Rechtsgeschäfte, die nur auf Grund guten Glaubens Rechtswirksamkeit äußern, zu den Reihen der Wozudinge, des Eigentums an den Wozudingen, des Eigentumswechsels verhalten, das müßte besonders untersucht werden, jedenfalls stehen diese Reihen in

---

[10] Vgl. Hermann Staub, *Die positiven Vertragsverletzungen*, Berlin 1904.

engerer Verbindung zu dem positiven Recht als die anderen Reihen. Man müßte etwa unterscheiden den Fall, daß auf Grund eines ordnungsgemäßen Kaufgeschäftes als eines obligatorischen Vertrages, verbunden mit Einigung über den Rechtsübergang, Eigentum übergeht von dem Fall, daß das Kausalgeschäft fehlt oder nichtig oder anfechtbar oder unwirksam ist, aber die dingliche Einigung wirksam ist. Der nächste Fall wäre, daß die Einigung selbst nichtig, anfechtbar, unwirksam wäre. Wiederum ein anderer Fall wäre, daß Kausalgeschäft und Einigung nach der Seite der Willenserklärung hin in Ordnung sind, Rechtswirkung erzeugen, dem verfügenden Teil aber das Recht nicht zusteht, oder wenn die Verfügung von einem Verwalter kraft Amtes vorgenommen ist, der Vermögensmasse das Recht aber fehlt. Die Verfügungen des Nichtberechtigten können auf Grund Besitzes, auf Grund falscher Grundbucheintragung, auf Grund des falschen Erbscheins, des falschen Testamentvollstreckerzeugnisses wirksam sein. Diese Verfügungen können auch nicht rückgängig gemacht werden, wenn die Geschäfte sonst in Ordnung sind. Hier tauchen Kombinationen auf, die fast an das Schachspiel erinnern. Auch die Geschäfte des Nichtberechtigten können aus den verschiedensten Gründen nichtig, anfechtbar, unwirksam sein usw., wir können alle obigen Darlegungen hier wiederholen, die schließlich zur Rückgängigmachung der Geschäfte führen. Wenn es dabei schon zu einem Scheinrecht für den anderen Beteiligten gekommen ist, kann auch dies Scheinrecht rückgängig gemacht werden, wenn es nicht schon durch Ausübung, etwa durch Weiterübertragung, sich jeder Bemängelung entzogen hat. In solchem Fall fängt wieder eine neue Reihe an. Wenn die Rechtsgeschäfte des Nichtberechtigten kurz ausgedrückt als Willenserklärungen in Ordnung gehen, so ergeben sich Rechtsbeziehungen zwischen dem ursprünglich Berechtigten und dem Verfügenden aus §§ 816, 687 evtl. 823 BGB in den schwierigsten Zusammenhängen. Wenn nun gar zweifelhaft ist, ob das Geschäft in Ordnung geht oder nicht, so ergeben sich zahlreiche Kombinationsmöglichkeiten, wenn ein solcher Fall nach allen Richtungen aufgeklärt werden soll.

Wir gehen hier auf die Einzelheiten ein, um zu zeigen, wie dies kombinatorische Element in engem Zusammenhang steht mit der positivrechtlichen Regelung gegen den Strich. Inwiefern all die Momente, mit denen wir hier arbeiten, von Nichtigkeit bis zur Verfügung des Nichtberechtigten, auf positivrechtlicher Regelung beruhen, das haben wir, wenn auch ganz kursorisch, bereits aufzuweisen versucht, ebenso wie eine positivrechtliche Bestimmung gegen den Strich die andere nach sich zieht, bis irgendwo das Gleichgewicht wieder erreicht ist.

Wenn wir Vorwürfe gegen die positivrechtliche Regelung erheben, so müssen wir sogleich einräumen, daß diese Regelung durchaus einer wirtschaftlichen Vernunft entsprechen kann und aus Geschichten verständlich wird.

Die Sicherheit im Rechtsleben hat einen großen wirtschaftlichen Wert. Dagegen fällt die Gefahr eines Rechtsverlustes, etwa durch die Vorschriften über den guten Glauben, kaum ins Gewicht. Es ist allerdings möglich, daß der Bogen im BGB im Interesse der Sicherheit überspannt ist. Der Konsensus kann nicht das leisten, was das BGB ihm aufbürdet. Der Konsensus kann nichts.

Was die einseitige Bestimmung für sich, wie etwa das Testament, was das Gesetz, was Gewohnheitsrecht, was die richterliche Entscheidung (Rechtskraft) ist und kann ohne eine entsprechende Grundlage, wie wir sie in den Geschichten für den Konsensus gefunden haben, bliebe zu prüfen. Was den Vertrag anbelangt, so liegt sein Hauptgewicht in der causa oder in dem Horizont, der mit der causa anvisiert ist. Auf Grund unserer Überlegungen dürfen wir den Unterschied machen von der positivrechtlichen Regelung und den Reihen, die sich hier ergeben, und der anderen Regelung, für die ein Name fehlt, die man vielleicht natürliche Regelung nennen könnte, und den zahlreichen Zwischengebilden zwischen beiden Polen. Als Beispiel der natürlichen Regelung möchte ich den Normalkauf, Miete, Pacht hinstellen; als Beispiel der positivrechtlichen Regelung: Verfügung des Nichtberechtigten, Rechtswirkung des abstrakten Vertrages. Ein Zwischengebilde ist etwa der Bereicherungsanspruch. Nur über diese konkreten Rechtsgebilde und über die Geschichte, in denen sie vorkommen, erlangen wir Zugang zum Recht. Die Geschichten verdünnen sich dabei zu Fällen, je weiter wir in das Gebiet der künstlichen Rechtsgebilde vordringen.

Im Hintergrund der Fälle taucht aber sofort die lebendige Geschichte auf. Entweder läßt sich z.B. der Fall heilen: wer den Schaden durch die Verfügung eines Nichtberechtigten hat, erhält den erzielten Kaufpreis, und die Geschichte endet nach einem kleinen Schreck zu allgemeiner Zufriedenheit, oder der Nichtberechtigte ist auf und davon oder fällt in Konkurs; dann trauern wir mit dem Berechtigten um den Verlust, und es ist ein schlechter Trost, daß der Verlust im Interesse der Rechtssicherheit verschmerzt werden muß; es mag sogar die Frage auftauchen, ob die Allgemeinheit nicht irgendeinen Ersatz leisten müßte an den, der dies Opfer für die Rechtssicherheit gibt. In vielen Fällen wird den Geschädigten auch der Vorwurf treffen, daß er nicht aufgepaßt hat.

Mit diesen Bemerkungen über Reihen im Recht verlassen wir dies schwierige Gebiet. Man wird billigerweise nur einen Versuch von uns erwarten, der aber nach vielen Richtungen zu Fortsetzungen anregen mag.

Besonderes Interesse verdient dabei die Verbindung, das Band zwischen den Gliedern der Reihen. So steht der entgeltliche Eigentumswechsel und ähnlich jede vertragliche Änderung einer Rechtslage wohl in Beziehung zur Entwicklung einer Wertlage. Ein Eigentumswechsel kann zustandekommen, wenn der Tausch (Kauf) für beide Teile vorteilhaft wird. Die Wertlage unterliegt dabei der Entwicklung. Sie kann diesen Punkt erreichen, übersteigen, eine Zeitlang stabil bleiben und dann wieder unter den Nullpunkt fallen. Von dem einen Punkt bis zum anderen ist ein Tausch möglich. Schon die Vorverhandlung setzt voraus, daß die günstige Wertlage gegeben ist.[11]

Wer das Auge auf das Wertverhältnis richtet, sieht die Möglichkeit für den Eigentumswechsel kommen, verharren, größer, kleiner werden, danach vielleicht wieder verschwinden. Er sieht damit in einer bestimmten Richtung über die Wertverhältnisse in den Horizont des Eigentumswechsels hinein, bis er in der Verfolgung der Entwicklung der Werte auf den vorhergehenden Eigentumswechsel stößt, der wieder dieselben Fragen aufwerfen läßt. So kommt er in der Verfolgung der Wertverhältnisse zu effektivem Eigentumswechsel oder auch zu versäumtem Eigentumswechsel. Wir meinen also, daß die Verfolgung der Wertentwicklung die Verbindung herstellt zwischen den einzelnen Akten des Eigentumswechsels. Damit wäre vielleicht das Band, das die Glieder der Serie zusammenhält, gefunden. Es mag allerdings auch andere Verbindungen geben.

Was wir hier vom Eigentumswechsel sagen, gilt auch für jede Änderung in den Eigentumsverhältnissen, etwa für Bestellung des Nießbrauchs, für Hypothekenbestellung, für Bestellung eines Pfandes überhaupt, für Bestellung sonstiger dinglicher Rechte und für jede Änderung in den dinglichen Rechten. All diese Änderungen und Maßnahmen erfolgen in demselben Zusammenhang wie der Eigentumswechsel oder stehen mit diesem im engsten Zusammenhang. Dies gilt natürlich nur für die entgeltlichen Rechtsgeschäfte, während die unentgeltlichen Rechtsgeschäfte wieder in ähnlichen, aber schwerer faßbaren Wertverhältnissen vorgenommen werden.

c) Reihen in der Mathematik, in der Naturwissenschaft

Etwas wie Reihe finden wir auch in der Mathematik vor. Wir müssen uns hier auf einige Andeutungen beschränken. Wir sind aber überzeugt, daß sich unsere Überlegungen für die ganze Mathematik fruchtbar machen lassen. Wir greifen ein beliebiges Stück der Mathematik heraus. Die Unklarheiten und Fragen, die sich dabei ergeben, können oder könnten nur im Laufe einer eingehenden Untersuchung beseitigt oder beantwortet werden.

---

[11] Wegen der Einzelheiten siehe: W. Schapp, *Die neue Wissenschaft vom Recht. Wert, Werk und Eigentum*, insbesondere S. 62.

Wenn wir etwa das Gebilde rechtwinkliges Dreieck untersuchen, und zwar im Hinblick auf den pythagoräischen Lehrsatz, nachdem wir uns dessen Beweis wieder vergegenwärtigt haben, so kann man uns fragen, was verschafft uns die Gewißheit, daß dieser Beweis für jedes rechtwinklige Dreieck gilt. Wir können etwa beliebige rechtwinklige Dreiecke zeichnen und uns immer wieder vergewissern, daß der Beweis auch für die neu auftauchenden Dreiecke gilt.

Uns fallen dann die Überlegungen ein, die man gerade in bezug auf das Dreieck über das allgemeine Dreieck, vielleicht dürfen wir auch sagen über die Gattung Dreieck angestellt hat, aber auch diese befriedigen uns nicht. Wir schlagen nun einen anderen Weg ein. Wir nehmen einen beliebigen Kreis, sagen wir von 10 cm Durchmesser. Den Durchmesser legen wir in die Waagerechte. Über diesen Durchmesser zeichnen wir nun lauter Dreiecke, deren Scheitelpunkte in der Peripherie liegen. Wir sehen gleich, daß die Dreiecke im linken Quadrat den Dreiecken im rechten Quadrat entsprechen, gleichsam deren Spiegelbilder sind, während das Dreieck in der Mitte nur einmal vorhanden ist.

Wir stellen jetzt den Satz auf, daß mit den Dreiecken, die sich in dieser Weise über dem Durchmesser errichten lassen, alle rechtwinkligen Dreiecke, die es überhaupt geben kann und die eine Hypotenuse von 10 cm haben, ausgeschöpft sind. Es gibt kein rechtwinkliges Dreieck mit einer Hypotenuse von 10 cm, das nicht in unseren Dreiecken im Halbkreis vorkommt, und zwar selbst vorkommt und im Spiegelbild vorkommt. Wir gebrauchen hier noch laienhafte Ausdrücke. Wir können dies noch etwas schärfer fassen. Die rechtwinkligen Dreiecke über dem Kreisdurchmesser, deren Scheitelpunkte in der Peripherie des Kreises liegen, können wir so betrachten, daß wir einzelne herauspicken. Wir können sie auch so betrachten, daß wir sie als eine Reihe sehen, zunächst als eine Reihe in dem Gesamtbilde. Dabei mögen viele Fragen auftauchen, deren Beantwortung wir zunächst zurückstellen, wir kommen langsam zu dem Ergebnis, daß wir nun sämtliche rechtwinklige Dreiecke über einer Hypotenuse von 10 cm, die es geben kann, erfaßt haben. Verlegen wir die Spitze der Dreiecke über den Kreisbogen hinaus, so wird aus dem rechten Winkel ein spitzer Winkel, legen wir die Spitze in den Kreisbogen hinein, so wird aus dem rechten Winkel ein stumpfer Winkel, so können wir nach vielen Richtungen manipulieren und uns immer vertrauter mit dem Satz machen, daß wir bei dieser Ordnung oder Anordnung wirklich alle rechtwinkligen Dreiecke mit 10 cm Hypotenuse erfaßt haben. Wir können jetzt zu einfachen Lehrsätzen kommen, wir können den Durchmesser als Diagonale eines Rechtecks auffassen, indem wir die Dreiecksfiguren in der oberen Kreishälfte abbilden in die untere Kreishälfte. Wir können uns dann vergewissern, daß die Winkelsumme in diesen Dreiecken gleich zwei Rechten sein muß und daß der Flächeninhalt des Dreiecks die Hälfte des Flächendreiecks des zugehörigen Quadrats oder Rechtecks ausmachen muß. Wir sehen dabei, daß überall auch diese Gesetze für die ganze Serie der rechtwinkligen Dreiecke gelten.

Wir gehen nun einen Schritt weiter und fragen, welche Bedeutung es für unsere Überlegungen hat, daß der Durchmesser des Kreises 10 cm lang sein sollte. Wir kommen dann zu dem weiteren Satz, daß alle Kreise einander ähnlich sind. Natürlich könnten wir über diese Ähnlichkeit noch größere Ausführungen machen. Die Ähnlichkeit steht wieder in Beziehungen zu Gleichheit. Wir prüfen nun, ob es in unseren Überlegungen darauf ankommt, daß der Durchmesser 10 cm groß ist. Im anderen Zusammenhang mag es sehr darauf ankommen, für unsere Überlegungen ist der Umstand aber gleichgültig. Vielleicht hilft uns wieder das Gebilde der Reihe weiter. Die Kreise lassen sich nach ihrer Größe in eine Reihe einordnen. Ich muß allerdings die Kreise konzentrisch ordnen und wieder anfangen, zu manipulieren, um nun zu sehen, daß es auf die 10 cm nicht ankommt, oder daß es nur auf die Ähnlichkeit ankommt. Auch hiermit ist noch lange nicht das letzte Wort gesprochen.

Ich kann nun ähnliche Überlegungen anstellen über das Dreieck selbst und versuchen alle Dreiecke, deren Seite c 10 cm lang ist, in Serien zu ordnen. Ich kann gleich feststellen, daß, wenn die Seite b 20 cm beträgt, die Seite a zwar noch nicht bestimmt ist, wohl aber ist bestimmt, wie groß sie mindestens und wie groß sie höchstens sein kann. Sie muß größer als 10 cm sein und darf nicht 30 cm sein. Wenn Seite b und c bestimmt sind, liegt bezüglich der Seite a keine Freiheit mehr vor. Die Seite b kann ich aber noch frei wählen. Sie kann jede beliebige Länge haben, so daß immer noch mit Hilfe der Seite a ein Dreieck zustande kommt. Diese Überlegungen kann ich mir alle mit Bleistift und Zirkel klarmachen.

Ähnliche Versuche kann ich mit den Winkeln beginnen. Kein Winkel darf 180° sein, auch zwei Winkel zusammen dürfen nicht 180° sein. Hier ist aber das Eigentümliche, daß zwei Winkel genügen, um den dritten Winkel festzustellen. Damit sind der Form nach alle Dreiecke mit dieser Winkelverteilung erfaßt. Soweit die absolute Seitenlänge keine Rolle spielt, werden also die Regeln für e i n Dreieck für alle ähnlichen Dreiecke gelten. Die ähnlichen Dreiecke bilden eine Serie der primitivsten Art, bei der es nur noch auf den Unterschied von klein und groß ankommt. Andererseits ist es möglich, indem man von einem bestimmten Dreieck ausgeht, Serien zu bilden, welche alle Dreiecke so umfassen, daß jeder Winkel die Größe von 0 bis 180 Grad durchläuft. Beginne ich mit dem Winkel Alpha weniger als 180 Grad, so entspricht diesem Winkel ein Winkel Beta, der kleiner sein muß als die Differenz zwischen 180 Grad und Alpha. Der Winkel Gamma ist jeweils der Restwinkel. Unter Berücksichtigung dieser Annahmen kann ich mir einen Überblick verschaffen über alle überhaupt möglichen Dreiecke oder wie man das sonst nennen will. Ich habe dann sämtliche Dreiecke, abgesehen von der Größe, im Griff; wenn ich die Veränderlichkeit der Größe als neuartige Reihe hinzunehme, so habe ich damit in gewissem Sinne jedes überhaupt mögliche Dreieck eingeordnet in eine Serie. Jedes Dreieck, was mir in Wirklichkeit begegnen kann, hat schon von vornherein seinen Platz in meinen Reihen, und was noch wichtiger ist, im Horizont jedes Dreiecks leuchten diese anderen Dreiecke auf.

Ich werde mich aber sehr hüten müssen, nun zu glauben, daß damit alles oder vieles aufgeklärt wäre. Es ist nur ein erster schwacher Anfang gemacht.

So wird man zunächst aufklären müssen, wohin das Dreieck und die geometrischen Figuren gehören. Kant glaubte noch, daß in dieser Richtung alles getan sei, wenn man die geometrischen Figuren vom Raum, so wie er sich ihn vorstellt, ableitete oder in ihn einbettete. Demgegenüber fällt uns auf, daß wir die geometrischen Figuren – sagen wir in der Anschauung – nur vorfinden auf der Oberfläche vom Körper, von starren Körpern, wobei diese Oberfläche zugleich in einer Beziehung zur mathematischen Ebene steht. Der Körper muß sich dabei stets in einer Entfernung von uns befinden. In dieser Entfernung muß die Oberfläche möglichst senkrecht – sagen wir abgekürzt – zur Augenachse stehen. Wenn wir die Wandtafel oder was es sonst ist, in dieser Stellung haben, können wir anfangen zu zeichnen, zu messen, zu vergleichen, mit Lineal und Zirkel zu hantieren. Dabei müssen Lineal und Zirkel aber wieder wie die Wandtafel starre Gegenstände sein. Was dabei starr in Wirklichkeit bedeutet und ob die ganze Starrheit Voraussetzung ist für diesen ersten Anfang in der Geometrie oder ob es nur auf Komponenten von ihr ankommt, mag wieder eine Frage für sich sein. Jedenfalls ist freie Beweglichkeit von Lineal und Zirkel von einer Figur zur anderen und ein sich Erhalten in den Entfernungen von Punkten weiter die Voraussetzung.

Um welche Art von Voraussetzungen es sich dabei handelt, steht noch dahin. Zunächst mag uns auffallen, daß diese Starrheit von Wandtafel, Zirkel und Lineal bei flüssigen und gasförmigen Gegenständen oder in einer flüssigen und gasförmigen Welt nicht vorhanden wäre, jedenfalls nicht, wenn wir die Maßstäbe der Erde für diese Aggregatzustände zugrunde legen. Wir sehen dabei davon ab, daß der menschliche Leib, der selbst ja in gewissem Sinne auch zur Geometrie gehört, Starrheit oder, anders ausgedrückt, ein Knochengerüst, allerdings verbunden mit all dem anderen, woraus der Leib besteht, voraussetzt.

Man könnte nun den Versuch machen unter diesen Voraussetzungen wieder zu scheiden, was wirklich gleichsam noch in die geometrische Figur eingeht oder was dieser Figur zufällig ist. Wenn ich auch noch so scharf prüfe oder einen noch so scharfen Maßstab anlege, so bleibt immer die geometrische Figur auf die Oberfläche eines starren Körpers angewiesen, und zwar so, daß sie immer von den Unebenheiten oder von der Zusammensetzung dieses starren Körpers abhängig ist. Die Figur auf der Oberfläche macht irgendwie die Bewegungen der Atome an der Oberfläche mit; anders ausgedrückt, die für das bloße Auge grade Linie verwandelt sich im Mikroskop in eine gekräuselte Linie. Wenn Plato uns entgegenhält, daß diese Überlegungen gerade der beste Beweis für die Existenz der Idee der graden Linie sei, für die Existenz der Idee des Dreiecks, so würden wir darauf antworten, daß in der Serie der mehr oder weniger ungraden Linie die grade Linie ein äußerster Fall ist, der seine Bedeutung erst durch die ungraden Linien erhält, ebenso wie die Starrheit des Körpers selbst ein äußerster Fall ist, der in der Physik mit dem unerreichbaren absoluten Nullpunkt (Gefrierpunkt) zusammenfällt. Beim absoluten Nullpunkt wären gewisse Voraussetzungen für eine grade Linie als Verbindung zwischen zwei Atomen oder sagen wir lieber als Tangente an zwei Atomen gegeben, oder mit anderen Worten, in diesem Fall würden gewisse Schwierigkeiten, welche der „realen" Existenz der graden Linie entgegenstehen, fortfallen. Wie es sich dann aber mit der Feststellbarkeit, der Wahrnehmbarkeit oder auch nur der Festlegung dieser graden Linie verhielte, wäre hier eine Frage für sich. Dabei haben wir überhaupt noch nicht die Frage geprüft, in welchem Verhältnis die gleichen Dreiecke, die kongruenten Dreiecke stehen, also etwa alle Dreiecke mit den Seitenlängen 10, 20, 30 cm. Durch die Bezugnahme auf cm sehen wir schon, daß hier ein unrationelles Element in die Geometrie gerät, welches nicht entbehrt werden kann und doch einen Fremdkörper bildet.

Wir wenden uns jetzt zunächst einer anderen Reihe zu, der Zahlenreihe. In welchem Sinne bilden die Zahlen eine Reihe? Wir stocken hier schon bei dem einfachsten Beispiel, weswegen sagt man ein mal eins und nicht ein mal ein? Soviel wir unterrichtet sind, macht nur die deutsche Sprache diesen Unterschied, und zwar auch nur bei der ersten Zahl. Weswegen macht die deutsche Sprache nicht bei zwei mal zwei, drei mal drei entsprechende Unterschiede? Wenn man im Deutschen addiert, so sagt man nicht ein und ein, sondern „eins" und eins. Ich habe den Verdacht, daß „eins" und „ein" etwas Verschiedenes bedeuten und daß bei den anderen Zahlen die Ausdrucksmöglichkeit für diese Verschiedenheit verlorengegangen ist. In gewissen Zusammenstellungen muß man die Zahl ergänzen, indem man „etwas" oder „Gegenstand" hinzufügt. So möchte ich zunächst nach meinem Sprachgefühl ein mal eins gleichsetzen mit ein mal ein Etwas. Den Gedanken, daß „ein" oder „eins" im Deutschen deklinierbar ist und der Gebrauch des Neutrums schon auf etwas Sachliches, auf ein Etwas hindeutet, verfolgen wir hier nicht weiter. Dies ein mal ein Etwas scheint nun das primitivste Gebilde zu sein, welches durchaus aber nicht so klar ist, daß es seinen Ehrenplatz im Einmaleins verdient.

Wenn ich statt „etwas" etwas Konkreteres nehme, sagen wir Pferd, so ist die Redeweise „ein mal ein Pferd" irgendwie geschwollen. Man sagt statt dessen lieber ein Pferd. Durchsichtiger wird die Sprechweise, wenn wir zu den höheren Zahlen kommen, zwei mal zwei Pferde ist schon eher verständlich. Die Redeweise ein mal eins ist wohl am ehesten verständlich zu machen als Schlußpunkt in einer Serie, wie sie das ein mal eins enthält. Wir fragen nun aber gleich weiter, wie ist die Verbindung oder Beziehung zwischen den einzelnen Worten oder Begriffen oder Gegenständen oder Gebilden, zwei mal zwei Pferde? Wie verhalten sich die beiden Zahlen zueinander, wie verhalten sich dazu die hinzukommenden Worte? Wir kennen aus der Arithmetik einen Satz, daß Multiplikator und Multiplikand vertauscht werden können. Das will heißen, daß zwei mal drei Pferde gleich drei mal zwei Pferde sind. Das ist natürlich eine sehr gewagte Redeweise. Die „Gleichheit" besteht nur in einer „Hinsicht". Ich kann nicht zwei Pferde mit drei Eseln multiplizieren. Die eine Zahl muß immer unbenannt sein. Beim Umtausch muß ich also die benannte Zahl gewaltsam von ihrem Gegenstande trennen. Die letzte Zahl oder eine Zahl bei einem Produkt aus vielen Zahlen muß aber immer benannt sein, wenn auch nur als „etwas", um die erste Stufe von Sinn zu erreichen, der die Aufnahme in ein größeres Sinngebiet möglich macht. Man kann nicht zwei Pferde und drei Esel zueinander addieren, ohne vorher die Umwandlung in Tiere vorgenommen zu haben.

Die letztmögliche Umwandlung ist die Umwandlung in das „Etwas". Wenn ich fünf Pferde und drei Pferde addiere, dürfen die drei Pferde nicht mit einem Teil der fünf Pferde identisch sein, es müssen andere Pferde sein, sonst ist die Rechnung falsch. Umgekehrt, wenn ich drei Pferde von acht Pferden subtrahiere, müssen die drei Pferde identisch sein mit einem Teil der Pferde, sonst ist die Subtraktion sinnlos. Das gilt auch, wenn ich von acht Etwassen drei Etwasse abziehe. Die ganze Rechnung hindurch müssen die Etwasse oder die Pferde bei der Addition verschieden sein, bei der Subtraktion gleich sein.

Wenn ich vier durch zwei dividiere, muß ich beachten, daß die erste Ziffer vier Etwasse bedeutet, die zweite aber Teilung in zwei Teile oder genauer in zwei gleiche Teile. Wenn ich diese Überlegungen fortsetze, so wird auch klar, daß ich Zahlen als solche nicht zueinander addieren kann und nicht ohne weiteres voneinander subtrahieren kann. Zwei und zwei ergibt nicht vier, sondern zwei Zweien, acht weniger fünf ist immer nur acht weniger fünf und nicht drei.

Ähnlich ist es bei der Teilbarkeit. Ich kann Etwasse in zwei gleiche Teile teilen, aber ich kann nicht in demselben Wortsinn zwei gleiche Teile in Etwasse teilen, und ebenso ist es mit der Multiplikation. Zwei mal drei ist nicht gleich drei mal zwei, der erste Ausdruck bedeutet, drei mal zwei Etwasse, der zweite Ausdruck zwei mal drei Etwasse. Man könnte etwa sagen, die Ausdrücke gewinnen ihren vollen Sinn erst in einer Geschichte. Wenn sechs Kamele in zwei Reihen zu drei Kamelen hintereinander laufen, kann der Bote, der sie von vorne sieht, melden, daß er zweimal drei Kamele gesehen habe. Wer sie von der Seite sieht, wird melden, daß er drei mal zwei Kamele gesehen habe. So meinen wir, daß der letzte Grund für die Rede von Zahlen die Geschichten sind. Wenn unsere Kinder das Einmaleins lernen sollen ohne ständigen Hinweis auf die Rechentafel, so werden sie überfordert. So einfach ist das Einmaleins nicht. Das Lernen des Einmaleins in der üblichen Form bedeutet schon die erste Knebelung von Gedankenfreiheit und Kritik. Im Anschluß an unsere Untersuchung über Reihe und Gattung können wir fragen, welche Bedeutung die Reihe im weiteren oder weitesten Zusammenhang hat. Wenn wir versuchsweise das Einzelgebilde von der Reihe zu trennen oder aus ihr herauszulösen versuchen, so merken wir alsbald, welche Schwierigkeiten das mit sich bringt, oder daß die Aufgabe unlösbar ist. Wir können diese Frage über das Verhältnis von Einzelgebilde zur Reihe auf allen von uns behandelten Gebieten aufwerfen und sehen dann, wie die Frage für jedes Gebiet einen anderen Klang hat. Beschränken wir uns zunächst auf den Menschen und das Tier, etwa den Löwen und auf das Wozuding.

Wenn wir mit dem Menschen beginnen, mit dem Menschen als Einzelgebilde oder besser mit einem Menschen als Einzelgebilde, so kann uns zunächst niemand sagen, womit wir beginnen sollen. Wir können etwa mit dem Körper anfangen, mit der körperlichen Entwicklung vom Säugling bis zum Greise, von der Geburt bis zum Tode oder sogar noch über die Geburt hinaus, rückwärts. Wenn wir diese körperliche Entwicklung in dieser Weise verfolgen, so haben wir damit vom Menschen noch wenig oder nichts erfaßt. Nach unserer Meinung ist das Wesentliche vom Menschen sein Verstricktsein in Geschichten von der Geburt bis zum Tode. Sicher kommen wir mit diesen Geschichten ganz in die Nähe des eigentlichen Menschen. Es fragt sich dann aber gleich, in welchem Zusammenhang diese Geschichten mit dem Körper, mit dem Leib des Menschen, stehen, welches Recht wir überhaupt haben, Körper und Geschichten zu trennen.

Wenn wir nun zunächst bei der Einordnung in die Reihe vielleicht vom Körper ausgegangen sind, sehen wir bald, daß es auf diese Einreihung, auf die Aneinanderreihung der Körper, doch wohl nicht ankommt. Diese Aneinanderreihung der Körper mag schon voller Rätsel stecken und weit über eine äußere Aneinanderreihung hinausgehen. Auf das eigentliche Thema, auf den Sinn der Reihe Mensch, kommen wir aber erst, wenn wir die Geschichten in den Mittelpunkt stellen, das Verstricktsein in Geschichten. Diese Aneinanderreihung, bei der vielleicht auch immer wieder das Körperliche irgendwie berücksichtigt werden muß, ist nun viel schwieriger als die Aneinanderreihung der Körper. Man kann sagen, der Mensch, der „gesehene" Mensch, ist nur ein Moment, ein Schimmer von dem Gebilde Mensch, das wir einzureihen versuchen, und man kann vielleicht ebensogut sagen, mit diesem Schimmer leuchtet auch wieder der ganze Mensch auf, aber nicht in der Richtung seiner Körperlichkeit oder wenigstens nicht in erster Linie in dieser Richtung, sondern in ganz anderen Dimensionen, die nun fraglich erscheinen lassen, ob man hier von einer Reihe überhaupt noch sprechen darf, oder in welchem Sinn man hier von einer Reihe sprechen kann. Ich kann allerdings die Untersuchung unter dem Leitbild vornehmen, daß ich diesen Menschen hier einreihen will in die Reihe seiner Vorfahren und vielleicht seiner Nachkommen. Er hat dann einen festen Platz. Die Übersichtlichkeit wird allerdings dadurch etwas gestört, daß die Vorfahren sich in jeder Generation verdoppeln. Wenn wir davon absehen, so ist auf den ersten Blick diese Reihe einfach festzustellen oder festzuhalten, und doch steckt sie schon voller Geheimnisse, nach der körperlichen Seite und nach der Geschichtenseite.

Nach unseren bisherigen Feststellungen über die Reihe wäre dies der eigentliche Ausgangspunkt oder das Zentrum für die Reihe. Es fragt sich dann zunächst, wie andere Reihen zu dieser Reihe stehen, etwa: dieser Mensch ist Soldat, er ist Deutscher, er ist Bayer, er ist Münchener, er ist Schwabinger, oder er ist ein Mörder, er ist ein Dieb, er ist ein Handwerker, er ist ein Goldschmied, er ist ein Pastor, er ist ein Mönch. Die Sicherheit in der Feststellung mag uns hier verlassen. Wir können allerdings fragen, wodurch wird man (werde ich) all dies, von dem wir reden, und wir werden vielleicht mehr oder weniger sicher auf einen Anfangsakt kommen, gleichsam einen Eintritt in eine Gemeinschaft, die mit den obigen Ausdrücken angedeutet ist. Etwas anders kann man auch fragen: „Wie kommt man in diese oder jene Reihe?" Wie ist das Verhältnis von Reihe und Gemeinschaft?

Wenn wir dagegen sagen, dieser Mensch ist ein Baby, ein Kind, ein Mann, ein Greis, ein Knabe, ein Mädchen, so führt dies schon wieder eher in die Einreihung oder in die Nähe der Einreihung des Menschen zwischen Vorfahren und Nachkommen. Immer aber hebt sich deutlich die Ureinreihung zwischen den Vorfahren und Nachkommen mit ihrem ganzen Hintergrund von all den anderen Einreihungen ab, die allerdings zum vollen Menschentum wieder ebenso gehören mögen wie die Ureinreihung.

d) Der Zusammenhang zwischen Reihe und Einzelgebilde

Die Unterscheidung von Serie und Einzelgebilde und die Untersuchung über die Einordnung der Einzelgebilde in die Serie führt uns in der Festlegung der Einzelgebilde in der Welt einen wichtigen Schritt weiter. Die mathematischen Gebilde, die Zahlen, die Dreiecke fügen sich anders in ihre Serien ein, fügen sich als Einzelgebilde anders in die Serien ein als die zeitlichen Einzelgebilde, wenn wir versuchsweise diese Unterscheidung, die an die Unterscheidung Husserls von idealen Gegenständen und zeitlichen Gegenständen erinnern mag, einführen dürfen. Die zeitlichen Einzelgebilde, also die Lebewesen, der Mensch, der Löwe, ferner die Wozudinge, wenn wir mit diesen beginnen, in der Absicht, schließlich zu dem Atom zu kommen, können wir zunächst ähnlich wie die Dreiecke in Serien einordnen und ordnen wir ständig in Serien ein, wobei diese Einordnung in gewisser Hinsicht die Voraussetzung bilden mag, überhaupt in der Welt zurechtzukommen.

Diese Einordnung ist nun jedenfalls beim Menschen und bei den Wozudingen sehr viel schwieriger festzuhalten als bei den idealen Gegenständen. Man könnte zunächst daran denken, den jederzeitigen augenblicklichen Zustand etwa des Menschen zunächst einzureihen in seine eigene Vergangenheit und Zukunft. Erst damit würden wir eigentlich zu dem Gebilde Mensch vordringen, und zwar nach unserer Meinung über seine Geschichten vom Anfang bis heute. Wir können hier die Frage aufwerfen, ob wir bei diesen Einzelgeschichten des einzelnen Menschen in derselben Weise von Serie reden können, wie wir das bei der Einordnung der Einzelgebilde in die anderen Einzelgebilde gemacht haben. Wenn wir hierbei nicht von Serie reden dürfen, so fragt es sich, wie anders wir diese Zusammenhänge zu bestimmen haben. Dabei taucht etwa die Frage auf, wie sich die jeweilige körperliche Erscheinung zu den jeweiligen Geschichten oder auch zu den Geschichten von Gegenwart und Zukunft verhält.

Wir müssen wohl immer wieder auf den Unterschied von in Geschichten Verstricktsein und in Geschichten Vorkommen zurückgreifen und versuchen, nach diesen Gesichtspunkten uns zu orientieren. Leicht festzuhalten und dabei doch schwierig genug ist die Unterbringung der Geschichten selbst. In den Geschichten, in die wir verstrickt sind, kommen Geschichten vor, in die wir nicht verstrickt sind. Ein Beispiel ist *Tausendundeine Nacht*. Für Scheherezade geht es in ihrer eigenen Geschichte um Kopf und Kragen. Die anderen Geschichten kommen mit einem besonderen Zusammenhang in ihrer Geschichte vor, sind aber für andere wieder komplette eigenste Geschichten, und in diesen Geschichten tauchen wieder im anmutigen Wechsel Fremdgeschichten auf, Geschichten von Geistern, Riesen, Derwischen. Während es sich in *Tausendundeine Nacht* noch um ein verhältnismäßig äußeres Band handelt, welches die Geschichten zu einer Einheit zusammenfaßt, gibt es andere Verbindungen, die viel komplizierter sind. Wir sehen im Augenblick kaum eine Möglichkeit, auch nur eine ungefähre Übersicht über dies Vorkommen von Geschichten zu geben.

Was aber die Reihe anbelangt, mit der wir uns hier beschäftigen, so kommen auch diese Reihen in Geschichten vor, aber nicht auf dieselbe Art und Weise. Alles, was zum Menschen gehört und was wir auf vielfältige Art und Weise einreihen können, kann als Reihe in einer Geschichte vorkommen. Hier sind die Möglichkeiten so unendlich, daß man fast nicht weiß, wo man anfangen soll. Ich könnte zum Beispiel anfangen, als Thema „die Hand" zu nehmen und zur Orientierung zunächst das Feld oder die Reihe Hand umgrenzen, mit allen Händen der jetzt lebenden Menschen, mit allen Händen der Menschen, die jemals gelebt haben. Vielleicht bis zu den Händen der Halbmenschen. Ich kann aus diesen Händen auch wieder einen Abschnitt nehmen, die Künstlerhand, die Gelehrtenhand. Immer werde ich von einer bestimmten Hand ausgehen müssen, wobei ich dann im Horizont die anderen Hände in Reihen, vielleicht auch in Reihen verschiedener Ordnung, aufleuchten lassen kann. Die konkrete Hand gewinnt aber Existenz erst als Hand eines bestimmten Menschen, und als Hand dieses Menschen erhält sie ihren Vollsinn erst als Hand dieses in seine Geschichten verstrickten Menschen. Es hat nicht nur jeder Mensch zwei Hände, sondern zu zwei Händen gehört auch immer ein voller Mensch, und wenn ich die Reihen der einzelnen Hände nun von diesem Ausgangspunkt aus durchgehe, so ist überhaupt in der ganzen Welt keine Hand für sich, sondern jede Hand ist Hand eines in Geschichten Verstrickten, nicht etwa nur die Hand eines Körpers, eines Leibes, sondern die Hand des bestimmten Blödsinnigen, Mörders, Selbstmörders usw. Der menschlichen Hand können wir uns nur nähern über die Geschichte des Einzelmenschen und über die Geschichten aller Menschen. Wie sich dabei fortwährend die Bedeutung Hand verschiebt, oder besser, wie es immer schwieriger wird, festzustellen, was das nun eigentlich heißt, daß eine Hand in Geschichten vorkommt, das ist schwer aufzuklären. Wir müssen zufrieden sein, wenn wir schrittweise weiterkommen, und wir dürfen auch Umwege nicht scheuen.

Wir gehen nun vom Menschen und vom Menschlichen über zu den Wozudingen, die wir auch bei weitem noch nicht sicher genug abgegrenzt haben. Wir können auch hier davon sprechen, daß Wozudinge in Geschichten vorkommen, und wir können versuchen, dies Vorkommen mit dem Vorkommen der Menschen und des Menschlichen in Geschichten in Beziehung zu setzen. Auch bei den Wozudingen treffen wir die Reihen an. Aber auch die Einordnung der Wozudinge in Reihen ist zunächst nur ein Behelf. Die äußere Erscheinung des Wozudinges, die uns zunächst die Einordnung in Reihen ermöglicht oder erleichtert, ist nur ein erster Anfang. Wir können fast Wort für Wort das, was wir über die Reihen oder die tiefere Erfassung der Reihen im menschlichen Bereich aufgeführt haben, hier wiederholen. Wir müssen aber vorsichtig sein, daß wir auch hier nicht in einen Schematismus verfallen auf Grund von äußerlichen Beziehungen.

Man könnte nun schematisch oder systematisch vorgehen und versuchen, eine Übersicht über die Reihen, in denen der Mensch oder irgend etwas Menschliches steht, zu gewinnen. Man könnte vielleicht auch versuchen, die Reihen abzugrenzen nach Seele, Geist, Körper oder nach irgendwelchen anderen Prinzipien. Man könnte dann weiter versuchen, eine Verbindung zwischen diesen Reihen herzustellen. Die Frage wäre dann, ob diese Verbindung wieder eine Reihe ergäbe oder vielleicht eine gewisse Parallelität der Reihen oder irgendwelche anderen Zusammenhänge zwischen den Reihen. Man könnte dies mehr oder weniger stumpfsinnig oder mehr oder weniger genial machen. So könnte man etwa die Augen nach Reihen ordnen, und zwar zunächst in der Reihe der Vorfahren und Nachkommen, dann etwa nach der Farbe, dann nach der Form und schließlich nach dem Ausdruck und dem Eindruck, mit all den losen oder festen Zusammenhängen, die zwischen diesen Reihen bestehen mögen. Denkt man sich diese Untersuchung vollendet, so scheint zuletzt der einzelne Mensch der Schnittpunkt von unendlich vielen Reihen zu sein.

Vielleicht muß ich aber, wenn ich dies System fertiggestellt habe, wenn ich den Menschen als Schnittpunkt von tausenden Fäden gleichsam festgenagelt habe, zuletzt gestehen, daß ich das Eigentliche vom Menschen noch nicht getroffen habe, sondern daß ich den Menschen in einen Mechanismus verwandelt habe und nun erst untersuchen muß, ob es von diesem Mechanismus einen Weg zurück zum lebendigen Menschen gibt, und welchen Sinn überhaupt die Einreihung des Menschen, so wie wir sie hier betreiben, haben kann.

Unsere vorliegende Untersuchung wird man nur als ersten Versuch werten dürfen. Wir meinen wohl, daß wir das Einzelgebilde Mensch bei unserer Untersuchung, indem wir von uns selbst und anderen Geschichten ausgehen, einigermaßen im Griff haben, wobei dann aber gleich die Frage auftaucht, wie weit wir diese Gebilde vereinzeln dürfen. Viel schwieriger ist dagegen die Reihe zu fassen und, soweit es überhaupt möglich ist, die Verbindung zwischen den Reihen offenzulegen. So wie wir dem Einzelgebilde Mensch am nächsten kommen über seine Geschichten, so werden wir auch die Reihen im Verhältnis zu den Geschichten prüfen müssen oder vielleicht nach einer Geschichtenunterlage suchen müssen, um der Reihe so nahe als möglich zu kommen.

Wir dürfen hier noch einmal auf das Auge zurückkommen und zunächst unterscheiden das Auge für den natürlichen Menschen, das Auge für den Naturforscher, für den Mediziner, für den Künstler, für den Dichter, für den Maler, für den Liebenden, das Auge als Waffe, das Auge als Magnet, und so könnten wir stundenlang weiter aufzählen. Man wird hier nun gleich fragen, ob und inwieweit es sich hier um dasselbe Auge handelt, aber insbesondere möchten wir das Gewicht daraufleben, wie man sich den unter diesen Aspekten aufgeführten Augen nur über Geschichten nähern kann, oder wie weit die Augen gleichsam geschichtenfrei sind. Wir meinen, daß das Auge in den verschiedenen von uns berührten Zusammenhängen immer nur in Geschichten über Geschichten gegenständlich wird.

e) Reihe und Horizont; Ordnung

Wir haben in unseren Überlegungen häufig vom Horizont gesprochen und kommen jetzt in Verbindung mit unserer Untersuchung über die Reihen zur Frage nach dem Verhältnis von Reihe und Horizont. Können wir in all den Bereichen, in denen wir von Reihen sprechen, auch vom Horizont reden, decken sich die beiden Gebilde, oder trennen sie sich auch wieder? Gibt es Festpunkte im Horizont? Gibt es eigenartige Gebilde im Horizont, die erst durch ihre Eigenart den Horizont konstituieren?

Wir dürfen hier nicht der Gefahr unterliegen, den Horizont phänomenologisch zu untersuchen. Wir dürfen nicht etwa nach Wesensbestimmungen oder synthetischen Sätzen a priori hinsichtlich des Horizontes suchen. Wir würden eher sagen: der Horizont oder die Horizonte, von denen wir ausgehen, stehen selbst in einer Reihe von Horizonten, und zwar könnten wir hier wieder unterscheiden: die für uns aktuellen Horizonte, die Horizonte, die uns begegnen oder die für uns auftauchen, sei es in unserer positiven Welt, sei es in der physikalischen Welt, und die Horizonte in den vergangenen positiven Welten oder in den veralteten physikalischen Welten. So kann ich etwa den räumlichen Horizont, in dem ich persönlich mich befinde, vergleichen mit dem räumlichen Horizont des Gelehrten X oder des ungelehrten Y, oder mit dem räumlichen Horizont von Aristoteles oder von Thomas, oder irgendeines anderen Mannes der Vorzeit. Wenn ich am Strande stehe, liegt für mich dann im Horizont irgendwie England, Amerika? Und krümmt sich der Horizont mit der Erde? Welche Stelle haben bei mir am Abend die Sterne am Horizont oder die Sonne oder der Mond? In was sind diese Phänomene, wenn ich jeweils tausend Jahre zurückgehe, eingebettet bei meinen Vorfahren? Die äußerliche Gleichheit des Horizonts darf uns nicht darüber hinwegtäuschen, wie dieser Horizont ständigem Wechsel mit vielen Sprüngen, von Adams Zeiten bis zu uns, unterliegt.

Der räumliche Horizont ist noch das einfachste Beispiel für den Horizont. Entsprechende Betrachtungen kann ich im Tierreich anstellen. Es hat guten Sinn zu sagen: der einzelne Löwe steht in der Reihe seiner Vorfahren als bis heute letztes Glied. Die Reihe der Vorfahren verliert sich irgendwie im Horizont oder setzt sich ins Unendliche fort, was auch wieder nur ein anderer Ausdruck für Horizont ist. Wenn der Löwe von Gott geschaffen ist, dann ist im Horizont ein fester Endpunkt gegeben, aber über eine mehr oder weniger unbestimmte Reihe von Vorfahren. Für den Anhänger Darwins sieht der Horizont anders aus. So mag in jeder Welt, in jeder positiven Welt und in jeder physikalischen Welt, sich der Horizont ändern. Dies Phänomen des Horizontes, wie er in unseren Geschichten auftaucht, mit derselben Selbstverständlichkeit wie andere Phänomene, müssen wir einfach anerkennen und versuchen, von unseren eigensten Horizonten ausgehend, uns in den Horizonten unserer Vorfahren zurechtzufinden und vielleicht sogar die Horizonte selbst wieder in eine Reihe zu bringen. Dabei ist vielleicht das Interessanteste, wie sich die Reihen im Horizont „verlieren" und wie dies Sichverlieren verbunden ist mit Vorstellungen über den weiteren Verlauf oder über das Ende der Reihen. Den Ausdruck Vorstellung gebrauche ich hier nur vorläufig. Ich versuche, dies an einem Beispiel zu erläutern. Wir können etwa einen Kieselstein oder auf andere Art ein Stück Eisen erst in zwei Hälften teilen, dann jede Hälfte wieder weiterteilen usw.; zunächst bis zur Unsichtbarkeit und dann mit technischen Mitteln immer weiter. Dann mag im Horizont eine Vorstellung von einer Grenze auftauchen, das heißt von einem Körper, der nicht mehr teilbar ist, die Vorstellung von etwas, was schon mit Atom oder Molekül verwandt sein könnte. Hier wäre das Atom das Ende einer Reihe. Allerdings ist die Frage, ob Reihe in diesem Sinn sich noch deckt mit der Reihe oder mit den Reihen, von denen wir bislang sprachen, mit der Reihe Löwe, Mensch, Dreieck, Zahl. Nähere Verwandtschaft scheint diese Reihe mit gewissen Zahlenreihen zu haben, etwa mit der Reihe 1, ½, ¼ usw. Wir haben in unserer mathematischen Überlegung aber schon gesehen, daß man Zahlen nicht teilen kann. Teilen kann man nur gewisse Etwasse, die man zählt. So kann man natürlich auch Zahlen als Etwasse teilen, aber nicht eine Zahl. Man kann auch nicht jedes Etwas teilen. Es gibt unteilbare Etwasse, wie die Lebewesen oder auch die Wozudinge. Solche Etwasse kann man jedenfalls nicht in Teile teilen, die dem Ganzen entsprechen, nicht in gleichartige Teile, wie man auch wohl sagen könnte. Mit der Teilbarkeit beschäftigt sich der Jurist in vielfacher Hinsicht. Der Philosoph kann hier bei ihm in die Schule gehen. Ein Auto ist eine unteilbare Sache, es kann aber mehreren zu ideellen Teilen gehören. Die Teilung kann, wenn es nicht anders geht, so durchgeführt werden, daß das Auto verkauft wird und jeder Teilhaber von dem Erlös seinen Teil erhält.

Wenn man von dieser indirekten Teilbarkeit absieht, so mag immer fraglicher werden, welche Etwasse sich denn wirklich so teilen lassen, daß bei der Teilung kein Verlust oder keine Änderung erfolgt. Selbst bei einer Teilung eines Stoffes in immer kleinere Teile entspricht das Endprodukt nicht ohne weiteres dem Ausgangsprodukt. Auch hier ist das Ganze etwas anderes als die Summe seiner Teile. Wenn man aus Sonnenstäubchen eine Masse formen will, so ist die Masse nicht ohne weiteres gleich der Summe der Sonnenstäubchen; wenigstens muß man alle die Prozesse berücksichtigen, die von den Sonnenstäubchen zum Stoff führen. – Mehr wollen wir von dem Verhältnis Reihe und Horizont hier nicht vortragen. Wir wissen, daß dies nur ein Anfang ist.

In etwas anderem Zusammenhang könnten wir noch die Frage streifen über das Verhältnis von Reihe und Ordnung. Indem wir die einzelnen Gebilde in einer Reihe unterbringen, ordnen wir sie ein in diese. Diese Einordnung ist erforderlich, um überhaupt einen Überblick zu gewinnen. Wenn wir so versuchen, einen Überblick über alle Menschen in der Welt, über alle Löwen, über alle Schiffe, über alle Farben, über alle Atome oder über den ganzen Goldvorrat zu gewinnen, fangen wir an zu ordnen. Wir suchen etwa die Vorfahren von uns selbst bis Adam oder die Nachkommen von Adam bis zu uns. Das sind zwei Ordnungsmöglichkeiten hinsichtlich aller Menschen. Das Gewicht dieser Ordnung hängt ab von dem inneren Zusammenhang, die bloße Aneinanderreihung bedeutet nichts. Man kann etwa Menschen oder Bücher nach der Größe aufstellen. Eine solche Aufstellung entspricht aber nicht einem inneren Zusammenhang. Diese Einreihung hat kein inneres Gewicht auf diesem Gebiet; wo eine solche Einreihung etwa in der Physik aber sinnvoll zu sein scheint, entsteht die Frage nach dem inneren Gehalt dieses Sinnes. An eine Theorie der Reihen und der Ordnung, oder an eine Theorie des Einreihens und der Einordnung, könnte man anschließen eine Theorie des Entdeckens. Das Entdecken mag darin bestehen, daß man Reihen sieht, wo sie vorher nicht gesehen worden sind. Man braucht nur darauf hinzuweisen, daß sich Gebilde in eine Reihe ordnen lassen, um neue Überblicke zu gewinnen. Solche Entdeckungen oder auch Nachentdeckungen macht jeder täglich. Die Geschicklichkeit des Pädagogen besteht vielleicht darin, so nahe an die Entdeckung heranzuführen, daß der Schüler sie gerade noch selbst machen kann. Solche Entdeckungen gibt es auf allen Gebieten. Ich las gestern *Der Spieler* von E. Hemingway. Frazer, ein Mitspieler aus der Geschichte, geht aus von dem Satz: „Religion ist Opium fürs Volk." Mit diesem Satz ist eine Verbindung zwischen Religion und Opium geschaffen. Die Religion ist eingereiht in die Reihe der Rauschmittel oder Betäubungsmittel und damit stark degradiert. Frazer sieht nun plötzlich eine neue Reihe, auch Musik ist Opium fürs

Volk, Nationalökonomie, Patriotismus, Sexualität, Suff, Radio, Glücksspiel, Ehrgeiz und so fort Mit dieser neuen Reihe hat Frazer dem ersten Satz von der Religion etwas von seiner Bosheit genommen. Das genügt ihm aber nicht. Er sucht jetzt einen neuen Sinn für die Reihe. Ergebnis: „Warum soll das Volk ohne Betäubungsmittel operiert werden?"

Wir verlassen jetzt dies von uns nur eben angeschnittene Gebiet von Reihe und Ordnung, und wenden uns wieder dem Verhältnis Einzelgebilde und Reihe und Selbstdarstellung von Einzelgebilden und Reihe und dem Verhältnis von Selbstdarstellung und Wahrnehmung zu, in der Absicht, die Gebilde der physikalischen Welt des Abendlandes, also etwa die Atome und Wellen usw. einerseits und die Gebilde der Biologie andererseits, in Beziehung zu setzen zur Welt der Geschichten und deren Gebilden.

4. Die Einzelgebilde

a) Die Begegnung mit den Einzelgebilden. Die Horizonte der Einzelgebilde. Die Wahrnehmung der Einzelgebilde, erster Versuch

Wenn ich in der Sahara einem Mann mit einem Wagen und einem Hund begegne, so bilden diese drei eine Einheit, die nur in einer Geschichte aufgeklärt werden kann. Ist der Wagen gekauft, geraubt, gestohlen? Wie kommt der Mann zu dem Hunde? Wie kommen die drei zusammen? Zu einer solchen Frage brauchen wir nun keineswegs die Sahara. Das ist nur ein Kunstgriff, den ich gebrauche, um die Einheit der drei hervorzuheben. Von dieser Geschichte aus kann ich nun zunächst eine Verlängerung vornehmen zur Lebensgeschichte des Mannes, zur Lebensgeschichte des Hundes, zur Geschichte des Wagens vom Verlassen des Fließbandes an. Die Überschriften oder die Themen dieser Geschichten liegen auf der Hand: Max Müller, Phylax, Mercedes Nr. S. Von diesen Geschichten komme ich in grader Linie zur Geschichte der Reihe oder Serie. Bei Max Müller handelt es sich um die Vorfahren, d. h. eigentlich um die Geschichten der Vorfahren, und um die geheimnisvollen Zusammenhänge dieser Geschichten und insbesondere der in sie Verstrickten. Bei dem Phylax leuchten ähnliche Reihen und Geschichten auf. Bei dem Mercedes taucht zunächst die Serie der gleichen Wagen auf und dahinter die Vorgänger bis zu dem ersten Landauerauto und weiter zurück zum Benzinmotor, zur Dampfmaschine. Ebensowenig wie ich nun bei den Menschen einen Zugang über den Leib zum Menschen habe, sondern nur über Geschichten, habe ich über den Körper des Wagens einen Zugang zum Wagen. Selbst wenn ich die Funktionen der einzelnen Teile gegenständlich habe, habe ich das Automobil noch nicht vor mir, sondern zu diesem gehört die Einordnung in die Geschichtenzusammenhänge, das Automobil im Krieg und Frieden, als Personenwagen, Lieferwagen, Lastwagen, Omnibus. Irgend etwas dieser Art muß jedes Automobil sein, und damit wird es in Geschichten gestellt, in hundertfacher und tausendfacher Beziehung. Es ist schwer zu sagen, was die körperliche Erscheinung des Autos dann noch ist. Das Auto kann man nicht fotografieren, oder vielmehr, indem man es fotografiert, bildet man die Geschichtenwelt mit ab. Wenn ich bei dem Wagen, beim Menschen, beim Tier, beim Baum von Gebilde spreche, statt vom Gegenstand, so will ich damit das Verhaftetsein an Geschichten treffen.

Wenn man versuchsweise die körperliche Erscheinung, d. h. die augenblickliche körperliche Erscheinung, des Wagens von seiner Wozudinglichkeit, also etwa von seinem Verwobensein in Geschichten und dieses wieder von seinem Eingereihtsein in die Reihe der Wagen und schließlich aller Wagen trennt, so ist nach unserer Meinung die körperliche Erscheinung nicht das Einfachste, Solideste und Sicherste, sondern höchstens ein Moment an dem Wozudinge und an der Serie der Wozudinge Wagen und schließlich aller Wozudinge. Wir haben dies früher auch so ausgedrückt, daß der Stoff das Auswas der Wozudinge sei und ohne Wozudinge jeden Halt verlöre. Wir können dafür auch sagen, daß der Stoff und mit dem Stoff oder hinter ihm das Atom Demokrits und schließlich auch das modernste Atom in einer Reihe steht, die vom Wozuding ausgeht, und von da aus zum Stoff und zum Atom führt. Das Wozuding steht im unmittelbaren Zusammenhang mit dem Sägen, Bohren, Hämmern, mit Schaben, Feilen, Polieren, mit Nageln, Schneiden, Hobeln, Scheren, mit Teilen, Trennen, mit Drehen, Brechen, Reißen, mit Stampfen, Treten, Schleudern, und allem, was in dieser Richtung liegt, und zwar all dies nicht von außen gesehen, sondern von innen her mitgemacht, wobei das Vonaußensehen ein innerlichstes Mitmachen sein kann, mehr von innen heraus und vom Zentrum heraus, als bei dem, der die Tätigkeiten ausführt. Wir kommen an das, was hier vorliegt, nicht heran, wenn wir das Sägen, Bohren, Hämmern usw. zusammenfassen als Bearbeiten eines Stoffes, einer starren Masse. Mit Stoff ist das Auswas des Wozudinges nur ganz von außen erfaßt; mit Bearbeiten ist das, was in dieser Richtung vorliegt, ebenfalls nur äußerlich zusammengefaßt. Es scheint zunächst nicht beliebige Arten von Bearbeitern zu geben, sondern nur dies mehr oder weniger miteinander verwandte Sägen, Bohren, Hämmern, welches sich auch wieder nach dem Stoff richtet, oder, wie man ebensogut sagen kann, wobei der Stoff sich in Sägen, Bohren, Hämmern kundgibt, was aber auch wieder nicht genau genug gesagt ist. Holz und Fleisch kann man mit dem Strich schneiden und gegen den Strich, bei Metall gibt es diesen Unterschied nicht. Derselbe Unterschied spielt beim Drehen, Brechen, Reißen, Schneiden eine Rolle und führt zu der Frage, wie Drehen, Brechen, Reißen, Schneiden wieder unter sich zusammenhängen. Man könnte auch sagen, Körperlichkeit, Starrheit, Festigkeit, vielleicht auch Schwere konstituiert sich erst in dem jeweiligen Kreislauf des Sägens, Bohrens, Hämmerns, in dem der ganze Leib des Menschen mit eingeflochten ist, der sich aber andererseits auch wieder in diesem Sägen, Bohren, Hämmern konstituiert. Aber auch damit ist wenig gewonnen. Nur soviel wird man sagen können, daß der Weg zum Atom über das Wozuding, und damit über das Sägen, Bohren, Hämmern und über Starrheit, Festigkeit führt, und daß das, was schließlich mit dem, in dem Atom geprüft oder mit ihm angestellt wird, entweder ein Endpunkt dieser Reihen ist oder ein im Horizont liegender angenommener Punkt, der aber als Endpunkt einer Reihe zugleich Anfangspunkt einer neuen Reihe sein kann. So ungefähr könnte man sich den Übergang vom Atom als letztem mechanisch nicht mehr trennbaren Teil zum Atom mit einer reichen andersartigen Innenstruktur vorstellen. Man kann auch Stationen einschieben, wie Atommehrheit, Moleküle, Kristalle.

Ähnlich mag es mit den Übergängen von starr zu zähflüssig, zu leichtflüssig sein. Die innere Struktur zerfällt allmählich, parallel mit den Möglichkeiten, den Stoff zu bearbeiten. Die vielen Arten der Bearbeitung, die wir im Verhältnis zum starren Stoff vorfinden, scheiden hier aus. Von Sägen, Bohren, Hämmern, Schneiden, Drehen, Brechen, Reißen scheint keine Rede mehr zu sein. Immerhin gibt es Übergänge beim Zähflüssigen und Spuren noch beim Flüssigen, zum Beispiel beim Tropfen, bei der Seifenblase, bei dem Ölfleck auf dem Wasser. Außerdem mögen neue Bearbeitungsweisen auftauchen.

Wenn wir so bis zur Starrheit kommen und von der Starrheit im Horizont zu etwas wie Atom, so kommen wir andererseits von der Starrheit, und nur von der Starrheit, zu etwas wie leerem Raum, Richtung, Horizont. Wenn die Welt flüssig oder gasförmig wäre, so könnten wir nicht die einfachste Art Geometrie treiben, die zwei feste Punkte und damit Starrheit voraussetzt. Genau wird die Geometrie auch erst, wenn die Punkte absolut starr sind. Je weiter sie sich von der absoluten Starrheit entfernen, desto weniger genau wird die Geometrie. Mit Hilfe dieser Geometrie können wir von einem Boot aus im Weltall Punkte anvisieren und deren Richtung festlegen. Wenn wir dann von anderer Stelle aus denselben Punkt anpeilen, so erhalten wir Dreiecke und damit die Möglichkeit, Entfernungen zu messen. Diese Messung setzt voraus, daß der anvisierte Punkt während der Visierung an derselben Stelle im Raum bleibt. Die Entfernung bleibt selbstverständlich nur richtig, solange der Punkt an derselben Stelle bleibt. Das Messen setzt dabei eine quasi starre Verbindung zwischen dem Boot und dem Punkt voraus. Die Bootsmaße müssen auf die Entfernung abgetragen werden können. Fast jeder Ausdruck bedarf hier der genaueren Festlegung. Wir wollen hiermit nur andeuten, wie wir von dem Wozuding auf eine Weise zum Atom kommen und auf andere Weise zum Weltall oder Weltraum. Die Hauptsache dabei ist, daß wir uns über das Wozuding stets des Kreislaufes erinnern, in dem das Wozuding in Sägen, Bohren, Hämmern entsteht, und daß wir stets daran denken, daß das Wozuding nicht seine Entsprechung in dem Blick der Augen hat, daß dies nicht mehr als ein Symbol ist, und daß zum Wozuding seine Entstehung und Bearbeitung und sein Lebensalter, wenn ich so sagen darf, bis zu seiner Auflösung gehört, und daß weiter bei dem Wozuding die Geschichte und seine Vorgeschichte, in der seine Entstehung und Bearbeitung und seine Dauer vorkommt, und die Menschen, denen es seine Entstehung verdankt, eine ewig unabgeschlossene Geschichte bilden, in welcher man zu dem Wozuding vordringt oder vordringen kann, aber nur als Mensch, der selbst in Geschichten verstrickt, mitverstrickt ist. Man kann sich dabei weder vorstellen, daß ein nicht in Geschichten Verstrickter zu Geschichten einen Zugang hätte, noch, daß es zu dem, was sonst in Geschichten vorkommt, einen Zugang außer in Geschichten gäbe.

Der kritische Punkt bei dieser Untersuchung wird immer das Verhältnis des einzelnen zu Stoff und Atom sein und zu allem, was davon abgeleitet ist. Man kann die Kritik unserer Meinung auch auf den kurzen Satz bringen, daß Stoff und Atom auch außerhalb von Geschichten etwas seien, wie schon daraus hervorgehe, daß Stoff und Atom älter als alle Menschen seien und sicher auch alle Menschen überleben würden. Dieser Kritik könnte man nicht viel entgegensetzen, wenn Stoff und Atom Gegenstand einer Wahrnehmung und Erkenntnis wären, und sich der Wahrnehmung und Erkenntnis als selbständige und unabhängige Gegenstände präsentierten. Wir müßten also Wahrnehmung und Erkenntnis des Stoffes und des Atoms prüfen, um uns mit dieser Kritik auseinanderzusetzen. Wir können etwa sagen: Wir haben versucht, einen Zugang zu Atom und Stoff über Geschichten zu eröffnen. Auf diesem Wege ist uns nichts begegnet, was wir in der herkömmlichen Sprache mit Wahrnehmung oder Erkenntnis bezeichnen könnten. Wir könnten nicht einmal angeben, was uns Wahrnehmung oder Erkenntnis bei unseren Überlegungen nützen sollte. Wir haben allerdings eine Grundlage, von der wir ausgehen, daß wir nämlich in Geschichten verstrickt sind. Wenn man diese Grundlage mit uns teilt, so ist sicher, daß man Geschichten nicht wahrnehmen kann. So können wir auch den Menschen nicht wahrnehmen, den Hund nicht wahrnehmen, die Rose nicht wahrnehmen, wenn nämlich diese drei die eigentlich in Geschichten Verstrickten sind. So können wir auch das Wozuding nicht wahrnehmen, wenn und soweit es sein Sein den Geschichten verdankt. Soweit wird man nicht viel einwenden können. Wenn wir nun aber sagen, daß wir auch das Auswas des Wozudinges und das Auswas des Menschen oder des menschlichen Leibes oder des Hundes oder der Rose nicht wahrnehmen können, so wird das vielen fremdartig sein, wobei natürlich nicht gesagt ist, daß das Auswas im selben Sinne in diesen vier Fällen zu verstehen ist. Wenn wir aber gar von diesen vier Fällen zum Weltall übergehen oder vergleichsweise zum Auswas der Sterne, so wird die Lage immer unübersichtlicher. Was soll jetzt noch das Auswas des Mondes bedeuten? Hat man den Mond jetzt schon insgeheim in ein Wozuding verwandelt? Etwa indem man vom Stoff des Wozudinges zu etwas Vergleichbarem kommt bei dem Mond und über den Stoff wieder zum Wozuding, vielleicht auch über die Zwischenstufe des Stoffes der Erde, wobei man die Erde schon eher als Wozuding unterbringen kann, etwa als Standort der Wozudinge oder mit anderen Worten, als Stück in dem Kreislauf der Bearbeitung, in der das Wozuding entsteht.

Dies ist nur eine schematische Übersicht, die noch sehr verfeinert werden kann. Nur soviel scheint mir sicher zu sein, daß man zum Atom nur vordringen kann, daß man sich dem Atom nur nähern kann, oder daß das Atom erst aufleuchtet in diesen Zusammenhängen, wie wir sie hier besprochen haben, und daß von hier aus auch immer die Frage nach einem etwaigen Ansich der Atome untersucht werden muß. Wir wollen nicht behaupten, daß die Frage damit beantwortet wäre, sondern nur, daß die Frage in diesen Zusammenhang gehört.

b) Der Mensch als Einzelgebilde. Seine leibliche Erscheinung

Wenn wir sagen, daß der Mensch der in Geschichten Verstrickte sei, so könnten wir mit etwas anderer Wendung auch sagen, daß der Mensch stets an der Spitze seiner Geschichten marschiert. Wir können auch ein anderes Bild nehmen, daß der Mensch bergauf klettere, geschoben von seinen Geschichten. Mit diesem Bild können wir zum Ausdruck bringen, wie sich Ruhepausen einschieben, Pausen verhältnismäßiger Ruhe, so wie der Bergsteiger Absätze vorfindet, auf denen er sich von allen Mühen ausruhen und zu neuer Mühsal vorbereiten kann.

Das Thema, welches wir hiermit anschneiden, ist unerschöpflich. Wir wollen hiermit zunächst nur das Verhältnis der leiblichen Erscheinung des Menschen zu seinem Verstricktsein in Geschichten uns näher bringen. Wir können uns vorstellen, daß alleine das Gesicht des Menschen fortwährend fotografiert werden würde. Wie verhält sich die Aufeinanderfolge der Fotografien zu den Geschichten? Das Gesicht des Siebzigjährigen spiegelt irgendwie die Geschichten, die dieser durchstanden hat, wider. Dem Jetztpunkt der leiblichen Erscheinung entspricht irgendein Gegenwartspunkt oder besser eine Gegenwart in seinen Geschichten, die weit in die Vergangenheit zurückgreifen und aus einer Mischung von Vergangenheit und Gegenwart bestehen. Wir sehen durch das Gesicht wie durch ein Fenster auf die Geschichte. Für unsere eigenen Geschichten, mit denen wir morgens aufwachen und abends einschlafen, brauchen wir dies Fenster nicht, wir kennen oft nicht einmal unser eigenes Antlitz, und soweit wir es kennen, verstehen wir oft nicht darin zu lesen, nicht so darin zu lesen, wie in den Geschichten der anderen. Bei den anderen ist es schwierig oder unmöglich, Gesicht und Geschichten zu trennen, jedenfalls kann man sich das Gesicht nicht vorstellen, ohne übergeleitet zu werden zu den Geschichten. Ebenso wie der Blick den leeren Raum bis zum Haus oder einem anderen Ding durchmißt, ohne anzuhalten und ohne anhalten zu können, so wird der Blick weitergelenkt von dem Antlitz auf die Geschichten, ohne Halt machen zu können. Wenn diese Weiterlenkung fehlt, so verschwindet gleichzeitig das Gesicht und tritt irgend etwas anderes an dessen Stelle. Mit diesem eigenartigen Phänomen kann und muß man sich auf hundert Weisen bekannt machen, um einige Sicherheit und Grundlagen für die Forschung zu gewinnen.

Wir setzen diese Übung voraus, um uns jetzt an einem wichtigen Punkt oder in einer wichtigen Richtung weiter vorzutasten. Jedes Antlitz vom Säugling bis zum Greis weist ein Alter auf, ein menschliches Alter mit vielen markanten Punkten: Kleinkind, Knabe, Jüngling, Mann, Greis, und mit ebensoviel Irrtumsquellen, die uns hier nicht interessieren. Dies Alter verweist auf die Geschichten, auf ein Kapitel von Geschichten und hat seinen letzten Sinn in diesen Geschichten. Wenn wir selbst auf unsere eigensten Geschichten achten, so mag dabei unser Alter nicht so hervortreten wie das Alter des anderen über sein Gesicht. Dabei gibt es aber Geschichten, die unmittelbar auf ein Alter verweisen: Er ist eben noch zu jung, er wird alt. Wir sehen oft auch unmittelbar Unstimmigkeiten zwischen Aussehen und Alter: Er sieht jung aus.

Unter dem Gesichtspunkt des Alters können wir nun versuchen, rückwärts zu gehen an Hand der Gesichter und an Hand der Geschichten irgendeines beliebigen Menschen. Wenn wir hier immer vom Gesicht reden, so ist das stellvertretend für den ganzen Leib gemeint. Die Verbindung von Leib und Gesicht tritt bei jedem Rückwärtsgehen offen zutage. Mit dem Gesicht ändert sich auch der Leib, etwa in der Reihenfolge Mann, Jüngling, Knabe, Säugling. Um nicht zu umständlich zu werden, sprechen wir immer nur vom Gesicht als einer Art Zentrum der Verbindung Leib – Geschichten.

Beim Rückwärtsgehen scheint nun die Verbindung Gesicht – Geschichten lockerer zu werden, etwa bis zur Geburt. Ob uns dabei nur die Übung fehlt, wage ich nicht zu entscheiden. Bei dieser Frage müssen wir jedenfalls berücksichtigen, daß in dem Gesicht nicht nur die vergangenen Geschichten, sondern auch die zukünftigen Geschichten gegeben sind und ebenso die Übergänge, insbesondere die laufenden Geschichten. Die Hebamme kann in dem gerade Geborenen ein Großelternteil oder mehrere wiedererkennen und damit deren Geschichten. So sagte eine Hebamme einmal im Blick auf ein gerade geborenes Kind: „Das Kind sieht genau so aus, wie die alte Dame auf dem Bilde." Diese Dame war die Großmutter. Wenn wir dann aber weiter zurückgehen, kommen wir wohl an einen Punkt vor der Geburt, an welchem wir wenig oder nichts mehr unterscheiden können, wo alles nur noch den Charakter der Fremdheit trägt, vielleicht vergleichbar mit der Erscheinungsweise eines sogenannten niederen Tieres.

Wir können nun im Horizont immer weiter zurückgehen. Hier müssen wir uns allerdings über die Methode entscheiden. Bei unserer bisherigen Betrachtung über Gesicht und Geschichten haben wir keine Anleihen bei der Biologie gemacht. Wir sind jetzt so weit, daß die Verfolgung der leiblichen Erscheinung bis in den Mutterleib führt oder bis zur Zeugung und dann im offenen Horizont oder im unsicheren Horizont endigt. Mit Hilfe der Biologie könnten wir diesen Horizont noch etwas verlängern oder ein Sprungbrett in den Horizont hineinbauen. Wir machen nach dieser Richtung in der folgenden Betrachtung einen Versuch.

c) *Chromosomen und leibliche Erscheinung*

Was Chromosomen sind, weiß ich ebensowenig wie die Naturforscher und Biologen. Mir ist nur folgendes aufgefallen: man unterscheidet weiß blühende und rot blühende Erbsen, die Farbe vererbt sich nach den Regeln von Mendel. Was für eine Bedeutung dabei die weiße oder rote Farbe oder die Mischfarbe für die einzelne Erbse hat, tritt kaum in den Gesichtskreis. Wir dürfen hier an das erinnern, was wir über Farbe und Farbigkeit ausgeführt haben und über den Zusammenhang zwischen Farbe und Stoff. Dabei gleitet unser Blick aber weiter. Wir wenden uns jetzt einmal dem Menschen zu und seiner Farbe. Bei der Haarfarbe unterscheidet man etwa u. a. schwarz, blond und rot. Die rote Farbe hat bislang die größte Aufmerksamkeit in unseren Breitengraden erregt, aber nicht als Farbe für sich, sondern als Ausdruck – dieses Wort gebrauchen wir mit Vorbehalt – für eine seelische Struktur, wie man heute etwa sagen würde, als Leitmotiv für Geschichten, wie wir sagen würden. Die rote Farbe ist mit der zarten weißen Haut verbunden. Dabei handelt es sich noch um eine äußerliche Verbindung. Was aber die rote Farbe sonst anzeigt bis ins Innerste des Menschen hinein, darüber brauchen wir nicht viel zu reden. Wir zweifeln nicht, daß die blonde Farbe und die schwarze Farbe und die entsprechenden Hautfarben in ähnlichen Zusammenhängen mit den Geschichten und mit den Motiven für Geschichten stehen.

Wir meinen schließlich auch, daß Rot und Weiß bei den Blumenblüten in solchen Zusammenhängen stehen mag wie Rot und Schwarz bei den Menschen. Es fehlt uns nur der Zugang zu diesen Reihen. Wir meinen aber weiter, daß die Rede und die Unterscheidung von schwarzhaarigen und rothaarigen Menschen ihren Sinn erst gewinnt in den Geschichten, mit denen sie nach unserer Meinung im Zusammenhang stehen. Wir sagen aber weiter nicht: Ohne diesen Sinn wäre die Unterscheidung von schwarzhaarigen und rothaarigen Menschen von demselben Gewicht wie die Unterscheidungen von rot und weiß blühenden Erbsen, sondern wir meinen eher: vielleicht hat die Unterscheidung bei den Erbsen dasselbe Gewicht wie bei den Menschen; auf jeden Fall aber liegt doch wohl der eigentliche Sinn in der Rede von den Chromosomen in diesem fast unübersehbaren Reich von Geschichten und wieder Geschichten, auf die die leiblichen Merkmale hinweisen.

Wir meinen nicht, daß man bei genügendem Scharfblick oder daß etwa ein Geist, der dem unseren weit überlegen wäre, durch die Eiweißmoleküle der Chromosomen schon die roten Haare des Menschen und hinter den roten Haaren die entsprechende Seele des Rothaarigen oder die Geschichten des Rothaarigen erblicken würde, und daß man eine ähnliche Betrachtung auch bei den Chromosomen der roten und weißen Blüten anstellen könnte. Das meinen wir nicht. Wir meinen vielmehr, daß die Chromosomen oder die Eiweißmoleküle des Rothaarigen in einer Reihe und damit in einem Zusammenhang in all den bekannten Entwicklungsstadien mit dem ausgewachsenen rothaarigen Mann mit rotem Vollbart und rotem Haupthaar stehen und daß damit schon hinter bzw. über den Chromosomen die Seele oder die Geschichten des rothaarigen Mannes und seiner Ahnen auftauchen. Vielleicht kann man sagen, daß sie immer nur in diesem großen Zusammenhang auftauchen, und daß die direkte Verbindung, die, landläufig gesprochen, zwischen der Erscheinung des rothaarigen Mannes und seinen Geschichten besteht, sich zwar bis zum Jüngling, Knaben, Baby und auch noch bis zur Leibesfrucht im Mutterleibe verfolgen läßt, daß aber die Buchstaben – wenn wir die leibliche Erscheinung gleichnisweise als Buchstaben betrachten können – immer undeutlicher werden, bis zuletzt vielleicht nur ein Gekritzel übrig bleibt, das wir nicht mehr entziffern können. Die Bedeutung dieses Gekritzels liegt dann darin, daß es in festen Übergängen zu der klaren Schrift, dem Erscheinungsbild des Rothaarigen mit den darin erscheinenden Geschichten führt. Streicht man diese Beziehungen, die eine unlösbare Einheit bilden, so verlieren damit auch die Chromosomen den wesentlichen Teil ihrer Bedeutung, wenn nicht alle Bedeutungen. Man muß auch die Chromosomen im Ganzen der Reihe sehen und man muß hinter dieser Erscheinungsreihe die Gebilde der Geschichten sehen, die erst der Erscheinungsreihe ihren Sinn oder ihren Halt geben, ohne welche die Erscheinungsreihe nur eine Fassade ist, die einen Bau vortäuscht. Dabei gehört wenigstens dies Vortäuschen, dies Fassade sein, als etwas Positives zum Erscheinungsbild. Ohne dies Vortäuschen bliebe nur eine chemische Formel über Eiweißmoleküle. Aber auch das ist noch nicht ganz richtig, denn bei diesen Molekülen setzt ein neues Fragen nach ihrer Verbindung mit Geschichten ein. Das Wesentliche bei dieser Betrachtung ist, daß man über die Unterschiede zwischen Kleinkind oder Chromosomen und dem erwachsenen Mann nicht die Einheit aus den Augen verliert, die Einheit, welche wir im Verstricktsein in Geschichten oder in eine große Geschichte sehen, wobei der einzelne mit seinen Geschichten trotz seiner Einheit doch noch wieder im Ganzen der Menschheit unselbständiger ist, wie der Faden, den wir im Gewebe eines Teppichs verfolgen können.

d) Abstammung und Vererbung. Der Leib.
Der fremde Leib, der eigene Leib. Der Leib kein Erkenntnisobjekt.
Leib – Stoff – Fleisch

Wenn man sich mit Abstammung oder Vererbung beschäftigt, so ist das Material, welches sich darbietet, fast unübersehbar. Das bedeutet aber nicht, daß man eine Antwort auf die Frage, was Abstammung oder Vererbung eigentlich sei, geben könne. Erbe, Erbschaft, Vererbung soll ursprünglich mit arm zusammenhängen, wobei arm wieder auf verwaist, beraubt, klein, schwach, Kind verweisen soll, wie bei Kluge unter „Erbe" nachzulesen ist.[12] Der Ursprung des Wortes führt uns in einen Komplex von Fragen hinein. Er verweist uns auch auf Geschichten und den Zusammenhang von Geschichten. Wenn das Wort seinen Ursprung vom Waisen hernimmt, so kann man diesen Ursprung nur über Geschichten erklären. Wir dürfen aber die Vermutung aussprechen, daß der eigentliche Sitz des Wortes oder des Ausdruckes in dem Verhältnis von Vater und Kind, oder vielleicht noch früher von Mutter und Kind, oder auch von Eltern und Kind zu suchen ist. Man könnte vielleicht sagen, daß das Wort insofern auf die Familie zurückgeht und hier einen Modus defiziens bildet. Die Familie verliert etwas, wenn der Vater oder die Mutter herausgebrochen werden, bevor die Kinder erwachsen sind, während der spätere Wegfall, der Wegfall, nachdem die Kinder selbständig geworden sind, für die ursprüngliche Anwendung des Wortes Erbe keine Grundlage mehr bildet.

[12] Vgl. Kluge, Friedrich/Götze, Alfred, *Etymologisches Wörterbuch der deutschen Sprache*, Berlin [15]1951.

Von dieser Ursprungsbedeutung des Wortes Erbe bis zur heutigen Bedeutung ist ein langer Weg. Eine intensive Beschäftigung mit dem Worte finden wir im Recht. Der Übergang des Vermögens vom Sterbenden auf den Überlebenden wird hier als Erbschaft bezeichnet. Erbe ist der Blutsverwandte. Dieser erbt das Vermögen, vielleicht noch mehr, den Rang, den Stand, den Ruf des Erblassers. Bei der Behandlung dieser Fragen tritt auch zunächst die Abstammung oder die Verwandtschaft, wobei man etwa gerade Linie und Seitenlinie unterscheidet, in den Gesichtskreis, und zwar lange bevor über das Biologische klare Vorstellungen herrschen. Die Rechtsordnung stimmt auch durchaus nicht mit der biologischen Ordnung zusammen. Die Verwandtschaft über den Vater hat eine andere Bedeutung als die Verwandtschaft über die Mutter. Nach dem Mutterrecht ist man mit dem Bruder der Mutter näher verwandt als mit dem Vater oder mit dem Bruder des Vaters.

Der Ausdruck Leben hat den Vorzug, daß über seine Anwendungsmöglichkeit, über das, was in der Welt lebendig ist, im Tier- und Pflanzenreich, zunächst kaum Unklarheit bestehen kann. Ebenso ist es mit den dazugehörigen Ausdrücken wie Wachsen, Sterben, vielleicht auch Geborenwerden, vielleicht auch Leib im Sinne von tierischem Leib oder vielleicht auch Leib im Sinne von pflanzlichem Leib. So könnte man versuchen, das allem Leben Gemeinsame aufzuzeichnen. Dies Leben scheint ein letztes Faktum zu sein.

Wir fragen nun, wo und wie die erste und vielleicht intensivste Berührung mit diesem Leben stattfinde. Schon über den Sinn dieser Frage kann man streiten. Man könnte die Ansicht vertreten, daß das Leben uns doch wohl am unmittelbarsten in unserem eigenen Leibe begegnet, und daß vielleicht alle anderen Begegnungen davon abzuleiten sind oder davon profitieren. Wir stellen die Frage hier ähnlich wie bei dem Atom oder dem physikalischen Körper. Diese Frage nach der ersten Begegnung möchten wir nicht verstanden haben als eine Frage nach einer ersten zufälligen Begegnung, sondern als die Frage, ob es vielleicht Stufen in der Begegnung gibt, bei denen die eine sich auf der anderen aufbaut. Nach früherem Sprachgebrauch könnte man sie auch als Frage der Erkenntnistheorie oder, noch genauer, als Frage der Wahrnehmung bezeichnen.

Wenn wir von dem Gefüge unseres Leibes oder, was dem Sprachgebrauch mehr entsprechen würde, unseres Körpers ausgehen, so ist es natürlich unmöglich, nach einem ersten Auftauchen unseres Leibes zu suchen. Wohl aber kann man sich Gedanken machen über diese ständige Verbindung unseres schon immer vorhandenen Leibes, sozusagen unseres Leibes in der Haut mit der Außenwelt, wie man sagen könnte. Wenn wir schon mit dem Ausdruck Welt sehr vorsichtig sind, so werden wir auch von der Außenwelt nur einen bescheidenen Gebrauch machen. Eine wichtige Kommunikation geht über die Wozudinge. Wir brauchen hier unsere Untersuchung zu diesem Thema, wie es zunächst scheinen mag, nur nach innen zu verlegen und kommen dann zu Gebilden wie Hand, Finger, Arm, Unterarm, Oberarm, und in der Folge fast zu sämtlichen Gliedmaßen. Wir sagen wohl nicht zuviel, wenn wir meinen, daß diese Gliedmaßen in Zusammenhang und Wechselseitigkeit mit den Wozudingen auftauchen oder uns begegnen. Wir sagen auch wohl nicht zuviel, wenn wir die körperlichen Bewegungen, das Kriechen, Gehen, Laufen, Greifen, auch noch in diesen Zusammenhang einfügen. Wenn die Wozudinge dann weiter nur über Geschichten und in Geschichten verständlich werden, so liegt es nahe, auch bei den Leibesorganen nach solchen Zusammenhängen zu suchen.

Damit mögen wir einen wichtigen Zusammenhang zwischen den Gliedmaßen und Organen und den Wozudingen aufgedeckt haben. Wenn wir uns dabei stets erinnern, daß dieser Zusammenhang in Geschichten erfolgt, so laufen wir auch nicht Gefahr, ihn einfrieren zu lassen. Es ist ein Zusammenhang, der sich niemals im Gleichgewicht befindet, sondern stets um ein Zentrum schwingt. Mit Wozuding und mit Körper oder Gliedmaßen sind dann auch nur Pole bezeichnet, die ebensowenig festliegen. Von diesen Gliedmaßen, vom Kopf bis zu den Zehen, begegnen in diesem Spiel und Widerspiel mit den Wozudingen immer neue Seiten, von der Hand, die den Spaten führt, bis zur Hand des Geigenspielers oder des Klavierspielers. Dabei kommt es in diesem Zusammenhang immer darauf an, die Einheit zwischen Spaten und Hand, Geige und Hand, Klavier und Hand zu sehen und darüber hinaus die Einheit zwischen diesen Instrumenten und dem ganzen Leib oder die Einheit zwischen Taktstock und Leib. Hier ereignet sich die Begegnung des in Geschichten Verstrickten mit seinem Leib zur letzten Gewißheit dieses Leibes. Wenn man dies vollständig beschreiben wollte, so würde man wohl niemals zu einem Ende kommen.

Dieselbe Hand, die gräbt oder Geige spielt, können wir nun auch sehen. Wir brauchen sie nicht zu sehen, wenn wir graben oder spielen. Wenn wir aber dann unser Augenmerk auf diese Hand richten, so ist schwer zu beschreiben, was jetzt vorliegt. Die gesehene Hand ist uns nun fremder als die spielende Hand. Es ist gar nicht so einfach, sich der Identität der spielenden Hand mit der gesehenen Hand zu vergewissern. Man könnte etwa sagen, im Spiel fühlen wir die Hand von innen, während wir sie beim Sehen nur von außen vor uns haben. Das wird aber nicht richtig sein, denn dies Innen ist nicht ein Innen von jenem Außen. Nun kann man uns aber mit Recht einwenden, daß Sehen und Sehen etwas ganz Verschiedenes ist, oder noch genauer, daß es dies Sehen von außen überhaupt nicht gibt, sondern unser Blick hindurchdringt und die Hand in Wirklichkeit als Hand des Arbeiters, Hand des Geigers, jugendliche Hand, alte Hand, gepflegte, ungepflegte Hand, kurz als Hand des in Geschichten Verstrickten sieht. Mit dieser Hand, die in Wirklichkeit gesehen wird, kommen wir nun schon in die Nähe der Hand, die der in Geschichten Verstrickte gegenwärtig hat, der Hand, wie sie der Geigenspieler oder der Klavierspieler von innen fühlt. Es bedarf allerdings ganz vorsichtiger Untersuchungen, um das Verhältnis der so oder so aufgefaßten Hand und das Deckungsverhältnis dieser beiden Hände, soweit es vorliegt, aufzuzeigen. Dabei werden wir noch wieder den Unterschied machen, ob der Geiger selbst auf seine Hand sieht oder ob ein Zuhörer auf sie sieht. Wir werden die Hand auch nicht vom Körper trennen können und auch nicht von der Musik.

Am schwersten wird das Verhältnis des in Geschichten Verstrickten zu seinem eigenen Leibe darzustellen sein, und zwar vermutlich deshalb, weil es sich ständig im Tun, in Tanz und Spiel, in Arbeit entwickelt und fortschreitet. Man braucht dabei nur daran zu denken, wie sich das Verhältnis beim Sport und dann noch wieder verschieden bei den verschiedenen Sportarten, beim Handarbeiter, beim Musiker, beim Maler, beim Gelehrten, beim geistigen Arbeiter entwickelt, so daß es zuletzt schwer ist, noch das Gemeinsame bei all diesen Spielarten des Leibes festzuhalten. Wir müßten auch noch den Mönch und den Fakir hinzunehmen. Da scheint es fast noch leichter zu sein, von den Händen, Armen, Gliedmaßen, vom Antlitz, von der Statur oder über sie in die Geschichten einzudringen. Dazu gehört allerdings Bewegung jeder Art, vom Gehen, Laufen, Schreiten bis zum Stirnrunzeln oder Augenaufschlag, bis zum feinsten Spiel der Augen.

Wir meinen nun keineswegs, daß wir hiermit bis zum eigentlichen Leib vorgedrungen sind. Wir haben hiermit nur die Gegend bestimmt, in der wir den Leib in diesem Sinne, in dem Sinne, von dem wir ausgehen, suchen müssen.

Wir können schon im Rahmen unser Überlegungen fragen, ob der Leib überall gleichmäßig von innen heraus so Leib ist, wie die Hand es ist, oder wie vielleicht auch das Gesicht es ist, oder ob es auch Teile oder Partien gibt, die ereignisarm sind, die wenig oder nichts aussagen.

Es wird kaum möglich sein, bei dem Innern des Leibes, bei dem Knochengerüst, bei Herz, Lunge, Leber, Magen, Darm, das, was wir gelernt haben, zu scheiden von dem, was wir unmittelbar gegenwärtig haben, oder von dem, dessen wir langsam im Laufe der Zeit inne werden. Diese Partien des Leibes, wenn wir zunächst so sagen wollen, melden sich im Laufe der Zeit auf unbestimmte Weise, und wohl auf sehr viele Weisen. Eine Weise ist zum Beispiel der Schmerz, der sich aber wieder in sehr viele Unterarten teilt, oder die Überanstrengung, etwa im Herzklopfen, im Ringen nach Luft oder was es sonst geben mag. So wie sich uns dann etwa Herz oder

Lunge kundtun, so sieht auch unser Nachbar, was wir haben. Vielleicht läßt sich das wieder vergleichen mit dem Gegenständlichwerden der Hand von innen und von außen. Auch hier leitet Herzklopfen und Atemnot über auf vieles andere, was nach uns zu Geschichten gehört: Was hast du gehabt, was hast du gemacht?

Es mag verwegen sein, daß wir dies unendliche Gebiet der Gegenwart des Leibes hier mit einigen Sätzen abhandeln wollen. Uns liegt nur daran, zu zeigen, wie der Leib nur über Geschichten verständlich wird. Und das ist noch zu wenig gesagt. Wir werden uns auch vergebens bemühen, nach einem adäquaten Ausdruck zu suchen. Für dies „Leib" in unserem Sinne gibt es noch kein Wort. Wenn man nicht die Richtung verlieren will, in der wir das suchen, was diesem Worte entspricht, so wird man immer wieder mit dem Wozuding beginnen müssen, mit der Einheit von Wozuding und Hand und Leib, oder mit der Einheit von Melodie, Geige und Hand und Leib, oder auch mit der Einheit von Ausdruck und Leib, worüber seit Lavater bis in unsere Tage von Klages und Cassirer so fruchtbare Untersuchungen vorliegen. Wir könnten allerdings nicht ohne weiteres sagen, wie wir uns von ihnen unterscheiden. Der letzte Unterschied liegt wohl darin, daß sie alle nicht an Geschichten orientiert sind, nicht von Geschichten ausgehen, wenn sie auch häufig in die Nähe der Geschichten kommen.

Mit unseren Überlegungen haben wir uns nun weit von der Auffassung des Leibes als etwas Stoffartigem entfernt. Dieser Leib, wie er uns hier gegenständlich wird oder geworden ist, ist nicht wie das Wozuding aus Etwas. Er unterscheidet sich von dem Wozuding dadurch, daß er von innen erfaßbar ist, und daß es auch einen Zugang von außen zu ihm gibt, für mich und andere, wobei dieser Zugang eng zusammenhängt mit dem Ausdruck oder, wie man vielleicht auch sagen könnte, mit einem Ausdrucksfeld. Es mag noch mehr Zugänge geben, oder die von uns behandelten Zugänge müssen vielleicht noch so aufgeteilt werden, daß die Teile unter sich kaum zusammenhängen, das wollen wir dahingestellt sein lassen. Einen Schritt näher kommen wir vielleicht noch, wenn wir uns den Toten, dem, was gelebt hat, zuwenden. Hier besteht nicht mehr diese Verbindung von innen, und von dem Ausdruck erhalten sich nur Reste, die mit der Zeit vergehen. Allerdings kann sich gleichzeitig eine Art negatives Ausdrucksfeld in diesem Bezirk vor uns auftun, so etwa in der ersten Begegnung mit einer Leiche, oder auf dem Schlachtfeld, oder in der Begegnung mit dem Sterben oder dem Todeskampf. Absonderlich ist die Begegnung mit den getöteten, geschlachteten Tieren. Der eine denkt sich wenig dabei, der andere sieht darin die Kreatur im Horizont und ist erschüttert. Ähnlich mag uns auch ein Stück Fleisch in der Küche oder im Laden unter vielen Aspekten oder Seinsarten, oder wie man sich ausdrücken will, begegnen.

Wir dürfen nun nicht sagen, daß alle diese Begegnungen nur möglich sind, weil wir selbst von Fleisch und Blut sind. Das stimmt noch nicht einmal, oder jedenfalls taucht hier die Frage auf, was das bedeutet. Wir meinen, daß wir zu dieser Bedeutung nur kommen in dem ganzen Zusammenhang, den wir hier immer wieder von immer wieder neuen Seiten zu fassen versuchen. Es gibt hier nicht ein Objekt der Erkenntnis und einen Erkennenden, sondern nur den in Geschichten Verstrickten mit dem, was in seinen Geschichten vorkommt. So schwierig es ist zu bestimmen, was innerhalb dieser Geschichten schließlich noch Stoff ist oder gar, was Atom ist, so schwierig ist zu bestimmen, was Hand und Arm und Bein, was Fleisch und Blut und Nerven sind, und ganz aussichtslos wird es sein, dies alles bestimmen zu wollen, ohne von Geschichten auszugehen und von dem einzelnen Wozuding, wie es in Geschichten vorkommt als Anfangspunkt einer Reihe, die zum Atom führt, und von der Hand als Anfangspunkt einer Reihe, die bis zur Amöbe führen mag. Dabei meinen wir aber Hand in unserem Sinne und Amöbe in unserem Sinne. Wir sehen dabei die Amöbe von außen, so wie wir die Hand eines Dritten sehen. Die Hand des Dritten ist aber nur Hand, wenn sie von innen, so wie wir das zu zeigen versucht haben, Hand ist, wir wollen lieber nicht sagen, als Hand gefühlt ist, denn dies Gefühltwerden gehört zum Handsein, wobei dies alles noch wieder ungenau ausgedrückt ist. Dabei mag zweifelhaft sein, ob wir jemals zur Amöbe oder zur Begegnung mit der Amöbe kommen würden, wenn es nicht all die Zwischenstufen gäbe und wenn nicht unser eigener Ursprung oder der Ursprung der uns schon näher verwandten Tiere in die Nähe der Amöbe führte.

Mit den einzelligen Tieren nach Art der Amöbe verbindet uns noch ein gewisses Verstehen. Ihre Bewegungen, etwa bei der Nahrungssuche, sind in ähnlicher Weise sinnvoll wie die Bewegungen des Armes oder der Hand, die nach der Speise greift. Wenn wir bei der Eizelle solche Bewegungen nicht antreffen, so können wir uns das damit erklären, daß die Amöbe das fertige Geschöpf ist, während die Eizelle noch schläft und im Schlaf behütet wird, behütet wird von der Mutter. Die Amöbe hat in dieser Beziehung schon mehr Ähnlichkeit mit dem Säugling, der täglich nach Nahrung sucht. Trotzdem hat die Gleichung Amöbe und Ei feste Stützen, nur daß die Amöbe gleichsam ein Ei im ersten und im letzten Stadium, gleichsam ein Ei als Greis ist oder sein kann. Ein Umschwung tritt erst ein, wenn wir von dem einzelligen Lebewesen zu den Chromosomen kommen, und damit kehren wir zu unserem Ausgangspunkt zurück. Die Chromosomen können nicht mehr als Einzelwesen betrachtet werden. Wir können nur soviel sagen, daß die Chromosomen im Horizont der Zelle auftauchen, wir können hier aber nicht mehr anfangen mit den Unterscheidungen, die wir bei den Lebewesen machen. Wir können wenigstens vorläufig nicht von einem Innen des Chromosomen und ebensowenig von einem Zugang zum Innern des Chromosomen von außen reden. Das Chromosom sagt uns erst etwas in Verbindung mit den Zellen und in seinen Beziehungen zur Zelle. Diese Beziehungen mögen vielgestaltiger sein, als wir zunächst annehmen. Auffallend mag sein die Verwandtschaft des Plasma mit dem Chromosom.

Vielleicht müssen wir uns auch berichtigen, wenn wir den grundlegenden Unterschied zwischen Zelle und Chromosom so hervorheben, denn schließlich findet schon Wachstum bei dem Chromosom statt, was schon auf ein Inneres verweisen könnte und auch Ausdruck eines Inneren sein kann.

e) Versuch über das Alter. Das Alter des Menschen. Das Alter der Wozudinge. Das Alter des Stoffes. Das Alter der sonstigen Einzelgebilde. Das Alter der Welt

Die Überlegung über den Zusammenhang zwischen Erscheinungsbild und Geschichten und Alter könnten wir noch für das Tierreich fortsetzen. Wir würden dabei auch mit Berichtigungen rechnen. In der Richtung wollen wir aber nicht fortgehen, sondern uns zunächst weiter versenken in das, was das Alter eigentlich sein mag. Dies Alter interessiert uns, weil wir hoffen, über dies Alter einen unmittelbaren Zugang zu dem, was Zeit eigentlich sein mag, zu gewinnen.

Dies Alter und alles, was damit zusammenhängt, ist uns am unmittelbarsten zugänglich in uns selbst, am bequemsten allerdings vielleicht bei den anderen. Dies Alter hat jeder in Geschichten Verstrickte, und im Verhältnis zu seinen Mitverstrickten sind diese entweder jünger oder älter oder schon tot oder noch ungeboren. Dabei wissen wir weder genau, was tot ist, noch was ungeboren ist. Wir lassen beides im Zwielicht. Mit unseren Geschwistern, unseren Eltern bilden wir eine Gemeinschaft der Mitverstrickten, die nie von außen, sondern immer nur von innen über Mitverstrickung zugänglich ist. Die Gemeinschaft ist dadurch charakterisiert, daß zwischen den Generationen kein Vakuum besteht und bestehen kann. Innerhalb der Gemeinschaft sind in gewissem Sinne die Geschichten zu Ende gebracht mit dem Tode. Mit diesem wird man den irdischen Richtern entzogen. Der in Geschichten Verstrickte wird jetzt nicht mehr älter. Er ist soundso alt geworden. Mit dem Tode hört auch die Beziehung zwischen Leib und Geschichte auf, allerdings nicht als gewesene Beziehung. Der Leib des Leichnams verweist immer noch auf Geschichten, aber auf gewesene Geschichten. Im übrigen kann jetzt nur noch die Leiche alt werden wie etwa die Moorleiche im Museum. Die Frau, die dort vor uns liegt, ist, in einer Richtung gesehen, vierzig Jahre alt, und sie hat in diesen vierzig Jahren das erlebt, was ihr Antlitz ausweist. Die Leiche selbst ist aber schon Hunderte von Jahren alt. Die Frage ist, was die Rede vom Altsein im zweiten Fall bedeutet. Sicher nicht dasselbe oder auch nichts Ähnliches wie im ersten Fall.

Solche Betrachtung über das Alter können wir auch über die Wozudinge anstellen. Wir können dabei das Alter der Wozudinge in Abhängigkeit bringen vom Alter des Menschen oder der Menschen. Diese Abhängigkeit besteht immer, und zwar so, daß immer das menschliche Alter der feste Ausgangspunkt ist für die Einreihung des Wozudinges, weil dieses immer von einem Menschen in einem bestimmten Alter angefertigt ist. Allerdings scheint es dann relativ selbständig zu werden, aber immer doch nur auf dem Hintergrund einer menschlichen Gemeinschaft. Es wird alt, unmodern, museumsreif und zusammenhanglos mit der späteren Welt der Wozudinge.

In unmittelbarer Beziehung zum Wozuding steht dessen Standort, die festgegründete Erde, die mit zu dem Kreis gehört, in dem das Wozuding geschaffen wird, zu dem Kreise, in welchem Leib, Wozuding und Erde eine Einheit bilden. Diese Erde taucht gleichzeitig mit dem Wozuding und in demselben Maße wie dieses empor. Man kann schließlich das Auswas des Wozudinges und das Auswas der Erde in Beziehung setzen. Diese unsere Betrachtung ist stark abgekürzt. Wie wir uns den Fortgang denken, können wir an einem Beispiel klarmachen. So mag man unsere Hand und unsere Faust vergleichen mit den Vorderhufen des Pferdes. Diese Hufe stellen irgendwie die Verbindung des Pferdes mit einer festgegründeten Erde dar, die aber nicht unsere Erde ist. Wenn das Pferd im Galopp über die Erde hinsaust, so mögen wir von ferne etwas von dem Innenleben, von den Geschichten des Pferdes ahnen und dies in Beziehung setzen zu anscheinend entsprechenden Verbindungen bei uns, wobei man vielleicht schwanken kann, ob man, wenn man die Wahl hätte, lieber als Pferd geboren wäre oder als Mensch.

Über die Wozudinge oder auch über die festgegründete Erde führt uns der Weg zu den Stoffstücken, etwa zu dem Holz, dem Knochen, dem Leder, dem Pelz als „Überrest" des Leibes der Tiere und Pflanzen. Auch hier treffen wir überall auf das Alter, aber nicht mehr in dem klaren Sinne und nicht mit den vielen festen Bestimmtheiten, die wir bei den Menschen und bei den Wozudingen vorfanden. So mögen sich die organischen Überreste, wie Holz und Knochen, noch zurückführen lassen auf die Leiber, denen sie entstammen. Wenn man bei diesen vom Alter spricht, hat man den relativ scharfen Schnitt, den der Tod macht. Ihr Alter bis zum Tode oder bis zum Absterben – bei Pflanzen redet man nicht vom Tod, wohl vom Sterben – ist nicht zu vergleichen mit dem Alter nachher, so wenig wie beim Menschen. Immerhin findet dies Alter einen gewissen Anschluß an die bislang klarste Bezeichnung vom Alter bei den Lebewesen. Diese Stoffe können auch an dem anderen Alter der Wozudinge teilnehmen, so etwa, wenn das Elfenbein eines längst verendeten Elefanten zu einem Gebrauchsstück verarbeitet wird. Hier können wir deutlich die drei Altersphasen: das Elfenbein am lebendigen Tier, das Elfenbein am toten Tier, das Elfenbein als Gebrauchsgegenstand, unterscheiden und sehen zugleich, wie schwierig dabei eine ins einzelne gehende Untersuchung noch sein wird.

Wenn wir so vom Alter reden, so hat jede Rede eine feste Beziehung zum Jetzt oder zu u n s e r e m Alter. Jede Rede vom Alter hat als Mittelpunkt und Ausgangspunkt unser Alter oder, anders ausgedrückt, jede Art Alter liegt im Horizont unseres Alters. Dabei liegt unser eigenes Alter selbst im Horizont dieses Jetzt und verschwindet in diesem Horizont oder besser, wird in diesem Horizont eher inhaltsarm oder gar inhaltsleer als das andere oder als vieles andere, bei dem wir von Alter reden. Im einzelnen kommt es natürlich auf die konkreten Vorstellungen an, die man sich über ein Sein vor der Geburt macht.

Ob mit unseren Überlegungen der Bereich, in dem man vom Alter spricht, durchmessen ist, lassen wir dahingestellt oder wagen wir nicht zu entscheiden. Auf vielen Gebieten spricht man von Dauer und vermeidet entweder den Ausdruck Alter oder ist unsicher im Gebrauch. Dies steht in engem Zusammenhang mit der Auffassung der Gebilde oder ihres Bereiches. Wenn die Flamme und das Feuer die lebendige Erscheinung des Feuergottes ist, so kommt Alter in anderem Sinne in Frage, als wenn man das Feuer als Naturerscheinung auffaßt, wobei ich keineswegs sagen könnte, was darunter genau zu verstehen wäre. Wenn man das Fieber als Erscheinung des Fieber-Dämons auffaßt, so ist damit die Vorstellung des Alters des Dämons verbunden. Wenn man das Fieber gleichsetzt mit einem Bakterienherd, so kann das Alter der einzelnen Bakterien und die Aufeinanderfolge der Geschlechter bei dieser Vorstellung schon eine Rolle spielen. Wenn der Regenbogen als Götter-Brücke aufgefaßt wird, so kommt eine andere Vorstellung vom Alter in Frage als bei der naturwissenschaftlichen Auffassung.

Man kann sich alle Gebilde der Welt vornehmen, Schatten, Wolken, Sterne, Gespenster, Engel, Dämonen, und versuchen, Beziehungen zum Alter herzustellen. Ich habe den Eindruck, daß all diese Altersbestimmungen zurückführen auf das Alter der Lebewesen und damit auf mein Alter und auf das Alter der Wozudinge und, in naher Verbindung damit, auf das Alter des Auswas der Wozudinge. Damit sind wir der Beantwortung der Frage, auf die wir uns bislang vorbereitet haben, einen Schritt nähergerückt, nämlich der Frage nach der Beziehung von Stoff und Alter oder von Atom und Alter oder von Weltall im stofflichen Sinne und Alter.[13]

Jeder Kieselstein und ähnlich die festgegründete Erde begegnen uns in einem Alter, nicht in dem Alter des Menschen oder des Lebewesens, auch nicht in dem Alter des Wozudinges, aber in einem Alter, welches von diesen beiden Bestimmungen des Alters abgeleitet und dementsprechend auch abhängig davon ist. Diese Abhängigkeit drückt sich auch dadurch aus, daß dies Alter des Kieselsteins sich immer bestimmt nach meinem Alter. Man kann zunächst den Eindruck haben, als ob nach rückwärts der Kieselstein unendlich viel älter wäre als ich. Über die Vorstellung, daß der Stein älter ist als ich in der Vergangenheit, haben wir schon ausführlich gesprochen. Wenn wir unter Vergangenheit die Geschichten verstehen, so setzt sich mein Ursprung in der unendlichen Weite des Horizontes fort. Beim Kieselstein liegt die Sache nicht anders. Vielleicht ist es allerdings richtiger zu sagen, es kommt dabei auf die jeweilige Auffassung vom Kieselstein an.

Wenn, wie Hesiod meint, die Erde eine Göttin ist, so mag der Kieselstein zu ihrem Leib oder zu ihrem Kleid gehören und damit in Beziehung stehen zum Alter der Göttin Erde, wie ein Stück von unserem Leib oder von unserem Gewand in Beziehung zu unserem Alter steht. Allzu genaue Fragen darf man hier allerdings nicht stellen. Es scheint fast so, als ob die griechischen Götter ein gewisses Alter haben, als ob sie aber dies Alter ständig halten, ohne daß man immer sagen kann, wie sie zu diesem Alter gekommen sind. Wenn man uns aber fragt, inwiefern ein Kieselstein alt ist, wie sich sein Alter zu unserem Alter verhält und zum Alter unserer Vorfahren, zum Alter unseres Leibes und zum Alter unserer Geschichten, so ist die Antwort unmöglich oder jedenfalls nicht einfach.

5. Die Wahrnehmung der Einzelgebilde

a) Einzelgebilde und Wahrnehmung. Auftauchen, Begegnen mit, Gegenständlichwerden. Selbstdarstellung. Selbst. – Die Deutlichkeit bei den verschiedenen Gebilden. Das Sehen

Vom Alter des Kieselsteins aus wäre es nur ein Schritt zum Alter des Atoms. Soweit man bei dem Kieselstein in irgendeinem Sinne von Alter reden kann, wird man auch bei diesem Atom hier, bei dem Atom des Kieselsteins hier vom Alter reden können. Solange man sich dies Atom qualitätslos und unveränderlich vorstellt, wird man bei der Rede vom Alter Schwierigkeiten haben. Bei dem Atom moderner Vorstellungen bestehen

---

[13] Vgl. hierzu die Fragen, die Lübbe in seiner eindringlichen Studie stellt: H. Lübbe, *Das Ende des phänomenologischen Platonismus*, besonders S. 662 ff.

diese Schwierigkeiten nicht, da dieses sich ständig ändert. Wenn das Atom aber ein Alter hat, so ist die Begegnung mit ihm wie die Begegnung mit dem Menschen, mit dem Kieselstein, die Begegnung mit etwas, was ein Alter hat, oder, anders ausgedrückt, was mehr ist als seine Augenblickserscheinung und was nach üblichem Sprachgebrauch in der Augenblickserscheinung so wenig wie irgend etwas anderes, das ein Alter hat, adäquat vorgestellt oder erfaßt werden kann. Wir können das auch so ausdrücken, daß wir sagen: Das Atom taucht mit einem Horizont auf, mit einem Horizont von Vergangenheit und Zukunft. Nach beiden Richtungen ist kein Ende abzusehen.

Bis hier haben wir uns mit dem Alter der Gebilde in der Welt befaßt. Man könnte nun die Frage aufwerfen nach dem Alter der Welt selbst. Wir müssen dabei vorsichtig sein, da wir immer noch nicht wissen, was wir unter Welt verstehen sollen. Es wäre möglich, daß diese Frage für die Welt, eine ganz andere Bedeutung hätte als für die Gebilde in der Welt oder daß sogar die Frage für das Alter der Welt oder nach dem Alter der Welt keinen Sinn hat. Man könnte etwa sagen, jedes Gebilde in der Welt tritt auf in Horizonten, vielleicht in vielen Horizonten. Darunter ist ein Horizont der Altershorizont oder nach alter Sprechweise, der Zeithorizont. Wenn aber die Rede von der Welt selbst einen Sinn haben soll, so kann diese Welt nicht in Horizonten auftreten, sondern diese gehören zu ihr. Infolgedessen – so könnte man sagen – fehlt es an dem Hintergrund Welt, der bei jedem Einzelgebilde vorhanden ist und mit die Grundlage für die Rede vom Alter bildet. Die Welt als Ganzes, wenn es sie gäbe, könnte niemals vor einem Hintergrund erscheinen, weil dieser wieder zu ihr gehören würde. Die Zeit ist in der Welt, die Welt ist aber nicht in der Zeit. Alles was in der Welt ist, hat ein Alter. Bei all diesen Überlegungen machen wir aber den Vorbehalt, daß, wenn wir schon unsicher sind, wie die Einzelgebilde in der Welt zu fassen und abzugrenzen sind, wir noch viel unsicherer in der Bestimmung dessen sind, was Welt sein mag.

Wir wenden uns wieder dem Atom zu. Dieses taucht, vielleicht muß man sagen, notwendig in einer Gemeinschaft auf, und zwar nicht beziehungslos, nicht als Summand einer Summe, sondern als Glied einer Gemeinschaft. Nehmen wir nun noch hinzu, daß die Annäherung an das Atom über das Wozuding erfolgt, über das Auswas des Wozudinges im Kreis von Leib und Stoff, im Bearbeiten, so haben wir das Atom schon vorläufig in die bis jetzt herausgearbeiteten Zusammenhänge gestellt und dürfen uns jetzt der Frage zuwenden, ob und in welchem Sinne man bei dem Atom und bei dem Stoff vom Wahrnehmen reden kann.

Was man auch immer unter Wahrnehmung verstehen mag, bei der Frage, die wir jetzt aufwerfen, wird m a n als Ausgangspunkt nur nehmen dürfen die Wahrnehmung in der Nähe, die Wahrnehmung des Gegliederten in unserer unmittelbaren Nachbarschaft, die Wahrnehmung in der Welt der Wozudinge. Man kommt in eine falsche Gangart, wenn man von der visuellen Wahrnehmung ausgeht oder diese in den Mittelpunkt stellt. Man kann zu dem Atom nur kommen auf dem Wege, den wir skizziert haben und der noch zu einer Landstraße auszubauen ist. Auf demselben Wege, auf dem wir zum Wozudinge kommen, kommen wir auch zum Atom in der Fortsetzung dieses Weges, im Horizont dieses Weges. Wir dürfen nicht hoffen, auf diesem Wege das Atom in einer Selbstdarstellung adäquat anzutreffen, so wenig, wie wir das Wozuding oder den Menschen adäquat in der „Wahrnehmung" antreffen. Welche Bedeutung könnte in diesem Zusammenhang dann noch Wahrnehmung haben? Wenn man hier von Wahrnehmung reden will, so gewinnt dies Wort einen neuen Klang.

b) Die Wahrnehmung des Sternes und des Himmels. Die Illusion

Wenn wir uns selbst, die Mitmenschen, die Tiere, die Pflanzen, die Wozudinge, unsere Erde, das Auswas der Wozudinge, den Stoff, die Atome in einem Alter gegenständlich haben und zugleich versuchen, die Rede vom Alter bei den verschiedenen Gebilden in Zusammenhang zu bringen oder die verschiedenen Arten von Alter aufeinander zurückzuführen, so daß vielleicht das Alter des Menschen das Zentrum bildet, so ist diese Betrachtung ein Ausgangspunkt für viele Fragen. Wenn wir vom Alter reden, so steht das im Bezug zur Zeit im traditionellem Sinne. Wir haben aber den Vorteil, daß wir einen ganz konkreten Ausgangspunkt haben. Wenn wir etwa das Alter des Menschen mit dem Alter der Maus vergleichen, so können wir unmöglich sagen, daß der Mensch x-mal so alt wird wie eine Maus, sondern beide werden genau gleich alt von innen gesehen. Beide erfüllen ihr Leben in ihrem Alter. Dies Alter ist kein wirres Alter, sondern es ist ausgefüllt nach all den Richtungen, die wir bislang angedeutet haben. In dieser Fülle des Alters umgeben uns all diese Gebilde und noch viele andere in Geschichten. Sie verbringen ihre Zeit in einem wohl versehenen Hause.

In diesem Bereich findet nun ein Auftauchen, ein Begegnen mit, ein Gegenständlichwerden von statt. Dies alles versteht man wohl unter Wahrnehmung. Wenn es überhaupt so etwas wie Wahrnehmung gibt, so müßte man prüfen, ob Wahrnehmung wohl bei dem Gegenständlichwerden dieser Gebilde immer dasselbe ist. Ein Hauptprädikat der Wahrnehmung ist nach Reinach die Deutlichkeit.[14] Spricht man innerhalb dieses Gegenständlichwerdens im gleichen Sinne von Deutlichkeit oder richtet sich die

---

[14] Vgl. Adolf Reinach, *Was ist Phänomenologie?*, München 1951.

Deutlichkeit nach dem Sinn oder dem Zusammenhang, in dem etwas deutlich wird? Wann ist ein menschliches Antlitz deutlich gegeben, wann ein Käfer, wann eine Dampfmaschine, wann ein Kieselstein, wann ein Atom? Es ist etwas anderes, ob ein Maler einen Kopf in der günstigsten Stellung malen will, oder ein sogenannter Psychologe den Kopf auf sich wirken läßt, oder ob der Arzt ein Ekzem von einigen Millimetern auf der Gesichtshaut prüfen will. Dabei sind die Unterschiede nicht so groß, daß nicht bei allen drei Prüfungsarten derselbe Mensch fühlbar gegenständlich wäre. Ähnlich mag es sich auch verhalten bei dem Stoff. Hier kommt es darauf an, ob ich die grobe Struktur oder die feinere oder die feinste Struktur des Stoffes untersuchen will. In all diesen Fällen gibt es ein Undeutlichwerden etwa im Zusammenhang mit Entfernung oder mit dem Licht, mit der Beleuchtung, die das Gebilde langsam zum Verschwinden bringt, oder erst im Rahmen von anderen Gebilden oder zusammen mit diesen wieder sichtbar werden läßt.

Nun ist gewiß merkwürdig, daß die Beispiele für Deutlichkeit und Undeutlichkeit hier aus dem Bereich des Sehens genommen sind, während das „sozusagen" Gesehene in Gebiete führt oder zu Gebieten gehört, die sicher nicht gesehen werden können, oder wir müßten schon unsere Vorstellung vom Sehen vollständig revidieren. Ist es selbstverständlich, daß wir eigentlich nur Farben sehen und vermittels der Farben Gesichter, Geschichten, Menschen, oder werden oder sind Gesichter, Geschichten gegenwärtig, und welche Rolle spielen die Farben dabei? Alle diese Fragen bedürfen noch eingehender Prüfung. Wir möchten nicht ohne weiteres die Rede mitmachen, daß die Farben ebenso wie die Wärme nur sekundäre Qualitäten seien.

In diesem Zusammenhang können wir auch versuchen, über die Wahrnehmung oder über das Gegenständlichwerden der Sterne etwas auszumachen. Dabei mögen Sonne und Mond zunächst Sonderfälle sein. Soweit wie möglich sehen wir von ihnen ab. Bei den anderen Himmelskörpern hat es nicht viel Sinn, von Deutlichkeit oder Undeutlichkeit zu reden. Der einzelne Stern läßt sich nur festhalten durch seine Stelle oder sein Verhalten in einem großen Ganzen, welches aus unzähligen Sternen besteht, von denen einige durch ihre Helligkeit hervorragen und die Grundlage für eine Übersicht über das Ganze bilden. Über die Wahrnehmung oder über das Gegenständlichwerden des einzelnen Sternes läßt sich wenig sagen, abgesehen von seiner Stellung im Ganzen der Sternwelt und seiner Richtung zu mir, die in einem festen Zusammenhang sich ändert, während das Himmelsgewölbe selbst als Ganzes sich erhält. Wenn wir so über Sterne reden, so müssen wir allerdings an unsere Ausführungen über die positiven Welten denken. Wir können nicht eine Art Phänomenologie des Sternenhimmels betreiben.

Jedes Volk und jede Zeit und jeder Mensch hat seinen besonderen Sternenhimmel, eingebettet oder eingewebt in große Mythen, die von dem Sternenhimmel nicht getrennt, aber vielleicht verglichen werden können mit den Geschichten des Menschen oder mit der Vorgeschichte eines Wozudinges. Mit einem gewissen Vorbehalt kann man vielleicht sagen, daß dieser Sternenhimmel auch sein Alter hat wie ein Mensch oder wie ein Wozuding. In gewissem Sinne mag man sogar von Deutlichkeit und Undeutlichkeit reden können. Nebel oder Wolken können verhindern, daß ich den Sternenhimmel, hier muß man allerdings schon sagen, in seiner ganzen Pracht sehe. Ein Babylonier hätte sich aber vielleicht anders ausgedrückt. Wie weit der Sternenhimmel noch heute gegenständlich oder wahrgenommen oder gesehen wird, wie weit das bei uns der Fall ist, wie weit das bei irgendeinem Stamm in Afrika oder Asien der Fall ist, das sind alles Fragen, die sich hier mehr oder weniger sicher beantworten lassen, am wenigsten sicher vielleicht für uns.

Von diesem gegenständlichen oder wahrgenommenen Sternenhimmel oder von dieser Sternwelt führt nun ein langer Weg zu der heutigen physikalischen Vorstellung von den Sternen. – Was hat der Sirius als mächtiger Weltkörper noch mit dem Sirius der Alten gemeinsam oder auch mit dem Sirius, den wir noch täglich sehen? Man könnte etwa verweisen auf die Richtung von uns aus gesehen, oder auf die Stelle am Himmel oder die Bahn am Himmel. Daraus könnte man insbesondere im Rahmen des ganzen Himmels und der Sternenbewegungen eine Identität zwischen dem Sirius der Alten und unserem Sirius herleiten. Man darf dabei allerdings Identität nicht überspannen. In demselben Sinne kann man auch die Frage stellen, ob die Alten unseren Sirius wahrgenommen haben. Man kann auch von hier aus versuchen, in das große Gebiet der Illusion weiter vorzudringen. Ist der Sternenhimmel, den wir abends sehen, eine Illusion oder vielleicht eine Illusion mit hundert Unterillusionen? Man sieht hier sofort, daß die übliche Vorstellung von Illusion nicht ausreicht, sonst könnte man mit einem gewissen Recht sagen, daß die Wahrnehmung eines weiter entfernten Gegenstandes eine Illusion wäre. Damit würde man den Unterschied zwischen deutlicher und undeutlicher Vorstellung aufheben. Andererseits hat es auch keinen rechten Sinn, die Vorstellung des Sirius am Abendhimmel als undeutliche Vorstellung zu bezeichnen. Mit den Schemata oder Begriffen oder wie man sonst sagen will, welche die Wissenschaft zur Verfügung stellt, läßt sich das Dreieck Sirius der Alten, unser Sirius, Wahrnehmung (Gegenständlichwerden) nicht hinreichend aufklären. Es scheint uns daher auch ein sehr gewagter Satz zu sein, wenn man sagt, daß wir Menschen von heute in jenem Stern am Himmel, der den Namen Sirius führt, diesen Stern sehen oder wahrnehmen in einem Zustande, den er vor soundso viel Jahren hatte. Die Voraussetzung dafür wäre, daß wir den Stern sehen und daß dies Sehen des Sternes in einer Linie mit der irdischen Wahrnehmung von Wozudingen, Menschen und Tieren und Pflanzen liegt. Ist es nicht vielmehr so, daß wir von Wahrnehmung erst reden können, wenn es sich um eine der irdischen Arten des Gegenständlichwerdens handelt. Ist es nicht ferner so, daß der Sirius erst über Wahrnehmungen im irdischen Bereich zu etwas Wahrnehmbarem wird.

c) Deutung der Wahrnehmung des Himmels, der Sternenwelt

Gegenständlich wird im irdischen Raum zwischen allen anderen Gegenständen oder Gebilden in Vorgängen, die kompliziert darzustellen sind, zunächst eine Welle, die dem Sirius zugeordnet wird. Über das Recht dieser Zuordnung ließe sich noch reden. Diese Welle steht in einer Reihe mit den irdischen Lichtwellen und läßt sich so gut oder schlecht wie diese gegenständlich machen und untersuchen. Bei dieser Welle können wir ähnlich wie bei dem Atom von einem Alter reden. Da die Welle ständig auf der Flucht begriffen ist, müssen wir dies mitberücksichtigen bei dem Alter. Wir können von Alter nur in etwas anderem Sinne reden, selbst als bei einem bewegten Atom, ohne daß dadurch die Rede vom Alter ihren Sinn verliert. Es mag aber sein, daß die Rede vom Alter beim Menschen, beim Wozuding, beim Auswas des Wozudinges, beim Kieselstein, beim Atom, bei der Welle oder auch bei dem Ion, Elektron, Neutron, ständig einen anderen Sinn gewinnt. Das lassen wir auf sich beruhen. Ich sehe jedenfalls keine andere Möglichkeit, sich über diese Lage zu unterhalten, als indem man vom Alter spricht, wobei das Alter immer von einer Jetztzeit und damit von einer Geschichte ausgeht. Wenn die Welle oder das Korpuskel, das andere annehmen, nun in irgend einem Sinne ein Alter hat, so hat es auch Schicksale. Die Welle kann gebrochen werden, sie kann verzehrt werden, sie kann sich ändern beim Durchlaufen von Mitteln, sie läßt sich irgendwie auf einen scheinbaren Ursprung, etwa auf eine Lichtquelle zurückführen und existiert doch auch noch hinter diesem Ursprung. Mit diesem Schema tritt man jedenfalls zunächst an die Welle heran, um ihr überhaupt näher zu kommen, wobei man immer damit rechnen muß, daß sie sich anders benimmt, als man erwartet hat. Wenn wir nun dem Stern X ein Alter, etwa von 4000 Jahren zuschreiben in dem Zustand, in dem wir ihn als Stern sehen, und ihn dann gleichzeitig zu einem gasförmigen Himmelskörper umbilden, den wir mehr oder weniger indirekt mit diesem leuchtenden Stern sehen, wahrnehmen sollen, so bleibt davon nur soviel übrig, daß wir etwas von diesem Stern – oder müssen wir, wenn wir genau sein wollen, jetzt Himmelskörper sagen –, gleichsam eine Probe in der Hand halten, nämlich die Welle, die von ihm ausgeht. Wir dürfen nicht meinen, daß die Lichtstrahlen, die wir gelegentlich vor unserem Auge haben und die auf unser Auge zuzugehen scheinen, etwas mit diesen Wellen zu tun haben. Diese Lichtstrahlen, die vom Sirius auf uns zuzugehen scheinen, müssen ganz außer Betracht bleiben. Die Zugehörigkeit der Welle zu dem leuchtenden Punkt dahinten läßt sich über diese Lichtstrahlen nicht nachweisen. Wenn wir nun auf irgend eine Weise, die uns hier nicht interessiert, die Zugehörigkeit der Welle zum Sirius und ihre Abkunft vom Sirius aufgewiesen haben, so kommen wir gleichzeitig auf die Frage, wie alt die Welle sein mag. Wir stellen mehr oder weniger sicher ihr Alter fest. Dies ist nichts Besonderes, wenn jede Welle wie jedes Atom ein Alter hat. Das Besondere liegt nur darin, daß wir feststellen können, vor wieviel Zeit die Welle den Sirius verlassen hat. Dies aber ist „grundsätzlich" nur dieselbe Feststellung, wie wenn wir bei einem Feuerstein feststellen, daß er vor zwei- oder dreitausend Jahren zum Messer bearbeitet worden ist. Diese Bearbeitung ist ein Merkstein in seinem Alter. Wir möchten also die Rede von dem Alter des Sirius umwandeln in die Rede vom Alter eines Bestandteiles von ihm. In diesem Bestandteil, nämlich in der Welle, ist uns der Sirius und sein Alter gegeben. Wir könnten nun allerdings noch feiner unterscheiden: Zum Sirius gehört nicht nur der glühende Gaskörper mit seinen verschiedenen Hüllen, sondern zum Sirius gehört ebensogut oder wenigstens auf andere Weise das ganze Strahlengefüge, welches er aussendet. Wenn wir auf Erden eine Welle von ihm untersuchen, so stehen wir damit dem Sirius von heute gegenüber. An der Welle entlang gleitet der Blick in die Vergangenheit dieser Welle wie bei dem Kieselstein, wie bei den alten Menschen und trifft dabei auf eine Zeit, in welcher die Welle noch in nächster Verbindung zum Atom stand im Kern des Sirius. Selbstverständlich wäre dann inzwischen bis heute auch dies Atom älter geworden, wenn es nicht inzwischen aufgelöst sein sollte. Können wir jetzt den Versuch wagen zu bestimmen, welchen Sinn es hat, daß wir den Stern X sehen in einem Alter von 4000 Jahren, gleichsam in einem eisgrauen Bart, ohne jede Möglichkeit, ihn als Stern von heute anzutreffen? Die Antwort wäre einfach, wenn wir sagen könnten, wir nehmen den Sirius nicht wahr, und der Sirius ist auch nicht gegenständlich, wir können höchstens die Welle wahrnehmen oder die Welle gegenständlich haben in demselben Sinne, in dem wir irdische Dinge, Wozudinge und ihr Auswas gegenständlich haben. Geht diese Rede vom Alter des Sternes X nicht aus von dem Wunschbild einer adäquaten „Wahrnehmung", die es nirgends gibt? Müssen wir uns vielmehr damit begnügen, dem Gegenständlichen, es mag sein was es will, uns nur so zu nähern, daß wir einen Zipfel seines Gewandes heben oder – vielleicht besser ausgedrückt –, daß wir immer nur einen Zipfel seines Gewandes gegenständlich haben, gegenständlich machen können, wobei dies noch wieder viel zuviel gesagt ist, wie wir auf all unseren Fahrten durch die Physik von neuem feststellen. Wenn uns aber etwa entgegengehalten wird, wir sehen im Prisma doch die Zusammensetzung des Sternes X von vor viertausend Jahren mit Rotverschiebung, so können wir auch darauf nur antworten, daß wir im Prisma nur das Hier und Jetzt eines Wellenknäuels sehen, bei welchem genau dieselben Fragen auftreten wie bei der einzelnen Welle. Die Rückschlüsse vom Prisma auf die stoffliche Zusammensetzung sind nur ein Abglanz des Zusammenhangs zwischen Atom und Welle und Weg. Auch im Prisma stellen wir nur das Jetzt und Hier dieser Welle oder dieses Wellenknäuels und dahinter seine Vergangenheit bis zur Loslösung vom Sirius und darüber hinaus fest. Dabei ist Vergangenheit durchaus etwas Positives. Die Vergangenheit trägt die Gegenwart. Wir sehen an der Gegenwart herunter die Vergangenheit, und es gibt keine Gegenwart ohne diesen Schweif der Vergangenheit, der nirgends endigt. Wenn ich also vom Sirius als einem Ganzen rede, so muß ich zunächst daran denken, daß ich zum physikalischen Sirius nur Zutritt habe über die Welle hier und jetzt, wobei diese Welle oder die Begegnung mit ihr wieder eingebaut ist in eine Geschichte. Wir normalen Sterblichen haben als Laien nicht diesen effektiven Zugang zum Sirius, aber wir glauben den Forschern oder Lehrbüchern, die irgendwann und irgendwo einmal diesen Zugang effektiv gehabt haben, und wir unsererseits haben die Türklinke für diesen Zugang in der Hand und können uns mit einigen Schritten diese Verbindung mit dem Sirius oder zunächst einer Welle von ihm verschaffen. Wir können dann am Sirius unterscheiden, erstens den Kern, der zusammenhält und in dem die einzelnen Teile eine relativ feste Lage haben, wenn auch der Kern als Ganzes ständig in Bewegung sein mag, und zweitens die Wellen oder Ausstrahlungen, die sich ständig ausweiten, ständig neue Provinzen erobern und (vielleicht?) die alten Provinzen Nachfolgern überlassen. Dies Verhältnis von Kern und seinen Ausstrahlungen können wir in irdischen Verhältnissen jederzeit nachbilden oder besser umgekehrt: Wir übertragen irdische Verhältnisse, auf die wir in irgendwelchen Zusammenhängen gestoßen sind, auf die Sternenwelt. Wenn wir den physikalischen Sirius mit Kern und Ausstrahlungen nach Durchführung aller Versuche und aller Überlegungen nun als Ganzes gegenwärtig machen wollen, so können wir nicht verlangen, daß wir dies Ganze irgendwie als gleichzeitig antreffen oder auch nur als gleichzeitig vorstellen können. Das Ganze existiert in einer eigenartigen zeitlichen Form, wie man früher gesagt hätte. Dem Sirius als Kern ist ein Fluß, ein Strömen von Wellen zugeordnet, die mit ihrer Entlassung vom Sirius mehr oder weniger selbständig werden. Dies Strömen kann ich weder unter sich als gleichzeitig auffassen, noch kann ich es als gleichzeitig mit dem Sirius auffassen. Ja, es fragt sich, ob diese Frage nach Gleichzeitigkeit überhaupt einen Sinn hat oder ob diese Frage einen Standpunkt voraussetzt, den es vielleicht nicht gibt. Ich kann das Wasser in einem Fluß verfolgen, von der Quelle bis zur Mündung, oder wenn ich es nicht verfolgen kann, so kann ich mit mehr oder weniger Sicherheit behaupten, daß ein Teil des Wassers sich bis zur Mündung erhält. So mag ich zu einem Wassergebilde kommen können, das sich von der Quelle bis zur Mündung erhält. Jeder Tropfen des Gebildes an der Mündung hat sein Alter zwischen dem Hier und Jetzt und dem Austritt aus der Quelle.

Wenn ich mir nun den Stern als Mittelpunkt mit seiner Ausstrahlung gegenwärtig machen will, so muß ich beachten, daß sich Stern und Ausstrahlung voneinander trennen, sagen wir mit Lichtgeschwindigkeit; dann kann ich das Zentrum und die Ausstrahlung als Einheit zu fassen versuchen. Das Zentrum wächst nach einer Richtung in die Zeit hinein, seine Ausstrahlung nach einer anderen Richtung. Der Rand der Ausstrahlung verweist in seinem Alter auf seinen Entstehungsort, Emanationsort und vereinigt sich dort mit dem Alter dessen, von dem er abgesondert ist. Der Hauptstamm aber ragt senkrecht in die Zeit hinein. Wir müssen uns dabei bewußt sein, daß wir mit diesem räumlich-zeitlichen Bilde bei weitem nicht alles ausdrücken können, was hier vorliegt. Wie sollen wir etwa ausdrücken, daß der äußere Rand jederzeit keine Verbindung mehr hat mit dem Zentrum, abgesehen von dieser Verbindung in der Vergangenheit? Der Rand ist selbständig wie das erwachsene Kind einer Mutter. Auch wenn der Stern fortwährend Wellen entsendet, so entsteht doch keine Wellenbrücke, sondern immer nur eine Aufeinanderfolge von Wellen, die sich allerdings bei Spiegelung, Brechung oder durch andere Verhältnisse doch stören können oder sogar zum Ursprungsort zurückkehren können. Ursprungsort würde aber nur hier einen Sinn haben als Ausdruck für eine Vereinigung mit dem Atom, von dem sie ausgegangen sind. Hat es dann etwa einen Sinn zu sagen, inzwischen ist das Atom schon viertausend Jahre älter geworden, aber auch die Welle? Wenn wir so immer wieder versuchen, Stern und Welle uns gleichzeitig unter dem Schema vorzustellen, obwohl uns der Verstand ständig sagt, daß dies alles ungleichzeitig ist, so fragt es sich, wie wir da weiterkommen sollen. Der Rand der Welle ist nicht gleichzeitig mit dem Ursprung der Welle, wohl aber gleichzeitig mit dem inzwischen gewachsenen Stamm an einer anderen Stelle.

Wir möchten die Lage wie folgt deuten: Die Rede von Wahrnehmung hat ihren Ursprung in dem Gegenständlichwerden von Gebilden in der Nähe und auf Erden. Die Gebilde am Himmel mögen auch noch Anlaß geben, von Wahrnehmungen und Gegenständlichwerden zu reden, aber doch in einem anderen Sinn. Mit den Gebilden auf Erden hantieren wir in erster Linie. Das Sehen, Hören, Fühlen, Empfinden oder wie man es sonst nennen mag, hat hier seinen Platz. Gegenüber der Sternenwelt bleibt von dem allen nur das Sehen übrig, aber auch nur ein Sehen in anderem Sinne als das irdische Sehen. Beim Gegenständlichwerden der Himmelserscheinungen können wir nicht anhaftende Farbe, Schatten, Reflexe, Spiegelung unterscheiden. Es gibt hier keine Perspektive, sondern nur Unterschiede in der Helligkeit. Es wäre ohne weiteres möglich, diese Art der Erscheinung der Himmelskörper mit der Art des Gegenständlichwerdens der irdischen Körper systematisch zu vergleichen. Wir lassen es hierbei bewenden und fragen nur nach der Verbindung zwischen der irdischen Welt und der Sternenwelt. Auch diese ist schwer genug zu fassen. Die fest gegründete Erde wird aber wohl immer im Mittelpunkt einer Sternenwelt stehen. Die Erde ist uns näher. Sie ist zugleich auch das Sprungbrett für den Sprung in den Himmel oder an den Himmel.

Man mag nun Wahrnehmung oder Gegenständlichwerden fassen, wie man will, man muß sich doch immer diesen Unterschied im Auftauchen von Erde und Himmel vergegenwärtigen, wobei man uns allerdings entgegenhalten kann, daß Sonne und Mond als Übergangserscheinungen aufgefaßt werden können, der Mond insbesondere mit seinem Schatten und mit seinem Abnehmen und Zunehmen; die Sonne, weil sie nicht nur leuchtet, sondern auch wärmt, ähnlich wie ein irdischer Gegenstand.

Wie sich dies Weltbild verändert mit der Erfindung des Fernrohrs, wie dadurch ein Teil der himmlischen Körper in die Nähe der irdischen Körper rückt, lassen wir hier beiseite. Jedenfalls ist die Technik des Fernrohrs eine irdische Angelegenheit, die uns mit irdischen Hilfsmitteln dem Himmel näher bringt.

Wenn wir nun schon nicht wissen, was Wahrnehmen, Gegenständlichwerden, Auftauchen oder wie man es sonst nennen will, im irdischen Bezirk sind, sondern immer nur auf die Vielfältigkeit, wie die einzelnen Gebilde der irdischen Welt mit ihren Bestimmtheiten auftauchen, vielleicht in immer neuen Abarten von Deutlichkeit oder besser von Selbstdarstellung hinweisen können, wie wir etwa zunächst ein Auto uns nicht mit dem Mikroskop gegenständlich werden lassen können, vielleicht aber eher einen Haarriß im Zylinder des Autos, wie also von den irdischen Dingen alle in einer Symphonie von Selbstdarstellungen zur Vergegenständlichung kommen, so ist demgegenüber die Selbstdarstellung der himmlischen Gebilde außerordentlich dürftig. Wenn wir weiter meinen, daß die Selbstdarstellung der irdischen Körper sich in großem Zusammenhang auf den Kreis des Hantierens, in welchem erst Leib und irdische Körper auftauchen, zurückführen läßt oder in engster Verbindung damit steht, so fehlt eine solche Beziehung zwischen den himmlischen Körpern und unserem Hantieren mit und an den Gegenständen. Es ist nun mehr als ein Wunder, daß durch eine raffinierte Technik die himmlischen Gegenstände, die himmlischen Körper in irdische umgewandelt werden, daß sozusagen Proben von ihnen auf die Erde gelangen und hier wie andere Proben irdischer Gegenstände mit denselben Mitteln wie diese untersucht und in den Kreis des Hantierens mit den Gegenständen einbezogen werden können und zur Selbstdarstellung gelangen. Es handelt sich hier in erster Linie um die Lichtwellen oder um das Licht, das von den Himmelskörpern auf die Erde gelangt. Indem dies Licht zur Erde kommt, reiht es sich in die anderen irdischen Gebilde ein und wird wie diese untersucht und reiht sich dann weiter, ebenso wie diese in die größeren Zusammenhänge ein. Das Ergebnis mag schließlich sein, daß Millionen und Abermillionen Sterne in jedem Punkt auf der Erde zusammentreffen, und daß dieser Zusammenfluß von Wellen getrennt werden kann, so daß nur die Welle von einem Stern übrigbleibt. Diese Welle kann man wie jede irdische Welle auf einen Ursprungsort im sogenannten Weltall verfolgen. Wenn man nur wenige Zentimeter ihres Verlaufes kennt, so kann man ihren weiteren Verlauf in Vergangenheit und Zukunft oder nach rückwärts und vorwärts verfolgen. Man gewinnt damit nicht nur Aufschluß über das Auswas des Sternes, der mit dieser Betrachtung in eine Reihe mit den irdischen Körpern gestellt wird, mit einem Kieselstein oder mit einer glühenden Kohle, sondern auch noch weiter Aufschluß über die Lage und Entfernung des Sternes, von dem die Probe stammt, und kann Betrachtungen anstellen über die Zeitverhältnisse, wie lange der Lichtstrahl vom Stern bis zur Erde unterwegs gewesen sein mag, besonders, wenn man weiß, wie weit der Stern von der Erde entfernt ist, was man auf Grund trigonometrischer Messungen mehr oder weniger sicher feststellen kann. Dabei ist die Trigonometrie natürlich zunächst eine rein irdische Meßkunst, abhängig von der Starrheit, wie wir an anderer Stelle ausgeführt haben.

Diese ganze Betrachtung soll nun nur dazu dienen, uns mit den gängigen Vorstellungen auseinanderzusetzen. Wir können zunächst nicht Wahrnehmung oder Sehen eines Sternes gleichsetzen mit der Wahrnehmung eines irdischen Dinges und des Auswas dieses irdischen Dinges. Wir haben erst den ersten Anfang zu einer solchen Auseinandersetzung gemacht. Wenn wir von der Wahrnehmung des irdischen Dinges ausgehen, so werden wir weiter berücksichtigen müssen, daß auch diese Wahrnehmung nichts Festes und Sicheres ist, sondern daß man schon Untersuchungen anstellen muß, um für diese Wahrnehmung einen Platz zu gewinnen, der schließlich so bescheiden ist, daß er eher zur Aufhebung des Begriffs der Wahrnehmung führt als zur Bestätigung des üblichen Begriffs von der Wahrnehmung. Unsere Sternenkunde besteht nun im wesentlichen darin, den Stern wie einen irdischen Körper auszugestalten, aus dem Mond einen Peloponnes zu machen.

Wenn ich noch einmal zusammenfassen darf, so können wir in diesem Zusammenhang nicht davon sprechen, daß wir von der Erde aus den Sirius in einem Alter von soundso viel Lichtjahren sehen, von heute rückwärts gerechnet, jedenfalls nicht, wenn wir das Sehen in die Nähe der Wahrnehmungen bringen wollen oder mit Wahrnehmung auf eine Stufe stellen. Wir nehmen die Wellen, die aus einer bestimmten Richtung kommen, so wahr, wie wir andere irdische Gegenstände wahrnehmen. Dabei schadet es nicht, daß wir noch heute nicht eigentlich wissen, was Lichtwellen sind, es genügt, daß wir diesem Etwas so nahe kommen, wie der Stand unserer Technik es zuläßt. Dies Etwas reiht sich damit in die anderen irdischen Gegenstände ein, es mag dabei gleichzeitig wie mit einem Pfeil in die Richtung zeigen, die dem Stern Sirius entspricht. Dieser Stern kommt dadurch aber nicht in eine feste Beziehung zu der Welle hier, sondern bleibt zunächst Stern an dem mit Sternen besäten Himmel. Diese Welle, die hier auf Erden gleichsam nur durchgeht, mag hier eine unglaublich kurze Lebensdauer haben. Andererseits kann man ihrer Vergangenheit nachforschen. Diese Vergangenheit steht in eigenartiger Beziehung zu ihrem Jetzt. Man kann auch versuchen, diese Rede von Vergangenheit und Zukunft bei der Welle oder dem Korpuskel in Beziehung zu setzen zur gleichen Rede bei den andern Gebilden. Wir kommen dann im Horizont dieser Welle auf einen Ursprungsort dieser Welle, der durchaus dem Ursprungsort, dem irdischen Ursprungsort einer Lichtwelle entsprechen mag und der auf Erden eine Beziehung zum deutlichen Sehen aufweist und auch die Rede gestattet, daß das Sehen der irdischen Gegenstände ein Sehen in die Vergangenheit ist, sofern nämlich der Lichtstrahl Zeit braucht, um von dem Gegenstand zu uns zu kommen. Dies ist allerdings eine sehr späte Überlegung. Hier mag eine Grundlage vorhanden sein, von der aus man von einem Sehen in die Vergangenheit sprechen kann. Sobald die Entfernung aber so groß wird, daß man vom Sehen oder Wahrnehmen im Sinne von deutlichem Sehen und deutlichem Wahrnehmen nicht mehr reden kann, hat auch die Rede, daß man damit in die Vergangenheit sehe, wenig Sinn mehr. Man könnte ebensogut sagen, daß man von dem Vergangenen nichts mehr erkennt. Die Rede vom Sehen in die Vergangenheit scheint auf einem anderen Boden gewachsen zu sein. Sie geht davon aus, daß die Lichtwellen des Sirius hier über unsere Augen und unser Gehirn eine Empfindung erzeugen, eine Farbempfindung, die an den Himmel projiziert wird und dort ein Sternbild hervorzaubert. Bei den Gegenständen am Himmel mag eine solche Vorstellung sich noch leichter Eingang verschaffen als bei den irdischen Gegenständen, weil die himmlischen Gegenstände keine Perspektive aufweisen und in sich nicht gegliedert sind. Wir selbst finden nirgends in den Gegebenheiten einen Anknüpfungspunkt zu dieser Lehre von der Empfindung. So kann auch die Empfindung nicht für uns auf direktem Wege die Verbindung herstellen zwischen der Welle hier auf Erden und einem Gebilde Sirius am Himmel, welches wir dann kraft einer Empfindung hier und jetzt in einem Zustand von vor so und soviel Lichtjahren erblickten. Das ist Konstruktion und Phantasie.

*d) Ein veralteter Standpunkt. Blick auf die Sterne,
Blick in die Vergangenheit*

Die folgende Überlegung gibt einen Abschnitt aus unseren Vorbereitungsarbeiten wieder. Ich bin der Ansicht, daß dies Stadium der Vorbereitung durch meine folgenden Untersuchungen und ihre Ergebnisse überholt ist. Trotzdem möchte ich den Leser bitten, dieser kleinen Probe seine Aufmerksamkeit zu schenken, weil man im Rahmen der ganzen Untersuchung an einem wichtigen Punkt eine Entscheidung über die Frage treffen muß, ob man die Sterne und den Sternenhimmel in demselben Sinne wahrnimmt wie die Gegenstände in der Nähe oder wie auch nur gewisse Gegenstände in der Nähe.

Ich verschweige dabei nicht, daß sich für mich, je weiter ich in der Untersuchung fortschritt, desto mehr Bedenken an den Ausdruck Wahrnehmung knüpften, so daß zuletzt auch fraglich wurde, was man unter Wahrnehmung in der Nähe verstehen solle. Je zweifelhafter dieser Ausdruck Wahrnehmung in der Nähe wird, desto schwieriger ist es natürlich auch, das Verhältnis zwischen Wahrnehmung etwa dieses Tisches hier und des Sternes oben am Himmel aufzuklären oder festzulegen. In der Aufklärung dieses Unterschiedes mögen wir durchaus noch nicht an das Ende gelangt sein. Wenn man aber zunächst unbefangen oder, was dasselbe sein mag, vom „natürlichen Standpunkt" aus die Wahrnehmung des Gegenstandes in der Nähe in Beziehung setzt zur Wahrnehmung des Sternes und in beiden Fällen eine grundsätzlich gleichgeartete Wahrnehmung annimmt, so tauchen die folgenden Fragen auf, denen wir eine kleine Einführung durch einen Satz von Demokrit vorausschicken, obwohl wir bei dieser Gelegenheit diesem Satz, über den man nach unserer Meinung ein ganzes Buch schreiben könnte, nicht sein Recht zukommen lassen können. Demokrit läßt die Sinne zum Verstande sprechen (Capelle, S. 438): *„Du armseliger Verstand, von uns hast du deine Gewißheiten genommen und nun willst uns damit niederwerfen? Dein Sieg ist dein Fall!"* (Demokrit, Fr. 125)

Man muß sich wirklich wundern, auf was alles nicht die alten Griechen schon gekommen sind. Vielleicht ist allerdings diese Verwunderung auch wieder überheblich. Warum sollten sie nicht? Hatten sie doch wahrscheinlich mehr Ruhe als wir. Ich hatte schon lange darüber nachgedacht, in welchem Verhältnis Atom zu Wahrnehmung und Erkenntnis stehe. In diesem Zusammenhang war mir unter anderem noch mehr als bisher zweifelhaft geworden, was man unter Wahrnehmung verstehen könne. Ist Wahrnehmung vor dem Aufkommen von Philosophie etwas anderes als nachher, oder kommt Wahrnehmung erst auf mit den Atomen, und enthält Wahrnehmung ebensoviel Unklarheiten in dem, was sie sein soll und was sie nicht sein soll, wie die Atome? Wenn ich mich recht erinnere, nahm ich als Kind an, daß die Augen gleichsam zu den Dingen gingen und daß damit die Berührung mit den Dingen hergestellt würde. Der Gedanke, daß die Dinge sozusagen ins Auge hineinspazieren, lag mir ferne. Diese meine Erinnerung wird vielleicht ungefähr den vorphilosophischen Zustand wiedergeben. Ich bin heute allerdings der Ansicht, daß dieser Zustand einer Nachprüfung mit den Mitteln der Phänomenologie nicht standhält. Das steht aber wieder auf einem anderen Blatt. Der Mangel kann auch bei der Phänomenologie liegen.

Ich prüfe nun, wie Wahrnehmung, vielleicht muß man nun wieder unterscheiden, sehen, hören, tasten usw., ihren Sinn oder ihre Stellung ändern, sobald die Atome auftauchen. Man kann vielleicht auch fragen: Wahrnehmung von Mensch, Tier, Pflanze, Göttern, Dämonen, Wozudingen und, im Gegensatz zu allen, Wahrnehmung von Atomen, wie verhält sich das alles zueinander? Man kann dann auch von Wahrnehmung zum Erkennen und zum Denken übergehen. Vielleicht kann man das Atom, die Atome und die Atomwelt nur im Zusammenhang mit etwas wie Wahrnehmung und Erkenntnis untersuchen oder besser im Zusammenhang mit dem, was Wahrnehmung oder Erkenntnis ist oder nicht ist. Etwas Ähnliches mag Demokrit vorgeschwebt haben, wenn er zuerst Atome, Sinne und Verstand aus der Vogelschau, vielleicht darf man sogar sagen, als eine Einheit oder als etwas, was Zusammengehörigkeit beansprucht, aufgefaßt hat.

Man könnte auch sagen, daß die Atomlehre um keinen Deut sicherer sei als die Wahrnehmungslehre und die Lehre von der Erkenntnis oder daß zur Atomlehre eine Lehre vom Sachverhalt, vom Begriff und Satz gehört oder daß die jeweilige Atomlehre abhängig ist von den jeweiligen entsprechenden anderen Lehren und ebenso umgekehrt, ohne daß diese Abhängigkeiten immer zu Tage treten. Man könnte auch sagen, daß alle Irrtümer in der Lehre vom Satz und vom Begriff auch auf die Atomlehre zurückwirken.

Wenn es eine Lehre von der Wahrnehmung gibt, so ist jedenfalls zunächst zu berücksichtigen, daß es viele Arten von Wahrnehmung gibt oder, besser, viele Phänomene, die mit dem Ausdruck „Wahrnehmung" getroffen werden, wenn sie vielleicht auch nur lose oder gar nicht zusammenhängen. Solange man nicht durch eingehende Prüfung auf diesem Gebiet heimisch geworden ist, wird man auch nicht sagen können, was Wahrnehmung im Gebiet der Naturwissenschaft bedeutet, wird man diese anscheinend so einfachen Phänomene, daß die Augen in die Vergangenheit sehen und die Ohren in die Vergangenheit hören, nicht aufklären können.

Wenn wir die Wahrnehmung im Anschluß an die Naturwissenschaft aber mit allen Vorbehalten als Blick in die Vergangenheit auffassen, so bedeutet dies, daß jeder Gegenstand in der sichtbaren Welt, und zwar je nach seiner Entfernung von uns, gegenüber dem Jetzt, in dem wir uns selbst befinden, in einer Vergangenheit, in einem vergangenen Zustande angetroffen wird, sich präsentiert oder wie man es sonst ausdrücken wird. Wir finden hier Entsprechungen: Je weiter der Gegenstand von uns entfernt ist, desto kleiner und undeutlicher wird er, und desto mehr rückt er in die Vergangenheit. Dies Abfallen in die Vergangenheit findet kontinuierlich statt und ist, mathematisch gesprochen, eine Funktion der „scheinbaren" Größe. Wenn wir für das „Ich" einen Jetztpunkt festlegen, so möge eine vertikale Linie von diesem Festpunkt aus die Gleichzeitigkeit mit dem Jetzt bedeuten. Wenn wir den Blick in die Vergangenheit zeichnerisch fassen wollen, so müßte von dem Jetztpunkt aus in einem Winkel zur vertikalen Linie die Linie verlaufen, welche den Blick in die Vergangenheit für die einzelnen Gegenstände wiedergibt. Die wachsende Entfernung von der Vertikalen zeigt an, daß der Blick in immer tiefere Vergangenheit fällt. Wenn ich als Beispiel den Mond nehme, so sehe ich den Mond von vor einer Sekunde, ich sehe ihn weiter an einer Stelle, die er vor einer Sekunde hatte, und weiter mit den Beschaffenheiten, die er vor einer Sekunde hatte. Das alles steht in Beziehung zueinander, auf die wir hier nicht weiter eingehen.

Wir sehen weiter den Mond in den Horizonten seiner Vergangenheit und seiner Zukunft. Mit dem Horizont seiner Zukunft ragt er hinein in die Jetztzeit und weit darüber hinaus. So ragt jeder Gegenstand, den ich im Stadium der Vergangenheit erblicke, mit dem Horizont in die Jetztzeit hinein. Ich kann dann weiter die gleiche Frage an die Welt stellen. Die mit dem Gesicht wahrgenommene Welt kann unter dem Jetztaspekt betrachtet werden, also unter dem Gesichtspunkt, daß alles je nach der Entfernung von mir und meinem Jetzt mehr und mehr vergangen ist, daß es aber doch mit einem eigenen Alter hineinragt in eine fernere Vergangenheit und auf der entgegengesetzten Seite im Horizont hineinragt in die Jetztzeit und darüber hinaus in die Zukunft.

Wir wollen hier keine Kritik an diesen Vorstellungen üben, obwohl jeder Satz der Kritik bedarf, sondern wir setzen diese Überlegungen auf einem anderen Gebiet konsequent fort.

Wenn jeder Blick auf einen Gegenstand in der Welt ein Blick in die Vergangenheit ist, so gerät damit auch die uns geläufige Raumvorstellung ins

Wanken. Ich versuche vergeblich, darüber zur Klarheit zu kommen, ob man dem Gesichtsraum auch ein Alter zuschreiben darf oder, mit anderen Worten, eine Zeitstelle im Sinne unserer jetzigen Überlegungen zumessen darf. Jedenfalls geraten wir jetzt aber vom Euklidischen Raum aus schon in Schwierigkeiten. Es gibt keinen rechten Sinn, Gegenstände aus verschiedenen Zeiten als in ein und demselben Raum befindlich sich vorzustellen. Die Einheitlichkeit des Raumes scheint Gleichzeitigkeit der Gegenstände vorauszusetzen. Man kann einen Stern von vor viertausend Jahren etwa nur in Beziehung zur Sonne von jetzt bringen, indem man die Sonne viertausend Jahre zurückverfolgt oder dem Stern voraussieht.

Für den Fall, von dem wir ausgehen, heißt das, daß der einheitliche Gesichtsraum, in dem wir die Welt um uns sehen, eine Illusion ist, soweit er uns die Gleichzeitigkeit der Welt vorspiegelt, und damit in Verbindung ist auch die Einheitlichkeit des Raumes eine Illusion. Der Raum, in den wir hineinsehen, wird kontinuierlich ein anderer, ein älterer Raum, wenn man beim Raum überhaupt von Alter sprechen kann.

Oder ist das vorschnell geurteilt? Ist es vielleicht so, daß zwar im Gesichtsraum die Dinge mit zunehmender Entfernung sich in einem immer älter werdenden Zustande zeigen, daß aber der leere Raum, der zwischen uns und den Dingen liegt, durch den hindurch wir die Dinge sehen, nicht an diesem Älterwerden teilnimmt? Wenn wir also eine lange Straße hintersehen, ist es dann zwar so, daß die Häuser mit zunehmender Entfernung immer älter werden, der Raum zwischen uns und den Häusern aber nicht.

Oder müssen wir die Überlegung von Demokrit fortsetzen, und ist seine Überlegung erst ein erster Anfang? Kann der Verstand zu den Sinnen sagen, wer seid ihr überhaupt, und können die Sinne zum Verstand sagen, wer bist du? Sind wir vielleicht noch weit davon entfernt, überhaupt zu wissen, was Sinne und Verstand sind, abgesehen von ganz groben Orientierungsmalen? Wenn wir unsere Überlegungen fortsetzen, könnte der Verstand etwa sagen: Daß Häuser durch die Augen wahrgenommen werden, damit kann man vielleicht einen Sinn verbinden, und zwar über Licht, Beleuchtung, Strahlen, Reflektion und ähnliche Zwischenglieder. Was soll es aber heißen, daß der dazwischenliegende Raum wahrgenommen wird, wo doch augenscheinlich der Raum nur durchmessen wird oder auch vielleicht nur ein größeres oder geringeres Hindernis für die Wahrnehmung der Häuser ist und andererseits immer schon Häuser oder sonstige Dinge voraussetzt, um überhaupt aufzutauchen, gegenständlich zu werden oder wie man das sonst nennen soll? Welchen Sinn soll man noch mit der Vorstellung verbinden, daß dieser leere Raum, der zwischen mir und den Häusern liegt, an seinem jenseitigen Ende älter ist als an seinem diesseitigen Ende? Kann man diese Fragen damit abtun, daß man von Illusionen spricht, oder kann man darauf mit der Gegenfrage antworten, was denn überhaupt eine Illusion ist? E i n e Vorstellung von Illusion mag ziemlich klar sein, wenn in derselben Welt etwas erst als Katze, dann als Hund auftaucht. Unser Fall liegt aber ganz anders, die ganze Welt, wenigstens die Gesichtswelt, soll eine Illusion sein, hinsichtlich des Alters der in ihr befindlichen Gegenstände und, was das Schwierigste ist, hinsichtlich des Raumes als eines gleichzeitigen Raumes. Wenn der leere Raum zwischen mir und den Gegenständen ein verschiedenes Alter aufweist und immer älter wird, je weiter die Gegenstände von mir entfernt werden, so verliert der Raum damit seine Ausdehnungen und schrumpft als Jetzt-Raum zu einem Punkt zusammen. Vielleicht kann man sagen, daß er sich vereinigt mit dem Jetzt-Punkt des Ich. Soweit geht diese vorbereitende Untersuchung. Wenn wir sie dem Leser vorsetzen, so bitten wir damit nachträglich um philosophische Geduld, wie wir sie von Sokrates gelernt haben.

e) Untersuchung über Farbigkeit und farbige Welt im Verhältnis zur getasteten Welt. Die Farbe ist keine Eigenschaft des Stoffes, die Unselbständigkeit der Farbe, die Unmöglichkeit der Einordnung der Farbe; Licht und Beleuchtungseffekte, die Illusion. Übergang von der gesehenen Welt zur „getasteten" Welt. Die Welt in der Dunkelheit, die Welt in der Helligkeit

Im Mittelpunkt unserer bisherigen Untersuchung stand das einzelne Gebilde in seinem Alter. Wir verfolgten diese Gebilde in allen Reichen oder Bereichen, vom Atom bis zu den Sternen. Es machte sich dabei fast von selbst, daß wir immer von diesen Gebilden in ihrer Farbigkeit ausgingen oder von dem gesehenen Gebilde, wobei wir allerdings nicht feststellen konnten, was das Sehen, abgesehen von dem Auftauchen der Gebilde in Farbigkeit, für sich sein könnte. Wir versuchen jetzt noch, die Farbigkeit dieser Gebilde, an diesen Gebilden oder wie man es sonst ausdrükken will, für sich zu untersuchen; sofern es möglich ist, ohne Anlehnung an irgendeine Theorie, auch nicht mit den Mitteln der Phänomenologie. Wenn wir sagen sollten, nach welcher Methode wir diese Prüfung vornehmen, so wüßten wir keine Antwort. Es handelt sich vielleicht eher darum, die Unmöglichkeit einer wissenschaftlichen Untersuchung darzutun, aber andererseits doch heimisch zu werden in diesem schwierigen Grenzgebiet.

Im Anschluß an die Untersuchung, was Farbe ist oder nicht ist, prüfen wir dann noch diesen merkwürdigen Übergang oder Zusammenhang zwischen der farbigen Welt und der, wie man früher gesagt hätte, getasteten, gefühlten Welt, wir würden lieber sagen, der auf andere Weise gegenwärtigen Welt, der zum Beispiel in der Dunkelheit gegenwärtigen Welt. Dabei entsteht dann eine eigenartige Verbindung zwischen dem sozusagen gesehenen Alter und dem auf andere Weise „gefühlten" Alter. Das gefühlte Alter geht über in ein gesehenes Alter; das, was ich jetzt sehe, habe ich soeben gefühlt und fühle es auch jetzt noch neben dem Sehen. Damit gewinnt diese Untersuchung den Anschluß an die Untersuchung über das Alter des Gebildes oder setzt diese Untersuchung fort, vervollständigt sie.

Um einen Anfang zu haben, könnten wir etwa mit der Beziehung zwischen Farbe und Stoff beginnen, ohne genau zu wissen, was Farbe ist und was Stoff ist. Eine solche Untersuchung setzt allerdings schon voraus, daß man sich wenigstens in gewissem Umfange über das, was Stoff ist, einig ist. Wo diese Einigkeit fehlt, entfällt die Grundlage der Unterhaltung. Ob wir im Rahmen des *Alten Testaments*, der *Ilias*, der *Bhagavadgita* so beginnen könnten, ist fraglich.

Nach „natürlicher" Sprechweise ist Farbe eine Eigenschaft von Körpern oder von Stoffen, d.h. Farbe kann Eigenschaft von Stoffen sein. Es gibt durchsichtige Stoffe, die in gewissem Sinne ihr Innerstes enthüllen, aber, besser gesagt, vielleicht nichts enthüllen, während der undurchsichtige Stoff den Blick schon an der Schwelle abweist, aber damit schon viel enthüllt. Wir können nun mit jedem beliebigen Stoff anfangen: Ein Metall kann poliert sein, oxydiert, lackiert, gestrichen sein. Die Oberfläche kann bearbeitet sein, gegossen, gehämmert, punktiert und so fort in unendlichen Variationen. Holz kann naturgefärbt sein, geglättet, gefärbt, gestrichen, lackiert, poliert, gebohnert, gewachst. Es kann aufgelegt sein, massiv sein.

Auf eigene Art sind Flüssigkeiten gefärbt, Rotwein, rote Tinte, schwarze Tinte, Rheinwein. Ich bin mir nicht sicher, ob das Phänomen der Farbigkeit hier durchgängig gleich ist und wie das Verhältnis von Farbigkeit hier zur Oberflächenfarbigkeit der festen Gegenstände ist. Man vergleiche etwa Milch und Wein.

Die Farbigkeit der Pflanzen, insbesondere der Blüten und Blätter, ist wieder eigener Art. Hier scheint Oberflächenfarbe und Durchsichtigkeit miteinander vereint zu sein. Die Farbigkeit des Menschen, insbesondere seiner Haut und seiner Haare, ist wieder kaum zu fassen. Ebenso schwierig mag es mit der Farbigkeit der Tiere bestellt sein.

Wir gehen hier nur in die Einzelheiten, um schließlich die Frage aufzuwerfen: Kann in all diesen Fällen in vergleichbarer Weise von einer Eigenschaft Farbe die Rede sein? Ist dabei die Farbe überhaupt noch etwas Selbständiges, oder ist sie so verflochten mit dem Gegenstand, daß eine Trennung unmöglich oder eine Gewaltsamkeit ist, bei der man fragen muß, was denn noch nach der Trennung von Farbe übrig bleibt? Wenn die Farbe immer schon nicht nur auf jenes andere – Haut, Blüte, Blatt, Metall, Holz – hinweist, was ist sie dann noch für sich, oder welches Recht hat man, von Farbe an sich zu reden?

Das Recht hierzu gründet sich vielleicht auf die prismatischen Farben, auf die Regenbogenfarben. Bei diesem Phänomen oder bei diesen Phänomenen, die in so vielen Zusammenhängen vorkommen, scheint sich die Farbe vom Gegenstand, vom Stoff zu lösen und selbständiges Dasein zu gewinnen. Wir haben zu diesem Punkt weitläufige Untersuchungen angestellt und brauchen diesen Einwand nicht zu fürchten. Einerseits gehen auch die prismatischen Farben die Verbindung mit dem Stoff ein, zum Beispiel die künstlich hergestellten prismatischen Farben in den Lehrbüchern, wozu es auch Entsprechungen in den wirklich prismatischen Farben gibt. Andererseits lösen sich aber auch die prismatischen Farben in anderen Zusammenhängen vom Gegenstand oder Stoff und verlieren damit die Eigenschaft als anhaftende Farbe, insbesondere, wenn ich den Gegenstand als Ganzes betrachte. Dieser Verlust ist nicht zufällig. Mit anderen Worten: Wenn die prismatische Farbe als anhaftende Farbe wirken soll, kann sie dies nur in Grenzfällen bei ebenen Flächen. Sobald es auf die Wiedergabe von Perspektiven ankommt, versagt sie. Die Betrachtung durch das Prisma versetzt oder verzerrt mit den Farben auch die Gegenstände.

In einer früheren Untersuchung haben wir das Phänomen Farbe, mit welchem wir uns hier beschäftigen, als anhaftende Farbe von anderen Farbphänomenen unterschieden. Im gleichen Sinne könnte man auch von der Oberflächenfarbe reden; beides mag in Beziehung stehen zu Farbe als Eigenschaft von Stoffen, aber all diese Redeweisen sind nicht nur ungenau, sondern können auch nicht aus diesen Ungenauigkeiten herausgenommen werden. Sie sind notwendig ungenau. Bei der natürlichen Einstellung kann man zum Beispiel fragen, wie der Stahlstoff im Innern gefärbt ist oder ähnlich, wie der Stoff selbst im Dunkeln gefärbt ist oder wie er gefärbt ist, wenn man ihn nicht sieht. Sobald man von ihm redet, wenn man ihn auch nicht sieht, hat er der Meinung nach seine eigene Farbe. Ohne solche Farbe läßt er sich nicht ohne weiteres vorstellen. Wenn wir uns das Innere des Stoffes vorstellen, müssen wir den Stoff schon in Gedanken auseinanderbrechen. Die Bruchflächen erscheinen dann wieder in Farbe. Wenn wir den Stoff zu Staub zerkleinern, kann sich die Farbigkeit auch ändern.

Schwieriger noch ist Farbigkeit zu beurteilen bei den lebendigen Wesen, etwa bei der Haut des Menschen, durch welche die bläulichen Adern durchscheinen. Wir scheinen uns willig der Führung der Farbe anzuvertrauen, ohne daß wir die Farben unterbringen können. Wenn wir die Farbe als Eigenschaft bezeichnen oder als anhaftende Farbe oder als Oberflächenfarbe, so ist dies nur ein erster Notbehelf.

Wir können uns allerdings von der anhaftenden Farbe aus weitertasten zu Vorderseite und Rückseite des Gegenstandes, zu Abschattung, zu Schatten, zu Lichtreflexen, zu Spiegelung in den verschiedensten Arten bis zum Spiegelbild. Wir können damit in Beziehung bringen das Phänomen der Entfernung des Gegenstandes von uns, sein Stehen im Raume, seine Abhebung vom Hintergrund. Wir können damit in Beziehung bringen das Phänomen der Farbe, wie die Farbe auf dem Gegenstand zu liegen scheint, und das Äußerste des Gegenstandes uns gegenüber ist ohne Tiefendimension. Es hat keinen Sinn, von der Rückseite der Farbe zu sprechen. Die Farbe bildet keine Schicht auf dem Gegenstand. Eine solche Schicht ist vorhanden bei dem Anstrich, aber nicht bei der Farbe. Der Anstrich hat selbst wieder diese Farbe.

So könnten wir lange über Farbe und Farbigkeit reden im Sinne einer natürlichen Einstellung, ohne daß wir aber sagen könnten, daß Homer oder Hesiod oder König Salomo dieselbe natürliche Auffassung gehabt hätten, was doch wohl zu diesem Begriff von natürlicher Auffassung gehören würde.

Noch schwieriger als Farbe ist Licht und Beleuchtung zu fassen. Das Licht steht irgendwie in Beziehung zu einer Lichtquelle und auch wieder in Beziehung zu dem leeren Raum oder der Entfernung, die uns von dem gesehenen Gegenstand trennt oder diesen umgibt.

Zu dem Licht in Beziehung stehen die Beleuchtungseffekte. Darunter möchten wir verstehen, wie die Farben des Gegenstandes mitgehen mit den Farben des Lichtes. Am einfachsten ist dies bei der anhaftenden weißen Farbe zu verfolgen, die jeden Farbton der Beleuchtungsquelle aufnimmt oder wiedergibt, während bei bunten Farben die Verhältnisse verwickelter liegen. Wenn wir einen Schritt weitergehen, so sehen wir, wie die Beleuchtungsquelle sich im Gegenstand spiegelt. Die Spiegelung kann so undeutlich sein, daß sie als Spiegelung nicht auffällt. Von hier kann sie durch viele Zwischenstufen bis zum klarsten Spiegelbild führen, welches den spiegelnden Gegenstand auf gewisse Art beiseite schiebt. So mag man am Kanal, dessen Ufer mit Bäumen bestanden sind, verfolgen können, wie man zunächst nur Wellen mit Beleuchtungseffekten sieht und wie dann bei einer kleinen Veränderung das Spiegelbild von Bäumen auftaucht, das zunächst noch die Wellenbewegung mitmacht. Die Stämme der Bäume mögen als Schlangen auftauchen, bis sich bei fortschreitender Beruhigung des Wassers das klarste Spiegelbild ergibt, wobei nun der gespiegelte Gegenstand wieder Beleuchtungseffekte wie andere Gegenstände aufweist. In Fortsetzung dieser Betrachtung kann man dazu kommen, jedes Phänomen von Farbe in Verbindung mit Spiegelung zu bringen. Wenn man zunächst die Lichtquelle ausnimmt, so mag man dazu kommen können, die Farbphänomene als

Hall und Widerhall, vielleicht ohne Ende, aufzufassen, und schließlich spiegelt sich der Mond nicht nur in der Erde, sondern die Erde auch irgendwie in dem Monde. Mit dieser Farbigkeit in der Welt hängt es zusammen, daß uns nicht nur Dinge und Gegenstände, Wozudinge und Stoffe begegnen, sondern daß zwischen diesen auch ständig illusionierte Gebilde auftreten, sozusagen als Übergang zwischen Lichtreflexen und Spiegelbildern, aber eigenständige Gebilde, die sich für uns in der wirklichen Welt herumtreiben, in einer Vorzeit aber vielleicht die Wirklichkeit an sich gerissen haben. Diese Zwischengebilde begegnen uns bei hellichtem Tage. Ihre Hauptzeit ist aber Dämmerung und Dunkelheit. Sie können ausgeführt sein bis in die letzten Einzelheiten. Sie können aber auch mit ein paar Farbklecksen oder Strichen weittragende Illusionen hervorrufen, ja jede Art von Malerei mag hier schon angelegt sein. So mögen wir Walfische, Teufel und Engel, Kampf von Giganten in den Wolkengebilden gegenständlich haben. Von hier ist es nur ein Schritt zur Technik der Malkunst. Wir sehen hier schon, die Malkunst ahmt nicht nach, wie Plato meint, sie bildet auch nicht ab, sondern sie stellt nur Welt neben Welt. Die Bildwelt ist so gut Welt wie die sogenannte wirkliche Welt. So hat man auch wohl gesagt, daß der Schatten, der Schattenriß in der Natur, das Vorbild für den ersten Maler gewesen sei. Wenn wir uns in der Sprache des 18. Jahrhunderts ausdrücken müßten, würden wir sagen, daß die Natur selbst malt, ständig und immer malt, und daß unsere Malkunst nur in einem Verhältnis zu dieser Natur stehe, mit ihr irgendwie konkurriere, sie aber niemals malt oder in einer Malerei nachahmt.

So können wir weiter philosophieren über die Farbigkeit in der Welt. Was wir hier vortragen, ist nur ein erster Versuch. Der erste Schritt müßte nun unter der Überschrift stehen: Die Farbigkeit in der Wahrnehmung.

Wenn wir von der farbigen Welt sprechen, so ist immer die Leere vor dem Gegenstand, der auftaucht, mitgegeben und gleichsam am anderen Endpunkt dieser Leere unser Standpunkt oder unser Ort in der Welt. Bei uns selbst scheint eine gewisse Wendung stattzufinden. Mit dieser Wendung oder Drehung setzt sich die Welt in unserm Rücken fort, ohne daß wir den genauen Ort dieser Wendung angeben könnten. Wir selbst scheinen uns zwischen Vorder- und Rückseite in dieser Welt zu befinden. In diesem Komplex, den wir hier angedeutet haben, müßten wir die Wahrnehmung von Gebilde und Welt suchen, wenn es so etwas wie Wahrnehmung gibt.

Wir können nach unserer langen Vorrede sicher nicht die Farbigkeit aus der Welt aussondern als etwas, was dann die Welt darstellt oder gar die Welt aufbaut oder aufbauen hilft. Welt und Farbigkeit sind so voneinander durchtränkt, daß wir sie nicht trennen können und daß wir jedenfalls nicht sagen können, in welcher Beziehung sie zueinander stehen, wenn wir der Farbigkeit in ihrer Unendlichkeit und der Welt in ihrer entsprechenden

Unendlichkeit gerecht werden wollen. Daß die Welt über die Farbe in unseren Kopf kommen soll, will uns nicht in den Kopf. Wenn wir aber schon nicht wagen, von Wahrnehmung der Welt zu reden, so müßten wir doch wohl zugeben, daß man vom Gegenwärtigsein der Welt oder Gegenständlichsein der Welt reden kann. Von hier aus kann man vielleicht etwas Klarheit schaffen. Dieselbe Welt scheint immer gegenwärtig, gegenständlich zu sein. Wenn ich die Welt wahrnehme, so nehme ich sie ähnlich wie die einzelnen Gebilde in der Welt in ihrem Alter wahr, stets neu und stets alt.

Die Menschen um mich sind zwanzig oder fünfzig Jahre alt, der Schrank, der Tisch, die Möbel sind zehn, zwanzig, hundert Jahre alt. Das Haus, in dem ich mich aufhalte, ist hundert Jahre alt. Die Bäume im Garten haben ihr Alter, die Stadt hat ihr Alter. Man könnte nun fortfahren, so alt wie diese Gebilde muß die Erde, muß die Welt mindestens sein. Hinzu kommt noch, daß ich selbst in einem Alter gleichsam an der Spitze meiner Geschichten in diese Gegenwart hineinrage, wobei die Geschichten sich gegenseitig den Platz in der Gegenwart streitig machen, fast wie Tiere am Trog. Wenn ich aus dem Schlaf erwache und im Dunkeln ein Streichholz anzünde, – der Leser, der so weit mit mir gegangen ist, weiß schon, daß diese Worte nicht genügen, um eine Situation voll lebendig zu machen, wenn ich mit Kameraden zusammen schlafe, werde ich kein Streichholz anzünden; wenn ich alleine bin, werde ich ein Streichholz nur anzünden in irgendeinem größeren Zusammenhang, insoweit muß der Leser uns ergänzen. – Wir fragen also, was geht vor im Hinblick auf Farbigkeit und Wahrnehmung? Die Gegenstände, die ich jetzt beim Schein des Streichholzes wahrnehme, haben alle ihr Alter; sie waren auch schon vorher da, und zwar an derselben Stelle. Ich möchte auch sagen, sie waren in ihrer Farbigkeit schon vorher da. Die Dunkelheit verhinderte, daß ich sie sah. Ich kann allerdings diesen Vorgang nur genauer fassen, wenn ich genauere Vorstellungen über Licht und Dunkelheit habe. So schwer zu fassen wie Licht und Dunkelheit, ist auch dieser Vorgang, um den wir uns hier bemühen. Wir meinen nur, der Vorgang ist nicht damit beschrieben, daß wir vom Auftauchen von Gebilden oder von Welt in Farbigkeit reden, sondern wir meinen, daß dies Auftauchen nur eine Fortsetzung der Gegenwart von Welt auf andere Art ist, und zwar der Gegenwart e i n e r W e l t, die auch die Gebilde, welche ich jetzt sehe, bereits in sich enthielt. E i n e Verbindungslinie haben wir bereits aufgewiesen, welche aus der Helligkeit in das Dunkle zurückführt, nämlich das Alter dieser Dinge. Diesem Alter entspricht ein Gegenwärtigsein von Welt in der Dunkelheit, oder müssen wir sagen, ein Gegenwärtiggewesensein in der Dunkelheit oder schon Gegenwärtigsein in der Dunkelheit. Ich glaube, wir müssen froh sein, daß wir so weit vorgedrungen sind und auf weitere Aufklärung nach dieser Richtung verzichten.

Ähnlich wie die Helligkeit auf den vorhergehenden Zustand in der Dunkelheit schon durch das Alter der Gegenstände verweist, enthält die Dunkelheit Momente, welche die Helligkeit vorbereiten und welche sich in der Helligkeit auch fortsetzen. Wenn wir im Dunkeln, in stockfinsterer Nacht mit einem Stock in der Hand auf der Landstraße gehen, in Richtung Heimat oder Unterkunft, wie wir das als Schüler oder Soldat häufig gemacht haben, so schnitt die Dunkelheit nicht unsere Verbindung mit der Welt ab. Andererseits wagen wir nicht, unsere Verbindung mit der Welt in dieser Dunkelheit so zu beschreiben, daß wir für die Vollständigkeit haften könnten. Zunächst gehen unsere Sorgen und Hoffnungen, unsere Geschichten, mit uns und verbinden uns auch mit dieser Stelle der Welt, an der wir uns befinden. Es mag noch fünf Minuten bis zur nächsten Straßenkreuzung sein. An dieser Stelle müssen wir uns ein wenig beeilen, vielleicht auch Sprung auf, marsch, marsch machen, weil auf ihr regelmäßig Artilleriefeuer liegt. Dann haben wir noch eine Viertelstunde bis zur Unterkunft. Hoffentlich haben die Kameraden den Kaffee heiß gestellt! Wenn wir in Gedanken nun die Geschichten streichen, was bleibt dann von der Welt? Etwa nur das Druckgefüge unter den Füßen und die Gefühle in den Muskeln? Nein, es bleibt die Landstraße. Wir bemühen uns, die etwas erhöhte Mitte zu halten, um nicht rechts oder links von der Straße abzukommen. Wir fühlen das Pflaster mit Ebenheiten oder Unebenheiten. Wir tasten vorsichtig mit dem Stock, wir haben ungefähr die Richtung der Straße. Wir mögen auch fühlen am Hall der Schritte, ob wir uns auf freiem Felde bewegen oder durch ein Dorf gehen. Wir sehen davon ab, daß über Töne und Geräusche, über Kalt und Warm, Gerüche und vieles andere ständig eine Verbindung mit der Welt stattfindet, die vergleichbar ist der Verbindung über die Farben. Wir hören im Nachtquartier, wie unsere Nebenmänner auf dem Strohlager husten, schnauben, laut träumen, sich umdrehen und wie damit überall das Gebilde Mensch sich aus der Dunkelheit erhebt oder, vielleicht besser, sich in der Dunkelheit abzeichnet. Wir können nun wagen, den Schritt aus der Dunkelheit ins Helle zu verfolgen. Es ist kein Schritt aus dem Nichts in eine Welt hinein, sondern ein Schritt – – – die positive Bezeichnung ist viel schwieriger. Geben wir uns damit zufrieden, daß es nach vorwärts und rückwärts dieselbe Welt zu bleiben scheint, im Dunkeln wie im Hellen. Noch wichtiger mag sein, daß auch im Hellen die Verbindung, die wir im Dunkeln hatten, aufrechterhalten bleibt und vielleicht sogar den Anspruch erhebt, ursprünglicher zu sein als die Verbindung über die Farben. Es scheint sogar, als ob mit der Farbenverbindung eine starre Verbindung selbst mit entfernten Gegenständen einhergeht. So habe ich auch eine gewisse Verbindung mit der Taube auf dem Dach, ähnlich wie mit dem Spatz in der Hand, allerdings Verbindung auf der Grundlage der farbigen Welt. Mit dem Apfel in der Hand oder mit dem Pferd am Zügel habe ich die doppelte Verbindung, wie man früher gesagt hätte, über die Augen und über den Tastsinn, während wir ganz behutsam die Einheit und Doppelheit des Gegenwärtigseins von solchen Gebilden in der Welt uns näherzubringen versuchen oder uns stets gegenwärtig halten, daß das, was Sehen und Tasten sein mögen, ebenso unklar ist wie das, was die entsprechenden Gebilde sein mögen.

Wenn ich reite, bin ich in vielfältiger Verbindung mit dem Leib, dem Hals, dem Kopf des Pferdes und weit darüber hinaus mit dem vertrauten Wesen Pferd, dem alten Bekannten, den ich mit hundert Eigenheiten genau kenne, oder dem Tier, welches ich heute zum ersten Mal reite, so daß wir beide uns erst aneinander gewöhnen müssen. Über das Pferd bin ich aber gleichzeitig in Verbindung mit der Straße oder dem Landweg. All diese Verbindungen sind im Dunkeln intensiv, sie erhalten sich aber auch in der Helligkeit. Die farbige Welt würde nur eine Gespensterwelt sein, wenn nicht diese andere Verbindung ständig vorhanden wäre. Wenn wir dies Verhältnis von Farbigkeit, von Ton und Geräusch, von all dem, was mit Tasten und Fühlen und weiter mit Bearbeiten zusammenhängt, so gut oder so schlecht es geht, darstellen wollten immer mit einem Blick auf Gegenstände, Gebilde und Welt, so hätten wir lange zu tun. Uns geht es hier nur darum, diese Untersuchung in Verbindung zu bringen mit der Wahrnehmung, zu fragen, inwieweit uns eine solche Untersuchung auf die Spur zur Wahrnehmung bringt. Von den Sinnesdata aus hat man bisher die Brücke zur Wahrnehmung zu schlagen versucht. Dies Unterfangen setzt allerdings voraus, daß es eine einheitliche „natürliche" Welt oder wenigstens Vorstellung von Welt gibt, die der Untersuchung zugrunde liegt. Wenn unsere Welt, und zwar die äußere Welt, schon infiziert ist davon, daß wir im 20. Jahrhundert leben, und wenn sich die Einflüsse dieses Jahrhunderts auch nicht entfernen lassen aus dem Weltbild, so ist schwer zu sagen, was man dann noch unter natürlichem Weltbild verstehen soll oder, konkret gesprochen: wenn wir unter Farbe, unter Licht, unter Dunkelheit, unter Reflex, unter Schatten, unter Lichtquelle, unter Feuer etwas anderes verstehen als Homer und Hesiod, und zwar so, daß auch kein abgrenzbarer, gemeinsamer Kern übrigbleibt, dann ist schwer zu sagen, was wir treiben oder womit wir uns beschäftigen, wenn wir den Aufbau der „natürlichen Welt" in der „Wahrnehmung" nachzuzeichnen versuchen. Es möchte allerdings möglich sein, daß wir eine solche Untersuchung aus dem Blick des 20. Jahrhunderts beginnen oder versuchen, uns in die Zeit Homers zu versetzen und von dessen Standpunkt aus die Untersuchung aufzunehmen. Dieses letzte wird aber wohl daran scheitern, daß in der Welt Homers für eine solche Untersuchung kein Raum wäre; doch hilft das Spielen mit diesen Gedanken uns insofern weiter, als wir nun erkennen, daß unsere eigene Untersuchung schon von den Malern unserer Zeit, vom Impressionismus, Expressionismus und von der abstrakten Malerei und ihren Theorien positiv oder negativ beeinflußt ist und fast im selben Grade von den Dichtern und irgendwie noch von der Naturwissenschaft, ohne daß wir auch nur entfernt die Stärke dieser Einflüsse bestimmen können. Uns ist nur häufig aufgefallen, wie die Maler unter dem Einfluß der Physik stehen in ihrer Einordnung der Farben in der Welt, ohne zu merken, wie sie gleichsam von einer Welt in die andere fallen.

Wenn es nun eine einheitliche natürliche Welt, in der man sich einig darüber wäre, was Farbe, Licht, Dunkelheit, Gegenstand, Gebilde, Schatten, Spiegelbild sein möchte, nicht gibt, wenn es aussichtslos erscheint, etwa über das Verhältnis von Farbe und farbigen Effekten zum Gegenstand oder Stoff zur Klarheit zu kommen, so wird es auch wohl unmöglich sein, einen Weg zu dem zu finden, was Wahrnehmung sein könnte, Wahrnehmung von Gegenständen oder Wahrnehmung von Welt. Damit erhält auch die Phänomenologie für dies Gebiet eine andere Rolle zugewiesen. Sie darf nicht erwarten, daß sie hier Wesensgesetze vorfindet, sondern sie wird sich damit begnügen müssen, festzustellen, daß es hier keine Festigkeit gibt, nicht einmal über das Verhältnis von Farbe und Stoff, wenn der Physiker die Farbe aus seiner Welt verbannt, wenn der Philosoph oder Psychologe sie auf unverständlichen Wegen als Empfindung zu retten versucht, wenn sie andererseits im Leben und in Geschichten von der allergrößten Bedeutung ist, so daß Blindheit das größte Unglück ist und in nächster Beziehung zur Verblendung steht. Damit gelangen wir wieder in das Gebiet der Geschichten, und damit taucht die Frage auf, ob die Stellung von Farbe und Farbigkeit in den Gebieten oder über diese aufzuklären ist.

f) Wahrnehmung und Selbstdarstellung. Die Rede von Deutlichkeit in der Selbstdarstellung des Leibes, des Wozudinges, des Stoffes

Wenn man sagt, das Atom habe keine Farbe im Gegensatz zum Stoff oder zum Wozuding, so ist damit nicht viel gesagt, solange nicht feststeht, ob und in welchem Sinne Wozuding und Stoff Farbe haben. Wenn man grobschlächtig Farbe als Eigenschaft des Stoffes oder des Wozudinges deklariert, könnte man meinen, mit dieser Überlegung nun das Atom von Farbe getrennt zu haben. Sobald man aber Antwort geben soll, was denn nun Eigenschaft eigentlich sei und inwiefern Farbe eine Eigenschaft sei, wird man zugeben müssen, daß es auf diesem Gebiet keine Sicherheit gibt. Ähnlich mag es mit der Meinung sein, daß die Wärme eine Eigenschaft des Stoffes sei, daß aber bei einem Atom nicht von Wärme gesprochen werden könnte und jedenfalls nicht im Innern eines Atoms. Auch hier taucht sofort die Frage auf, in welchem Sinne denn Wärme Eigenschaft eines Wozudinges oder eines Stoffes sei, eine Frage, die ebenso schwer zu beantworten sein wird wie die, in welchem Sinne Farbe eine Eigenschaft ist. Vielleicht ist Farbe ebensowenig Eigenschaft eines Stoffes, wie sie Eigenschaft eines Atoms ist. Vielleicht muß man wirklich erst wieder zu Goethe zurück und wahrscheinlich noch viel weiter über Goethe hinaus, wenn man Farbe richtig einordnen will.

Versuchen wir jetzt zur Klärung des Verhältnisses von Farbe und Stoff unsere Ausführungen über Deutlichkeit, Selbstdarstellung und Wahrnehmung noch nach einer anderen Richtung zu ergänzen. Der Ausdruck Selbstdarstellung ist verwandt mit Wahrnehmung. Während Wahrnehmung aber irgendwie auf die Beziehung zwischen Ich und Gegenstand hinweist, läßt Selbstdarstellung diese Beziehung im Dunkel und legt das Gewicht auf die Begegnung mit einem Selbst von etwas, ohne die Möglichkeit oder die Voraussetzung dieser Begegnung irgendwie zum Thema zu machen. Wenn man von Selbstdarstellung spricht, braucht man in keiner Weise Strahlen oder irgendeine Verbindung zwischen dem Gegenstand und dem Leib oder dem Leib und dem Geist. In dieser Sphäre der Selbstdarstellung ist die Begegnung mit Gott, einem Engel, dem Teufel ebenso diskutierbar, wie die Begegnung mit einem Schiff oder Wagen. Ja, wir legen uns immer wieder die Frage vor, ob nicht in gewissem Anschluß an Gedanken der Griechen das Urbild aller Begegnung, aller Selbstdarstellung und aller Wahrnehmung, die Begegnung mit uns selbst ist, worunter wir das Verstricktsein in Geschichten verstehen. Diese Begegnung mit uns selbst würde dann schon immer die Begegnung mit den anderen in sich einschließen. Wenn wir diese Begegnung mit uns selbst zurückverfolgen, immer weiter zurück, so mag es schließlich in Dunkelheit oder Schlaf endigen, sozusagen sichtbar endigen. Dann würde Hesiod noch nicht einmal so ganz unrecht haben. Wenn man ganz genau sein wollte, könnte man bei diesem Übergang in Nacht und Dunkel noch wieder unsere eigensten Geschichten trennen von den Geschichten unserer Vorfahren. Zum Lebendigmachen dieser Zusammenhänge gehört eine leichte Hand.

Wenn diese Begegnung mit uns selbst der Urtyp einer Begegnung ist, so würden wir hier auch wohl den Ursprung von Deutlichkeit und Undeutlichkeit oder von Selbstdarstellung und Selbstdarstellung letzter Potenz suchen müssen. Die eine Seite dieser Selbstdarstellung wären dann die Geschichten, die andere Seite der Leib und das Gesicht, sofern sie Geschichten wiedergeben, erzählen. Von deutlicher Wahrnehmung würden wir dann im ersten Sinne reden bei dem Gesicht als einer Art Selbstdarstellung des in Geschichten Verstrickten. Es wäre dann nicht schwer, hier Deutlichkeit und Undeutlichkeit gegeneinander abzugrenzen. Nicht das tausendfach vergrößerte Gesicht wäre das Gesicht in größter Deutlichkeit. Wir brauchen in diesem Zusammenhang nur auf die Gedanken Gullivers zu verweisen bei seiner Begegnung mit den Riesen. Dabei würden wir an sich der tausendfachen Vergrößerung wohl noch eine Rolle in der Selbstdarstellung zuweisen, aber eine Rolle am Rande. Ausgangspunkt würde immer die – hier dürfen wir nicht sagen – „normale Größe" sein. Es fällt uns aber nichts Besseres ein.

Dies Sprechen von Deutlichkeit in der Ebene des menschlichen Antlitzes kann man übertragen in die Ebene der Wozudinge. Ein Automobil in tausendfacher Vergrößerung ist keine Selbstdarstellung des Automobils. Wenn wir nun aber von dem Automobil auf den Stoff kommen, so betreten wir vielleicht ein neues Gelände, wenigstens, wenn wir uns zunächst den anorganischen Stoffen, etwa dem Eisen, zuwenden. Bei dem Menschen, dem in Geschichten Verstrickten, und bei dem Automobil macht uns die Rede von Selbstdarstellung keine Schwierigkeit, weil wir dies Selbst, um welches es sich hier handelt, selbst sind. Vielleicht ist das schon etwas unvorsichtig gesagt. Vielleicht mag es andere geben, die in unserem eigenen Hause besser Bescheid wissen als wir, aber diese anderen müssen immerhin auch in Geschichten Verstrickte sein.

Wenn wir uns aber dem Stoff zuwenden, so halten wir uns mit einer Hand noch immer fest an den Wozudingen, denn der Stoff begegnet erst über Wozudinge. Die Schwierigkeit besteht darin, daß der Stoff doch nicht mehr in dem Sinne eine Selbstdarstellung von mir ist, wie mein Gesicht oder wie die Wozudinge, die beide den Blick weiterleiten auf ein Selbst, auf mein Selbst. Hat es bei dem Stoff überhaupt Sinn, von einem Selbst zu sprechen, von diesem Selbst, welches für Homer im Hinblick auf den Menschen die einfachste Sache der Welt ist? Und wenn man von keinem Selbst sprechen kann, hat es dann einen Sinn, von Deutlichkeit und Undeutlichkeit zu reden, oder setzt diese Rede schon immer ein Selbst voraus? Hiermit haben wir unsere bisherigen Überlegungen, die unbefangen davon ausgingen, daß es für alles und jedes ein Selbst gäbe, welches man irgendwie stellen und zur Darstellung zwingen könne, aufgegeben. Wenn die Rede vom Selbst nur für den in Geschichten Verstrickten ihren Sinn hat und für den Stoff höchstens einen abgeleiteten Sinn, so können wir in dieser Richtung nicht weiterforschen. Ausgangspunkt für die Prüfung des Stoffes ist dann immer dieser Stoff hier, der mit dem Wozuding auftaucht und kein anderes Selbst hat, als das Selbst des Wozudinges. Wer den Stoff untersucht, hat diesen Ausgangspunkt.

Ähnlich wie für das Meter der Ausgangspunkt der in Paris liegende Platinstab ist, ist für das Gold Ausgangspunkt das Gold, mit dem wir unmittelbar oder mehr mittelbar in Berührung kommen. Unsere Berührung oder unsere Begegnung mit dem Golde setzt sich fort in den entsprechenden Begegnungen unserer Vorfahren und verfeinert sich in den Begegnungen unserer Forscher und Gelehrten. All diese Berührungen lassen sich in einem großen Zusammenhang fassen. In diesem Zusammenhang taucht irgendwo einmal, irgendwann einmal das Goldatom auf. In diesem Augenblick geht mit dem Gold eine eigenartige Veränderung vor sich, wie sie jeder irgendwann auf der Schule erlebt: Das Gold ist nun zusammengesetzt aus Atomen, die ihrerseits vielleicht nicht mehr Gold sind oder die erst in Zusammenballung der Atome Gold mit all den Eigenschaften des Goldes sind. Dabei dürfen wir nicht von Zusammenballung reden; denn die Atome ihrerseits bringen dies anscheinend schon irgendwie mit sich, daß sie sich zusammenballen können. Goldatome würden sich nicht so mit Eisenatomen zusammenballen können. Wenn ich so von diesem Stück Gold zum Goldatom komme, so ist auch das noch kein Ruhepunkt, sondern jetzt geht es in anderer Richtung weiter. Jetzt wird die Innenwelt des Atomes Gegenstand der Forschung. Vielleicht stellt sich jetzt heraus, daß das Gold, von dem ich ausging, in Wirklichkeit gar kein Gold ist, sondern daß es mehrere Arten von Gold gibt oder viele Arten von Gold oder unübersehbar viele Arten von Gold. Während man im Anfang wohl unbesehen annahm, daß die Goldatome einander alle gleich seien, taucht jetzt die Frage auf, ob in „Wirklichkeit" vielleicht alle Goldatome verschieden sind, und zwar verschieden nach einigen Richtungen, nach vielen Richtungen, nach unübersehbar vielen Richtungen. Die Verschiedenheit kann dabei noch wieder verschiedenes bedeuten. Die Atome können derart verschieden sein, daß sie ineinander überführbar sind. Das könnte bedeuten, daß es in Wirklichkeit nur soundso viel Spielarten von Goldatomen gäbe, daß das Goldatom aber in einer dieser Spielarten auftreten müsse. Es kann aber auch die Bedeutung haben, daß das Goldatom so variiert, daß die letzten Variationen sich schon berühren mit den Variationen des nächsten Elementes. Dann wäre das Atom Gold nur eine Variation oder vielleicht, besser ausgedrückt, das nie feststellbare Zentrum einer Variation, die in unendlichen Übergängen übergeht in die benachbarten Variationen, wobei wieder verschiedene Variationen verschieden benachbart sein können. Man wird sich nicht auf lineare Fortsetzung der Variationen versteifen dürfen, sondern auch mit polypenähnlichen Fortsetzungen oder Fortsetzungen ganz anderer Art rechnen müssen. – Wenn man diese Überlegungen zugrunde legt, sieht man, daß von dem Gold, von dem man ausging, nicht viel übrig bleibt.

Wenn wir von hier aus jetzt einen Blick zurückwerfen auf das, was wir über das Alter des Atoms ausgeführt haben, so mögen uns Bedenken kommen, ob wir dort wohl genau genug gewesen sind. Wenn wir einen Bleiklumpen vor uns haben, so wissen wir, daß dieser Klumpen vor soundso vielen Jahren ein Uranklumpen war, ja wir wissen noch mehr, daß nämlich jedes einzelne Atom dieses Klumpens zu verschiedener Zeit aus einem Uranatom zu einem Bleiatom geworden ist. Von heute aus hat also jedes Bleiatom ein Alter, welches von dem Alter eines jeden anderen Bleiatoms verschieden ist. Wenn dies Alter in der inneren Struktur des Atoms begründet ist, so wäre damit jedes Atom von jedem anderen Atom in ähnlicher Weise verschieden, wenigstens in dieser Hinsicht, wie etwa ein alter Mensch von einem jungen Menschen verschieden ist. Wir würden nun in der sogenannten Atomwelt auf Reihen stoßen, auf Reihen von Einzelindividuen, die vergleichbar wären den Reihen von lebenden Wesen.

In welchem Sinne wir nun allerdings von Vergleichbarkeit reden dürfen, das ist wieder eine Frage für sich. Wir waren von dem Selbst ausgegangen und meinten zunächst, daß der Ursprung des Selbst in dem in Geschichten Verstrickten zu finden sei und eine Ableitung von diesem Selbst vielleicht in dem Wozuding. Dürfen wir nun das, was wir schließlich als Rest vom Stoff, als Individuum Atom und als Atomreihe noch in der Hand behalten, als ein Selbst bezeichnen? Hat dies Atom ein Selbst, ist es ein Selbst? Oder wird es in seinem Sein vom Wozuding gehalten, und ist es nur eine Spiegelung, eine Horizontbildung des Wozudinges? Hat es kein eigenes Selbst, sondern ist es als Selbst nur ein Abglanz des Selbst des Wozudinges?

g) Das Bild und sein Gegenstand, die Nachahmung, die Illusion. Weltlinie

Zum Verderb der Wahrnehmungslehre viel beigetragen hat die falsche Vorstellung über das Bild und sein Verhältnis zum abgebildeten Gegenstand. Der Sachverhalt scheint doch so einfach: Man überträgt die Farben, die man in der Welt sieht, auf die Leinwand mit allen Nuancen und Tönen, und wenn man das sorgfältig macht, steht nachher das Bild vor einem. Ähnlich ist es bei dem Schattenriß und wieder ähnlich bei der Schwarzweiß-Malerei oder bei der Photographie. Bei der Zeichnung kommt noch hinzu die Kunst, mit wenigen Strichen, natürlich unter Ausnutzung der Unterlage, einen Gegenstand zu zeichnen oder, dürfen wir sagen, abzubilden.

Wir haben es hier nur mit dem Technischen zu tun. Es mag allerdings unmöglich sein, das Technische von dem Künstlerischen streng zu scheiden. Wir können aber hier den Verbindungen nicht nachgehen, die ins Künstlerische führen. Wenn wir auch zugeben, daß dies vielleicht möglich wäre. Wir brauchen darauf nicht einzugehen, weil wir von einer Untersuchung dieser Tatbestände nicht die geringste Aufklärung für eine Lehre von der Wahrnehmung erwarten. Das Bild bildet nicht die Welt ab, sondern es stellt Welt neben Welt. Die Bildwelt ist so gut Welt wie die sogenannte wirkliche Welt. Mit welchen Mitteln der Maler und Zeichner dies zuwege bringt, das ist vollständig unerklärlich und rätselhaft. Die Technik kann man lernen. Wie es aber kommt, daß die bemalte Leinwand oder Zeichnung eine Welt oder etwas wie Welt produziert, das ist so unerklärlich wie die Wahrnehmung der Welt selbst oder, anders ausgedrückt, das Problem, was Wahrnehmung ist, ist bei dem Bilde genau dasselbe wie bei der wirklichen Welt. Das Bild ist eingeschoben oder wird eingeschoben in Welt, das Abgebildete wird zu einem Teil der Welt, zu einem unbegrenzten Teil der Welt. Man kann annehmen, daß das Bild wenig oder nichts bedeuten würde, wenn es nicht in eine Welt hineinpaßte. Man muß immer ausgehen von dem Verhältnis Bild und Welt, nicht von dem Verhältnis Bild und Gegenstand. Oder wenn man hiervon ausgeht, muß man vor Augen haben, daß jeder Gegenstand in der Welt ist. Früher hätte man das, was wir meinen, zum Teil vielleicht mit Assoziationen und Erinnerungen erklärt. Wir ersetzen nicht etwa diese Versuche durch Geschichten, die uns einfallen bei Betrachtung von Welt, vielleicht aber durch Geschichten, die die Welt sind.

Das Bild, das Abbild ist ein Stück Welt. Das ist mehrdeutig. Für den, der das Dargestellte nicht sieht, mag das Bild eine Aneinanderreihung von Farbflecken sein oder von dünn aufgetragenen Stoffen, die eine Stoffarbe haben. Das so aufgefaßte „Bild" kann ein verunglücktes Wozuding sein, ein verunglücktes Bild oder eher ein Stück Leinwand zum Reinigen oder zum Ausprobieren des Pinsels. Wir können solche „Bilder" also verschieden einordnen. Die Frage mag allerdings sein, was dabei noch dasselbe bleibt, wenn wir mit der Einordnung wechseln, was zum Beispiel dasselbe bleibt, wenn uns an Stelle der Farbflecke plötzlich ein Wald oder Bäume im Herbst entgegenleuchten, und ob man überhaupt so fragen kann.

Für uns ist zunächst wichtig, daß das Bild, daß jedes Bild in der Welt ist. In der natürlichen Welt gibt es natürliche Bilder, die keine Abbilder sind, besonders in der Dämmerung begegnen uns diese Bilder im Kleinen und im Großen, Baumgruppen, die wie Hexen aussehen, oder Wolken, die wie Walfische oder wie ferne Gebirge aussehen. Die Welt draußen ist voll von diesen Bildern so gut wie unser Zimmer. Die Schranktür, mit Nußbaumwurzelholz belegt, zeigt Köpfe und Zelte und Löwen und Vögel, ähnlich die Tapete.

Hier würde ich nicht von Nachahmung sprechen in dem Sinne, in dem Plato dies behandelt, wonach das Nachgemachte minderer Ordnung ist als das Original, sondern mir scheint eher, daß diese natürlichen Bilder so gut zur Welt gehören wie alles andere oder wie vieles andere, wenn wir uns immer vor Augen halten, daß auch bei der Originalwelt, wenn man einmal diesen Ausdruck gelten lassen will, das meiste Hintergrund, Untergrund,

Horizont nach allen Seiten und nach allen Zeiten ist und die sogenannte wirkliche Welt gleichsam nur ein Seidenhäutchen ist in dem All der ganzen Welt. Dies alles, was zum nahen und fernen Horizont gehört, ist bei diesen natürlichen Bildern so vorhanden wie bei den Originalgegenständen, in der Seinsweise von Welt, die erst Welt ausmacht. Für uns sind das Tragende bei diesen natürlichen Bildern, bei den Wolkenwalfischen, Wolkenteufeln, Zelten und Tierköpfen auf dem Schrank, Geishas und Polizisten, die Geschichten. Wir wissen noch genau, wie uns der Wolkenteufel, den wir aus vielen Geschichten kannten, als Kind von vier Jahren den größten Schrecken einjagte. Wenn wir nun die Geschichten hinzunehmen, so ist es schwer, den Unterschied zwischen dem natürlichen Bild in der Welt und dem Gegenstand oder Ding oder wie wir dies Gegenstück sonst bezeichnen wollen, aufzuweisen. Der Unterschied wechselt von Jahrtausend zu Jahrtausend, von Jahrhundert zu Jahrhundert. Da, wo man heute die Trennungslinie zieht, liegt diese wohl sicher nicht. So wenig wie ein Lied Abbild von Welt ist oder so wenig wie eine Geschichte Abbild von Welt ist, so wenig scheint mir ein Bild Abbild von Welt zu sein, sondern all dieses führt oder kann führen ins Herz der Welt, nach vorwärts und nach rückwärts ins Herz der Menschen.

Mit den Gebilden, mit welchen wir uns hier beschäftigen, versucht man auch dem mehrdimensionalen Kontinuum näher zu kommen. „Ein Haus in der Ferne mit einer Straße im Vordergrund wird mit unbewegter Kamera gefilmt. Jedes Einzelbild stellt dann auf seiner zweidimensionalen Fläche die dreidimensionale Landschaft dar. Legt man die Einzelbilder in der Reihenfolge ihrer Entstehung [...] aufeinander, so veranschaulicht dieser dreidimensionale Körper das vierdimensionale K. Wird nämlich über einem Punkt des untersten Einzelbildes eine Senkrechte errichtet, die also durch alle übrigen (späteren) Bilder des Stapels an derselben Stelle hindurchgeht, so bedeutet diese Linie die vierte, d. i. die Zeit-Koordinate des an dieser Stelle abgebildeten ruhenden Körpers [...]. Die die Bewegung eines Punktes im vierdimensionalen Raum darstellende Kurve heißt dessen W e l t l i n i e. Fuhr während der Aufnahme ein Auto von rechts nach links vorüber, so bildet sein Abbild einen [...] prismenartigen Körper"[15].

Ich weiß nicht, ob diese Darstellung lediglich pädagogischen Zwecken dient, und ich weiß auch nicht, was ein pädagogischer Zweck noch für einen inneren Sinn hat, wenn man nicht mehr erkennen kann, wo das Tertium des Vergleiches liegt. Nach unserer Meinung müßte man folgendes schärfer auseinanderhalten:

---

[15] Wir ziehen heran: Heinrich Schmidt, *Philosophisches Wörterbuch*, neubearb. v. Justus Streller, Stuttgart [11]1951, S. 322–323.

Die Platte, die aus Glas oder Zellulose bestehen mag, diese Platte ist ein Ding unter Dingen, ich kann sie beschreiben; ich kann sie als Platte abbilden; ich kann bei der Platte vielleicht unterscheiden die mehr oder weniger glänzende Oberfläche mit Beleuchtungseffekten, mit Schatten usw. wie bei anderen Dingen; da es sich in beiden Fällen um mehr oder weniger durchsichtige Körper handelt, kann ich vielleicht auch im Innern etwas wie eine Struktur erkennen oder kleine Flecke oder Fremdkörper oder dergleichen mehr. Diese Untersuchungen kann ich leichter vornehmen an einer Glasplatte als an einer Zelluloidplatte, jedenfalls wenn und weil die Glasplatte dicker ist. Bis soweit habe ich mich mit der Platte im Rohzustande beschäftigt, nun nehme ich eine Platte, die bereits zum Filmen benutzt ist, mit einem gelungenen Bilde. Ich lege die Platte auf schwarzen Untergrund und sehe jetzt kaum etwas von dem Bilde. Ich lege die Platte auf einen grauen Untergrund, jetzt tritt mehr oder weniger deutlich das Bild hervor, oder ich lege jetzt die Platte auf einen weißen Untergrund oder halte sie gegen das Licht. Jetzt sehe ich das Bild in voller Perspektive mit Vordergrund und Hintergrund. Die Personen oder Gegenstände im Bilde haben anscheinend eine direkte Verbindung mit mir. Ich möchte die Lage nicht so beschreiben, daß der Raum oder die Entfernung zwischen dem Bildgegenstand und mir bis zur Oberfläche der Platte identisch ist mit dem „wirklichen" Raum und von der Oberfläche der Platte bis zum Bildgegenstand ein Illusionsraum wäre. Wie aber eine zutreffende Beschreibung ausfallen müßte, möchte ich an dieser Stelle nicht weiter untersuchen. Als Ergebnis möchte ich noch festhalten, daß man Punkte im Bilde, etwa die Spitze des Rentiergeweihs, irgendwie in Verbindung bringen kann mit einem kleinen dunklen Fleck auf der Platte. Anscheinend kann ich aber nur entweder diesen kleinen dunklen Fleck auf der Platte wahrnehmen oder andererseits die Spitze des Rentiergeweihs beobachten. Beschränke ich mich etwa darauf, nur kleine Quadrate auf der Platte zu beobachten, so schwindet der Bildcharakter. Wie groß die Quadrate sein müssen, damit der Bildcharakter oder das Bild zutage tritt, das hängt von den Umständen ab; so ist das obere Drittel des mir vorliegenden Bildes der blaue Himmel, der auf der Platte dunkel erscheint. Dieser blaue Himmel bildet auf der Platte eine einheitlich gefärbte Fläche. Den Bildcharakter Himmel erhält er erst durch die unteren zwei Drittel des Bildes. Verdecke ich dieses Zweidrittel, so bleibt nur die dunkel gefärbte Zelluloidplatte übrig. Wenn man also versucht, jedem Punkt oder wenigstens jeder kleinsten Fläche auf der Oberfläche der Platte einen Teil des Bildes zuzuordnen, so besteht die erste Schwierigkeit schon darin, daß man zwar (was auch noch nicht ganz sicher ist) die Oberfläche der Platte in kleinste Teile aufteilen kann, ohne daß die Einheit der Oberfläche aufgehoben wird. Denselben Versuch kann man aber bei dem in der Perspektive sich darstellenden Bilde nicht machen. Man kann nicht Vordergrund, Mitte und Hintergrund in Stücke teilen oder aus Stücken zusammensetzen. So kann ich z.B. dem oberen Drittel der dunkel gefärbten Plattenfläche im Ganzen vielleicht wohl den Himmel auf dem Bilde noch irgendwie zuordnen, ich kann dann aber nicht Stücken dieser Fläche Teile des Himmels zuordnen. Der Horizont gehört irgendwie zum Bilde, es hat aber keinen Sinn, nach einem Teil auf der Platte zu suchen, der diesem Horizont so entspricht, wie der Spitze des Rentiergeweihs dem ersten Anschein nach ein dunkler Punkt auf der Platte zu entsprechen scheint. Wenn allerdings die Zuordnung und der Sinn der Zuordnung bei dem Horizont zweifelhaft werden, so wird diese Zuordnung bei dem Rentiergeweih auch wohl ihren Haken haben. Das verfolgen wir nun nicht weiter. Wir halten nur fest, daß, soweit eine solche Zuordnung irgendwie möglich ist, über den Sinn dieser Zuordnung noch so gut wie nichts feststeht. Wir überlassen es aber dem Leser, nach dieser Richtung die Untersuchung fortzuführen.

Nimmt man einmal an, daß eine solche Zuordnung von Flächen auf der Oberfläche zu Teilen des Bildes möglich und sinnvoll wäre, so hat man zunächst nur ein Verhältnis von O b e r f l ä c h e und Bild, nicht ein Verhältnis von dem Stoff, Platte zum Bild. Man könnte nun den Vorschlag machen, daß man die Oberflächen bei mehreren Bildaufnahmen aufeinanderlege; aber Oberflächen kann man nicht aufeinanderlegen, ebensowenig wie Schatten oder sonst ein zweidimensionales Gebilde. Mit welchem Recht legt man nun statt der Oberflächen die Platten aufeinander, um irgend etwas zu demonstrieren oder um zur Weltlinie zu kommen? Hier handelt es sich doch wohl nicht mehr um ein Anschaulichmachen von Weltlinie, sondern um ein Taschenspielerkunststück, welches noch mehr Zumutungen an den Zuschauer stellt als die Herstellung der Beziehung zwischen Oberfläche und Bild. Mir scheint, daß bei der ganzen Überlegung ständig das Bild, die Oberfläche der Platte selbst entweder verwechselt oder aufgrund einer nicht durchdachten Abbildtheorie in eine Beziehung gebracht ist, über deren Inhalt keineswegs irgendwelche Klarheit besteht. Die aufeinanderfolgenden Bilder selbst kann man als Bilder, d.h. als Weltausschnitte, in Beziehung zueinander bringen. Man kann etwa die Identität der abgebildeten Gegenstände in einer Reihe von Bildern feststellen, man kann auch Veränderungen oder Bewegungen verfolgen in den Bildern, und man kann auch Untersuchungen darüber anstellen, wie im Filmtheater die aufeinanderfolgenden Bilder unter Flimmern zu einer Einheit zusammenschmelzen. Man darf aber nicht glauben, daß man, wenn man Platten aufeinanderlegt, irgendwie Bilder aufeinanderlegt.

ZWEITER TEIL

WELT UND GESCHICHTEN BEI KANT, PLATO, DESCARTES

VORBEMERKUNG
DIE PINSELFÜHRUNG BEI KANT, PLATO, DESCARTES

Wir suchen zunächst eine Verbindung mit den großen Philosophen herzustellen. Wir fangen dabei nicht mit Gott, Freiheit, Unsterblichkeit an oder mit ähnlich hochfliegenden Gedanken. Wir fangen auch nicht mit dem Grund des Grundes an, sondern wir sehen ihnen nur bei ihrer Arbeit zu, wie sie Stein auf Stein mauern oder, in einem anderen Bilde, mit dem Pinsel einen Strich neben den anderen setzen, und disputieren mit ihnen über ihre Pinselführung, nicht, als ob wir es besser könnten, sondern eher, um Gefahrenpunkte aufzuzeigen, die gewiß schwer zu vermeiden sind. Wenn wir überhaupt zu diesem Punkt kommen konnten, so verdanken wir sicher viel der phänomenologischen Schulung, ohne daß wir aber imstande wären, dies im einzelnen auszuführen, und ohne daß wir auch nur sagen könnten, was Phänomenologie eigentlich ist.

Um zur Sache zu kommen, so wollen wir mit Kant über den Taler und über den Begriff des Talers, mit Plato ähnlich über den Wagen und mit Descartes über die Wahrnehmung des Stückes Wachs, des Menschen, der Puppe und des Hutes reden. Vielleicht gelingt es mir, dabei zu zeigen, wie ich hier den Pinsel führen würde.

Wir können ruhig verraten, daß wir bei diesen drei Philosophen über den Taler, den Wagen, das Stück Wachs und die Puppe die Verbindung zu dem suchen, was wir unter Geschichten verstehen. Vielleicht gelingt es uns, aufzuzeigen, wie unsere drei großen Vorgänger nicht zum Kern kommen konnten, weil die Geschichten noch nicht in ihren Gesichtskreis getreten waren.

Kapitel I
Anmerkung zu Kant

Erfahrung und Geschichten. Von der Unmöglichkeit eines ontologischen Beweises vom Dasein Gottes. Hundert wirkliche Taler, hundert mögliche Taler, Begriff vom Taler. Der geträumte Taler, der Märchentaler, der Taler in der Geschichte, Gott in der Geschichte

Bevor wir zu Kants hundert Talern kommen, dürfen wir eine allgemeine Bemerkung als Einleitung vorausschicken zu Kants Einleitung in der *Kritik der reinen Vernunft*.

Was versteht Kant in der Einleitung unter Erfahrung? Schon zum ersten Satz ergeben sich viele Fragezeichen. Was ist ein Produkt, welches unser Verstand hervorbringt, was heißt Bearbeitung des rohen Stoffes sinnlicher Empfindungen? Was heißt im nächsten Satz „Belehrung und Untersuchung", was heißt Kenntnisse? Was heißt es, daß die Vernunft nach Erkenntnissen von wahrer Allgemeinheit, die zugleich den Charakter der inneren Notwendigkeit haben, so begierig ist?

Das Auge von Kant scheint dabei in erster Linie auf die äußere Natur gerichtet zu sein, auf die Naturwissenschaft seiner Zeit und auf das, was Gegenstand dieser Naturwissenschaft ist, auf praktische und theoretische Erfahrungen in der Außenwelt.

Dies hat man nicht immer unter Erfahrung verstanden. Andere bedeutsame und interessante Zeiten haben vielleicht unter Erfahrung eher Menschenkenntnis und alles, was in dieses Kapitel gehört, verstanden, wobei die äußere Natur, die Außenwelt, nur die Bedeutung eines Schauplatzes oder einer Bühne hatte. Auch heute noch klingt diese Bedeutung mit an. Ein Naturwissenschaftler, ein Gelehrter braucht kein erfahrener Mann zu sein. Homer sagt im Anfang der *Odyssee*, daß Odysseus die Städte vieler Menschen gesehen hat und das Sinnen (und Trachten) vieler Menschen erkannte und daß er viel geduldet hat. Für das Zeitalter Homers ist damit ein Begriff, oder wie anders man sich sonst ausdrücken will, von Erfahrung festgelegt, der einen ganz anderen Schwerpunkt hat als der Begriff von Kant, so daß er sich vielleicht nur an den Grenzen noch mit dem kantischen Begriff berührt. Trotzdem wird man sagen müssen, daß das Leben von Odysseus ebenso lebenswert war wie das Leben irgendeines Gelehrten aus der Zeit Kants, obwohl Odysseus und seine Zeitgenossen nicht nach allgemeinen Erkenntnissen, die den Charakter innerer Notwendigkeit hatten, begierig waren.

Wenn Kant allerdings im 2. Absatz sagt, daß unter unsere Erfahrung sich Kenntnisse mengen, die im Ursprung apriori sind und die vielleicht erst dazu dienen, unseren Vorstellungen den näheren Zusammenhang zu verschaffen, so könnte dies schon bedeutsamer sein, vielleicht auch für Odysseus, wenn in der Erfahrung wirklich der rohe Stoff sinnlicher Empfindungen bearbeitet würde. Ob dies der Fall ist, eine solche Frage kann man aufwerfen für das Gebiet der Erfahrungen der Außenwelt, und wenn uns nicht alles täuscht, hat die Frage in diesem Gebiet ihren Ursprungsort. Es fragt sich aber sehr, ob die Frage noch einen Sinn hat für das, was Kant innere Erfahrung nennen würde, für das, was etwa Homer unter Erfahrung versteht und was sich ungefähr mit dem deckt, was wir unter Geschichten verstehen, in die wir verstrickt sind. Kant „über"sieht nicht dieses Gebiet, aber er „übersieht" es auch nicht. Man hat den Eindruck, als ob er seine Studien begonnen habe mit der Erfahrung der Außenwelt und dann mehr oder weniger gewaltsam dies alles übertrage auf die Innenwelt, auf das, wozu wir unserer Meinung nach nur Zugang über Geschichten haben. Dieses eigenartige Gebilde der Geschichten, in die wir verstrickt sind, rückt bei Kant nirgends in den Mittelpunkt, wenigstens nicht in der *Kritik der reinen Vernunft*. Dieses Gebiet wird erst angeschnitten in der *Kritik der praktischen Vernunft*, aber vielleicht doch nicht so, daß die Fülle der Geschichten in diese eingige.

Nun zu Kants Darlegung „[v]on der Unmöglichkeit eines ontologischen Beweises vom Dasein Gottes"[1]. Wir haben zu diesem Abschnitt einige Fragen an Kant zu stellen. Wir richten uns dabei nicht nach der Reihenfolge seines Vortrages, sondern beginnen mit seinem Beispiel von 100 Talern. Es ist schon nicht ganz einfach festzustellen, was Kant unter 100 wirklichen Talern versteht. Wir würden etwa sagen, daß 100 Taler nur in Geschichten vorkommen und daß, wenn man über ihre Wirklichkeit etwas ausmachen will, man auf Geschichten zurückgreifen muß. Wir wollen zunächst ganz im Sinne Kants noch etwas schärfer fassen, was Kant mit 100 wirklichen Talern im Auge hat. Es liegt wohl im Sinne Kants, daß er 100 einzelne konkrete Taler meint, und zwar 100 Taler einer Serie (oder verschiedener Serien), die in dem konkreten Schrank oder Schreibtisch Kants stecken, 100 Taler, die ihm ein Vertreter von Hartknoch aus Riga an demselben Morgen gebracht hat und die Kant vielleicht einzeln auf Gewicht und Klang geprüft hat. Von diesen 100 Talern hat jeder einzelne seine verfolgbare Geschichte. Sie stammen etwa aus einer Münze Friedrichs des Großen. Weil sie äußerlich gleich sind, läßt sich ihr Schicksal im einzelnen schwer verfolgen, dies „schwer" bedeutet aber nicht unmöglich. Wenn wir das Beispiel etwas verändern und von Geldscheinen ausgehen, so könnten diese Geldscheine fortlaufend numeriert und ihr Schicksal könnte im einzelnen schon leichter feststellbar sein.

So hätten wir im Sinne unserer Auffassung zunächst das roh umrissen, was die 100 wirklichen Taler in Kants Beispiel sind oder sein sollen. Was in diesem Falle Wirklichkeit bedeutet, was konkret bedeutet, läßt sich vielleicht noch genauer darstellen. Wir begnügen uns zunächst hiermit.

Müssen wir noch rechtfertigen, daß wir Kants klare Ausführungen über Wirklichkeit noch durch ein Beispiel beleben? Was bedeutet es, daß Kant ohne Umschweife auf 100 wirkliche Taler lossteuert, während wir erst noch ein Beispiel dazu suchen, einen Beleg dafür, was man unter 100 wirklichen Talern zu verstehen hat. Kant meint: Sein ist offenbar kein reales Prädikat, d.i. ein „Begriff" von irgend etwas, was zu dem „Begriff" eines Dinges

---

[1] Immanuel Kant, *Kritik der reinen Vernunft*, 2. Abt., 2. Buch, 3. Hauptstück, 4. Abschnitt, B 620, 621/A 592, 593. (I. Kant, *Werke in sechs Bänden*, Bd. II, hg. v. Wilhelm Weischedel, Wiesbaden 1956.)

hinzukommen könne. Es ist bloß die Position eines Dinges oder gewisser Bestimmungen an sich selbst.

Kant ist also in der glücklichen Lage, das Sein durch Gegenüberstellung zum Begriff erläutern zu können. Da wir nicht wissen, was ein Begriff ist, oder jedenfalls von vorneherein nicht klar ist, was ein Begriff ist, nützt uns dies nichts. 100 wirkliche Taler machen uns nicht so große Schwierigkeiten. Die Taler kommen in unseren Geschichten vor und spielen eine bedeutsame Rolle darin. Heute gibt es allerdings keine Taler mehr, aber es ist doch noch mancher Taler durch unsere Hand gegangen, damals, als eine Flasche Rotwein einen Taler kostete.

Der Taler ist auf diese Art fest in unsere Geschichte eingebaut. Es gibt nicht nur Taler, die durch unsere Hand gegangen sind, sondern deren Brüder und Vorfahren. Sie sollen alle von dem Joachimstaler Taler abstammen. Es gibt aber, ganz präzise ausgedrückt, keinen einzigen Taler mehr als geprägt worden sind. Die Anzahl war immer begrenzt durch das Silber, das zur Verfügung stand, und durch die Anweisung, die der Münzmeister hatte. Die Taler, die so entstanden sind, waren wirkliche Taler. Könnte man sie heute noch als wirkliche Taler bezeichnen? Das weiß ich nicht, sie sind außer Kurs gekommen. Das gehört zu ihrem Werden und ist an sich nichts Besonderes. Wenn Kant also von wirklichen Talern spricht, so können wir zu diesen nur kommen über Geschichten, in die wir verstrickt sind. Wenn Kant meint, die Wirklichkeit des Talers bestände bloß in der Position des Talers, so wissen wir nicht, ob das richtig ist oder falsch. Wohl wäre es sehr schön, wenn es richtig wäre.

Nachdem wir so bis zum wirklichen Taler vorgedrungen sind, erhebt sich die Frage, was nun ein möglicher Taler ist oder was der Begriff eines Talers ist. Darüber gibt Kant uns keine Auskunft. Viele Anzeichen deuten darauf hin, daß er an einen bloß vorgestellten Taler denkt. Damit kommen wir aber keinen Schritt weiter, denn es fragt sich wieder, was die bloße Vorstellung eines Talers ist. Manches deutet darauf hin, daß er an das Wesen eines Talers gedacht hat oder an den Begriff eines Talers oder an die Gattung eines Talers. Wir versuchen, ob wir irgendwie dem näher kommen können, was er gemeint hat. Vielleicht enden wir damit, daß wir sagen, ob es wirkliche Taler gibt, das mag ein Philosoph noch bezweifeln können. Daß es aber keinen Begriff vom Taler, kein Wesen vom Taler, keine Gattung Taler gibt, das glauben wir nachweisen zu können und ebenso, daß ein Taler, wo er auftaucht, nur als „existierend" auftauchen kann, nicht derart, daß das zu seinem Wesen oder Begriff oder zum Wesen seiner Gattung gehört; sondern so, daß ein Taler in den Gesichtskreis nur treten kann über Geschichten und, hier möchten wir fast sagen, in der Seinsart dessen, was in Geschichten vorkommt.

Wir verlassen nun das Beispiel Kants und fügen zur Ergänzung von uns aus ein zweites Beispiel hinzu. Nasr Eddin, der Eulenspiegel der Türken, ein armer Hodscha, träumt, ein Schuldner von ihm kommt, um eine alte Schuld zu bezahlen. Der Schuldner zählt in der armseligen Wohnung des Hodscha 90 Goldstücke in 9 Reihen zu 10 Goldstücken auf den Tisch. Der Hodscha kommt mit ihm in Streit, er meint, die Schuld betrage 100 Goldstücke. Der Streit wird lebhafter, so lebhaft, daß der Hodscha aufwacht. Jetzt schließt der Hodscha schnell die Augen und sagt: „Na, dann gib schon her die neunzig."

Wir würden hier nicht von geträumten Goldstücken sprechen, sondern eher von einer Traumgeschichte, in der 90 konkrete Goldstücke vorkommen. Wie verhalten sich nun diese 90 Goldstücke zu den 100 Talern Kants? Die Frage ist nicht einfach zu beantworten. Ich möchte zunächst sagen, daß die Goldstücke in der Traumgeschichte ebenso wirklich sind, oder als wirklich gemeint sind, wie die 100 Taler Kants. Wir wagen auch nicht mit Sicherheit zu sagen, was nun die 90 Goldstücke sind, die der Hodscha im Sinne hatte, als er nach dem Erwachen davon sprach. Dies Phänomen läßt sich nur erklären aus dem eigenartig verschlungenen Verhältnis von Traumgeschichten und sogenannten wirklichen Geschichten.

Wir könnten nun noch auf halluzinierte Geschichten zu sprechen kommen. Wenn in diesen Geschichten 100 Taler vorkommen, so sind sie wohl ebenso als konkrete und wirkliche Taler gemeint wie die 100 Taler, von denen Kant spricht.

Wir könnten dann den Kreis noch mehr erweitern und auf die 100 Taler zu sprechen kommen, die in einem Märchen vorkommen. Solange wir uns dem Märchen hingeben, müssen diese Taler auch wohl ebenso als wirkliche konkrete Taler im Märchen vorkommen wie Kants 100 Taler in seiner Geschichte.

Mit anderen Talern kann man selbst im Märchen nicht zahlen. Was die 100 Taler in den verschiedenen Fällen unterscheidet, wenn wir so sagen dürfen, wird sich vielleicht nur sagen lassen, wenn wir die sogenannte Wirklichkeit einerseits und Traum, Halluzinationen, Märchen andererseits zu einem großen Ganzen, welches wohl erst die wahre Wirklichkeit bedeutet, vereinen. So mag Kant etwa träumen können, daß ihm die 100 Taler von Hartknoch gestohlen sind und nach dem Aufwachen zum Schrank gehen, um festzustellen, daß die 100 Taler wirklich noch da sind und daß der Traum wirklich nur ein Traum war. Solche Übergangsmöglichkeiten, die auf eine Einheit deuten, mag es noch viele geben, wozu vielleicht das Leben von Don Quichote viele Beispiele liefert. Sind die Windmühlen vor dem Kampf in Riesen verwandelt und sind die Riesen im Kampfe wieder zu Windmühlen verwandelt worden, sind die Gebilde nun eigentlich Riesen oder sind es Windmühlen?

Wenn wir das, was Kant unter 100 wirklichen Talern versteht, erschöpfend behandeln wollen, so müssen wir noch hinzufügen, daß die 100 Taler dieselben sind, 100 wirkliche Taler, wenn Kant den Schrank gelegentlich öffnet und dabei feststellt, daß sie noch da sind, wie die 100 Taler, von denen Kant vielleicht auf einem Spaziergange mit einem Bekannten spricht, der ihn etwa um ein kleines Darlehen bittet. Auch in dieser Geschichte handelt es sich um dieselben wirklichen Taler, die nicht gegenwärtig sind, aber, wie der Phänomenologe sagt, als wirkliche gemeint sind.

Kant wird uns zugeben, daß eine verfeinerte Untersuchung über die 100 wirklichen Taler, die er im Auge hat, all dies aufklären müßte, was wir hier gestreift haben, um Mißverständnisse auszuschließen. Bei diesen 100 wirklichen Talern befinden wir uns noch auf einigermaßen festem Boden. Was bedeutet nun aber der „Begriff" von 100 Talern oder, wie Kant auch sagt, was bedeuten 100 mögliche Taler im Gegensatz zu 100 wirklichen Talern? Kant setzt den „Begriff" von 100 Talern und „mögliche" 100 Taler gleich. Er setzt auch wieder gleich das Denken von 100 Talern und den Begriff von 100 Talern. In diesem Zusammenhang bildet, wie allgemein bei Kant, das Denken den Gegensatz und auch die Ergänzung zur Wahrnehmung.

Unter Denken kann Kant hier nicht „denken an" (das was Husserl ungefähr unter einer signifikativen Vorstellung versteht), meinen, denn dieses bezieht sich auf die konkreten wirklichen 100 Taler oder kann sich auf sie beziehen.

Da Kant aber in seinem Beispiel von konkreten 100 Talern ausgeht und ausgehen muß, wenn sein Beispiel verständlich bleiben soll, so können wir ihn fragen, was er denn unter dem Begriff von einem konkreten Gegenstand versteht. Das Beispiel von den 100 Talern verdeckt etwas die an sich klare Sachlage. Alles, was Kant ausführt, muß ebenso stimmen, wenn wir von seinem Schreibtisch ausgehen, in dem die 100 Taler liegen, oder wenn wir von Plato, Aristoteles oder Caesar ausgehen. Die Frage ist zunächst, was man vernünftigerweise unter dem Begriff von einem individuellen Gegenstande versteht. Diese Frage, wenn es eine Frage ist, hat Kant nicht gelöst. Die Phänomenologen haben sich an dieser Frage l00 Jahre später die Zähne ausgebissen, sie haben viele feine Bemerkungen und Unterscheidungen gemacht, aber vielleicht ohne zu gesicherten Ergebnissen zu kommen. Im Gebiet der Gegenstände darf man die Hoffnung hegen, nicht ganz aneinander vorbeizusprechen, wenn man von Gegenständen redet. Im Gebiet der Begriffe und dessen, was der Phänomenologe Wesen nennt, ist noch heute alles im Schwimmen.

Das Beispiel von den 100 Talern kann zur Existenz Gottes oder zur Nichtexistenz Gottes nichts beitragen. Von den Überlegungen bleibt vielleicht nur als äußerst bescheidenes positives Ergebnis, daß Gott nicht so begegnen kann, wie uns 100 Taler begegnen, daß Gott nicht ohne weiteres ein Gegenstand der äußeren Wahrnehmung ist, obwohl viele meinen, etwa im Sinne Paul Gerhards, daß sie Gott auch in der Außenwelt oder besser in der Natur begegnen, wenn auch nicht in der Naturwissenschaft. Ein letztes Verhältnis zur Natur fehlt Kant schon auf Grund seines Begriffes von der Erfahrung.

Es ist vielleicht nicht nötig, darauf hinzuweisen, daß das Beispiel Kants sich nicht ändert in seiner Überzeugungskraft, wenn man statt 100 Taler einen Taler setzt. Das Beispiel wird dadurch nur etwas übersichtlicher. Der eine konkrete Taler gehört zur Serie Taler, gewöhnlich sagt man zur Gattung Taler. Taler können in Geschichten vorkommen als Einzeltaler und als Serientaler und in vielen Zwischengebilden. Immer steht dabei etwas Konkretes vor einem oder kommt etwas Konkretes in der Geschichte vor. 100 Taler sind so konkret wie ein Taler. Wenn mir jemand 100 Taler schuldet, so schuldet er mir 100 Taler aus der Serie, Taler, die in der Münze des betreffenden Landes geprägt sind. Der Schuldner kann dabei wählen, welche Stücke aus der Serie er mir geben will. Es war vielleicht nicht ganz zweckmäßig von Kant, statt sein Beispiel auf einen Taler zu beziehen, 100 Taler zu nehmen. Er führt dabei in die Diskussion den Unterschied von Einzelgegenstand und Gattung ein. Der Phänomenologe unterscheidet Einzelgegenstand und Gattung und dann wieder Wesen des Einzelgegenstandes und Wesen der Gattung. Kant hat anscheinend bald Wesen des Einzelgegenstandes, bald Wesen der Gattung, bald Einzelgegenstand, bald Gattung im Auge. Der Phänomenologe würde Kant in Schwierigkeiten bringen. Wir finden nicht die Gattung Taler vor und können Kant nicht die Fragen vorlegen, die der Phänomenologe ihm vorlegen würde. Wir sehen nur den Einzeltaler und die Serie Taler, zu der der einzelne Taler gehört, aber nur der echte Taler, nicht der falsche Taler, auch wenn er volles Gewicht hat.

Kant kann uns von seinem Standpunkt aus wohl fragen, was denn der Unterschied sei zwischen den Fabelwesen, den Geistern, Engeln, Kentauren, die in Geschichten, die in Märchen, Fabeln, Träumen, Halluzinationen vorkommen, und den wirklichen Gegenständen, die in wirklichen Geschichten vorkommen. Diese Frage ist nicht leicht zu beantworten.

Zunächst könnte man darauf hinweisen, daß auch in Träumen und ähnlich in Märchen, wenn auch vielleicht nicht auf dieselbe Art, wirkliche Gegenstände vorkommen und vielleicht vorkommen müssen, ebenso wie andererseits Traumgeschichten und Märchen doch wohl zur Gesamtwirklichkeit gehören. In Märchen können, ohne daß der Charakter des Märchens damit aufgehoben wird, historische Persönlichkeiten wie Harun Al Raschid und Salomo vorkommen. In Träumen können frühere Erlebnisse oder Geschichten von uns und mit ihnen bekannte Personen vorkommen.

Wie sich nun die Gegenstände der wahren Geschichten, des Traums, des Märchens zueinander verhalten mögen, das könnte vielleicht noch näher geklärt werden. Diese Untersuchung brechen wie hier aber ab, oder wir nehmen nur einen wichtigen Punkt aus dieser Untersuchung heraus. Wir meinen, daß alle diese Gegenstände, es mag sich dabei um Gespenster, Engel, Götter, Kentauren handeln, nur in Geschichten vorkommen können, daß alle Gegenstände, so labil sie auch sein mögen, zum Gegenstand erst werden in Geschichten und aus Geschichten. Man mag uns entgegenhalten, daß es reine Phantasiegebilde gäbe, die jeder einzelne jederzeit frei erzeugen könne und daß diese Erzeugung keine Schranken habe und man wird dabei vielleicht sogleich den Anfang machen und uns auffordern, uns ein Pferd mit einem Menschenkopf zu denken oder vorzustellen oder ein Pferd mit Flügeln oder irgendein anderes Wesen nach Art von Fabelwesen oder Fabelgegenständen, z.B. einen Zauberteppich. Wir würden darauf antworten, daß ein solcher Gegenstand mit dem Hervorgebrachtwerden, mit seinem Auftreten in unserer Unterhaltung schon in die Geschichte eingehe, in die Geschichte unserer Unterhaltung und in dieser Unterhaltung wieder einen ähnlichen Platz einnehme, wie die Märchen in der Gesamtwirklichkeit oder in der Gesamtheit aller Geschichten oder jedenfalls vergleichbar mit diesem Platz. Wir könnten vielleicht auch sagen, daß die Aufforderung, uns dergleichen vorzustellen, immer in einen größeren Zusammenhang gehört, in einen Zusammenhang etwa einer Unterhaltung oder als Anfang einer selbständigen sinnvollen Geschichte oder als Stück aus einer Geschichte.

Auch wenn wir beim Spazierengehen uns in Gedanken verlieren, sind es nach unserer Meinung immer noch Geschichten, mit denen wir uns beschäftigen. Die Grenze von solchen Geschichten mögen solche Geschichten des Wahnsinnigen bilden, die als Geschichten keinen Zusammenhang mehr haben, während viele Geschichten des Wahnsinnigen noch von uns verstanden werden.

Wenn wir unter diesen Gesichtspunkten das eigentliche Anliegen Kants, seine Ausführungen zum Gottesbeweis, prüfen, so kann nach unserer Ansicht eine sinnvolle Rede von Gott immer nur mit Geschichten anfangen, mit Traumgeschichten, mit Märchen, mit Sagen, mit Mythen, mit Gleichnisgeschichten oder auch mit wirklichen Geschichten oder mit Geschichten, die sich als wirklich geben. In allen diesen Geschichten tritt Gott auf als konkreter Gott, als individueller Gott, es mag auch Geschichten geben, in denen Gott alle Züge eines konkreten individuellen Wesens oder Daseins verliert, wie etwa im Pantheismus. Es mag sich dann die Frage erheben, welche Beziehungen zwischen dem so oder so vorgestellten göttlichen Wesen bestehen mögen. Ob man noch von demselben redet, wenn man über beide redet, oder ob man aneinander vorbei redet.

Wir sind nicht mehr des Glaubens wie Kant, daß mit diesen Ausführungen etwas Endgültiges und Abschließendes gesagt ist über die Begegnung mit Gott in Geschichten und über Geschichten und über den Platz, den Gott bisher in Geschichten eingenommen hat oder über den Platz, den er einnehmen könnte, ob man von Gott oder den Göttern sagen kann, daß sie in Geschichten vorkommen oder eher, daß sie in Geschichten verstrickt sind oder daß sie noch in einem anderen Verhältnis zu Geschichten stehen.

Wir möchten fast sagen, nie ist glänzender mit einem Spiegelbild gefochten worden als im vierten Abschnitt des dritten Hauptstücks der *Kritik der reinen Vernunft*.

Wenn ich mit Kant ausgehe von 100 wirklichen Talern und 100 möglichen Talern, so sind all seine Bemerkungen dazu fast unangreifbar. Sobald ich ihn aber bitte, etwa um alle Mißverständnisse auszuschließen, Sätze zu bilden mit 100 möglichen und 100 wirklichen Talern, wird Kant auf Schwierigkeiten stoßen. Kant bildet allerdings Sätze, aber sie überzeugen nicht. In meinem Vermögenszustande ist mehr bei 100 wirklichen Talern als bei den bloßen Begriffen derselben (das ist ihre Möglichkeit). Dies Beispiel ist nicht gut gewählt. Es hat keinen Sinn zu sagen, 100 mögliche Taler sind in meinem Vermögen. Ebensowenig hat es Sinn zu sagen, 100 wirkliche Taler sind in meinem Vermögen. Es hat nur Sinn zu sagen, 100 Taler sind in meinem Vermögen. Dabei kommt niemand auf den Gedanken, daß mit den Talern wirkliche Taler gemeint seien im Gegensatz zu möglichen Talern. Sondern die ganze Geschichte, die damit eingeleitet ist, wenn etwa ein Kaufmann seinen Vermögenszustand schildert, verhält sich nicht über Begriffe, sondern über Gegenstände.

Nun verfolgt Kant allerdings noch einen anderen Gedanken, dem wir auch noch nachgehen müssen. Er sagt: „Wenn ich also ein Ding, durch welche und wie viel Prädikate ich will [...], denke, so kommt dadurch, daß ich noch hinzusetze, dieses Ding i s t, nicht das mindeste zu diesem Dinge hinzu. Denn sonst würde nicht eben dasselbe, sondern mehr existieren, als ich im Begriffe gedacht hatte, und ich könnte nicht sagen, daß gerade der Gegenstand meines Begriffs existiere."[2]

Diese Überlegungen Kants beziehen sich auf den individuellen, konkreten Gegenstand, und sie müssen jedenfalls auf den Taler passen, von dem Kant ausgeht oder, wenn das noch etwas anderes sein sollte, auf die 100 Taler. Wir beschränken uns auf einen Taler.

Kant geht also davon aus, daß er diesen Taler durch Gott weiß wieviel Prädikate denkt. Wir versuchen, ihm in dieser Redeweise zu folgen, ohne kleinlich zu sein. Der Taler mag also durch alle möglichen Prädikate

---

[2] A.a.O., B 628/A 600.

bestimmt sein. Damit ist noch keine Gewähr gegeben dafür, daß er existiert, meint Kant. Bei Prädikaten mag Kant an Farbe denken, an Gewicht, Form und alle anderen sinnlichen Bestimmtheiten. Wir können ihm noch ruhig zugeben, daß mit der Beschreibung eines solchen Talers noch nichts darüber gesagt ist, ob er existiert. Jetzt kommt aber der springende Punkt. Es gehört zum Taler, daß er in Geschichten vorkommt, ja das macht ihn erst aus. Es gehört zur vollen „Bestimmung" des „Talers", daß er von Friedrich dem Großen in dem und dem Jahr an dem und dem Tage von dem und dem Münzmeister geprägt ist und etwa als siebtes Stück einer Prägung den Prägstock verlassen hat. Mit dieser „Bestimmung" ist der Taler in die Wirklichkeit aufgenommen, er hat jetzt sein Nest gefunden und irrt nicht wie der vollständig beschriebene Taler Kants heimatlos umher. Der Taler ist nun so wirklich wie alles andere, was in den Geschichten von Friedrich dem Großen und damit in der Geschichte meiner Voreltern und damit auch in meiner Geschichte vorkommt.

Kant, der sich offenbar lange mit diesen Überlegungen beschäftigt hat, denkt auch, wenn auch nur entfernt, an diesen Zusammenhang: „Wäre von einem Gegenstande der Sinne die Rede, so würde ich die Existenz des Dinges mit dem bloßen Begriffe des Dinges nicht verwechseln können. Denn durch den Begriff wird der Gegenstand nur mit den allgemeinen Bedingungen einer möglichen empirischen Erkenntnis überhaupt als einstimmig, durch die Existenz aber als in dem Kontext der gesamten Erfahrung enthalten gedacht; da denn durch die Verknüpfung mit dem Inhalte der gesamten Erfahrung der Begriff vom Gegenstande nicht im mindesten vermehrt wird, unser Denken aber durch denselben eine mögliche Wahrnehmung mehr bekommt."[3] Wir würden darauf erwidern oder hinzusetzen, daß zum Taler ein Platz in Geschichten gehört, und zwar nicht zum Wesen des Talers oder zum Begriff des Talers, sondern so, daß jeder einzelne Taler seinen Rückhalt findet in der Serie und die Serie wieder ihren Rückhalt in den einzelnen Talern, in den Zusammenhängen von Geschichten, in die wir selbst mit verstrickt sind. Wir können nicht den wirklichen Taler kontrollieren an einem Begriff des Talers. Neben den geschichtlichen Talern gibt es noch falsche Taler, aber keine möglichen Taler und keine Begriffe von Talern. Ein Anhänger Kants könnte uns noch vorhalten, daß man unter einem möglichen Taler ein Phantasiebild von einem Taler verstehen und dieses Phantasiebild wieder dem wirklichen Taler gegenüberstellen könne und daß diese beiden Taler in allen Bestimmtheiten gleich wären, nur in der Wirklichkeit, in der letzten Setzung nicht. Das würde ungefähr bedeuten, daß Kant unter Begriff in diesem Zusammenhang Vorstellung meine.

---

[3] A.a.O., B 628 f./A 600 f.

Die Antwort darauf fällt uns nicht schwer. Wir müssen darauf bestehen, daß die Vorstellung näher erläutert wird; ebenso wie wirkliche Taler nur in Geschichten vorkommen, kommen vorgestellte Taler nur in Geschichten vor und müssen aus diesen Geschichten beurteilt werden. So wäre unsere erste Frage, an was für vorgestellte Taler der andere denke, an einzelne Taler und dann, an welche einzelnen Taler oder an Taler allgemein oder nur so obenhin an Taler. Damit würde das Spiel von neuem beginnen: Die Unterscheidung des Talers, der in Traumgeschichten, in Phantasiegeschichten, in Lügengeschichten, in Märchen und in sogenannten wirklichen Geschichten vorkommt.

Ein anderer könnte uns entgegenhalten, wie wir uns zu solchen Sätzen verhielten wie: „Wer den Pfennig nicht ehrt, ist des Talers nicht wert" oder „Hundert Taler sind eine schöne Geldsumme". Wir würden sagen, das sind Überschriften zu Geschichten. Der Taler, der hier angesprochen ist, ist der uns aus Geschichten vertraute wirkliche Taler. Selbst auf die Gefahr hin, daß wir weitschweifig werden, gehen wir noch einmal von einer anderen Seite auf Kants Gedankengänge ein. Kant meint: Hundert wirkliche Taler enthalten nicht das Mindeste mehr als hundert mögliche. Denn, da diese den Begriff, jene aber den Gegenstand und dessen Position an sich selbst bedeuten, so würde, im Fall dieser mehr enthielte als jener, mein Begriff nicht den ganzen Gegenstand ausdrücken und also auch nicht der angemessene Begriff von ihm sein. Aber in meinem Vermögenszustande ist mehr bei hundert wirklichen Talern als bei dem bloßen Begriffe derselben (d. i. ihrer Möglichkeit). Denn der Gegenstand ist bei der Wirklichkeit nicht bloß in meinem Begriffe analytisch enthalten, sondern kommt zu meinem Begriffe (der eine Bestimmung meines Zustandes ist) synthetisch hinzu, ohne daß durch dieses Sein außerhalb meines Begriffes diese gedachten hundert Taler selbst im Mindesten vermehrt werden.

Wir fürchten, daß Kant hier alles verwechselt, was nur zu verwechseln ist. Niemand wird auf den Gedanken kommen, daß mögliche Taler oder Begriffe von Talern von Einfluß auf einen Vermögenszustand sind. Nicht einmal wirkliche Taler sind von Einfluß auf diesen Zustand, sondern wie der Volksmund sagt, Haben oder Nichthaben ist von Einfluß auf den Zustand. Dies Haben oder Nichthaben bezieht sich aber nur auf wirkliche Taler, nicht auf Begriffe von Talern oder auf den Begriff von Talern.

Kurz vorher hat Kant den Satz: „d i e s e s o d e r j e n e s D i n g (welches ich euch als möglich einräume, es mag sein, welches es wolle) e x i s t i e r t, ist, sage ich, dieser Satz ein analytischer oder synthetischer Satz?"[4] Kant kommt zu dem Ergebnis, daß selbstverständlich jeder Existenzialsatz

---

[4] A.a.O., B 625/A 597.

synthetisch ist. Und fährt fort: „wie wollet ihr denn behaupten, daß das Prädikat der Existenz sich ohne Widerspruch nicht aufheben lasse? da dieser Vorzug nur den analytischen, als deren Charakter eben darauf beruht, eigentümlich zukommt."[5]

Wenn man sich in den Gedankengang ganz hineinversetzt, so kann man etwa sagen, es gibt Gegenstände oder Dinge, und es gibt Begriffe von Gegenständen oder Dingen. Vielleicht liegt es auch noch im Sinne Kants, wenn man fortfährt, zu jedem Gegenstand (der wirklich ist) gibt es einen Begriff. Darüber hinaus gibt es aber noch Begriffe, denen keine Gegenstände, d. h. keine wirklichen Gegenstände entsprechen. Dem Begriff selbst kann man aber niemals ansehen, ob ihm ein Gegenstand entspricht oder nicht.

Unsere Auseinandersetzung mit Kant ist radikal. Wir fragen ihn, was in seinem Sinne ein Begriff ist, und wenn er dann weiter auf Urteile zu sprechen kommt, und gar auf synthetische und analytische Urteile oder auf Sätze, so fragen wir ihn weiter, was Urteile und Sätze sind und was sie im Verhältnis zu Begriffen sind. Wir bleiben aber hierbei nicht stehen, sondern fragen auch weiter, was denn die Gegenstände oder die Dinge sind, zu denen die Begriffe in so naher Beziehung stehen, daß sie sich, abgesehen von der Existenz, wohl decken.

Wir stellen diese Fragen nicht, um Streit zu suchen. Wir sind uns wohl bewußt, daß, worüber Kant redet, Begriffe, Gegenstände, Sätze eine stolze Vergangenheit haben. Wir selbst geraten aber, ob wir wollen oder nicht, wenn wir untersuchen, was der Gegenstand, was das Ding ist, was der Begriff sein könnte, was der Satz sein könnte, in den Mahlstrom der Geschichten, in dem wir das wiederfinden, was Kant untersucht, aber so, daß wir es kaum wiedererkennen. Der Satz hat nicht das selbständige Wesen, welches Kant ihm zuteilt. Er ist im Zuge der Geschichten ständig im Flusse, ständig verbunden mit tausend anderen Sätzen, unablösbar. Was er selbst sein mag, wird dabei immer zweifelhafter. Es war vielleicht die größte Entdeckung, als man den Satz entdeckte. Dann mag die zweitgrößte Entdeckung sein, daß man seine Nichtexistenz nachweist, indem man ihn in Beziehung setzt zu Geschichten.

Wir suchen nun zunächst Hilfe bei Plato, ob dieser uns sagen kann, was Sätze und Begriffe sind, was Wirklichkeit und Nichtwirklichkeit ist.

---

[5] A.a.O., B 626, 627/A 598, 599.

Kapitel II
Anmerkung zu Plato

1. Im *Kratylos*: Das Wort, die Geschichte. 2. Der *Sophist*: Die Rede, der Satz, Wahrheit und Falschheit. 3. Der *Sophist*: Wie sich die Worte zur Rede zusammenfügen. 4. Im *Theaitetos*: Wahrnehmung, Vorstellung, Denken, Erkenntnis. Der Wagen und seine Erkenntnis. Theaitetos und seine Erkenntnis. Die Sinne, die Wahrnehmung und die Erkenntnis. Traum, Wahnsinn

1. Im *Kratylos*: Das Wort, die Geschichte

Als ich neulich im *Kratylos* las, habe ich mir Gedanken gemacht über das Verhältnis der klassischen Phänomenologie zu diesen Überlegungen Platos. Insbesondere habe ich nach Spuren dessen gesucht, was Husserl unter Bedeutung und Begriff versteht. Plato vergleicht Wort und Bild und stellt beide dem Gegenstand gegenüber. Dabei rücken Wort und Bilder einander nahe. Das, was Husserl unter Bedeutung und Begriff versteht, die identische Bedeutung, kommt hier anscheinend noch nicht in den Gesichtskreis von Plato, jedenfalls nicht über die Wortuntersuchung.

Das Eingehen in die Einzelheiten zeigt, wie lange und wie intensiv Plato oder die Akademie über das Wort und seine Funktion nachgedacht hat. Es hat auch den Anschein, als ob die Untersuchungen schon vor Plato angestellt wurden und natürlich auch vor Pythagoras, auf den Plato sich bezieht.

Die Rede, welche sagt, wie das Seiende wirklich ist, ist wahr, die aber sagt, wie es nicht ist, ist falsch. Die wahre Rede ist ganz wahr, auch ihre Teile sind wahr, der kleinste Teil der Rede ist das Wort, also ist auch das Wort wahr.

In *Kratylos*, 437b ff., kommt Plato auf die Geschichte. Die Geschichte deutet an, daß sie den Fluß zum Stehen bringt, ähnlich ist es mit dem Worte „Erkenntnis" (Verstand), im Griechischen nach Plato derselbe Stamm aus histemi. Daß das Wort das Fließende zum Stehen bringt, würde gut passen zur Lehre vom Begriff. Der Satz kann aber noch ganz anders aufgefaßt werden. Eine Stellungnahme wäre leichter, wenn Plato genauer angegeben hätte, was er unter Rede versteht.

Man kann im *Kratylos* vielleicht ganz verschiedene Schichten aufdecken; Wort und Rede sind in der Akademie nach allen Seiten abgeleuchtet. Alle Ergebnisse oder halben Ergebnisse sind in *Kratylos* hineingearbeitet. Man könnte versuchen, das Philologische von dem Erkenntnistheoretischen zu trennen. Es fragt sich aber, ob das eine grundlegende Trennung ist; vielleicht gibt es noch heute keine saubere Trennung von beiden. Vielleicht genügt diese Unterscheidung bei weitem nicht. Die Sprachwissenschaft stellt wieder in noch höherem Grade einen Haufen von Erkenntnissen dar, wie die Erkenntnistheorie und die angrenzenden philosophischen Gebiete. Ich denke dabei an den Unterschied von Lautlehre und Grammatik. In der Grammatik scheint auch noch über das Verschiedenste verhandelt zu werden, z. B. Geschlecht, Einzahl, Mehrzahl, Beugung, Wortarten. Warum richtet sich das Adjektiv in Geschlecht, casus und numerus nach dem Substantiv, warum richtet sich das Verbum in Einzahl oder Mehrzahl nach dem Subjekt? Kann man aus der Grammatik einen Kern herausschälen, der eine logische oder ontologische Bedeutung hat?

2. Der *Sophist*: Die Rede, der Satz, Wahrheit und Falschheit

Plato: Der *Sophist* (262e–263b):

„*Fremder*: Ich will dir also eine Rede vortragen, indem ich eine Sache mit einer Handlung durch Hauptwort und Zeitwort verbinde, wovon aber die Rede ist, sollst du mir sagen.
Theaitetos: Das soll geschehen nach Vermögen.
Fremder: Theaitetos sitzt. Das ist doch nicht eine lange Rede.
Theaitetos: Nein, sondern sehr mäßig.
Fremder: Deine Sache ist also nun zu erklären, wovon sie ist, und was sie beschreibt?
Theaitetos: Offenbar von mir und mich.
Fremder: Wie aber diese wiederum?
Theaitetos: Was für eine?
Fremder: Der Theaitetos, mit dem ich jetzt rede, fliegt.
Theaitetos: Auch von dieser würde wohl niemand etwas anderes sagen, als sie rede von mir und über mich.
Fremder: Und irgendeine Beschaffenheit, sagen wir, habe notwendig jede Rede?
Theaitetos: Ja.
Fremder: Wie wollen wir also sagen, daß jede von diesen beschaffen sei?
Theaitetos: Die eine doch falsch, die andere wahr.
Fremder: Und die wahre sagt doch das Wirkliche von dir, daß es ist?
Theaitetos: Ja.
Fremder: Und die falsche von dem Wirklichen verschiedenes?
Theaitetos: Ja.
Fremder: Also das Nichtwirkliche oder Nichtseiende sagt sie aus als seiend."

Im Anschluß daran kommt Plato auf das Verhältnis von Rede, Gedanken, Meinung, Wahrnehmung, Vorstellung, die er mit Meinung gleichsetzt. Das Kernstück dieser ganzen Überlegung sind die beiden Reden: „Theaitetos sitzt." – „Der Theaitetos, mit dem ich jetzt rede, fliegt." Wir würden heute vielleicht statt Rede Satz sagen und statt Meinung Sinn des Satzes.

Plato beschäftigt sich hier mit demselben Thema, welches wir im vierten Abschnitt behandeln. Wir sehen jetzt nach 2300 Jahren vielleicht etwas schärfer, aber doch nur in der Art, daß wir uns auch fragen könnten – vom Standpunkt des Philosophen aus oder vom Standpunkt des klassischen Phänomenologen aus – was wir eigentlich die ganzen 2300 Jahre getrieben haben, wenn wir mit diesem Thema so wenig weitergekommen sind? Wir selbst können diese Frage nicht stellen. Wir wollen hier nicht darauf eingehen, weswegen wir diese Frage nicht stellen können. Wenn wir etwa dächten, daß die Philosophie ebenso wie die Kunst gleich im Beginn mit Meisterwerken auftritt, so ist das so mißverständlich, daß wir es lieber nicht sagen wollen.

Wir können vielleicht die Gedanken Platos von unserem Standpunkt aus so fortsetzen: Wir versetzen uns in die damalige Situation und schalten uns in die Unterhaltung ein. Den ersten Satz lassen wir zunächst passieren, wenn auch mit Bedenken, auf die wir noch zurückkommen. Dafür muß der zweite Satz herhalten. Ist der zweite Satz wirklich falsch? Oder könnte man nicht sagen, falsch kann nur ein ernsthaft gemeinter Satz sein? Dieser Satz ist aber nicht ernsthaft gemeint, er ist vielleicht im Scherze gesagt oder er ist ein Scheinsatz oder ein Beispiel für einen Satz oder irgendein anderes Gebilde, aber ein Gebilde, welches jenseits von Wahr und Falsch steht. Solche Gebilde, die leicht mit ernsthaften Sätzen verwechselt werden können, gibt es so viele, daß wir darauf verzichten müssen, sie erschöpfend aufzuzählen und auch auf eine Untersuchung verzichten, in welcher Verwandtschaft sie zu dem ernsthaft gemeinten Satz stehen, so wichtig auch eine solche Untersuchung sein mag; wir verzichten darauf, weil diese Untersuchung das Thema, welches Plato bewegt und mit Recht bewegt, nicht mehr trifft. Die Untersuchung könnte uns nicht darüber aufklären, inwieweit und weshalb einem Satz im Sinne Platos das Prädikat wahr oder falsch zukommt.

Wir versuchen also zunächst, Plato insoweit zu verbessern, als wir sagen, nur dem ernsthaft gemeinten Satz kann das Prädikat falsch zukommen. Und zwar muß der Satz von dem Redenden ernsthaft gemeint sein und von dem Zuhörer als ernsthaft gemeinter Satz mitgedacht werden. Was mag das nun heißen, ernsthaft gemeint? Jeder Satz, der in der Rede im Sinne Platos auftaucht, hat einen Autor, der ihn ernsthaft meint. Plato unterscheidet den Satz, der zunächst nur gemeint wird, von dem gesprochenen Satz. Auch in dem Stadium des Satzes, in dem er nur gemeint wird, muß er doch wohl ernsthaft gemeint sein, um wahr oder falsch sein zu können. Der Satz kann in vielen anderen – vorläufig gesagt – „Verkleidungen" auftreten, so kann er etwa als Frage auftreten oder als zweifelhafter Satz. Dann ist er aber nicht wahr oder falsch, weil dies Moment fehlt, daß er ernsthaft gemeint ist. Dies ernsthaft Gemeintsein kann man aber auch wieder in Beziehung setzen zum Überzeugtsein von der Wahrheit des Satzes, vielleicht ist beides dasselbe. Anscheinend kann auch derselbe Satz – und das ist ein gewichtiges Argument des Phänomenologen oder vielmehr die Grundlage und der Ausgangspunkt des Phänomenologen – in der menschlichen Seele oder in allen menschlichen Seelen alle möglichen Stadien durchlaufen. Er kann zunächst als Frage auftauchen, er kann dann als zweifelhafter Satz eine andere Kleidung erhalten, er kann vielleicht das Kleid des Dahingestelltseins anziehen, er kann abgetan werden als falscher Satz, er kann von da wieder hinüberwechseln zum wahren Satz. Alle diese Stadien kann ein Satz durchlaufen, und es gibt viele Sätze, die von einem Tag zum anderen in der Seele des einzelnen Menschen oder in der Seele vieler Menschen ihr Kleid wechseln. Es gibt aber – und damit kommen wir in einem Gegensatz zu dem Phänomenologen klassischer Art – keinen Satz, der nicht irgendein Kleid dieser Art hätte.

Der Satz als Rede kann als Rede ernsthaft vorgetragen werden und doch die Meinung des Redenden nicht wiedergeben. Das ist der Fall der Lüge oder des falschen Zeugnisses, der Scheinrede, der Gleichnisrede oder der Fallrede.

Für uns hat es also keinen Sinn, auf den identischen Inhalt all dieser Arten von Reden mit der ernsthaft gemeinten Rede hinzuweisen und von diesem identischen Sinn Wahrheit oder Falschheit auszusagen oder bleiben wir lieber erst bei der Falschheit, von diesem identischen Sinn Falschheit auszusagen, sondern in den Bereich der Falschheit kommt die Rede oder die Meinung der Rede erst über den Autor, der für den Satz geradesteht, der von dem Satz überzeugt ist oder der den Satz behauptet. Als Sprachforscher mag man dann darüber nachdenken, was die Urbedeutung von Behaupten ist, ob das etwa heißt, mit dem Kopf dafür geradestehen.

Wenn wir nun zu Plato zurückkehren, so würden wir ihm entgegenhalten müssen, daß sein zweiter Satz jenseits von Wahrheit liegt, weil er nur ein Beispielsatz ist oder nur im Scherz gemeint ist. Der klassische Phänomenologe wird Plato zu Hilfe eilen und auf den Sinn des Satzes verweisen, darauf sind wir schon kurz eingegangen. Wir können unsere Überlegungen aber noch erweitern, nicht nur das ernsthafte Meinen eines Satzes, das Überzeugtsein von einem Satz ist etwas Besonderes, was wir nicht beliebig herbeiführen können, sondern auch der Scheinsatz, der scherzhafte Satz, der Fragesatz, der Wunschsatz taucht ebenso nur in Zusammenhängen auf, in denen er erst seinen Sinn erhält. Wir sehen als einzige Grundlage dieses Zusammenhangs die Geschichte, die sinnvolle Geschichte. Wir müssen uns in Geschichten versenken, wenn wir versuchen wollen, zu etwas größerer Klarheit über Überzeugtsein, Zweifel, Glauben, Wünschen, Scherz, Scheinbehauptung und alles, was in dieser Richtung liegt, klar zu werden. Je tiefer wir eindringen, desto mehr verschwinden in den Geschichten die Menschen. Es steht nicht nur nicht in unserer Gewalt, zu zweifeln, zu glauben, überzeugt zu sein, etwas als Scherz aufzufassen, sondern wir selbst sind bei uns, in uns, wie Plato sagt, wohl auch nie ganz sicher darüber, ob wir zweifeln, ob wir glauben, ob wir ernsthaft überzeugt sind.

Es gibt schließlich einen Punkt, wo überhaupt jede Diskussion über Wahrheit und Falschheit hinsichtlich eines Satzes aufhört. Wir sagen dann bezeichnenderweise nicht, daß der Satz verrückt ist, sondern daß der, der den Satz ausspricht, der den Satz vertritt, verrückt ist. In der Situation, von der Plato ausgeht, ist der von ihm als falsch bezeichnete Satz also eher ein Satz, der im Scherz gesagt ist und deswegen nicht wahr oder falsch sein kann, oder der Satz eines Verrückten. Er eignet sich also keineswegs als Grundlage für eine Untersuchung dessen, was falsch sein mag.

Wenn wir uns nun dem ersten Satz „Theaitetos sitzt" zuwenden, von dem Theaitetos sagt, daß es wahr sei, so befällt uns auch hier ein Unbehagen, wenn auch in etwas anderer Richtung. Wir müssen doch wohl zugeben, daß der Fremde diesen Satz in vollem Ernst sagt und von seiner Wahrheit überzeugt ist. Wenn wir uns aber auf das, was wir über Geschichten ausgeführt haben, beziehen und uns fragen, ob und wie dieser Satz in einer Geschichte vorkommen kann, so widerlegt uns hier anscheinend der Augenschein oder gibt uns der Augenschein vielmehr eine Antwort. Der Satz kommt tatsächlich in einer Geschichte vor, und zwar in einer wichtigen Geschichte, vielleicht in einer der wichtigsten Geschichten. Er kommt aber in einer eigenartigen Stellung in dieser Geschichte vor. Derselbe Satz mit denselben Worten könnte auch in einer richtigen Geschichte, oder in einer normalen Geschichte, in einem Roman, in einem Schauspiel, in einer Novelle vorkommen; so könnte er in einem Schauspiel vorkommen als Bühnenanweisung des Dichters. Wir überlassen es der Phantasie des Lesers, den Satz nach rückwärts und vorwärts zu einer Novelle oder zu einem Roman zu erweitern. In diesen Fällen erhält der Satz seine Bedeutung oder sein Gewicht, oder wie man sich sonst ausdrücken will, erst aus dem Zusammenhang. Wir würden nicht einmal sagen dürfen, daß der Satz auch nur ungefähr denselben Sinn hätte, wenn er auch von demselben Theaitetos handelte. Er möchte ungefähr denselben Sinn haben, wenn er zunächst in einem Schauspiel vorkommt und dann der Inhalt des Schauspiels nach Art eines Romans wiedergegeben wird, wobei man aber auch dann noch „denselben" Sinn nicht auf die Goldwaage legen darf.

Der Satz „Theaitetos sitzt" mag etwa in dem Sinne vorkommen können, daß dieser allein sitzt, während die anderen stehen oder sich erhoben haben, womit dann angedeutet sein mag, daß Theaitetos im Gegensatz zu den anderen Ruhe und Gelassenheit zeigt.

Ohne solchen Zusammenhang weist der Satz eine eigentümliche Kahlheit auf. Man weiß nichts Rechtes mit ihm anzufangen. Ein Kind mag etwa in einer Unterhaltung plappern können, Onkel Theaitetos sitzt, aber auch dann fehlt eigentlich selbst für ein kindliches Geplapper noch irgendein Zusatz, z. B. sitzt „schon" oder sitzt „noch immer". In einer Unterhaltung von ernsthaften Leuten kann der Satz ohne Zusammenhang nicht vorkommen; wenn jemand in einer Tischrunde einen solchen Satz für sich aussprechen würde, so würde man ihn für kindisch oder verrückt erklären. Aus solchen Sätzen kann man nicht eine Geschichte und keine ernsthafte Unterhaltung aufbauen.

Schon diese Überlegung mag zeigen, daß der Satz im *Sophisten* nicht mit einem Satz aus einer Geschichte auf eine Stufe zu setzen ist, während er doch andererseits nur Platz hat in einer Geschichte.

Was für ein Wesen mag er nun außerhalb der Geschichte haben, was für ein Wesen mag er insbesondere im Munde des Fremden haben. Am ehesten könnte man noch sagen, daß er den Charakter eines Beispiels habe, aber als Beispiel ist er nicht gemeint, wir möchten eher sagen, daß alle Sätze dieser Art – der Stuhl steht neben dem Tisch, oder die Kanne steht auf dem Tisch – auch wieder jenseits von Wahrheit oder Falschheit stehen, man könnte sie vielleicht vorwahre Sätze nennen, Sätze, die niemand ernstlich aufstellt und auch niemand bestreitet, Sätze, von denen niemand überzeugt ist, in gewissem Sinne sinnlose Sätze. Im *Sophisten* gewinnt der Satz sein Gewicht, weil er uns zu dem hinführen soll, was wahr oder falsch eigentlich ist. Er hat damit aber eine Aufgabe übernommen, die er nicht erfüllen kann. In dieser Richtung findet man nicht das, was Plato oder der Fremde suchte oder gefunden zu haben glaubte.

Wir haben früher über den Satz „Die Königin ist krank" philosophiert und zu zeigen versucht, wie dieser Satz immer, wenn er in einer Geschichte vorkommen mag, einen anderen Sinn, eine andere Bedeutung hat, einen anderen Gegenstand oder Sachverhalt trifft, im Sinne der Tradition gesprochen. In einem solchen Fall kann man von einem identischen Sinn des Satzes „Die Königin ist krank" nicht reden. Der Satz oder sagen wir lieber die Worte erhalten Festigkeit erst im Verlauf einer Geschichte. Wenn wir ihn mit der Pinzette aus der Geschichte herausheben, gibt er sein eigentliches Sein auf, im selben Augenblick stirbt er und kann höchstens zu einer galvanischen Existenz kommen, solange er nicht eingereiht ist in die Geschichte. Was man allerdings darunter zu verstehen hat, ist nicht einfach darzustellen. Ein großer Teil dieser Arbeit befaßt sich mittelbar oder unmittelbar mit dieser Frage.

Diese Überlegungen, die wir über den Satz „Die Königin ist krank" angestellt haben, treffen nicht den Satz Platos „Theaitetos sitzt" und ich möchte annehmen, daß Plato mit Bedacht einen solchen Satz, wir würden heute von einem Wahrnehmungsurteil sprechen, als Ausgangspunkt gewählt hat. Dieser Satz ist auf die Situation von damals, als er gesprochen wurde, bezogen, und man könnte mit Recht sagen, daß dieser Satz von diesem Zeitpunkt ab das ganze Leben der Beteiligten hindurch und auch darüber hinaus seinen eindeutigen Sinn bewahrt habe. Es wäre allerdings zu fragen, ob man nicht später hätte sagen müssen, damals saß Theaitetos, oder ob man auf irgendeine andere Art das Zeitmoment zu berücksichtigen gehabt hätte. Damals, als der Satz gesprochen wurde, war das Präsens richtig. Für heute kann man zweifeln, wie man den richtigen Ausdruck nehmen müßte. Diese Überlegung wird für jedes Wahrnehmungsurteil zutreffen. Damals fielen Wahrnehmung und Wahrnehmungsurteil in einer Person zusammen. Bald darauf fallen beide auseinander. All dies ist wichtig genug, und trotzdem möchten wir es nicht in den Mittelpunkt stellen. Wenn wir zum Vergleich einen Blick auf den Satz „Die Königin ist krank" werfen, so hat dieser Satz es offenbar in sich, in eine Geschichte eingereiht zu werden, in einer Geschichte vorzukommen, beide Ausdrücke sind gleich falsch, sagen wir lieber: „den Worten nach" in einer Geschichte vorzukommen. Dagegen kann der Satz „Theaitetos sitzt" nicht so einfach in eine Geschichte plaziert werden. Natürlich könnte man um den Satz herum eine Novelle schreiben, das heißt, um die Worte herum. An der Stelle, an der der Satz bei Plato vorkommt, ist er kein Teil einer Geschichte, sondern irgend etwas anderes schwer Bestimmbares, etwas Gewichtloses. Der Satz kommt in keiner Weise in einer Geschichte vor. Wir können natürlich auch sagen, sicher kommt der Satz in einer Geschichte vor. Wir können nämlich die Erörterungen Platos als Geschichte auffassen. In dieser Geschichte wird aber mit den Worten „Theaitetos sitzt" auf eine andere Geschichte Bezug genommen, um irgend etwas darzutun, und diese Geschichte ist nicht vorhanden.

Wir können andererseits auch sagen, neben den Sätzen, die eine Geschichte treffen, gibt es Beispielsätze, Sätze von einem Fall, Konditionalsätze, Witzsätze, Scherzsätze, Scheinsätze, die alle jenseits von Wahrheit und Falschheit stehen. Unglücklicherweise hat Plato gerade einen von diesen Sätzen erwischt, als er über Wahrheit oder Falschheit etwas ausmachen wollte. Natürlich stehen alle Sätze dieser Art wieder in Zusammenhang mit

Geschichten. Es kann z. B. wahr sein, daß jemand einen Scherz erzählt hat, daß jemand einen Beispielsatz gebildet hat, daß jemand eine Geschichte als Fall erzählt. Der Scherzsatz, der Scheinsatz, der Witz stehen aber jenseits von Wahr und Falsch. Etwas wie Wahrheit oder Falschheit trifft man an in dem Gegensatz von wahren Geschichten und Lügengeschichten, immer innerhalb von Geschichten, eingeflochten in Geschichten.

Wir wollen uns bei unserer Kritik oder bei unserer Auslegung nicht die Freude daran verkümmern lassen, wie Plato zum Satze vordringt und den Satz einfügt in eine Umgebung. Wir wollen vielmehr versuchen, Plato bei seinem Gedankengang auf das Genaueste zu folgen. Wie es bei einem Griechen selbstverständlich ist, steht die Rede in der Untersuchung des gesamten Komplexes, um den es sich hier handelt, im Mittelpunkt. Die Rede setzt sich zusammen aus Hauptwörtern und Zeitwörtern, aus der richtigen Mischung von beiden. Jede Rede muß Rede von etwas sein. Jede Rede hat ferner notwendig eine Beschaffenheit. Sie ist wahr oder falsch. Die wahre sagt das Wirkliche, die falsche von dem Wirklichen Verschiedenes; also das Nichtwirkliche als seiend.

Die Rede besteht nicht allein darin, daß sie wahr oder falsch sein kann oder muß. Sie teilt dies mit Gedanken, Meinung oder Vorstellung und Wahrnehmung. Gedanken und Rede sind dasselbe. Gedanke ist das innere Gespräch der Seele mit sich selbst, was ohne Stimme vor sich geht. Der Ausfluß des Gedankens vermittels des Lautes durch den Mund heißt Rede.

Im Reden kommt Verneinung und Bejahung vor. Wenn dies nun in der Seele in Gedanken stillschweigend vorkommt, ist es Meinung. Wenn jemandem aber nicht aus sich allein, sondern vermittels der Wahrnehmung ein solches Ergebnis zukommt, wird man es richtig als Wahrnehmung benennen.

Plato zieht dann das Ergebnis: Da nun doch die Rede wahr sein konnte und falsch und davon im übrigen sich der Gedanke zeigte als das innere Gespräch der Seele mit sich selbst, die Vorstellung aber oder Meinung als Vollendung des Gedankens, und da das, wovon wir sagen, es erscheint uns, die Vereinigung des Sinneneindrucks und der Meinung war, so werden notwendig auch von diesen, da sie der Rede verwandt sind, bisweilen einige falsch sein.

Hier haben wir wohl den Kern der Auffassung Platos aus der Zeit der Abfassung des *Sophisten* über das, was wir heute als Satz oder Urteil bezeichnen. Der Satz ist als Rede in Verbindung gebracht mit dem Gedanken, mit der Meinung und der Vorstellung und der Wahrnehmung. Die grundlegende Verbindung ist wohl die Verbindung mit dem Gedanken. Aus den Gedanken entspringt dann wohl die Meinung als Ergebnis des Denkens. Das Denken geht ohne Stimme vor sich. Wir würden von unserer

Überlegung vielleicht sagen, das Denken ist vom leisen Sprechen begleitet. Wenigstens soweit wir das bei uns selbst feststellen können. Dies leise Sprechen steht auch im engen Zusammenhang mit dem lauten Sprechen, welchem es vorangeht.

Plato hält offenbar für das Wichtigste, daß in diesen Zusammenhängen überall von wahr und falsch die Rede sein kann, also hinsichtlich der Rede, hinsichtlich des Denkens, des Meinens und der Wahrnehmung. Plato ist auch anscheinend noch nicht zu einer festen Meinung gekommen, wo in dem Zusammenspiel dieser vier Elemente, wenn wir so sagen dürfen, der Kern der Rede von Wahrheit und Falschheit, die ihm so am Herzen liegt, gefunden werden mag. Diese Rede liegt Plato so am Herzen, weil mit ihr die Verbindung hergestellt wird zum Sein des Parmenides, zu diesem himmelstürmenden Sein.

Wir sind uns nicht sicher, ob der „Satz" der Späteren bis Bolzano und Husserl hier für Plato schon in greifbare Nähe rückt. An diesem Schöpfungstage, an diesem ersten Tage, in dem dies in den Gesichtskreis Platos trat, war noch alles ohne feste Grenzen. So mag in gewissem Sinne der Übergang von Platos Gedanken in diesem Zustande zu dem, was uns beschäftigt, einfacher sein, als der Übergang von den späteren Stufen der Entwicklung dieser Gedanken.

Wenn Plato sich so mit Gedanken und Meinung beschäftigt, so steht für ihn im Mittelpunkt doch wohl das systematische Denken in der Akademie am Strande der Bucht, im Schatten des Poseidontempels, ein beschauliches Gelehrtendenken in Friedenszeiten. Und doch brauchen wir nur einige Blätter im *Sophisten* zurückzublättern, um zu sehen, wie diesem Gelehrten die Galle überläuft im Gefecht mit den Sophisten, wie er sie mit allen Waffen des Hohnes und des Spottes ins Mark zu treffen versucht. Wie er sie oder ihre Kunst bezeichnet als Tiernachstellung zu Lande auf Menschen, als eine lohnfordernde, für Geld sich verkaufende, scheinbar belehrende Kunst, als eine auf reiche angesehene Jünglinge angestellte Jagd (223b). Wenn Plato bei seinem Philosophieren noch den Abstand gehabt hätte von sich selbst, daß er nicht nur seine Gedanken und sein Denken als Gelehrter zum Gegenstand gemacht hätte, sondern auch seine Kämpfe und Gefechte mit den Sophisten, wie er sie offenbar in dieser Zeit im Wachen und Schlafen durchfocht, so hätte er vielleicht das, was er über Rede, Gedanken, Meinung sagte, noch erweitern müssen, hätte er einen Durchbruch in eine ganz neue Welt versuchen müssen, in die Welt der Geschichten. Wie eigentümlich hing doch alles, was er trieb, mit dem zusammen, was die Sophisten trieben. Wie mußte er sich nach innen und nach außen täglich wehren gegen eine Gleichsetzung mit den Sophisten, und wie wurde er vielleicht gezwungen, sich nach einer gewissen Richtung zu übersteigern, um überall eine klare Grenzlinie gegenüber den Sophisten zu haben, oder ganz anders ausgedrückt, was würde ihm morgen fehlen, wenn alle Sophisten verschwunden wären mit allen ihren Büchern? Was würde ihm im Guten und im Bösen fehlen?

3. Der *Sophist*: Wie sich die Worte zur Rede zusammenfügen

Wir möchten den *Sophisten* nicht verlassen, ohne noch eine etwas moderne Bemerkung daran zu knüpfen.

Der Fremde meint (262a–d): „[A]us Hauptwörtern allein, hintereinander ausgesprochen, entsteht niemals eine Rede oder ein Satz, und ebensowenig auch aus Zeitwörtern, die ohne Hauptwörter ausgesprochen werden". Es folgen dann Beispiele: Löwe, Hirsch, Pferd; geht, läuft, schläft. Aus einer solchen „Folge kann sich nie eine Rede bilden." Es müssen erst die „Hauptwörter" mit den „Zeitwörter[n] vermischt" werden. „Dann aber fügen sie sich, und gleich ihre erste Verknüpfung wird eine Rede oder ein Satz, wohl der erste und kleinste von allen", wie „der Mensch lernt". Mit diesem Satz macht man „etwas kund über Seiendes oder Werdendes oder Gewordenes oder Künftiges".

Wie also die Dinge sich teils ineinander fügen, teils auch nicht, so auch fügen sich die Zeichen vermittels der Stimme zum Teil nicht; die sich aber fügen, bilden eine Rede. Jede Rede ist notwendig von etwas, von nichts aber unmöglich.

Was wir hier vortragen, ist die Einleitung zu den beiden Sätzen über *Theaitetos*. Als wir diese Einleitung einmal nachprüften, fiel uns der Roboter, die denkende Maschine ein. Wir hatten den Eindruck, als ob Plato sie schon vorgeahnt hätte. Steckt man alle Worte in einen Behälter der Maschine, alle Worte, die in einem Lexikon verzeichnet stehen mit allen Formen und Beugungen und läßt die Maschine dann kombinieren, so kommt ein gewisser Prozentsatz von Sätzen heraus, von Sätzen im Sinne Platos.

Wenn der Roboter nun lernt, die Nichtsätze oder die unsinnigen Sätze zu sondern von den Sätzen, die Sinn ergeben, so sind damit alle möglichen wahren und falschen Sätze gebildet. Wenn der Roboter nun weiter noch die wahren Sätze von den falschen Sätzen sortiert, so ist damit alles, was auf der Welt gesagt werden kann, gesagt. Ein Anfang zu solchen Maschinen scheint schon gemacht zu sein. Die Menschen könnten dies Feld also den Maschinen vielleicht in absehbarer Zeit überlassen. Man müßte dann nur noch eine Maschine erfinden, die zu Wilhelm Tell ein Drama schriebe oder zu Wallensteins Tod oder zu König Lear. Das müßte eigentlich nicht so schwer sein. Wenn man dann noch jemanden erfände, der ins Theater ginge und sich die Schauspiele ansähe und anhörte, so wäre der Kreis geschlossen.

Wir sind vorläufig noch der Ansicht, daß man auf diese Weise niemals wird Geschichten herstellen können und niemals den in Geschichten Verstrickten und daß man auf diese Weise oder sonst auf mechanische Weise auch nicht den kleinsten Satz einer Geschichte herstellen kann, nicht einmal den Satz: „Theaitetos sitzt."

4. Im *Theaitetos*: Wahrnehmung, Vorstellung, Denken, Erkenntnis.
Der Wagen und seine Erkenntnis. Theaitetos und seine Erkenntnis.
Die Sinne, die Wahrnehmung und die Erkenntnis. Traum, Wahnsinn

Sokrates in *Theaitetos* (209c–209d):
„Sondern nicht eher, glaube ich, wird Theaitetos in mir vorgestellt werden, bis diese Krummnasigkeit selbst ein sie von andern Krummnasigkeiten, die ich auch schon gesehen, unterscheidendes Merkmal in mir abdrückt und zurückläßt, und so alles übrige, woraus du bestehst, inwiefern dieses mich, auch wenn ich dir morgen begegne, erinnern und machen wird, daß ich mir dich richtig vorstelle.
Theaitetos: Ganz recht.
Sokrates: Also auch die richtige Vorstellung von einem jeden geht schon auf die Verschiedenheit."
Wir sehen davon ab, den Zusammenhang, in welchem diese Stelle steht, zu verfolgen. Die Stelle ist zunächst aus sich verständlich und scheint mir offensichtlich das Ergebnis einer schwierigen und langwierigen phänomenologischen Untersuchung zu sein. Sie betrifft das Verhältnis von Vorstellung und Wahrnehmung. Die Vorstellung scheint dabei nicht auf Phantasievorstellung beschränkt zu sein. So tritt das Verhältnis von Vorstellung als Phantasievorstellung und Vorstellung im anderen Sinne, etwa Vorstellung als Gedanke, Vorstellung als leere Vorstellung, Vorstellung als Bezogensein, als intentionales Bezogensein, auf den Gegenstand – dies alles in phänomenologischer Sprechweise verstanden – wenigstens an dieser Stelle bei Plato nicht hervor. Plato scheint an Phantasievorstellung, verbunden mit begrifflicher Vorstellung der Merkmale, oder an Merkmale zu denken, wobei den Merkmalen die letzte Individuation fehlt.

Bei dem, was wir zeigen wollen, kommt es hierauf nicht so genau an. Auf jeden Fall setzt Plato an dieser Stelle die Wahrnehmung von Theaitetos in ein Verhältnis zur Vorstellung von, zum Denken an Theaitetos. Dabei interessiert in erster Linie die Möglichkeit, die Vorstellung in der Wahrnehmung wiederzuerkennen oder, wie wir heute sagen würden, die Vorstellung mit der Wahrnehmung zu identifizieren. Wenn die Vorstellung die

Grundlage für diese Identifikation abgibt, soll sie einen besonderen Charakter der Richtigkeit haben. Mit dieser Richtigkeit würde dann vielleicht etwas Wesentliches über das, was Erkenntnis ist, gefunden sein.

Plato hat vorher in demselben großen Zusammenhang von einem Wagen gesprochen und seiner Vorstellung und Erkenntnis, und entsprechend von der Sonne, und kommt jetzt auf den Menschen. Bei dem Menschen ist ihm das Wesentliche Nase, Mund, Augen und die übrigen Glieder. Wenn er den Zusammenhang zwischen Wahrnehmung des Menschen und Vorstellung des Menschen untersucht, so geht er von diesem in der Wahrnehmung auftauchenden Körper oder Leib aus und vergleicht diesen mit der entsprechenden Vorstellung des Menschen.

Diese Untersuchung bleibt weit zurück gegenüber der entsprechenden Untersuchung des Wagens. Bei dieser Untersuchung kommt er auf den Satz des Hesiod, der von 100 Hölzern des Wagens spricht, und gelangt dabei wohl zu dem Ergebnis, daß vielleicht der, der die 100 Hölzer unterscheiden könne, mehr vom Wesen des Wagens wisse als der, der nur fünf Bestandteile angeben könne. Das Beispiel vom Wagen ist etwas anders als das Beispiel vom Menschen. Beim Wagen scheint Plato traditionell gesprochen von der Gattung oder von dem Begriff des Wagens auszugehen, während er beim Menschen von dem Individuum ausgeht.

Wenn man sein Beispiel vom Wagen zugrunde legt, könnte man etwa sagen, daß Plato die Grundlagen für das Urteil: Dies ist ein Wagen untersucht. Die Grundlagen für dies Urteil könnten darin bestehen, daß man die 100 Hölzer des Wagens kennt. Das Schwergewicht des Endurteils würde auf dem Wagensein liegen. Die Untersuchung könnte natürlich auch darauf ausgehen oder könnte zu einem Urteil gelangen wollen der Art: Dies ist der Wagen des Fuhrunternehmers X, wobei wir die Voraussetzung machen, daß X nur einen Wagen hat. Man könnte dann auch zu dem Ergebnis kommen, daß dies zweite Urteil das Wagensein in sich schlösse, etwa in der Art: Dies ist ein Wagen, und zwar der Wagen des X. Es erschwert die Nachprüfung der Gedankengänge von Plato, daß er beim Wagen von der Gattung ausgeht und bei dem Beispiel betreffend Theaitetos vom Individuum. Wir wollen Plato damit keinen Vorwurf machen. Wir können diesen Wechsel aus seinen Gedankengängen heraus verständlich machen. Zwischen beiden Beispielen steht das Beispiel von der Sonne als dem glänzendsten Himmelskörper, wobei anscheinend mit einem Merkmal des höchsten Glanzes gleichzeitig das Individuum Sonne getroffen wird.

Wir würden mit Plato die Frage stellen, was es heißt, einen Wagen richtig vorzustellen und in welchem Verhältnis die richtige Vorstellung vom Wagen stehe, und ebenso würden wir uns auf die Frage einlassen, was zur Erkenntnis oder zur richtigen Vorstellung von Theaitetos gehöre. Was zunächst den Wagen anbetrifft, so bleibt diese schwierige Untersuchung in den Anfangsgründen stecken. Wir würden zunächst nicht darüber streiten, ob es eine richtige Vorstellung vom Wagen geben kann, sondern einmal voraussetzen, daß es so etwas geben mag. Dann ist mit den 100 Bestandteilen, von denen Hesiod spricht, sicher erst der erste Schritt getan. Wir würden etwa versuchen, das Augenmerk darauf zu lenken, daß der einzelne Wagen, von dem wir ausgehen, in einer Reihe in der Serie aller Wagen stehe, daß er anscheinend historisch irgendwo in dieser Serie auftaucht. Die Serie beginnt mit der primitivsten Form, welche im wesentlichen aus zwei Baumstämmen besteht, aus diesen Baumstämmen werden allmählich die Scheibenräder, wie wir sie noch heute in entlegenen Ländern antreffen; dieser Wagen entwickelt sich Schritt für Schritt in einer Reihe zu dem Wagen, wie er Sokrates auf dem Marktplatz in Athen begegnet. Wir würden etwa sagen, daß es eine schwere und vielleicht kaum lösbare Aufgabe sei, die Entwicklung des historischen Wagens zu verfolgen, daß aber dies alles doch wohl dazu gehöre, wenn man einigermaßen sicher feststellen wolle, was der Wagen, von dem Sokrates ausgeht, sei, nämlich ein Stück Kulturgeschichte der Menschheit, die vielleicht nur wieder verständlich ist im Rahmen der ganzen Kulturgeschichte und die vielleicht auch nur verständlich ist vom Menschen aus, über den Büffel, über das Zugpferd und über die Aufgaben, die dem Wagen zugeteilt sind. Wir würden dabei vielleicht auch auf einen neuen Sinn des Satzes von Protagoras kommen, daß der Mensch das Maß aller Dinge sei, daß dies nämlich im Verhältnis zu dem Wagen vielleicht gar nicht schlecht ausgedrückt ist. Wir würden dabei allerdings noch nicht einmal auf den Kern kommen, was nun die richtige Vorstellung oder die Erkenntnis selbst sei.

Wenn wir dann zum Beispiel, was Sokrates unter richtigen Vorstellungen von Theaitetos versteht, übergehen, würden wir uns allerdings nicht lange mit der Beschreibung der Gesichtszüge und der Gestalt des Theaitetos aufhalten, sondern unseren Hauptschlag damit führen, daß wir sagen, Theaitetos ist der in seinen Geschichten Verstrickte. Es gibt keine bessere oder richtigere Vorstellung vom Theaitetos als die Vorstellung seiner Geschichten, der Geschichten, in die er verstrickt ist oder war, und vielleicht der Geschichten, in die er mitverstrickt ist. Wir würden dann weiter sagen, daß wir zum Wagen und allen Wozudingen keinen vollen Zugang gewinnen, es sei denn über Theaitetos und seine Mitverstrickten, und daß wir auch zu ihm keinen vollen Zugang haben, es sei denn über den Wagen und all die Wozudinge, die in seinen Geschichten vorkommen.

Von dieser Grundlage aus mag sich erst die Frage erheben, ob wir nun zu einem Wissen oder zu einer Art Erkenntnis gelangt sind, und was dies Wissen und diese Erkenntnis wiederum sein mag.

In Hinblick auf *Theaitetos* möchten wir fragen, in welchem Verhältnis die folgende Untersuchung zu unseren Untersuchungen steht: „wer etwas erkennt, [scheint] dasjenige wahrzunehmen, was er erkennt; [...] Erkenntnis [ist] nichts anderes als Wahrnehmung." (151e). Die Antwort darauf gibt Sokrates (186e): „Auf keine Weise also [...] wäre Wahrnehmung und Erkenntnis dasselbe." Wir wollen nicht den Gang der Untersuchung im einzelnen aufzeigen.

Sokrates knüpft mit seinem Satz an den Satz des Protagoras an, der anscheinend auch von der Wahrnehmung ausgeht. Sokrates bringt diesen Satz in Beziehung zu der Lehre des Heraklit. Nichts ist an und für sich ein Bestimmtes, alles ist in ständigem Fluß, alles wird nur.

Wenn wir heute untersuchen würden, ob Wahrnehmung Erkenntnis ist oder wie sich Wahrnehmung zur Erkenntnis verhalte, würden wir zunächst vielleicht untersuchen, was die Wahrnehmung eigentlich sei. Sokrates nimmt eine solche Untersuchung nicht im Zusammenhang vor. Wir müssen mühsam die Stellen heraussuchen, wo er die Wahrnehmung direkt zu fassen sucht. Die große Schwierigkeit ist dabei, daß für uns die Wahrnehmung vielleicht ebenso schwierig zu fassen ist wie die Erkenntnis und dementsprechend noch schwieriger das etwaige Verhältnis zwischen beiden.

An einigen Stellen geht Sokrates von den Sinnen aus und versucht, von hier aus die Wahrnehmung zu fassen. In Wirklichkeit kann man wohl zu den Sinnen etwas Vernünftiges nur sagen, indem man von den Sinnesqualitäten ausgeht, von Farben, Tönen, Gerüchen, von schwer, leicht, hart, weich usw. und dann von diesen Qualitäten aus den Absprung zu den Sinnen wagt. Jedenfalls scheinen zunächst die Sinne ein noch schwierigeres Untersuchungsgebiet zu sein als die Qualitäten selbst.

Aber auch bei den Qualitäten erhebt sich wieder eine Vorfrage, was sie eigentlich seien. Sokrates würde sagen, daß sie wahrgenommen seien. Dazu würden wir weder ja noch nein sagen, aber wir würden darauf hinweisen, daß sie gleichsam Abstraktionen seien, daß uns anscheinend jedenfalls nicht diese Qualitäten begegnen, sondern stets schon eine Art Welt, eine geordnete Welt im Sinne des starren Systems; aus der wir nicht die Sinnesqualitäten wie mit einem Löffel abschöpfen können, und zwar sicher nicht, ohne sie dabei von Grund auf zu ändern.

Wir wissen dann zwar immer noch nicht, was Wahrnehmung ist und ob es so etwas wie Wahrnehmung gibt, wir können aber mit Recht fragen, was dies Abgeschöpfte sei.

Man hat beim Studium des *Theaitetos* den Eindruck, als ob viele Akademiearbeiten, die eine schwer aufzuweisende innere Beziehung zueinander haben, zu einem Ganzen zusammengefügt werden. Man fühlt auch, daß nur das Wesentlichste dieser Arbeiten aufgenommen ist. Diese häufig als locker anmutende Zusammenstellung von Akademiearbeiten ist innerlich gerechtfertigt dadurch, daß der Dialog nicht zu einem Ergebnis kommt. Am Schluß muß man feststellen, daß man nicht gefunden hat, was die Erkenntnis eigentlich sei. Vielleicht hat man gefunden, was sie nicht ist. Sie ist weder Wahrnehmung noch richtige Vorstellung, noch mit der richtigen Vorstellung verbundene Erklärung.

Wenn wir die Überlegungen im *Theaitetos* in ein Verhältnis zu unseren Überlegungen setzen wollen, so ist die Methode, die Plato anwendet, oder sind die Methoden, die er anwendet, ebenso wichtig wie die einzelnen positiven Ergebnisse.

Plato sucht die Erkenntnis. Wer etwas sucht, muß ungefähr angeben können, was er sucht. Mit dieser Vorfrage scheint Plato sich zunächst nicht aufzuhalten. Die Untersuchung beginnt vielmehr damit, daß man probeweise annimmt, vielleicht sei die Wahrnehmung Erkenntnis. Aus dieser Untersuchung könnte sich nun ergeben, was man stillschweigend unter Erkenntnis versteht, ja es müßte sich daraus ergeben, weil man sonst weder sagen könnte, daß Wahrnehmung Erkenntnis sei, noch daß sie es nicht sei. Die innere Beziehung zwischen Erkenntnis und Wahrnehmung scheint darin zu liegen, daß man bei der Erkenntnis die Frage nach wahr oder falsch aufwerfen kann und nun ausprobiert, ob man diese Frage nach Wahrheit oder Falschheit oder, wie Plato etwas neutraler sich ausdrückt, nach der Richtigkeit bei der Wahrnehmung stellen kann.

Die Wahrnehmung scheint sich mit dieser Frage aufzudrängen und auch schon bei den Vorgängern sich aufgedrängt zu haben; die Wahrnehmung scheint zunächst mit dem Anspruch aufzutreten, Wahres oder – nur etwas anders ausgedrückt – Wirkliches oder, anders ausgedrückt, Sein unmittelbar zu geben. Die Wahrnehmung gibt dies aber nicht und kann es nicht geben, so ist die Meinung des Dialogs. Dabei scheint im Hintergrund zu stehen, daß die Suche nach Wahrheit oder die Suche nach dem Sein von vornherein legitim ist und keiner Rechtfertigung bedarf oder, daß jedenfalls hier ein schwer zu erschütternder Ausgangspunkt gegeben ist etwa in der Weise, daß der, der ihn erschüttert, sich selbst das Fundament für jedes Philosophieren entzieht, den Ast absägt, auf dem er sitzt oder auf den er sich setzen muß, wenn er philosophieren will.

Dies alles steht nur zwischen den Zeilen und kommt erst im Laufe des Dialogs allmählich zur Sprache.

Es hat also schon guten Grund und liegt auch im Zuge der philosophischen Forschung vor Plato, wenn der Dialog mit einer Untersuchung der Wahrnehmung beginnt. Die Frage nach dem, was Erkenntnis ist, wandelt sich damit um in die Frage nach dem, was Wahrnehmung sei.

Der Dialog überspringt nun die Frage nach dem, was Wahrnehmung sei oder setzt dies als bekannt voraus und geht sofort auf den Nachweis über, daß jede Wahrnehmung relativ sei, subjektiv, unsicher, trügerisch. Dieses Thema war zur Zeit des Plato schon alt. Der Dialog setzt sich mit diesen alten Ansichten auseinander. Diese Auseinandersetzung ist interessant genug und verdient, daß man sich eingehend mit ihr beschäftigt.

Von unserem heutigen Standpunkt aus vermissen wir eine Stellungnahme zu der Frage, was die Wahrnehmung selbst sei und wo man sie auffinden könne. Noch Reinach glaubt im Anschluß an die Lehren Husserls, daß es ein Untersuchungsgebiet gäbe, welches mit dem Ausdruck Wahrnehmung festgelegt sei. Reinach weist etwa kurz darauf hin, daß die Wahrnehmung deutlich und undeutlich sein könne und es damit schon festgelegt sei, was unter Wahrnehmung zu verstehen sei und wie man die Wahrnehmung zu suchen habe.

Uns ist inzwischen zweifelhaft geworden, ob es überhaupt ein solches Untersuchungsgebiet gebe. Wir brauchen nicht darauf einzugehen, daß der Physiologe zu diesem Gebiet keinen Zutritt hat. Wenn wir richtig sehen, vergleicht er nur Gegenstände oder Dinge und ihre Verhältnisse zueinander, ihre Verbindungen, Wirkungen mit- und aufeinander. Das Verhältnis etwa zwischen Gegenstand und Auge, Gehirn, Gegenstand und Hand, Leib, Gegenstand und Ohr und als Begleiterscheinungen dazu Eindrücke oder Impressionen. Wenn es etwas wie Wahrnehmung selbst gibt, so setzt er dieses schon voraus. Er mag die Wahrnehmung einmal streifen. Sie ist aber nicht sein Untersuchungsgebiet. Die Wahrnehmung ist schon fertig, bevor er anfängt, er arbeitet mit dem Wahrgenommenen, an ihm.

Plato geht auf dies Physiologische ein. Seine Stellung läßt sich nicht genau erkennen. Jedenfalls lockert er die Verbindung zwischen Physiologie und einer Wahrnehmungslehre. Er kommt zu dem Ergebnis, daß wir nicht mit den Augen sehen, sondern daß die Seele vermittels der Augen sieht. Er vergleicht die Augen mit einem Werkzeug (185b ff.). Die einzelnen Eindrücke liegen nicht in der Seele nebeneinander, sondern laufen in ihr zusammen. Plato unterscheidet hierbei von dem Wahrnehmen das Denken. Erst im Denken werden die Wahrnehmungen, die das Gesicht, das Gehör usw. liefert. Dies Denken ist relativ zu Sein und Nichtsein, Ähnlichkeit und Unähnlichkeit, Einerlei und Verschiedenheit. Diese tiefsinnigen Untersuchungen bedeuten einen Höhepunkt der philosophischen Forschung.

Heute, nach 2000 bis 3000 Jahren, müssen wir, indem wir im Rahmen der Untersuchung bleiben, die Fragen etwas genauer stellen. Das, was Plato reine Wahrnehmung nennen würde, die Sinnesqualitäten, Farben, Töne, Gerüche, Schwere, Leichtigkeit, Härte, Weichheit, die ähnlich beieinander liegen wie die Dinge im trojanischen Pferd und die für sich Objekt oder sagen wir vorsichtiger das Entsprechende von Wahrnehmung sein würden, sind eine Konstruktion; sie kommen so, wie Plato sich das vorstellt oder denkt, nie und nirgends vor.

Man kann wohl den Ausgangspunkt dieser Konstruktion erkennen. Man kann sagen, es müßte eigentlich zwischen Seele und Welt irgendwo und irgendwie und irgendwann dies Auftreten von Sinnesqualitäten als Vorstufe für die eigentliche Wahrnehmung geben, als Vorstufe, die dann in der Wahrnehmung noch erhalten bleibt, d. h. in der ganzen Wahrnehmung und die auch aus der Wahrnehmung als der sinnliche Teil abgetrennt werden kann. Wenn man diesen Ursprungsort aufsucht, darf man auf *Theaitetos* (186b-c) verweisen:

„*Sokrates*: Nicht wahr, jenes wahrzunehmen, was irgend für Eindrücke durch den Körper zur Seele gelangen, das eignet schon Menschen und Tieren von Natur, sobald sie geboren sind."

Diese Vorstellung ist älter als Plato. Sie ist heute noch so lebendig wie in Platos Zeiten. Für Plato ist sie aber eigentlich, wie wir wohl nachweisen könnten, ein Fremdkörper in seiner Lehre.

Wir können nur darauf erwidern, was Menschen und Tieren eignet, sobald sie geboren sind, das wissen wir nicht. Wenn wir uns höchst unklare Vorstellungen davon machen, so gehören diese Vorstellungen nicht in die Philosophie. Niemand kann sich in die Seele des neugeborenen Tieres und in deren Welt versetzen. Die Kommunikation hört hier auf. Wenn wir zu konstruieren versuchen, wie es da zugeht, in der Seele und in der Welt des Neugeborenen, so handelt es sich nur um ganz grobe Schlüsse und Vermutungen.

Wir können auch die Welt, in der wir täglich leben, nicht aufteilen in Sinneseindrücke und einen Rest, sondern wir leben von jeher, soweit unsere Erinnerung reicht, in einer Welt von Tischen, Stühlen, Häusern, Bäumen, Tieren, Menschen. Eine Kommunikation mit uns selbst in der Vergangenheit und mit anderen Wesen ist immer nur möglich auf der Grundlage dieser stets schon vorhandenen „Welt".

Wir kehren jetzt zu unserem Ausgangspunkt zurück oder vielmehr zu Platos Ausgangspunkt: Ist Erkenntnis vielleicht Wahrnehmung? Und können nur im Sinne von Sokrates sagen: Wir wissen vorläufig nicht, was Wahrnehmung ist. Das, was Plato unter Wahrnehmung versteht, ist sicher nicht die Wahrnehmung. Der Dialog ist also mit diesem Ausgangspunkt auf ein verkehrtes Geleis geraten.

Nun ist dies nicht der einzige Zugang, auf welchem Plato zur Wahrnehmung vorzudringen versucht. In den Abschnitten 157d bis 162b von *Theaitetos* versucht Plato, Zugang zu gewinnen durch einen Vergleich der „Wahrnehmung" mit den „Vorstellungen" im Traum, im „Wahnsinn" und den „Vorstellungen", die er „Sinnestäuschung" nennt. Er fragt, was für einen Vorzug hat die Wahrnehmung des Normalen, wenn wir kurz so sagen wollen, gegenüber den Vorstellungen im Traum oder im Wahnsinn, und er findet keinen Vorzug, d. h. er findet nicht, wodurch die Wahrnehmung des Normalen sich auszeichnet vor der Wahrnehmung des Träumenden, des Wahnsinnigen und kommt zu dem Ergebnis, daß es nichts Sicheres gibt, woran man zeigen kann, welche von diesen Vorstellungen (Wahrnehmungen) die wahren sind. Die Erklärung, die Sokrates in Anlehnung an Protagoras hierzu gibt, ist nicht ganz ernst gemeint (bis 162c).

Ob wir hiermit schon alles berührt haben, was Plato zur Wahrnehmung sagt, mag zunächst dahingestellt bleiben. Zum vollen Verständnis seiner Ausführungen über die Wahrnehmung gehören seine Ausführungen über das Denken oder, wie er zunächst sagt, über das Vermögen, Sein und Nichtsein, Ähnlichkeit und Unähnlichkeit, Einerleiheit und Verschiedenheit, ferner, ob sie eins sind oder eine andere Zahl, ferner die Frage nach Graden und Ungraden und was damit zusammenhängt, „wahrzunehmen". Sokrates und Theaitetos kommen zunächst zu dem Ergebnis, daß es dafür keine besonderen Werkzeuge nach Art der Sinneswerkzeuge gibt und geben kann, sondern daß die Seele selbst vermittels ihrer selbst dies erforscht oder, wie er zunächst sagt, das Gemeinschaftliche in allen Dingen erforscht. Das Sein (186a) gehört zu dem Gemeinschaftlichen, was am meisten bei allen vorkommt, ebenso Ähnlichkeit und Unähnlichkeit, Einerleiheit und Verschiedenheit und das Geschehene und das Gegenwärtige in Verhältnis zu setzen mit dem Künftigen.

Hier kommt dann der Schluß, daß die Wahrnehmung, die nicht einmal das Sein erreicht, nicht das wahre Wesen erreicht und deswegen keine Erkenntnis geben kann. An derselben Stelle (186a) ist auch noch das Schöne und Schlechte, das Gute und Böse (wohl als das für alle Wahrnehmungen in Frage kommende) einbezogen.

Wenn Sokrates (157e–158b) Träume, Wahnsinn und Sinnestäuschungen als Ausgangspunkt für die weitere Untersuchung nimmt, so könnte man einwenden, daß er diese drei Gegebenheiten oder was es sonst sein mag, nicht genügend festgelegt hat. Es sind nur einige Sätze, aus denen man ungefähr erkennen kann, was er damit meint. Der Wahnsinnige glaubt etwa, ein Gott zu sein, der Träumende kommt sich geflügelt vor und als im Traum fliegend. Sokrates meint, als wenn auf alle Weise unsere Wahrnehmungen falsch in diesen Fällen sind, und daß viel daran fehle, daß, was einem jeden erscheine, dasselbe auch sei. Theaitetos kann nicht bestreiten, daß die Wahnsinnigen oder Träumenden falsche Vorstellungen haben, und Sokrates und Theaitetos suchen gemeinsam vergebens nach einem Kennzeichen, was man wohl annehmen könnte, wenn einer fragte, ob wir nicht schlafen und alles, was wir vorstellen, nur träumen, und ebenso soll man hinsichtlich des Wahnsinns fragen können.

Wenn wir uns in die Unterhaltung einschalten dürften, würden wir wieder sagen, daß wir nicht wüßten, was Wahrnehmung sei, und daß wir insbesondere nicht wüßten, ob man im gleichen Sinne in diesen drei Fällen von Wahrnehmen reden dürfe. Insbesondere ist uns zweifelhaft, ob man hier etwas wie Wahrnehmung vorfindet und ob diese Wahrnehmung auf etwas Seiendes geht. Mit dieser Einwendung bleiben wir aber noch innerhalb der Methode Platos. Man kann aber Platos Gedankengang auf andere Weise das Fundament zu entziehen versuchen. Plato scheint eine Grundvoraussetzung zu machen, daß es etwas Seiendes gäbe, welches vielleicht durch Wahrnehmung als kognitiven Akt erkannt würde. Diese Wahrnehmung sucht er oder untersucht er im Wachen, im Traum und im Wahnsinn. Man kann auch nicht ganz den Verdacht von der Hand weisen, als ob das Sein, welches Plato sucht, zunächst das Sein in der Welt wäre, und zwar das stoffliche Sein, wie es die großen Vorgänger als Physiker-Philosophen zum Gegenstand ihrer Untersuchungen machen. Wenn man viele Voraussetzungen zugibt, die wir alle bestreiten, könnte man in der Tat fragen, wie diese Welt im Wachen bewußt werde, wie sie im Traum, im Wahnsinn bewußt werde und welche Rolle dabei die Wahrnehmung spielt. Wir meinen aber, bevor man so fragen dürfe, müsse man untersuchen, was Wachen, was Träumen, was Wahnsinn selbst sei. Uns scheint es nicht selbstverständlich, daß diese drei Gebilde über Wahrnehmung oder Vorstellung oder über Wahrnehmung und Vorstellung irgendwie greifbar würden. Dieser Ansicht liegt vielmehr schon zu Grunde, daß es ein Sein gibt, welches im Wachen erkannt wird und nicht im Traum und nicht im Wahnsinn, und unter diesem Sein kann man nicht viel anderes verstehen als die Raum- und Stoffwelt, immer vorausgesetzt, daß es eine solche gibt.

Bei diesem Ausgangspunkt wird aber – mehr oder weniger eingestanden – schon die ganze Wissenschaft und Philosophie zur Zeit Platos vorausgesetzt. Wir wollen uns im einzelnen nicht damit aufhalten zu untersuchen, was vorausgesetzt wird, wir schlagen vielmehr einen einfacheren Weg ein. Wir versetzen uns 500 oder 1000 Jahre oder noch mehr zurück und untersuchen, ob die platonische Frage für diese Zeit Sinn und Gewicht hat. Wir kommen jetzt in eine Zeit, wie sie etwa im *Gilgamesch-Epos* aufleuchtet. In dieser Zeit sind Träume so wichtig oder noch wichtiger als das Wachsein. Wir verweisen darauf, wie Träume sich in das Leben, und das muß doch wohl heißen, in die Wirklichkeit oder in das Sein, in die Gesamtheit des Seins einfügen. Beispiele für den Rausch sind in allen älteren Kulturen leicht zu finden, wie auch der Wahnsinn in dem gesamten Sein seine Stelle hat.

Für diese Zeiten wäre die Frage Platos nach dem Wahrnehmen und Erkennen innerhalb der Träume, innerhalb des Wahnsinns sinnlos. Vielleicht würde man sagen, Träume und Wahnsinn haben eine andere Aufgabe, als – vielleicht müssen wir in Klammern setzen (Außenwelt) – wahrzunehmen oder zu erkennen. So leuchten sie etwa in fernste Geschichten hinein oder erheben den Menschen weit über sich im heiligen Rauschtrank zu den Göttern.

Ganz kann diese Bedeutung der Träume und des Wahnsinns auch zu Platos Zeiten noch nicht vergessen sein. Wir sind hiermit aber an einen Grundstatus der platonischen Philosophie gestoßen. Es fehlt Plato das Verhältnis zu den Geschichten.

Gewiß kann man sich auf die Seite Platos stellen und sagen, daß das eben der gewaltige Fortschritt vom Aberglauben zur Wissenschaft sei, daß die Träume als Schäume erkannt sind und der Wahnsinn als Krankheit. Plato läßt zwar die Frage zu, woran man denn das Wachen gegenüber dem Schlafen erkennen könne, aber nur in der Absicht, auch das Wachen noch in Frage zu stellen als ergiebig für die Erkenntnis, nachdem die Träume und der Wahnsinn bereits preisgegeben sind. In der Ferne mag dabei schon der Gedanke aufleuchten, daß wir im Wachen, im Traum, im Wahnsinn den Sinnen ausgeliefert sind, die trügerisch sind, daß aber die Welt des Denkens oder der Ideen dadurch nicht berührt wird. Wie Plato allerdings auf die Frage antworten würde, ob auch im Traum, im Wahnsinn das Denkvermögen sich betätigt, ist nicht klar zu erkennen. Er müßte die Frage wohl verneinen, weil sonst auf dieser wichtigen Ebene des Denkens der Unterschied zwischen wachem Zustand, Traum und Wahnsinn aufgehoben wäre.

Wenn die Seele vermittels ihrer selbst das Gemeinschaftliche in allen Dingen erforscht, darf man doch nicht vergessen, daß auch im Traum und im Wahnsinn Sein und Nichtsein, Ähnlichkeit und Unähnlichkeit, Einerleiheit und Verschiedenheit wahrgenommen werden, weil dies schon zur Konstitution der Denkwelt überhaupt gehört, so daß also Traum und Wahnsinn oder der Träumende und der Wahnsinnige diesen Gebilden so nahe stehen wie der Wache. Oder Plato müßte schon eine höhere Region annehmen, die sich über diese drei Arten von Gebilden erhebt und das ihnen Gemeinschaftliche erkennt.

Diese ganze Gegenüberstellung bei Plato ist aber gegenständlich gerichtet und geht aus von der Dingwelt als sicherstem Ausgangspunkt. Dieser Ausgangspunkt verliert seine Festigkeit, wenn man mit uns von den Geschichten ausgeht und sich Traum, Wahnsinn, Wachzustand zunächst über Geschichten klarmacht. Dabei wird man anerkennen müssen, wie sich diese drei Gebilde, oder als was man sie sonst bezeichnen mag, in Geschichten zueinander verhalten, in Geschichten ineinander übergehen und in Geschichten jederzeit eine Rolle spielen. Plato lebt in einer aufgeklärten Zeit. Es ist aber nicht gesagt, daß diese Zeit dem Sein näher war als andere Zeiten vorher und nachher.

Wenn Plato sich schließlich gegen die Aufklärung wendet und der Dingwelt und der Sinnenwelt die letzte Realität abspricht, so kommt er damit in dies eigenartige Verhältnis zur Aufklärung, daß er sich im Gegensatz zu ihr stellt, sie aber auch als Gegensatz nötig hat. Wenn die Aufklärung mit ihrer Dingwelt als Realität schon ganz und gar am Ziele vorbeischoß, so läuft auch Plato Gefahr, mit seiner Widerlegung der Aufklärung oder – wie man vielleicht besser sagt – mit dem anderweitigen Einbau der Aufklärungswelt in ein überragendes Weltganzes oder Weltsystem, sich ebensoweit von der Wirklichkeit zu entfernen wie die Aufklärung.

Kapitel III
Anmerkung zu Descartes

Das Stück Wachs, Wahrnehmung und Denken,
Hüte und Kleider, Puppen

Descartes in seinen Betrachtungen über die Metaphysik scheint uns auf dem Wege zu dem zu sein, was wir suchen. Er beginnt seine grundlegende Untersuchung mit dem Stück Wachs. Es ist sicher nicht zufällig, daß er als Beispiel für die Wahrnehmung einerseits, für das Sehen, Hören und Riechen andererseits mit dem Stück Wachs beginnt. Wir möchten fast annehmen, daß er auch versucht hat, mit der Tasse oder dem Stuhl oder dem Tisch die Untersuchung zu beginnen und daß er wegen der Schwierigkeiten, die dabei auftauchten, wie wir uns ausdrücken möchten, auf das Wachs abgeglitten ist. Wir sind viele Jahre lang ähnlich wie Descartes auch immer von diesem Ausgangspunkt, dem Ding, ausgegangen und haben ebenso wie Descartes das Ding als Stück Materie und als das Identische in der Veränderung aufgefaßt, ohne auch nur auf den Gedanken zu kommen, ob dieser Ausgangspunkt wohl richtig oder zweckmäßig gewählt war bei der Aufhellung der Unklarheiten, die Ding, Eigenschaft, Sehen, Hören, Wahrnehmen einhüllten. Wenn wir mit der Tasse so verfahren wie Descartes mit seinem Stück Wachs, kommen wir nicht an die Tasse heran. Wir versuchten dieser Schwierigkeiten Herr zu werden, indem wir nicht von dem Stück Wachs, von der Materie ausgingen, sondern von der Tasse als Wozuding, aber in derselben Haltung oder wenigstens Grundhaltung wie Descartes. Wir gehen nur insofern weiter als Descartes, als wir weder wissen, was Sehen, Hören und Riechen ist, noch was Denken ist, noch was Geist ist, noch was Urteilen, Zweifeln, Verneinen ist. Auch Descartes weiß dies alles an sich nicht nach seiner Grundvoraussetzung. Aber er kommt zu schnell zu einer Trennung von Sehen, Hören, Fühlen einerseits, Wahrnehmung, Denken andererseits und bleibt den Schulmeinungen mehr verhaftet, als er selbst zugeben würde, wenn er zu dem Ergebnis kommt: Was dieses Wachs hier ist, das kann ich nicht vorstellen, sondern bloß denken. Was der nächste Satz bedeutet: „Ich sage: Dieses Wachs hier, denn daß es sich mit dem Wachs im Allgemeinen so verhält, ist klarer als im einzelnen Fall" (2. Meditation, Abschnitt 11), ist nicht ganz klar. Sollte Descartes meinen, den Unterschied von dieses Wachs hier, in diesem Augenblick im Gegensatz zu dem, was dieses Wachs vorher gewesen ist und nachher sein wird, oder meint Descartes den Gegensatz vom Wachs, wie es mir hier mit Vergangenheit und Zukunft vorliegt im Verhältnis zu dem allgemeinen Gegenstand Wachs? Ob er nun das eine oder das andere meint, so liegt auf der Hand, daß sich von unserem Standpunkt aus eine Fülle von Fragen an diese Bemerkung knüpfen würde.

Ich möchte annehmen, daß die Lehre von den Impressionen, Empfindungen, bei diesem Satz schon Pate gestanden hat. Wir versuchen auf alle Weise, uns von dieser Lehre frei zu machen und frei zu halten, weil sie nach unserer Ansicht ein Märchen ist.

Wenn wir Descartes bitten würden, seine Überlegung statt mit dem Wachs mit der Tasse zu beginnen, so bedeutet das nicht, daß er seinen Weg verlassen soll, sondern daß er noch einen Schritt weiter zurückgehen oder auch einen Schritt weiter vorwärts gehen soll. Descartes kommt in seiner Betrachtung sozusagen von selbst auf die Honigscheibe, auf den Honiggeschmack, auf den Duft der Blumen.

Wir möchten hier hervorheben, wie Descartes von selbst dazu kommt, sein Stück Wachs in die Vergangenheit zu verfolgen, auf den Horizont hin abzutasten, ähnlich wie wir dies bei dem Wozuding Tasse versucht haben. Daß er auf diesem Wege nicht weitergeht, liegt wohl daran, daß er das Stück Wachs nicht als Wozuding nimmt, sondern vielleicht ängstlich davon absieht, es als Wozuding, was es nach unserer Meinung ist, zu nehmen. Dies wird ihm erleichtert durch die Art seines Beispiels. Bei einer Tasse würde ihm das schwer fallen. Andererseits kann er auch nicht ganz davon absehen, er muß davon sprechen, daß das Stück Wachs aus Honig gewonnen ist und ist damit bis an einen Punkt gelangt, in dem seine Überlegungen sich mit unseren berühren. Wenn wir ihn richtig verstehen, würde er es ablehnen, hier von Assoziationen zu sprechen, er würde vielmehr überall von Denken und Urteilen sprechen, die in einer eigentümlichen Beziehung zu dem Sehen und Hören stehen und in einer ganz engen Beziehung zu dem Wahrnehmen, so wie er die Wahrnehmung faßt.

Wir versuchen nun noch weiter hinter das zu kommen, womit Descartes sich zufrieden gibt. Wir kommen über das Wachs oder über die Tasse als vorläufig letztem Gebilde zu einer Geschichte und machen den ersten Halt damit, daß wir sagen, die Tasse kommt in einer Geschichte vor. Damit mag noch wenig gesagt sein. Zunächst soll damit nur gesagt sein, daß die Tasse auf eine Geschichte verweist. Wir nehmen die Tasse von dem Präsentierteller, auf den sie durch den Anfang der Untersuchung gestellt ist, herunter und werfen sie gleichsam in dies vorläufig noch erst von weitem auftauchende Gebilde Geschichte hinein.

Einen ähnlichen Wurf wagt Descartes im Anschluß an seine Untersuchung über das Wachs, indem er den Unterschied von Sehen und Urteilen noch auf einem anderen Gebiet ebenso grundlegend findet: „Da sehe ich wie von ungefähr aus dem Fenster Menschen auf der Straße vorübergehen, und wie es nun die Gewohnheit mit sich bringt, so sage ich auch von den Menschen, wie vom Wachs: ich sehe sie. Was aber sehe ich denn außer die Hüte und Kleider, unter denen auch Puppen stecken könnten? Daß es Menschen sind, urteile ich. Und so fasse ich, was ich mit meinen Augen zu sehen wähne, lediglich durch die Urtheilskraft meines Geistes."

Hier müssen wir Descartes gleichsam am Rockzipfel festhalten und ihn darauf aufmerksam machen, daß er zu schnell gegangen ist. Nach allem, was er uns vorher gelehrt hat, sieht er auch nicht die Hüte und Kleider und könnte auch nicht die Puppen sehen, die vielleicht darunter stecken könnten, sondern die Hüte und Kleider und die Puppen und ihr Gesehenwerden sind schon ebenso rätselhaft oder beinahe ebenso rätselhaft wie die Menschen und ihr Gesehenwerden und jedenfalls oder, sagen wir lieber, vielleicht rätselhafter als das Sehen von Wachs. Hier muß Descartes einen großen Schritt mit uns zurückgehen und uns Rechenschaft darüber geben, was das Sehen oder Wahrnehmen von Hüten und Kleidern, von Puppen und schließlich von Menschen eigentlich ist. Wir würden ihm dabei alles vorlegen, was wir über die Wozudinge gesagt haben, daß die Hüte Männerhüte oder Frauenhüte sind, daß sie modern oder unmodern sind, daß sie neu oder gebraucht sind, daß sie armselig oder reich sind, daß die Puppen Puppen von Menschen sind und ohne Menschen keinen Sinn haben. Wir würden Descartes recht geben, daß man hier nicht mehr von Sehen im üblichen Sinne reden kann, aber andererseits bezweifeln, ob viel damit gesagt wäre, ob viel damit gewonnen ist, wenn wir hier von Urteilen sprechen. Das Gespräch würde von uns aus ausmünden in die Frage, sind das nicht alles Geschichten oder Bruchstücke von Geschichten oder Überschriften von Geschichten, was hier auftaucht, und dann überleiten zu der Frage, was sind eigentlich Geschichten.

Kapitel IV
Zusammenfassung

Kant hätte ein anderes Verhältnis zum Taler gewonnen, Plato zum Wagen und Descartes zum Stück Wachs und insbesondere zur Puppe, wenn sie mit dem Gebilde „Geschichte", wie wir es festzuhalten versuchen, vertraut gewesen wären. Dabei kommt es gar nicht darauf an, ob wir diesem Gebilde schon überall gerecht werden. Dazu mögen viele Generationen gehören. Es kommt nur darauf an, daß man sicher nicht in die Nähe des Talers, in die Nähe des Wagens, in die Nähe der Puppe kommen kann, wenn man kein Verhältnis zu den Geschichten hat.

Wenn wir hier bei den Wozudingen den Hebel ansetzen, so handelt es sich nicht darum, daß wir irgendeine kleine Berichtigung in dem System dieser drei Großen vornehmen, sondern wenn wir jetzt auf diesen Hebel, der an diesem Punkte eingesetzt ist, drücken, so gerät das ganze Gebäude ins Wanken. Was soll man jetzt noch unter Ding, Dinglichkeit, Wahrnehmung des Dinges, Erkenntnis des Dinges verstehen, wenn man nicht die Geschichten zu Hilfe nehmen darf? Steht nicht der Taler Friedrichs des Großen in unmittelbarem Verhältnis zu ihm und seinen Geschichten, ändert sich nicht sein Wert mit jeder Niederlage und mit jedem Sieg? Wie will man über den Taler vernünftig sprechen, wenn man glaubt, daß er ein rundes Stück Silber sei und mit den Bestimmtheiten des Silbers zuzüglich des Prädikats „Existenz" erfaßt sei?

Wie will man über den Kontext der Erfahrung etwas sagen können, wenn man keinen Einblick in dies Gewebe der Geschichte hat und wenn man solchen Einblick hat, wie unendlich schwierig ist es dann, dies „Körperding" als solches in die Geschichten einzuordnen?

Wie will man, solange man diese Zusammenhänge nicht gespürt hat, etwas sagen über den Begriff des Talers, über das Wesen des Talers, über die Gattung Taler? Wie will man etwas sagen können über das Wort Taler und über die Sätze, in denen Taler vorkommen? Wie will man über Traum, Wirklichkeit und Wahnsinn etwas sagen können, solange man zu dem Gebilde „Geschichte" kein Verhältnis gewonnen hat? Dasselbe, was wir Kant entgegenhalten, müssen auch Plato und Descartes gegen sich gelten lassen.

Solange sie die Geschichten nicht in den Blick bekommen, bleiben ihre Ausführungen Stückwerk. Dabei wäre es eine sehr interessante Aufgabe, aufzuweisen, wie nahe sie und auch Kant an vielen Stellen dem Gebilde „Geschichte" kommen, ohne daß sie jemals den letzten Schritt tun.

DRITTER TEIL

VON HOMERS ALLGESCHICHTE ÜBER DIE SACHVERHALTE DER ANTIKEN WISSENSCHAFT ZUR ALLGESCHICHTE DES CHRISTENTUMS UND WEITER ZUM SACHVERHALT DER MODERNEN WISSENSCHAFT

A. VORBEMERKUNG

Kapitel I
Versuch über die Geschichten bei Homer und Hesiod: Chaos und Kosmos, Chaos und Geschichten

1. Die Geschichten bei Homer und Hesiod und unsere Geschichten. Die Götter und Toten in den Geschichten. Die Vorzeit der Geschichten, Kronos und Uranos. 2. Die Garanten der Geschichte, Wahrheit, Wirklichkeit, Existenz der Geschichten und in Geschichten. 3. Die Irrtumsquellen der Philosophen und Bezug auf Wahrheit und Erkenntnis. Die Frage nach Wahrheit und Wirklichkeit hinsichtlich der Geschichten. 4. Die Sicherheit meiner Existenz und meiner Geschichten. Die Existenz der Mitverstrickten. Die Existenz der Götter, der Halbgötter und der Toten. 5. Was bleibt von den Geschichten Homers, wenn man Götter und Tote streicht? 6. Die Allgeschichte. Die Allgeschichte bei Homer, bei uns. Homers Allgeschichte und die Allgeschichte der Folgezeit

1. Die Geschichten bei Homer und Hesiod und unsere Geschichten. Die Götter und Toten in den Geschichten. Die Vorzeit der Geschichten, Kronos und Uranos

Von dem Turnier mit Kant, Plato, Descartes im zweiten Abschnitt führt uns der dritte Abschnitt in ein Gespräch mit Homer. Unser Ausgangspunkt ist etwa, daß Homer und ähnlich Hesiod uns Geschichten bieten, so wie wir Geschichten auffassen, und daß sich aus diesen Geschichten eine Welt aufbaut, die ohne diese Geschichten nichts mehr wäre oder nach griechischer Sprechweise das Chaos wäre. Für uns also wird der Gegensatz: Chaos – Kosmos, gleich geordnete Welt, zum Gegensatz: Chaos – Geschichte, wobei fraglich ist, ob wir unter Chaos dasselbe verstehen wie Homer und Hesiod. Unter Geschichte werden wir aber wohl dasselbe verstehen wie diese, denn der Kosmos beginnt mit Geschichten und setzt sich in Geschichten fort und ohne die Geschichten könnte man vom Kosmos nicht reden und auch nicht ohne die in Geschichten Verstrickten.

Zu dieser Welt Homers und Hesiods gibt es nun viele Türen, durch die man eintreten kann. Hesiod steht im Erbschaftsstreit mit seinem Bruder mit einem Fuß selbst in seiner Dichtung. Homer kommt in seiner Dichtung nicht vor, aber seine Menschen, die in seine Geschichten Verstrickten oder in ihre Geschichten Verstrickten sind Menschen wie wir oder sind zunächst Menschen wie wir, bis überall in den Zeilen und zwischen den Zeilen für uns Neuartiges auftaucht. Von der fest gegründeten Erde führt uns der Dichter in Geschichten bis an den Himmel und in den Himmel. Die Götter erscheinen auf der Erde, Zeus verbürgt die Einheit der Herrschaft im Himmel und auf der Erde, wo die Könige ihr Zepter von ihm erhalten haben.

Unter der Erde ist das Totenreich. Erde, Himmel und Totenreich bilden eine Einheit, in der alles und jedes seinen Platz hat, nach unserer Ansicht allerdings nicht einen räumlich-zeitlichen Platz, sondern einen Platz in Geschichten. Mit dieser ganzen Welt werden wir spielend bekannt gemacht. Von dieser Welt stellt eine Vorwelt oder stellen zwei Vorwelten Uranos und Kronos die Verbindung mit dem Chaos her, und zwar auch wieder über Geschichten.

2. Die Garanten der Geschichte, Wahrheit, Wirklichkeit, Existenz der Geschichten und in Geschichten

Homer und Hesiod halten beide für nötig, die Quellen ihrer Erzählungen anzugeben, wie wir heute sagen würden. Es sind die Musen. Sicher sind diese Erzählungen auf ihre Art nicht nur eine Philosophie, sondern sie reizen auch zum Weiterphilosophieren, insbesondere hat die Einheit der Erzählung philosophischen Charakter, und zwar sowohl die Einheit des homerischen Jetzt der Menschheit und des Zeus, als auch die Einheit der Entwicklung von Anfang an bis zur Zeit Homers. Es handelt sich, im Ganzen genommen, nicht um ein Wunschbild einer Welt, sondern um eine harte Wirklichkeitswelt, oder besser um menschliche und oft allzu menschliche Geschichten.

3. Die Irrtumsquellen der Philosophen und Bezug auf Wahrheit und Erkenntnis. Die Frage nach Wahrheit und Wirklichkeit hinsichtlich der Geschichten

Was Wahrheit, Wirklichkeit, Existenz, Sicherheit jeweils ganz genau ist, wissen wir nicht. Auf dem Gebiet der Sachverhalte könnten wir wohl mit einiger Überzeugungskraft, sei es positiv, sei es negativ, darüber reden. Viel schwieriger ist das alles bei der Einzelgeschichte und bei der Allgeschichte. Bei der Einzelgeschichte mag das Sicherste sein, daß der in sie Verstrickte existiert und daß die Geschichte ihm so passiert, wie sie ihm eben passiert. Allerdings, wenn sie vorbei ist, ist sie vorbei und selbst der, dem sie passiert ist, kann sie oft mit dem besten Willen nicht nacherzählen. Man könnte den Versuch machen, zunächst all die Irrtumsquellen zu streichen, um damit zu einem Fundament zu kommen. Es bleibt dann aber kaum etwas übrig.

Die Philosophen haben sich große Mühe gegeben, die Irrtumsquellen aufzudecken. Sie richteten dabei ihr Hauptaugenmerk von Anfang an auf die Anschauung und dabei zunächst auf die Wahrnehmung. Die durch die Sinne vermittelte Wahrnehmung, die sogenannte äußere Wahrnehmung soll keine Sicherheit dafür geben, daß das Wahrgenommene so existiert, wie es wahrgenommen ist. Wenn man diese Ansicht auf die Wozudinge anwendet, so versagt sie oder führt nicht weit genug. Die Wozudinge stehen in einer Geschichte, und diese Geschichte kann man nicht sinnlich wahrnehmen, vor allen Dingen „meint" man, „trifft" man mit der sinnlichen Wahrnehmung nicht das Geschichtenartige an den Wozudingen. In der Sprache der Philosophen können wir dies auch so ausdrücken, daß die Wozudinge, soweit man überhaupt von Wahrnehmen und Erkennen reden kann, in ihrer Eigenart nur von Menschen als in Geschichten Verstrickten „wahrgenommen" und „erkannt" werden können oder konnten.

Was aber bei einem angenommenen Stoff, bei einer Materie Erkenntnis noch bedeuten könnte, ist schon eine schwierige Vorfrage, die noch niemand beantwortet hat. Ob es bei Geschichten überhaupt Sinn hat, von einer Erkenntnis zu reden, ist eine Frage, die wir verneinen möchten. Soweit es sich dabei aber um ein Festhalten oder Rekonstruieren einer Geschichte handelt – was das bedeutet, darauf müssen wir immer wieder zurückkommen – so ist sicher, daß die Geschichte stets oszilliert und daß nie zwei Fassungen einander gleichen und daß die Originalfassung, die Fassung, in der der Verstrickte sie erlebt, für andere unerreichbar oder nur annäherungsweise erreichbar ist und auch für den, der darin verstrickt ist, alsbald undeutlich und immer undeutlicher wird. Beim Traum erleben wir es, daß wir schon nach einigen Sekunden oder Minuten oft nicht mehr sagen können, was wir geträumt haben, nicht einmal in den Hauptpunkten. Bei den Geschichten erleben wir dasselbe in etwas größeren Zeiträumen. Bei einem Streit wissen wir schon nach einigen Tagen nicht mehr, wer angefangen hat und wer schuld hat oder wie es überhaupt zu dem Streit kommen konnte. Ich meine auch, daß selbst Fernsehapparate und Abhörgeräte mit Fixierungsmitteln die Vergangenheit nicht wieder beleben können, weil die Wirklichkeit, um die es sich hier handelt, weit weit hinter ihnen liegt und hinter ihren technischen Möglichkeiten.

4. Die Sicherheit meiner Existenz und meiner Geschichten.
Die Existenz der Mitverstrickten. Die Existenz der Götter,
der Halbgötter und der Toten

Wenn wir über die Existenz nachdenken, so möchten wir etwa zugeben, daß das Sicherste zunächst meine Existenz, die Existenz des in die Geschichten Verstrickten ist. Wenn ich mich dann aber zu den Mitverstrickten wende, die aus meinen Geschichten nicht fortzudenken sind, die zu meiner Geschichte gehören oder wie man das sonst ausdrücken will, so ist die Philosophie sich durchaus nicht so sicher, ob diese Mitverstrickten auch existieren und ihrerseits so in Geschichten verstrickt sind wie ich. Ich würde dieser Frage keine so große Bedeutung beimessen, wenn sie nicht auf geradem Wege zu einem großen Problem führen würde. Wenn ich als selbstverständlich annehme, daß meine Mitverstrickten existieren, so hat Homer und jedermann aus der homerischen Welt als ebenso sicher angenommen, daß die Götter und die Halbgötter existieren, daß die Heroen existieren, ja sogar, daß die Toten in der Unterwelt existieren. Diese Annahme war auch keine theoretische Annahme oder ein Glaube; diese Wesenheiten kamen nicht irgendwo im Horizont der Geschichten vor, sondern sie wiesen sich aus als Mitverstrickte, als in ihren Geschichten Stehende und in meinen Geschichten Auftretende, ähnlich wie meine Mitbürger, meine Könige, meine Herrscher. Man mag mir einwenden, daß dies bei den Toten nicht ganz genau stimmt. Auf die letzte Feinheit kommt es mir hier in diesem Zusammenhang nicht an. Ich meine aber, daß die alten Toten und die zukünftigen Toten doch in den Geschichten der einzelnen Lebenden als Mitverstrickte oder mitverstrickt Gewesene mit dem Endziel Totenreich darin vorkommen.

5. Was bleibt von den Geschichten Homers, wenn man Götter
und Tote streicht?

Wenn nun, und das ist mir die Hauptsache, eine spätere Zeit entdeckt, daß es keine Götter und keinen Himmel gibt und daß es keine Unterwelt und keine Toten gibt, dann bleiben unter dem neuen Gesichtspunkt nicht etwa die Erde und ihre Bewohner als selbständiges Reich übrig. So kann man denken, wenn man räumlich denkt; wenn man aber wie wir in Geschichten denkt, so wird mit dem Abstrich der Götter und der Toten jeder Geschichte dieser Zeit das Mark aus den Knochen gesogen. Es bleiben keine Geschichten übrig. Man kann auch nicht sagen, was übrig bleibt. Man könnte etwa sagen: So ganz fest haben Homer und seine Helden doch nicht an die Götter und an die Toten geglaubt, nicht so wie an ihre mitverstrickten Menschen. Dieser etwas luftige Glaube läßt sich vorsichtig aus den Geschichten lösen, die kompakten irdischen Geschichten bleiben trotzdem im wesentlichen Bestande. Da wird man sich sehr in Acht nehmen müssen, daß man nicht vorschnell urteilt. Insbesondere wird man aber ein Recht haben, zu fragen, ob nicht diese Nachkommen, welche Götter und die Toten streichen, in ihren Geschichten nur neue eigene Götter und Tote mit sich führen, mit denen sie die Geschichten der Vorwelt wieder zu einem Ganzen machen, nachdem sie die Götter und die Toten erledigt haben, so daß jede Zeit schließlich den Homer hat, den sie verdient. Wie steht es aber mit uns selbst? Was sind uns in den Geschichten Homers die Götter und die Toten? Auch diese Frage wollen wir nicht leicht nehmen. Was heißt es, daß es Sagen gibt, daß es Märchen gibt, daß es Mythen gibt, daß es Traumgeschichten, daß es Rauschgeschichten gibt, daß es Dichtung gibt?

6. Die Allgeschichte. Die Allgeschichte bei Homer, bei uns.
Homers Allgeschichte und die Allgeschichte der Folgezeit

Ist vielleicht die Frage, die man an die menschlichen Geschichten richten könnte, wie es wirklich gewesen ist, immer nur so zu verstehen: In welcher Allgeschichte spielt sich die Einzelgeschichte ab und gehören immer zur Allgeschichte Götter und Tote, und zwar auch zu unserer Allgeschichte, so daß wir, wenn wir mit unseren Fragen gleichsam die verschiedenen Zeiten durchstreifen, wie in einem Palast von einem Saal in den anderen treten, aber stets unter demselben Dach bleiben? Und wenn man eine Bezeichnung für dies Dach sucht, könnte man etwa vorschlagen, das All der Allgeschichten? Wir werden auch nicht die klitzekleinste – wenn ich diese Anleihe bei den Türken machen darf – Geschichte irgendwo antreffen, in deren Adern nicht das Blut einer oder der Allgeschichte flösse.

Kapitel II
Versuch über Einzelgeschichte, Allgeschichte, Wirgeschichte, das Allwir

1. Die Einheit der Geschichten und der Allgeschichte, die Einheit der Allgeschichten. Die Form der Geschichten und ihr Wechsel. 2. Geschichten und Dichtung. 3. Die Allgeschichten und die Wir-Geschichte. Wie jeder anders in dieselbe Geschichte verstrickt ist. Die Rede von derselben Geschichte. 4. Die Vorfahren und Wir als neues Wir. Das Allwir, die Vorfahren und Wir, die Toten und Wir, das Wir bei Göttern, das Wir der Toten, alles nach Homer; die Folgezeit. Die Allgeschichte und die Einzelgeschichten. Das Verhältnis der Allgeschichten untereinander

1. Die Einheit der Geschichten und der Allgeschichte, die Einheit der Allgeschichten. Die Form der Geschichten und ihr Wechsel

Wenn man wie wir von den Geschichten ausgeht und aus den Geschichten Mensch und Menschsein verstehen oder ableiten will und wenn man damit ganze Arbeit macht, so schwindet all das Herkömmliche, was sonst die Einheit des Menschengeschlechts oder der Menschen erklärlich macht oder erklärlich gemacht hat. Wir können die Einheit nicht zurückführen auf die Erde als Wohnung, als Dauerwohnung der Geschlechter der Menschen, sondern für uns wird die Erde erst in Geschichten, ebenso wie der Himmel und das Totenreich erst in Geschichten werden. Wir können die Einheit ebensowenig auf die Leiber und auf biologische Vorstellungen zurückführen oder wir müssen das erst alles in Geschichten umdeuten und eindeuten. Wir können die Einheit auch nicht auf die ererbten Tempel, Häuser, Städte, Burgen zurückführen, weil dies alles erst von Geschichten seinen Sinn erhält. Wir können aber auch nicht, und hier müssen wir mit Widerspruch rechnen, die Einheit auf die Natur oder auch auf Naturerscheinungen, sei es auf die belebte Natur, sei es auf die unbelebte Natur, sei es auf irgend etwas anderes, was irgendwann und irgendwo einmal als Natur gedeutet ist, zurückführen. Wir können die Einheit nicht auf Tiere oder Pflanzen, auf Meere, Flüsse, Berge, auf Nacht und Dunkelheit, auf Wolken, Regen, Donner, Blitz zurückführen; denn nach unserer Meinung wird all dies erst etwas über Geschichten und in Geschichten. Für die Zeit Homers wird man dies, wenn auch vielleicht zögernd, zugeben und doch im Innern selbstverständlich immer wieder annehmen, daß Blitz und Donner, Nacht und Wolken auch ohne Geschichten etwas sind. Nach unserer Meinung ist all dies so wenig etwas ohne Geschichten wie Zeus ohne Geschichten etwas wäre.

Entweder ist es selbst in Geschichten verstrickt oder es kommt in Geschichten vor nach Art der Wozudinge und nach Art des Auswas der Wozudinge. Es ist also nicht so, daß Homer oder seine Zeit Naturgewalten oder Naturerscheinungen wie Nacht, Ozean, Feuer, Licht personifiziert haben, sondern die Personifizierung, wenn es überhaupt so etwas gibt, ist zugleich die Geburtsstunde von etwas, nach dessen früherem Sein zu fragen närrisch ist und worauf nur die eine griechische Antwort erlaubt ist, daß es aus dem Chaos stammt, womit ebensowenig gesagt und gefragt ist; was nach unserer Auffassung nicht mehr ist als ein Achselzucken.

Es kann aber vorkommen, daß das Geformte, die Nacht, das Licht, das Feuer seine Form wechselt. So mag etwa das Feuer, das zunächst der lebendige Leib einer mächtigen Gottheit war, zu einem Attribut Gottes werden. Dabei wird man beide Ausdrücke nicht auf die Goldwaage legen dürfen. So mag es auch bei anderen Naturerscheinungen sein. So mag der Fieberdämon, der zunächst als Gott selbst im menschlichen Körper aufgefaßt wird, sich umformen in einen Gott, der das Fieber oder die Krankheit schickt. Es mögen auch beide Formen nebeneinander vorkommen. Wenn wir Homer genau daraufhin durchsehen, wie wir das später versuchen, finden wir Formen nebeneinander, vielleicht nicht viel anders als wir heute in der Christenheit Konfessionen nebeneinander entwickelt haben, während eine Konfession ohne Form oder eine nackte Konfession nicht „vorkommt", nicht „denkbar" ist. All dies ist nur in Geschichten verständlich zu machen. Es bleibt dann allerdings eine harte Nuß: Lebt auch der moderne Mensch, lebt der Naturwissenschaftler, der Biologe, der Philosoph in einer solchen Allgeschichte, die die legitime Nachfolgerin der Allgeschichte Homers ist?

2. Geschichten und Dichtung

Wenn wir hier von Form reden, so ist das nur ein Verlegenheitsausdruck. Aristoteles kommt in der *Poetik* auf etwas Ähnliches zu sprechen. Er vergleicht den Geschichtsschreiber und den Dichter. Diese unterscheiden sich nicht dadurch, daß der eine in Versen, der andere in Prosa schreibt, sondern dadurch, daß der eine erzählt, was wirklich geschehen ist, der andere, was hätte geschehen können. Deshalb ist die Dichtkunst eine philosophischere und noch ernstere Tätigkeit als die Geschichtsschreibung; denn die Poesie richtet sich mehr auf das Allgemeine, während die Geschichtsschreibung das Einzelne erzählt. Leider setzt sich Aristoteles nicht auseinander mit den Geschichten selbst, wie sie etwa Herodot in so reichem Umfange erzählt. Aristoteles sieht vor der Geschichtsschreibung nicht die einzelnen

Geschichten, während man uns vielleicht eher zum Vorwurf machen kann, daß wir vor Geschichten nicht die Geschichtsschreibung sehen. Wenn man aber mit uns die Geschichten in den Mittelpunkt stellt, so trifft der scharfe Unterschied, den Aristoteles macht, nicht mehr zu. Geschichten und Dichtung rücken dann ganz nahe aneinander und können sich berühren. Ja, wenn man Sagen und Märchen und Mythen und Heldengeschichten mit in den Vergleich zieht, so kann man die Grenze zwischen Dichtung und Geschichte vielleicht vollständig zum Verschwinden bringen.

Es schadet einer Geschichte nicht, wenn sie wahr ist, und so schadet es einer Dichtung nicht, wenn sie unwirklich ist und umgekehrt. Dagegen gelten einfache und komplizierte Stilgesetze für alle Gebiete fast gleichmäßig. Alle Gesetze, die etwa den Aufbau, die Einheit, die Spannung, die Abschweifung, die Angemessenheit des Ausdrucks betreffen und alles, was in dieser Richtung je nach Art der Geschichte oder der Dichtung liegt. So kann es einem ergehen, daß man zunächst meint, man könnte den Unterschied zwischen Dichtung und wirklicher Geschichte einfach an ein paar Merkmalen aufzeigen, während man dann nachher merkt, daß hier überhaupt kein Ende zu finden ist.

Wir dürfen uns dabei auf Homer beziehen. Homer läßt den Odysseus bei den Phäaken einen Erlebnisbericht geben, der gleichzeitig die höchste Dichtung darstellt. Die Wirkung paßt sowohl für den Vortrag einer Dichtung wie für den Vortrag eines Erlebnisses.

„Also sprach Odysseus, und alle saßen und schwiegen,
Von Entzücken gebannt im schattigen Dunkel des Saales."
(*Odyssee*, XI, 333 f.)

So kann es heute noch einem Wanderer ergehen, der von fernen Landen erzählt. So ist es mir selbst einmal ergangen. Wir können, halb im Ernst, halb im Spaß, nachdem wir die Dichtung mit den Geschichten verglichen haben, die Dichtung auch mit dem, was man unter Sachverhalt versteht, vergleichen. Über Sachverhalte läßt sich nicht dichten. Es läßt sich nicht dichten über mathematische Sachverhalte. Hier stimmt der Satz des Aristoteles in aller Schärfe. Es hätte keinen Sinn, den pythagoreischen Lehrsatz oder die ganze Geometrie, die Lehre der Chemie oder die Lehre der Mechanik in eine Dichtung zu verwandeln, oder die Astronomie oder die Biologie. Sobald man aber etwa in der Astronomie oder für die Biologie ein Fragezeichen hinter unsere Behauptung setzen möchte, zeigt man damit wohl an, daß man die heute oder heute noch anerkannten Grenzen der Biologie und der Astronomie überschreitet und in das Gebiet der Geschichten hineinkommt. Nach unserer Auffassung allerdings wäre dies durchaus legitim. Wir gehen ja sogar noch viel weiter und meinen, daß auch die strengste Wissenschaft noch irgendwie in die Allgeschichte gehört und mit der Dichtung verwandt ist.

3. Die Allgeschichten und die Wir-Geschichte. Wie jeder anders in dieselbe Geschichte verstrickt ist. Die Rede von derselben Geschichte

Wenn wir den Raum – hier bildlich gemeint – durchmessen von der kleinsten Einzelgeschichte bis zu einer Allgeschichte nach Art Homers oder indem wir diesen Gedanken noch weiter ausdehnen, oder vielleicht auch überfordern, bis zu einer Allgeschichte, die all die historischen Allgeschichten – Homers Allgeschichte, die jüdische, die christliche, die islamische, die Allgeschichte des *Gilgamesch* oder der *Bhagavadgita* und alle anderen – umfaßt, allerdings mit einem notwendig offenen Horizont in die Zukunft, so verstehen wir, wieviel schwieriger dieses Gebiet ist als das Gebiet einer mechanischen Weltbetrachtung, welche die Bahnen des Atoms, der Erde und der Gestirne nachrechnet. Nach unserer Meinung gehört allerdings dies auch noch irgendwie an einer untergeordneten Stelle in die Allgeschichte. Der Übergang von der Einzelgeschichte zur Allgeschichte erfolgt über die Mitverstrickung oder über das Wir, wobei aber die kleinste Einzelgeschichte schon das Wir enthält. Wir möchten annehmen, daß dies Wir in unendlichen Färbungen in den Geschichten vorkommt, wie etwa das Wir der Geschwister, das Wir der Familie, der Sippe, des Dorfes, der Stadt, der Kameradschaft, des Berufs. Jedes solche Wort konkretisiert sich zu dem bestimmten Wir oder ist, wenn wir das hier schon vorwegnehmen dürfen, die Überschrift für die Wirs der Familie, der Sippe usw. Jede Einzelgeschichte ist zugleich eine Wir-Geschichte. Sie scheint aber in einem anderen Sinne eine Wir-Geschichte zu sein, als eine Einzel- oder Ich-Geschichte. Wir wagen dabei nicht zu entscheiden, was fundamentaler ist, das Ich oder das Wir. Wir neigen eher dazu, beide gleichzuordnen, so daß jede Ich-Verstrickung eine Wir-Verstrickung enthält, und jede Wir-Verstrickung eine Ich-Verstrickung.

Die größte Weite hat die Wir-Verstrickung in der Allgeschichte. Darin findet sie zugleich ihre Grenze. Diese Allgeschichte ist aber in die Zukunft geöffnet, wie eine Blüte, die sich entfaltet, und erhält dadurch einen gewissen provisorischen Charakter. So mag etwa das Jüngste Gericht als endgültiges Ende des Provisoriums, als heute vorweggenommenes Ende aufgefaßt werden können. Aber selbst bei dieser Vorstellung geht die Allgeschichte im Himmel und in der Hölle im offenen Horizont weiter.

Es gehört nicht zur Geschichte, daß sie sich jedem Glied des Wir gleich darstellt. Wer mit dieser Vorstellung sich den Geschichten nähert, übersieht, daß die Geschichte aus Verstricktsein besteht. Jeder ist anders in dieselbe Geschichte verstrickt. Dies Phänomen läßt sich allerdings schwer fassen. Wenn wir sagen, was bei dem einen Mittelpunkt ist, ist bei dem anderen schon nicht mehr genau Mittelpunkt, schon eher Horizont, so kann das schon falsch ausgelegt werden. So kann man in der Familie fragen, wie es mit der Krankheit des Vaters, der Mutter, eines Kindes, eines Kleinkindes, eines Angestellten stehe. Für den konkreten Fall kann man sich sehr viel schneller verständigen als über die Formel: Man sieht, wie von Fall zu Fall verschieden die Krankheit übergreift und wie es durchaus möglich ist, daß die Krankheit die Gesunden härter trifft als den Kranken, so etwa, wenn in der Familie das wehrlose Kleinkind oder Kleinstkind gefährlich erkrankt. Wir haben den Eindruck, daß dies ein Fall des Wir ist, daß aber alle Geschichten über Feindschaft und Krieg dies Wir enthalten, welches wir immer nur in Geschichten fassen können oder besser, dem wir uns nur über Geschichten nähern können. Dies Wir ist kein Objekt. Wenn wir es unter die Lupe nehmen wollen, verschwindet es. Dies Wir entfaltet sich in immer neuen Geschichten und setzt damit immer alte Geschichten und älteste Geschichten fort, aber immer konkrete, konkreteste Geschichten. So kann man mit einem gewissen Recht sagen, es gibt so viele Wirs, wie es Geschichten gibt. Diese Wirs können aber verwandt miteinander sein, können auseinander hervorgehen, ein Wir kann sich erweitern, so wie sich eine Familie, ein Dorf, eine Stadt vergrößert, wobei wir etwa von Alt-Bürger und Neu-Bürger sprechen. So mag man sagen können, daß in der Familie sich das Schwergewicht des Wir verlagert in dem Maße, in dem die Kinder groß werden, die Eltern alt werden. Man sieht, man kann vernünftig über dies alles sprechen, nur darf man keine Lupe nehmen. Dann sieht man nichts mehr. Auch die Grammatik darf man hier nicht benutzen, darauf kommen wir aber noch im einzelnen zu sprechen.

4. Die Vorfahren und Wir als neues Wir. Das Allwir, die Vorfahren und Wir, die Toten und Wir, das Wir bei Göttern, das Wir der Toten, alles nach Homer; die Folgezeit. Die Allgeschichte und die Einzelgeschichten. Das Verhältnis der Allgeschichten untereinander

Dies Wir kann sich nun ausdehnen über die Alten zu den Vorfahren. Wir dürfen hier nicht sagen, zu den Toten; denn diese Vorfahren gehören als Lebendige zu dem Wir. Wir können allerdings ebensogut sagen, daß die Sprache hier versagt, oder auch, daß die Geschichten hier versagen. Wir gedenken der Vorfahren als der Lebenden. Was dies aber bedeutet, daß wir sagen, „sie" „sind" „jetzt" „tot", darüber könnte ich persönlich keine Aufklärung geben. Wir machen aber später noch einen Versuch nach dieser Richtung. Es handelt sich hier immer nur um tastende Versuche. Von diesem Wir können wir nun schließlich zu einem All-Wir kommen. Hiermit beginnen aber große Schwierigkeiten über die Ausfüllung dieses All-Wir.

An dieser Stelle unserer Überlegungen sieht man nun, wie vorsichtig man sich ausdrücken muß. Wir unterscheiden hier sozusagen die gelebt habenden Vorfahren und die Toten, die jetzt tot sind oder schon seit einiger Zeit tot sind. Man fühlt, daß die Sprache hier unsicher ist. Dies kann damit zusammenhängen, daß dies ganze Gebiet um Leben und Tod eine Art Sumpf ist. Eher scheint es mir aber damit zusammenzuhängen, daß wir hier als Menschen des zwanzigsten Jahrhunderts als aufgeklärte Menschen sprechen, ohne daß wir uns dessen bewußt sind. Was die Gemeinschaft zwischen den Vorfahren und uns betrifft, werden wir vielleicht zugeben, daß die Vorfahren in ihren Geschichten noch auf uns wirken oder fortwirken und daß so gleichsam ein einseitiges Wir bestehen mag, während das volle Wir beiderseitige Wirkung und gleichzeitiges Sein voraussetzt. Wir können dieselbe Frage aber Homer vorlegen oder einem indischen Philosophen aus einer der vielen Richtungen oder einem chinesischen Philosophen oder einem unserer gläubigen Vorfahren. Jeder wird die Frage über das Wir der aufeinanderfolgenden Geschlechter anders beantworten. Jeder kann aber, und das ist das Gemeinsame, die Frage nur beantworten an Hand von Geschichten und nicht an Hand von beliebigen Geschichten, sondern – so sagen wir vorläufig – an Hand einer Allgeschichte, – vielleicht müßten wir aber zugleich hinzufügen – oder an Hand der Wissenschaft oder an Hand eines Systems, etwa des platonischen Systems oder des Kantschen Systems. Wir selbst gehören dann wohl zu denen, die selbst in erster Linie eine Antwort auf Grund der Wissenschaft geben, bevor uns einfällt, daß diese Antwort die unsicherste ist, die es überhaupt gibt. Wir Menschen des zwanzigsten Jahrhunderts verlängern zunächst die Reihe unserer Vorfahren, bis wir vielleicht irgendwann auf tierische Vorfahren treffen. Nach soundso viel tausend Geschlechtern machen wir einen Strich. Bis dahin fassen wir alle Geschlechter zu einem Wir zusammen und kommen damit zu einem einseitigen Wir der Menschen. Mit nicht ganz gutem Gewissen machen wir diesen Strich. Es kann uns begegnen, daß wir jenseits dieses Striches plötzlich Mütter sehen, die sich für ihre Kinder opfern und Aufnahme in unser Wir fordern. Wir können das Gefühl haben, als ob wir arme Verwandte von der Tür wiesen. Wir können uns schämen und den Strich zurückverlegen – immer weiter –.

Für die Toten und für die Götter ist in diesem Wir unseres Jahrhunderts kein Platz. Bei Homer gehören die Götter und die Halbgötter und vielleicht auch die Toten zu dem Wir. Die Götter bilden unter sich ein geschlossenes

Wir, ebenso anscheinend die Toten und ebenso die lebenden Menschen. Die Geschichte und die Geschichten der Götter reichen weiter als die Geschichten der Menschen und der Toten, oder vielmehr die Geschichten der Menschen beginnen erst auf dem Hintergrund der Geschichte der Götter. In dieser Allgeschichte und All-Wirgeschichte ist jede einzelne Geschichte bis zum Trojanischen Kriege eingebettet, fast möchten wir sagen eingemauert wie ein Stein in einer Mauer. Der Stein hält die Mauer, und die Mauer hält den Stein. Natürlich ist dies Bild noch unzureichend.

In der griechischen Aufklärung wird dieses Bild nun von Grund auf zerstört oder abgetragen. Selbstverständlich bleiben die Einzelgeschichten auch die Geschichten der Stadt und Griechenlands. Aber sie sind nicht mehr dieselben wie vorher, sie ruhen nicht mehr in der Allgeschichte und die Allgeschichte ruht auch nicht mehr in ihnen oder auf ihnen. Wie sich das „Wir" ändert, auflöst, identisch bleibt, angeknackt wird von Homer bis auf unsere Tage, das würde eine besondere Untersuchung erfordern.

Während es nun unübersehbar viele Einzelgeschichten gibt, so viele wie Sand am Meer, ist die Anzahl der Allgeschichten wenigstens auf den ersten Blick schon eher übersehbar. Zu einer von diesen Allgeschichten gehört jeder Einzelne. Vielleicht leugnet der Nihilist dies. Und doch mag auch der Nihilismus eine Allgeschichte sein. Griechen und Trojaner haben dieselben Götter und dieselbe Unterwelt. Die Zugehörigkeit zu dieser Allgeschichte läßt sich bis in die letzte Minute des Alltags, der einzelnen Geschichten, verfolgen. Diese Zugehörigkeit zur Allgeschichte empfindet jeder Einzelne bei Homer. Zu dieser Allgeschichte gehört der Trojaner genausogut wie der Grieche. Bei den Römern können wir dies nicht so gut verfolgen, weil uns hier Homer fehlt. Dagegen können wir bei den Juden wieder dasselbe Phänomen antreffen, jeder Jude gehört in die jüdische Allgeschichte. Darauf beruhen seine Grenzen und darin beruht seine Sicherheit. Dies Zu-einer-Allgeschichte-Gehören macht die Substanz des Menschen aus. Für den Einzelnen ist die Allgeschichte und sein Platz darin, solange beides nicht angefochten ist, vergleichbar mit dem, was der Philosoph unter dem Absoluten versteht. Wenn die Allgeschichte verlorengeht, kommt alles ins Treiben. Die äußersten Gegensätze sind etwa, daß der Mensch sich in einer Heilsgeschichte aufgehoben weiß oder daß er sich andererseits wie eine Art Schimmelbildung auf einem beliebigen Stern vorkommt. Dieser äußerste Gegensatz wird auf andere Weise ausgedrückt in dem Gegensatz von Geschichte und Sachverhalt. Es ist fast so, als ob irgendeine Kraft den Menschen aus der Geschichte herausschleuderte in eine Sphäre des Sachverhalts hinein. Die Allgeschichte hat irgendwie eine andere Qualität als die Einzelgeschichte. Damit hängt es zusammen, daß die Einzelgeschichte in der Allgeschichte ruht und daß die Allgeschichte alle Einzelgeschichten umfaßt und damit die Einzelgeschichten auch in eine Verbindung untereinander bringt schon durch ihre Zugehörigkeit zur Allgeschichte.

Die Allgeschichte ist in die Zukunft geöffnet, während die Einzelgeschichte zu einem provisorischen Ende kommen kann. Zur Allgeschichte kann man nur kommen über Einzelgeschichten. Ebenso wahr ist aber das Umgekehrte, daß man zur Einzelgeschichte nur auf dem Boden der Allgeschichte kommen kann. So ließen sich wohl noch viele Sätze ableiten über Einzelgeschichte und Allgeschichte, allerdings immer nur an Hand der Geschichten, die uns zur Verfügung stehen. So ist merkwürdig das Ende einer Allgeschichte oder der Übergang einer Allgeschichte in eine andere. So kann man etwa die Bekehrung des Apostels Paulus fast körperlich auffassen als den Übertritt von einer Welt in die andere, von der jüdischen Welt in die christliche Welt oder besser Weltgeschichte, allerdings mit der Besonderheit, daß die alte Welt die neue Welt nicht negiert, sondern ihre legitime Fortsetzung ist, allerdings eine Fortsetzung voll von Wundern.

Vielleicht ist dieser Tag der Bekehrung des Paulus einer der wichtigsten irdischen Tage der Christenheit. An diesem Tage verlagerte sich die Achse der Welt. Die Reformationen mögen in gewissem Sinne mit dieser Achsenverlagerung vergleichbar sein, während das Auftreten von neuer Wissenschaft und moderner Philosophie nicht so einfach mehr zu fassen ist.

Die Welt Homers gerät in der klassischen Zeit Griechenlands in einen ähnlichen Strudel wie die christliche Welt in der beginnenden Neuzeit. Damit ist an sich nicht viel Neues gesagt. Wir können nur versuchen, auf diesem Wege das Verhältnis von Allgeschichte und Einzelgeschichte immer tiefer zu erfassen; so kann man die Allgeschichte als Geschichte des einzelnen Verstrickten auffassen, also etwa als die Einzelgeschichten von Adam und Eva bis heute, in die jeder Einzelne verstrickt ist, obwohl diese Allgeschichte für die Einzelnen wieder Verschiedenheiten aufweist und für die Einzelnen diese Wendung oder Kehre aufweisen kann wie bei Apostel Paulus. Es ist dieselbe Geschichte wie bei den anderen Juden und ist doch eine ganz neue Geschichte. In jedem Einzelnen schließt sich aber die Allgeschichte alsbald zu einer neuen Einheit zusammen. Auch dafür bietet uns Apostel Paulus ein Beispiel. Vor unseren Augen bildet sich die neue Welt, die neue Allgeschichte und strahlt zurück in die fernste Vergangenheit und Zukunft. Es ist noch dieselbe Allgeschichte und doch ist sie vollständig neu geworden.

Kapitel III
Die Allgeschichte und die Wissenschaft

1. Die Allgeschichte und die philosophischen Systeme. Das Verhältnis der Systeme zueinander. Lückenlosigkeit von Allgeschichte, Wissenschaft und Philosophie. 2. Die Allgeschichte und das System im Einzelnen. Der Unterschied in den Systemen. Wie der Einzelne in ein System hineinkommt und aus ihm herauskommt. Das System ohne Mensch. Die Vieldeutigkeit der Allgeschichte und der Systeme. Die Auslegung. 3. Übergang zur Einzelbetrachtung. Der Übergang von Homer zur Wissenschaft und Philosophie. Wissenschaft und Technik

1. Die Allgeschichte und die philosophischen Systeme. Das Verhältnis der Systeme zueinander. Lückenlosigkeit von Allgeschichte, Wissenschaft und Philosophie

So kann man im Rahmen von Geschichten und Allgeschichten endlos lange philosophieren und das wird auch nicht müßig sein. Wir brechen aber die Untersuchung hier ab und versuchen jetzt, uns zu orientieren über den Übergang der Allgeschichte zu etwas anscheinend ganz anderem. Wir meinen damit dies Ereignis oder wie man es nennen will, daß sich Wissenschaft und Philosophie an die Stelle der Allgeschichte setzen. Wie kann eine Geschichte abgelöst werden durch anscheinend etwas ganz anderes, durch Wissenschaft und Philosophie? Die Einzelgeschichten bleiben, so könnte man sagen, aber sie bleiben auch nicht, insofern sie nicht mehr in der alten Allgeschichte aufgehoben sind, sondern sich ein neues Lager suchen müssen. Wenn Wissenschaft und Philosophie die Allgeschichte verdrängen, so wird es wohl nicht viel nützen, daß man allgemeine Erwägungen anstellt, wie überhaupt Wissenschaft und Philosophie dazu fähig sind, wie sie, obwohl selbst nicht Geschichte, Geschichten aus dem Felde schlagen können. Man wird vielmehr den Kampf im einzelnen verfolgen müssen, um zu sehen, was hier eigentlich vor sich geht und ob und wie sich das ganze Schauspiel wieder auf Geschichten zurückführen läßt.

Ähnlich wie sich die Einzelgeschichte wie auf Grund einer inneren Notwendigkeit zur Allgeschichte rundet und man nicht sagen kann, welche jünger und welche älter ist, so rundet sich die philosophische oder wissenschaftliche Entdeckung oder der entsprechende Satz zu einem System, in welchem sie ruhen; ähnlich wie man die verschiedenen Allgeschichten scharf voneinander trennen kann, die homerische, die jüdische, die islamische, wobei Bezüge nicht ausgeschlossen sind, ähnlich verhalten sich die Systeme. Ein System schließt entweder das andere aus, oder verschiedene

Systeme stehen in Bezügen zueinander. Aber darüber hinaus gibt es noch Verbindungsstellen zwischen Allgeschichte und System, wobei entweder das Interesse vorherrschen kann, diese Verbindung und Verwandtschaft hervorzuheben oder sie zu verdecken. Es wird nicht einfach sein, den letzten Sinn dieser Beziehung festzustellen, abgesehen von der Beziehung, daß der einzelne Verstrickte gleichzeitig in eine Allgeschichte gehören kann und in ein System, ohne daß sich diese beiden Kreise in ihm stören. Die historischen Beispiele liegen auf der Hand. Wir wollen uns damit nicht aufhalten.

Der wichtigste Punkt ist vielleicht die Lückenlosigkeit der Allgeschichte und die Lückenlosigkeit des Systems, die gleichzeitig fragen lassen, ob oder warum nicht die Allgeschichte im System einen Platz haben könnte oder das System in der Allgeschichte. Es ist dabei die Frage, ob wir mit System schon den passenden Ausdruck gefunden haben. Der einzelne wissenschaftliche Satz ist für sich nichts, wenn er nicht im Gesamtkomplex gesehen wird. Dasselbe gilt für den einzelnen philosophischen Satz. Entspricht dieser Abhängigkeit etwa eines Lehrsatzes von der Geometrie der Abhängigkeit der Einzelgeschichte von der Allgeschichte, oder handelt es sich nur um äußerliche Ähnlichkeiten, und muß man sich vor einer mechanischen Betrachtung dieser Ähnlichkeit in Acht nehmen?

Die griechische Geschichte ist dadurch so wertvoll, daß wir hier verfolgen können, wie an die Stelle der Allgeschichte Wissenschaft und Philosophie treten. Die abendländische Welt betrachtet dies als Fortschritt entweder in dem Verhältnis von Finsternis zum Licht, von Aberglauben zur Vernunft oder wenigstens in dem Verhältnis von Irrtum zur Wahrheit, wenn auch vielleicht zugegeben wird, von einem schönen Irrtum zu einer bitteren Wahrheit, zur Wahrheit, die, was man auch sagen mag, jedenfalls sich nicht aufhalten läßt. Dies ist ein Angelpunkt wenigstens unserer abendländischen Welt. Anscheinend findet er nirgends eine Parallele. Sicher lohnt es sich, sich immer wieder mit diesem Punkt zu beschäftigen. Es ist leicht möglich, daß unsere Untersuchungsgrundlage noch nicht umfassend genug ist. Keineswegs wollen wir die homerische Allgeschichte als das „Vorspiel" von Philosophie und Wissenschaft betrachten. Damit werden wir dieser Allgeschichte nicht gerecht.

2. Die Allgeschichte und das System im Einzelnen. Der Unterschied in den Systemen. Wie der Einzelne in ein System hineinkommt und aus ihm herauskommt. Das System ohne Mensch. Die Vieldeutigkeit der Allgeschichte und der Systeme. Die Auslegung

In der Allgeschichte hat jeder seinen Platz über seine Geschichte. Er steht mit seiner Geschichte in der Allgeschichte. Die Allgeschichte läßt niemanden aus. Es ist dabei einerlei, ob es sich um die Allgeschichte Homers handelt oder um die Allgeschichte des Alten oder Neuen Testaments oder um die Allgeschichte des Islam. Beim Islam müßten wir allerdings noch nachprüfen, ob er in einer Allgeschichte aufgeht.

Soweit die Religionen das Verhältnis Gott-Menschheit behandeln, sind sie auf eine Allgeschichte angelegt. Wir haben schon im ersten Teil die Frage aufgeworfen, ob dies Verhältnis zur Allgeschichte gehört, ob es vielleicht sogar die Grundlage zur Allgeschichte sei.

Wenn wir nun das System in Gegensatz zur Allgeschichte setzen, so verstehen wir unter System in erster Linie die philosophischen Systeme. Wenn man von den Allgeschichten kommt, so ist der Vergleichspunkt zum System, daß auch im System jeder einen Platz hat. Er ist aber nicht eingegliedert in eine Geschichte, er hat gleichsam keinen Eigennamen, sondern ist nur als Mensch in das System eingeordnet. Dabei wäre noch genauer zu prüfen, woran Mensch hier orientiert ist oder als was der Mensch hier orientiert ist oder als was er in das System eingeht. Man muß dabei berücksichtigen, daß der Mensch seine Stellung erst vom System erhält und daß er doch vielleicht auch ohne dies System schon irgend etwas ist. Was heißt in diesem Zusammenhang, daß der Mensch eine Substanz ist, daß er eine unsterbliche Seele hat, daß er ein denkendes, fühlendes, wollendes Wesen ist? Die Beschäftigung mit den Systemen läßt dann die Frage auftauchen, welchen Platz die Systeme in der Allgeschichte haben. Daran mag sich die Frage anschließen, ob man auch umgekehrt fragen kann, was die Allgeschichten für das System bedeuten.

Für uns selbst ist die nächste Frage, wie uns bei der Prüfung von Allgeschichte und System der Unterschied von Geschichte und Sachverhalt, von dem wir zunächst ausgegangen waren, weiterhilft, inwieweit er uns nicht nur hilft, die Sätze in der Geschichte von den Sätzen, die einen Sachverhalt treffen wollen, zu scheiden, sondern inwieweit er fähig ist, diese Weltgebäude selbst im Innern auszumessen und nach außen abzugrenzen. Dabei mag noch sehr die Frage sein, ob sich die Systeme alle gleichmäßig verhalten oder ob sich Systeme den Allgeschichten nähern oder gar sie in sich aufzunehmen versuchen. Vielleicht muß man auch noch in einer etwas anderen Wendung die Frage aufwerfen, ob nicht jede Allgeschichte etwas vom System und jedes System etwas von der Allgeschichte in sich enthält. Man könnte sagen, jedes Zeitalter hat den Homer, den Kant, den Heidegger, den es verdient. In Wirklichkeit sind aber diese Namen nur andere Bezeichnungen für die Allgeschichte. Man könnte Kant fragen, wie man in seine Welt hineinkomme und was man mitbringe. Eine solche Frage ist bei Geschichten nicht möglich.

Bei einer Geschichte oder bei der Allgeschichte kann man nicht fragen, wie der Einzelne hineinkommt. Er ist schon immer darin. Bei einem System scheint dagegen die Frage wichtig, wie der Einzelne in das System hineinkommt, welchen Platz er in dem System hat. System steht in enger Beziehung zur Welt. Man kann die Frage also auch so stellen, welchen Platz hat der Einzelne in der Welt des Systems, wie kommt er in diese Welt hinein, und vielleicht auch, wie kommt er wieder heraus aus ihr. Diese Frage kann man allen Philosophen stellen. Man kann sie Plato stellen, man kann sie Kant stellen. In den Systemen selbst scheint die Frage selten im Mittelpunkt zu stehen. Die Welt scheint irgendwie ohne den Menschen auskommen zu können. Das System gleicht darin der guten Stube der Hausfrau, die auf das schönste gepflegt ist, in die aber niemand hinein darf. Wir müssen uns hier auf die allgemeine Bemerkung beschränken, so interessant auch die Aufgabe sein mag, bei den einzelnen Philosophen nachzufragen, was der Mensch in seinem System sei, insbesondere was er noch sei, wenn er nicht der in Geschichten Verstrickte ist.

Dabei taucht dann allerdings eine andere Frage auf. Wir meinten schon, daß nicht einmal für zwei Mitverstrickte, die in engster Beziehung stehen, die eine Geschichte die gleiche sei, wenn sie auch eigentlich dieselbe sein muß, daß also dasselbe noch ungleich sein kann. Man kann zunächst dahin flüchten, daß die verschiedenen Deutungen einer Geschichte wieder zu einer Geschichte gehören, zu eine neuen Geschichte, wie etwa die entgegengesetzten Vorträge der Parteien zu einem Prozeß gehören und in einem Richterspruch zu einer einheitlichen Geschichte werden. So ähnlich mag sich der Historiker vorkommen. Wenn wir hier genauer sein wollten, müßten wir auf die Beweisregeln zu sprechen kommen, die dem Richter erst seine Aufgaben möglich machen, nämlich daß im Strafprozeß jeder freizusprechen ist, dem die Schuld nicht nachgewiesen wird, und daß im Zivilprozeß der Kläger abgewiesen wird, wenn er seine Ansprüche nicht beweist. Das ist aber nicht der Kern, sondern nur das Gröbste. Der Kern ist die Auslegung oder Deutung der Geschichten und die ebenso schwierige Deutung der Gesetze, die nach unserer Meinung mit den Geschichten zu einer Einheit zusammenfließen.

Dieselbe Auslegung gibt es nun bei der Allgeschichte im verstärkten Maße. Die Menschen haben eine eigene Technik entwickelt, um diese Divergenzen zu verdecken durch ein einheitliches Glaubensbekenntnis. Es ist gewiß wichtig, daß es solche Vereinbarungen gibt, die Fiktion eines einheitlichen Glaubens oder einer einheitlichen Allgeschichte. (Diese Fragen haben wir bereits gestreift im ersten Teil, B unter Kap. I, 3.)

Die Philosophen dürfen den Geschichten und auch den Allgeschichten nicht diese Unsicherheit in der Fassung vorwerfen, denn mit ihren Systemen sieht es nicht besser aus. Es ist wohl sicher, daß weder Plato noch Aristoteles noch Kant zu verschiedenen Zeiten unter ihrem System dasselbe verstanden haben und daß sie niemals zu einer Zeit eine in sich geschlossene einheitliche Anschauung gehabt haben. Kant mag ungefähr dasselbe ausdrücken, wenn er sagt, daß man den philosophischen Vortrag immer zwacken könne. Er bagatellisiert damit aber diese fundamentale Einsicht.

Wir wollen mit diesen Überlegungen nur den ersten Anfang machen zu dem, was über Auslegung und Deutung zu sagen wäre. Wenn man bei der Einzelgeschichte, bei der Allgeschichte, beim System, zunächst von Auslegung und Deutung reden muß und erst recht beim Dichter, beim Seher, so schwindet damit zunächst überall das Handgreifliche, der feste Punkt, auf den man sich stützen könnte, und an die Stelle dieses festen Punktes tritt die Weisung, in dem hiermit neu erschlossenen Ganzen zu schwimmen, so gut es geht.

3. Übergang zur Einzelbetrachtung. Der Übergang von Homer zur Wissenschaft und Philosophie. Wissenschaft und Technik

Wir wenden uns jetzt der Einzelbetrachtung der Einzelgeschichten und der Allgeschichte bei Homer und Hesiod zu. Dabei sind wir ständig umgeben von dem, was man unter Religion, Philosophie, Dichtung, Wissenschaft versteht. Wir sind nicht in der Lage, diese Ausdrücke genau zu erklären, nicht einmal den Ausdruck Wissenschaft, der doch eigentlich am leichtesten aufzuklären sein müßte.

Wenn wir von Homer ausgehen, so soll das nur ein Anfang sein. Wir sind überzeugt, daß sich unsere Überlegungen auf alle Geschichten und Allgeschichten auf der Erde ausdehnen lassen und nehmen sogar an, daß nicht nur Parallelen zwischen den Allgeschichten und einzelnen Geschichten, sondern auch innere und innerste Zusammenhänge bestehen, wie sie etwa in dem indischen Wort „Das bist Du" zum Ausdruck kommen. Wir fangen aber mit Homer an, weil er uns am nächsten liegt und am vertrautesten ist. Wir hätten vielleicht in ähnlichem Sinne mit der *Bibel* anfangen können. Für eine solche Untersuchung war aber unser Abstand von der *Bibel* nicht groß genug. Wir haben aber immer das, was wir zu Homer gesagt haben, in Verbindung gesetzt mit dem, was wir zur *Bibel* sagen könnten oder zum *Gilgamesch-Epos* oder zur *Bhagavadgita* oder zu dem, was uns über Religionen und Philosophien bekannt ist.

Der Hauptgrund, weswegen wir aber mit Homer begannen, war wohl ursprünglich der, daß aus der Welt Homers die Wissenschaft und die Philosophie erwuchsen, wenigstens nach allgemeiner Anschauung. Für die Philosophie scheint mir dies nicht richtig zu sein, wenn man die Philosophie nicht mit Wissenschaft gleichsetzt; es kann also höchstens für einen ganz eng gefaßten Begriff von Philosophie stimmen, durch den Homer als Philosoph ausgeschlossen wird. Was aber die Wissenschaft anlangt, so ist diese Meinung vielleicht auch nur zum Teil richtig, wenn man nämlich unter Wissenschaft Mathematik und Naturwissenschaft versteht. Wobei die nächste Frage wäre, im Hinblick auf was diese Wissenschaften sein sollen und was für ein Wissen sie vermitteln. Man wird die Bedeutung dieser Wissenschaften für die Technik scharf von der Frage unterscheiden müssen, was von diesen Wissenschaften übrig bliebe, wenn sie keine technische Bedeutung hätten. Soweit aber die technische Bedeutung in Frage kommt, rücken diese Wissenschaften wieder in die Geschichten hinein und bilden etwa einen Teil der Geschichte des Abendlandes oder einen Akzent in dieser Geschichte. So mag die Technik zur Herrschaft des Abendlandes über alle Weltteile geführt haben. Dieselbe Technik führte auch wieder zur Selbstzerfleischung des Abendlandes und damit zur Befreiung der anderen Weltteile, allerdings ist die Verbindung von Wissenschaft und Technik im Abendlande damit noch keineswegs geklärt.

Während nun Wissenschaft oder Technik eine Sondererscheinung des Abendlandes sind, sind Religion, Dichtung, Philosophie vielleicht insoweit zu finden, als es Geschichten und Allgeschichten gibt.

Im Abendland sind aber Religion und Philosophie, wiewohl nicht immer zu ihrem Vorteil, in enge Verbindung mit Technik und Wissenschaft gekommen, und zwar meist in feindseliger Berührung, jedenfalls ist die Verbindung bis heute nicht über Kompromisse hinausgekommen. Ob die anderen Völker oder Erdteile diese Kämpfe, in denen wir noch stehen, ebenfalls durchzumachen haben werden, das kann man heute noch nicht sagen. Wir wären auch keine Philosophen, wenn unsere Interessen darauf gingen, in diese Entwicklung einzugreifen. Allerdings scheint es mir, als ob mit der sog. Wissenschaft in die Philosophie ein Fremdkörper eingedrungen sei, der zu einer Überheblichkeit der abendländischen Philosophie von Heraklit bis Hegel geführt hat.

B. VON DEN GESCHICHTEN HOMERS ZUM BAU DER ANTIKEN PHILOSOPHIE UND WISSENSCHAFT

Kapitel I
Die Welt Homers: Himmel, Erde, Unterwelt. Der Groll des Achill. Die Ilias, die Odyssee, Hesiod. Geschichten, nichts als Geschichten, zusammengefaßt zu einer Allgeschichte. Die Unterwelt: Homer und die Toten; Homer und die Lebenden, die Sterblichen. Der Tod als Einsatz. Wie die Geschichten vom Tode leben. Die Götter und der Tod. Der Kampf des Achill mit dem Skamander. Die Götterschlacht. Wie den Göttern etwas fehlt mit dem Tode

Das, was Homer und Hesiod vor anderen Dichtern, vor Vergil, Dante, Shakespeare, Goethe und auch vor der *Bhagavadgita* auszeichnet, ist, daß sie vor dem Auftreten einer Wissenschaft und vor dem Aufkommen einer Schulphilosophie gedichtet haben.

Für uns, die wir mit Philosophie und Wissenschaft aufgewachsen sind, für uns, die wir vollständig unkontrollierbar bis in den letzten Winkel unserer Seele mit Wissenschaft und Philosophie infiziert sind und über die Zeitungen infiziert sind bis in das letzte Dorf hinein, bedeutet es den größtdenkbaren Sprung, uns in die Welt Homers hineinzugeben und damit nicht nur Homer kennenzulernen, sondern den Schlußakt einer unendlichen Periode vor Homer mitzuerleben.

Bei Homer besteht die „Welt" aus Himmel, Erde und Unterwelt. Hesiod gibt uns sogar, vielleicht etwas unhomerisch, genau die Entfernung von Himmel, Erde und Unterwelt an. Ein geworfener Amboß braucht neun Tage, um vom Himmel zur Erde zu kommen und wieder neun Tage, um von der Erde zur Unterwelt zu kommen (*Theogonie*, Vers 127 ff.).

Himmel und Erde bilden bei Hesiod das erste Paar:

„Ankam mit der Nacht der gewaltige Uranos, sehnend
Schlang er sich voller Liebe um Gaia und dehnte sich endlos
Weit." (*Theogonie*, Vers 176 ff.)

Die Unterwelt ist die Wohnung der abgeschiedenen Seelen. Von den Seelen unterscheidet Homer den Körper oder Leib. Gleich in den ersten Versen der *Ilias* wird dieser Unterschied hervorgehoben: Die Seele der Achaier enteilt in den Hades, während sie selbst, die Achaier, ein Fraß der Hunde und Vögel werden.

Man hat bei Homer nach einem Worte für Leib gesucht. Hier gleich im Anfang ist das Wort. Der Mensch selbst ist der Leib. Nach Snell[1] soll er den Ausdruck „selbst" auch für „Seele" gebrauchen.

Wenn wir aber so die Dreiteilung in Homers Welt vornehmen, so stehen wir noch ganz außen. Das alles erhält erst seinen Inhalt durch die „Bewohner". Hier stocken wir aber schon bei dem Ausdruck „Welt". Sicher haben wir ein Recht, bei Homer von Welt zu reden, und doch ist dies Recht denkwürdig, wenn wir bedenken, daß wir heute noch so wenig wissen wie Homer, was Welt ist oder was Welt sein könnte, d. h. Homer wußte es, wir wissen es nicht. Was sollen wir mehr bewundern, als daß Homer und Hesiod die Welt abschreiten, in der Welt zu Hause sind, ungefähr als wenn es ihr Landgut wäre, besser zu Hause als wir. Denn wir können fragen, was wir wollen, auf alles haben sie eine Antwort. Wer oder was ist der Skamander? Wir würden heute sagen: Ein Fluß bei Troja. Hesiod sagt: Ein Sohn des Okeanos, der wieder ein Sohn des Uranos ist. Damit ist der Skamander in die „Welt" eingefügt. Okeanos hat dreitausend solcher Söhne (*Theogonie*, Vers 367 f.). Ihre Mutter ist Thetis. Ein Sterblicher kann nicht alle mit Namen benennen, die ja nur jene wissen, die an den Ufern daheim sind. Und wenn wir da weiter fragen würden nach Okeanos, nach Thetis, nach Uranos, so würde er uns all die vertrauten Geschichten erzählen und nirgends ins Stocken geraten.

In den Tagen Homers herrscht schon lange Zeus im Himmel über die Schar der Götter, über die Menschen. Zeus ist ein Sohn des Kronos. Er hat mit seinem Vater heftige Kämpfe geführt, um zur Herrschaft zu gelangen. Kronos ist wieder ein Sohn des Uranos. Auch er ist nur durch Kampf zur Herrschaft gekommen. Homer kommt zu seiner Welt vom Kampf um Troja aus, genauer vom Groll des Achill aus. Die Vorgeschichte des Grolls wird kurz erzählt als Motiv, wie wir heute sagen würden. Wenn man Homer seine Grundvoraussetzungen zugibt, so ist alles verständlich und rund begründet. Die Griechen haben von Troja aus einen Raubzug gemacht und die Stadt Chrysa geplündert. Dabei ist ihnen als Sklavin die Tochter des Chryses, Chryseis, in die Hände gefallen. Chryses ist der Priester Apollos. Seine Tochter ist dem Agamemnon zugeteilt als wertvollstes Stück der Beute. Chryses kommt zum Heer der Griechen, um seine Tochter auszulösen. Agamemnon weigert ihm die Herausgabe mit groben Worten. Verzweifelt kehrt Chryses zurück und bittet Apollo um Beistand. Apollo macht sich sofort auf und sendet mit seinem Pfeil und Bogen dem griechischen Heer die Pest auf den Hals. Man berät, was tun. Der Seher deckt die Zusam-

---

[1] Bruno Snell, *Die Auffassung des Menschen bei Homer*, in: ders., *Die Entdeckung des Geistes*. Studien zur Entstehung des europäischen Denkens bei den Griechen, Hamburg 1946, S. 15 ff.

menhänge auf. Man beschließt, die Chryseis zurückzugeben. Agamemnon verlangt als Ersatz für Chryseis von Achill dessen schönste Sklavin und Geliebte und läßt diese dann ohne Widerstand des Achill aus dessen Zelt fortführen. Von hier stammt der Zorn des Achill gegen Agamemnon. Ohne Achills Hilfe gerät das Heer der Griechen stufenweise in Nachteil gegen die Trojaner, welche sich schon anschicken, das Schiffslager zu zerstören. In der letzten Not gelingt es Odysseus, Achills Sinn zu wenden, allerdings nur soweit, daß Achill seinem Freund Patroklos erlaubt, den Kampf mit den Trojanern aufzunehmen. Patroklos fällt im Kampf gegen Hektor. Jetzt vergißt Achill seinen Zorn und nimmt Rache an Hektor. Man hat ausgerechnet, daß die Handlung etwa fünfzig Tage umfaßt, die Handlung, die den Zorn des Achill betrifft. In Wirklichkeit stellt der Dichter damit den ganzen Trojanischen Krieg, der zehn Jahre umfaßt, uns vor Augen, aber natürlich nicht in dieser Deutlichkeit und Ausführlichkeit, mit der er den Groll des Achill schildert.

Seltsamerweise, oder wollen wir lieber sagen, selbstverständlich steht in dem Trojanischen Krieg eine Frau in dem Mittelpunkt der Geschichte. Der Trojanische Krieg könnte ebensogut heißen: Raub und Befreiung der Helena, wobei es sich weder um einen echten Raub noch um eine echte Befreiung handelt. Ebenso wie beim Groll des Achill die Götter eingreifen und mit von der Partie sind, sind im Trojanischen Krieg von Anfang an in der Vorgeschichte die Göttinnen beteiligt, die drei Göttinnen, die sich um den goldenen Apfel streiten, und Eris als vierte Göttin.

Dieser Krieg endet mit dem Fall von Troja. An diesen schließen sich die Irrfahrten des Odysseus, der zehn Jahre braucht, um in seine Heimat zurückzukehren. Diese Geschichte ist nicht so straff zusammengefaßt wie die *Ilias*. Sie bildet aber eine wertvolle Ergänzung zu ihr. Hier reiht sich Geschichte an Geschichte, zusammengehalten durch die Gestalt des edlen Dulders Odysseus und durch den Gedanken der Heimkehr und der Sehnsucht nach Frau und Kind.

Durch viele Fäden verbunden mit diesen beiden Geschichten sind Hesiods *Theogonie, Der Schild des Herakles* und *Werke und Tage*. Wir können die *Ilias* und *Odyssee* und Hesiod nach allen Richtungen studieren und lesen, immer wieder treffen wir auf Geschichten als letzte Einheit oder auf Überschriften von Geschichten. Wenn wir mit dieser Einstellung an diese großen Werke herangehen, so kann man sich allerdings kaum vor der Fülle der Gedanken, die uns von allen Seiten bedrängen, retten. Man weiß nicht, wohin man zuerst greifen soll. Wir geben nur das Nötigste für den Zusammenhang, in dem wir jetzt stehen. Im übrigen sind wir mitten in unserem Thema angelangt, nur daß wir nicht alles auf einmal sagen können, sondern irgendeine Ordnung einhalten müssen. Unter den Geschichten Homers gibt es solche, die klar oder klarer vor uns ausgebreitet sind, wie die Geschichten irgendeines der anderen größten Meister, so etwa Hektors Abschied von Andromache, der Zweikampf zwischen Hektor und Achill, Priamos' Bittgang zu Achill und viele andere.

Hier haben wir nicht das Gefühl, daß der Dichter viel voraussetzt. Vielleicht täuschen wir uns allerdings, weil wir gar nicht mehr wissen, wieviel Voraussetzungen für das Verständnis des Dichters wir schon mitbringen. Auf der anderen Seite gibt es aber insbesondere bei Hesiod Geschichten, die nur in einem Namen bestehen. Hesiod schwelgt in der Wiedergabe dieser wohlklingenden Namen seiner Göttinnen, Götter und Halbgötter. Dem Griechen sagt schon der Name etwas oder viel durch seine Ableitung. Aber weit darüber hinaus sagt dem damaligen Zuhörer der Name unendlich viel mehr. Mit dem Namen tauchen für ihn all die Geschichten auf, ein unendlicher Schatz von Geschichten, wie sie am Herdfeuer oder am Quell oder unter dem Ölbaum erzählt werden.

Oft dient ein Hinweis, ein Beiwort des Namens dazu, eine besondere Geschichte der Trägerin des Namens anzudeuten oder aufzurufen: mit rosigen Armen, rosig gegliedert, schlank gefesselt, kranzgeschmückt, hurtig, schöngelockt, wangenglühend, eulenäugig, kuhäugig, leidgeprüft, (bläulich gelockt, Pegasus, an des Okeanos Quellen geboren, Chrysoor, genannt vom goldenen Schwert in den Händen). Auch für uns, die wir die Namen nicht mehr alle deuten können, tauchen inhaltsvolle Fragen auf, bei welcher Gelegenheit die Namen erteilt worden sein mögen und welche Geschichten sich an die Namensgebung und an die Verleihung der Beinamen und Beiwörter knüpfen mögen.

Dies alles gehört zu den Einzelgeschichten der beiden großen Dichter, zu Einzelgeschichten, die für den damaligen Zuhörer bunt und aufregend waren und die einen Schatten davon auch noch für uns aufweisen. Mit dieser Technik, innerhalb des großen Zuges der Geschichten kleine und kleinste Geschichten, fast so etwas wie Geschichtsknospen, einzufügen, einzubinden, einzulassen, können wir uns hier nicht weiter beschäftigen. Wir wollen dies weite, insbesondere bei Hesiod fast unabsehbar weite Gebiet nur sicherstellen als eine Art von Geschichten- und Geschichtserzählung, insbesondere im Zusammenhang Dichter – Zuhörer. Daß wir diese griechischen Geschichten nicht mehr kennen oder nicht in ihrer vollen Frische kennen, trennt uns von dem Zuhörerkreis des Dichters oder verweist uns in den äußersten Kreis.

Wir meinen nun, daß Homer uns in seinem Gedicht, modern gesprochen, seine ganze Welt und dazu die Universalhistorie liefert im Querschnitt und Längsschnitt. Wenn auch j e d e denkbare Geschichte ohne Anfang und ohne Ende, in Horizonte eingelassen ist, so ist von Geschichte zu Geschichte doch die Ausfüllung dieser Horizonte verschieden. Das *Nibelungenlied* verläuft etwa nur in einer Ebene auf der Erde, ohne daß Himmel und Unterwelt erwähnt werden, ebenso das *Gudrunlied*. Die *Ilias* verläuft im Zorn des Achill und ähnlich im ganzen Trojanischen Kriege in drei Ebenen. Heute würden wir sagen im Himmel, auf Erden und in der Unterwelt. Es handelt sich aber, und das ist das, was unsere Aufmerksamkeit fesselt, nicht um drei verschiedene, bei aller Verschiedenheit aber gleichwertige Schichten, sondern wenn wir das Verhältnis untersuchen, können wir nur ständig vor Staunen die Hände zusammenschlagen. Wir wollen nun das Ganze nicht wie ein Puppenspiel betrachten, obwohl das auch seine Reize haben würde, sondern bedenken, daß es sich um Menschen und damit um uns selbst handelt.

Am schwersten zugänglich für uns ist die Unterwelt, der Ort für die abgeschiedenen Seelen, wobei das Wort Seele sehr schwer zu deuten ist. Wir kennen eine solche Unterwelt nicht, bei uns kommt man entweder in den Himmel oder in die Hölle. Wozu die griechische Unterwelt eigentlich nutze ist, läßt sich schwer erkennen, oder mit anderen Worten ausgedrückt, von welchem Horizont des Lebens aus man in ihre Nähe gelangt. Sicher wird es eine solche Brücke geben. Man hat auch schon Spuren von ihr entdeckt. Aber bei Homer selbst sind solche Spuren nicht vorhanden. Man kann fast sagen, irgendwo müssen die Toten bleiben, also schickt man sie in die Unterwelt. All das, was mit Tod anklingt, ist damit nur wenig getroffen. Im Mittelpunkt steht die Schilderung in der *Odyssee*, Odysseus' Besuch in der Unterwelt und der bekannte Ausspruch Achills.

In der Unterwelt lebt man geschichtenlos. Die menschlichen Geschichten oder andere Geschichten erfahren keine Fortsetzung. Man kann darüber nachdenken, warum nicht lieber anstelle des Totenreiches das Nichts steht, wo doch das Totenreich fast durch nichts vom Nichts unterschieden wird. Zwischen Totenreich und Erde besteht nur die Beziehung, daß die Sterblichen in das Totenreich hinein müssen und daß es keine Rückkehr von ihm gibt. Beide wirken nicht aufeinander, die Toten nicht auf die Lebenden, die Lebenden nicht auf die Toten, wenn man von einigen Formalitäten absieht. Die Toten sind ein Spiegelbild der Ahnen, der Vorfahren. Jeder Sterbliche wird zu einem Toten, merkwürdig genug; aber noch merkwürdiger: Kein Toter, der nicht gelebt hätte, der nicht in Geschichten verstrickt gewesen wäre. Das Totsein ist eine Nachexistenz. Es setzt das Lebend-gewesen-Sein voraus.

In Wirklichkeit unterhalten wir uns allerdings hier schon als ein Mensch des 20. Jahrhunderts mit Homer. Homer wird uns bei unseren Betrachtungen erstaunt ansehen. Er hat das Totenreich ja nicht erfunden. Es ist nicht seine Aufgabe, es zu verteidigen. Er hat es so vorgefunden und trägt es uns mit derselben Gewissenhaftigkeit vor, mit der heute nur ein Gelehrter arbeiten, ein Dichter erzählen kann. Ich weiß nicht, wieweit man zu Homers Zeiten schon Märchen, Fabeln, Sagen und Geschichten unterschied, wenn aber, so verliefen die Grenzlinien ganz anders als heute und können kaum noch nachgezogen werden, zumal wenn wir bedenken, daß wir dann auch Träume, Gleichnisse, Mythen und was es sonst noch alles gibt, was im Gewand von Geschichten auftritt, mit eindeuten müßten. Nur soviel nehmen wir mit von der Unterwelt für den Gesamtcharakter der homerischen Dichtung, daß mit dem Tode nicht zu spaßen ist und daß auf den Tod auch kein besseres Leben folgt, wie die drei monotheistischen Religionen, allerdings mit gewissen Ausnahmen beim Judentum, annehmen. Mit dieser negativen Stellung des Todes gewinnt auch das Leben bei Homer einen festen Ort. Das Leben ist gegenüber dem Tode abgegrenzt. Die Menschen heißen zugleich auch die Sterblichen und verdanken damit ihren Namen dem Tod. Wenn der Bewohner des Schattenreiches nach Achills Meinung und wohl nach allgemeiner Meinung nicht zu beneiden ist, so wird auch das Leben nicht viel anders beurteilt, allerdings wohl immer mit Rücksicht darauf, daß wir dem Tode verfallen sind. Diese Vergänglichkeit bildet eine Grundstimmung auch im Leben.

So sagt Zeus selbst:

„Denn kein anderes Wesen ist jammervoller auf Erden
Als der Mensch, von allem, was Leben haucht und sich reget."
(*Ilias*, XVII, 446 f.)

Oder Achill meint zu Priamos gewandt:

„Denn wir schaffen ja nichts mit unserer starrenden Schwermut.
Also bestimmten die Götter der elenden Sterblichen Schicksal,
Bang' in Gram zu leben, allein sie selber sind sorglos."
(*Ilias*, XXIV, 524 ff.)

Oder Glaukos meint:

„Gleich wie Blätter im Walde, so sind die Geschlechter der Menschen,
Einige streuet der Wind auf die Erd' hin, andere wieder
Treibt der knospende Wald, erzeugt in des Frühlinges Wärme;
So der Menschen Geschlecht: dies wächst und jenes verschwindet."
(*Ilias*, VI, 146 ff.)

Als das Streitroß Xanthos dem Achill den baldigen Tod weissagt, antwortet Achill:

„Xanthos, warum mir den Tod weissagest du? Solches bedarf's nicht!
Selber weiß ich es wohl, daß fern von Vater und Mutter

Hier des Todes Verhängnis mich hinrafft. Aber auch so nicht
Rast' ich, bevor ich die Troer genug im Kampfe getummelt!"
(*Ilias*, XIX, 420 ff.)

Wir als späte Deuter Homers sind hier nun in einer eigenartigen Lage. Wir müssen uns von Homer aus gegen Homer wenden. Wie das überhaupt möglich ist und welchen letzten Sinn das hat, darüber wollen wir hier nicht sprechen. Vielleicht verlängern wir nur einige Linien Homers in den Horizont hinein und ziehen andere Linien etwas dünner. Die Änderung, die wir vornehmen, ist vielleicht auch so tiefgreifend, daß man Homer nicht wiedererkennt, und doch möchten wir irgendwie für uns in Anspruch nehmen, daß auch wir nur den echten Homer zu Worte kommen lassen.

Nach dem Sterben mag der Tod sein, was er will, unsere Seele mag zum Hades eilen, und wir selbst mögen ein Fraß der Vögel und Hunde werden, darauf kommt es nicht an. Die Wichtigkeit des Todes besteht für uns darin, daß er das Leben gestaltet, daß er im Leben, in den Geschichten des Lebens überall gegenwärtig ist, und zwar nicht so, wie Homer in unsern Zitaten andeutet, sondern als etwas, was den Geschichten, wir möchten sagen, allen Geschichten Gewicht verleiht. Der Tod ist der äußerste Einsatz, den der Mensch im Leben machen kann, oder das Leben ist dieser Einsatz, wie man will. Es ist der Einsatz, der ständig in Beziehung gebracht wird zu all den anderen Gütern oder Übeln, zu Gesundheit, Ehre, Reichtum, Heimat, Vaterland, Familie. Diese Güter kämpfen untereinander um den Vorrang. In irgendeiner Hinsicht aber liegt der Tod weit vorn im Rennen, oder vielleicht besser ausgedrückt, in all den Werten ist etwas vom Tode enthalten, muß etwas vom Tode enthalten sein. Erst dadurch erhalten sie ein letztes Gewicht, eine Schwere, aber auch gleichzeitig eine Süßigkeit und vieles unnennbare Schöne und Wertvolle. Dies hat niemand klarer als Homer gesehen, und wir selbst haben es wahrscheinlich nur von Homer. Wir denken etwa an Hektors Abschied von Andromache.

Wenn ich recht sehe, ist hier der Kern vom Menschentum und Menschlichen in einer Geschichte zusammengefaßt. Diese Geschichte lebt vom Tode. Wer wünscht oder wer bejaht, daß der Mensch in solche Geschichten verstrickt sei, der bejaht damit auch den Tod. Der Tod gehört dazu, wie etwa die schwarze Samtfarbe, die Farbe der Nacht zu einem Gemälde gehören kann.

Diese Geschichte selbst bildet einen Höhepunkt der *Ilias* und setzt als solcher die *Ilias* in ganzem Umfange in allen Horizonten voraus, setzt voraus die ganzen Geschichten um Troja und Helena. Einige Seiten vorher hat Homer uns als Gegenstück zu Hektor und Andromache, Paris und Helena gezeigt, äußerlich in ähnlichen Zusammenhängen, aber sonst durch eine

Welt geschieden. Wir verzichten bewußt darauf, Hektors Abschied im einzelnen zu deuten. Nur darauf müssen wir noch verweisen, daß dies die einzige Stelle in der *Ilias* und der *Odyssee* ist, in der ein Kindlein, Astyanax, auftritt, auch als Gegenspieler gegen den Tod.

Von hier geht der Blick weiter zu Hektors Tod, zur Klage seines Vaters und seiner Mutter, zu der Wildheit und Gottlosigkeit des Achill und zu der heldenhaften Fahrt des Priamos zu Achill, um die Leiche seines Sohnes auszulösen und weiter zu der Totenfeier für Hektor und zum Schluß zu dem Totengesang der Helena:

„Nimmer indes entfiel dir ein böses Wort, noch ein Vorwurf.
Ja, wenn ein anderer im Hause mich anfuhr unter den Brüdern
Oder den Schwestern des Manns [...]
Immer besänftigtest du und redetest immer zum Guten
Durch dein freundliches Herz und deine freundlichen Worte."
(*Ilias*, XXIV, 767 ff.)

So könnten wir die ganze *Ilias* durchwandern und müßten zum Schluß wohl sagen, im Mittelpunkt des Lebens steht für Homer der Tod, und erst damit gewinnt das Leben seine Schwere und Süßigkeit und alles, was es lebenswert macht. Das ergibt sich noch unmittelbar aus Homer. Ist das ein Zufall? Ist es vielleicht so, daß Homer sich unglücklicherweise gerade einen Krieg als Gegenstand seiner Dichtung gewählt hat und daß aus diesem Grunde der Tod in den Vordergrund oder in den Mittelpunkt gerückt ist? Wäre es ebensogut möglich gewesen, daß Homer eine Idylle gedichtet hätte, in der der Tod keine so sichtbare Rolle gespielt hätte? Wir meinen, daß das nicht im Belieben Homers stand. Diese gewaltige Dichtung lag in der Luft. Wer die Kraft hatte, konnte sie ergreifen. Er konnte aber nicht beliebig anderes ergreifen, was nicht in der Luft lag. Wenn es in der Luft lag, so heißt das, daß jedermann damit vertraut war und darauf ansprach. Es heißt aber auch wieder, daß in jedermanns Leben Tod und Unterwelt in dieser Weise sich geltend machten. Wir bleiben wohl auch in Homers Sphäre, wenn wir sagen, daß in der Verbindung zwischen der Unterwelt Homers und der Rolle, die der Tod auf Erden spielt, kein besonders enger Zusammenhang spürbar ist. Streicht man die Unterwelt und läßt die Gestorbenen in das Nichts eingehen, so braucht an den menschlichen Geschichten um den Tod vielleicht nicht viel geändert zu werden. Man kann allerdings auch anderer Meinung sein und annehmen, daß zum Tode in seiner vollen Wirksamkeit dies gehört, daß der Tote als Schatten weiterlebt in einer Art Traumwelt, in einer Welt, die vergleichbar ist mit der geträumten Welt.

Wir wenden uns jetzt zu den Göttern und dem Tod. Man könnte uns fragen, was wir eigentlich damit bezwecken in einer philosophischen

Abhandlung. Wir legen uns ständig diese Frage vor und meinen, es gehöre zum Thema, und es gehöre auch zu unserem Thema.

Ebenso wie die Sterblichen ihren Namen vom Tode haben, haben auch die Götter als die Unsterblichen ihren Namen von ihm bekommen. So, wie die Götter uns bei Homer begegnen, nehmen sie teil an den Geschichten der Sterblichen. Der Trojanische Krieg ist ihr Krieg. Sie sind von Anfang an in diesen Krieg verwickelt. Wie sich aus der Anfangsgeschichte ergibt, steht notwendig ein Teil auf Seiten der Trojaner, nämlich Aphrodite und ihre Freunde, der andere Teil unter Anführung von Athene auf Seiten der Griechen. Man sieht die Götter ständig im Kampfgetümmel, und ständig stehen sie ihren Schutzbefohlenen zur Seite und verhindern oft noch das Ärgste, soweit das Schicksal oder Zeus das gestattet.

Wenn die Geschichte des Kampfes um Troja ihr Gewicht dem Tode verdankt, so sind damit auch die unsterblichen Götter irgendwie mit dem Tode verbunden. Wenn wir uns den Unsterblichen nähern wollen, so mag es zunächst so scheinen, als ob dazu der Tod nicht der richtige Weg wäre. Wir kommen mit dem Tode auch nur zu einer Seite der Götter, die vielleicht noch verborgener liegt als die Seite, zu der uns der Tod bei den Menschen führt. Die Götter sind die Unsterblichen. In der Zeit des Kampfes um Troja herrscht bereits die dritte Generation, die Generation unter Zeus. Die Vorgänger und Vorfahren von Zeus waren Kronos und Uranos. Zeus hat Kronos gestürzt. Kronos hat Uranos gestürzt. Mit den Vorfahren ist auch ein Teil der Sippe gestürzt worden.

Die Gestürzten sind aber nicht tot, sondern sie leben auf mehr oder minder geheimnisvolle Weise. Sie sind verbannt. Die jetzige Welt wird regiert von Zeus und seinen Verwandten, die bis zu den Brüdern des Kronos reichen. So ist auch Prometheus, der den Menschen schon unter der Herrschaft des Zeus das himmlische Feuer gegen den Willen der Götter gebracht hatte und dafür von Zeus an den Kaukasus geschmiedet worden war und schreckliche Strafen erlitt, nicht gestorben, weil er als Gott nicht sterben konnte. So müssen auch andere Götter ewig büßen.

Wenn ich die Götter nun in Beziehung zum Tode bringe, so weiß ich nicht, ob das noch homerisch gedacht ist. Sicher liegt das aber im Horizont homerischer Gedanken, und ich meine, daß das auch an einigen Stellen zum Ausdruck kommt. Für die Götter ist der Kampf um Troja kein Schauspiel. Wenn es ein Schauspiel wäre, so würden die Götter ihr gesamtes Gewicht und Gesicht verlieren. So ernst der Trojanische Krieg für die Menschen ist, ungefähr so ist er es auch für die Götter. Sie sind ständig auf der Hut für ihre Lieblinge oder auch für ihre Partei und greifen sogar in den Kampf ein. So greift der Flußgott Skamander, als Achill ihn verhöhnt, diesen persönlich mit seiner Flut an, wie wir in der *Ilias* im 21. Gesang lesen:

„Schrecklich umstand den Peleiden die trübe, geschwollene Brandung,
Schlug an den Schild dann schmetternd herab, und nicht auf den Füßen
Konnt' er fest noch bestehn." (*Ilias*, XXI, 240 ff.)

So bringt der Skamander den Achill in schreckliche Not, bis Poseidon und Athene ihm zur Hilfe eilen und ihn mit ihrem Rat ermuntern; Skamander ruft jetzt seinen Bruder Simois zur Hilfe, den Strom mit Gewässern rings aus den Quellen der Berge zu erfüllen. Nun erfaßt die Angst um Achill die Göttin Hera, diese wendet sich an ihren Sohn Hephaistos um Hilfe und an den Westwind und Südwind. Die Winde im Verein mit dem Feuergott, setzen alles in Flammen. Der Skamander muß den Kampf aufgeben, denn:

„[E]s sprudelten seine Gewässer.
So wie braust ein Kessel, gedrängt vom gewaltigen Feuer,
Wann er das Fett ausschmelzet des wohlgenährten Mastschweins,
Ringsumher aufbrodelnd". (*Ilias*, XXI, 361 ff.)

Man sieht wie Homer hier, ich möchte sagen im Eifer der Dichtung, die Grenzen, die er sich selbst gezogen hat, überschreitet, indem er den Gott Skamander leiden läßt, wie es dem Wesen seiner Götter nicht mehr entspricht, wenn auch bei den Vorfahren der Götter sich ähnliche Beispiele finden. Im Anschluß an den Kampf des Skamander mit Hephaistos geraten nun die übrigen Götter in Kampf und Streit:

„Doch die anderen Götter durchwütete Zank schwerlastend,
Ungestüm, denn getrennt tobt' allen das Herz in dem Busen.
Laut nun erscholl der Begegnenden Sturm, weit krachte der Erdkreis,
Und hochrollende Donner drommeteten. Ferne vernahm es
Zeus auf Olympos' Höhn, wo er saß, und es lachte das Herz ihm
Wonnevoll, da er sahe die Götter zum Kampf sich begegnen."
(*Ilias*, XXI, 385 ff.)

Homer schildert dann weiter den Kampf in allen Einzelheiten. Athene trifft mit einem Feldstein den Ares am Hals und löst ihm die Glieder. Sieben Hufen bedeckte er im Fall. Ares stöhnt auf, und kaum kehrte ihm der Atem. Dann trifft Athene auf Aphrodite, die den Ares aus der Schlacht führt. Sie schlägt der Athene gegen die Brust, daß dieser Herz und Knie erschlaffen. Apollo und Poseidon vermeiden aber den Kampf. Apollo will nicht mit Poseidon wegen der Sterblichen kämpfen, wegen:

„[Dieser] Elende[n], die, hinfällig, wie grünes Laub in den Wäldern
Jetzo in Kraft aufstreben, die Frucht der Erde genießend,
Jetzo wieder entseelt dahinfliehn." (*Ilias*, XXI, 464 ff.)

Der Kampf geht im übrigen weiter, zwischen Hera und Artemis. Er endet damit, daß diese sich auf Zeus' Knie setzt und bei ihm Schutz sucht vor seiner Frau.

Der wichtigste Vers in diesem Kampf der Götter ist der oben angeführte Eingang:

Wie dem Zeus das Herz lacht, wonnevoll, da er sah die Götter zum Kampf sich begegnen.

So kennen wir Zeus sonst nicht. Er ist sonst wie ein irdischer Herrscher, besorgt um das Schicksal der Sterblichen. Der Kampf der Götter ist aber für ihn nur ein Schauspiel wie ein Fußballkampf. Der letzte Grund dafür ist, daß die Götter für den Tod unerreichbar sind. Ja wir dürfen noch weiter sagen, wenn Homer nicht Wunden, Schläge und Verletzungen zuließe auch für den Kampf der Götter, so würde dieser vielleicht jedes Interesse verlieren. Ob es beim Fußballspiel so ähnlich ist, möchte ich hier nicht entscheiden. So offenbar der große Vorzug der Götter ist, daß sie unsterblich sind, und wie sie auch mit einem gewissen Recht auf die elenden Sterblichen herabsehen, so fehlt ihnen andererseits mit dem Tode und der Todesgefahr das Zentrum des Lebens, und sie würden vollständig wesenlos werden, wenn sie nicht über die Menschen noch aus der Ferne eine Verbindung mit dem Tode hätten. Eine Götterwelt alleine ohne Menschen läßt sich jedenfalls in der homerischen Welt nicht aufbauen. Ohne Menschen würden die Götter vor Langeweile sterben müssen. Wir können oder müssen jetzt den Spruch des griechischen Philosophen umkehren:

„Ob es Götter gibt, weiß ich nicht. Wenn es aber welche gibt, kümmern sie sich sicher nicht um die Menschen."

Das Gegenteil ist richtig.

Kapitel II
Wie der Tod aus Geschichten erwächst. Wie wir den Tod aus der Unterwelt in die Geschichten hineinnehmen. Der Tod und die Toten. Die Toten und die Vorfahren. Die Einheit von Tod und Leben. Die Grenzen Homers. Die Einteilung Himmel, Erde, Unterwelt. Die Ureinteilung Himmel, Erde, Dunkel, Nacht, Licht

Wenn wir nun versucht sind, dem Tod diese große Bedeutung bei Homer zuzumessen, so geschieht das mit der Einschränkung, daß auch der Tod erst aus Geschichten in Geschichten hervorwächst und sozusagen ohne Geschichten nichts ist oder nicht ist. Ebenso wie er der unsichtbare Mittelpunkt der Geschichte ist, kann er auch am Horizont von Geschichten stehen. Sein Platz ist aber immer nur in Geschichten. Wie bei uns das Verstricktsein in Geschichten mit dem Leben zusammenfällt und man auch ungefähr Erlebnis statt Geschichte sagen kann, und wie das Leben in unmittelbarster, wenn auch schwer deutbarer Beziehung zum Tode steht, so steht auch die Geschichte in dieser Beziehung zum Tode. Es handelt sich nur um Deutung von Geschichten. Dabei müssen wir Deutung aber im weitesten Sinne nehmen, in einem Sinne, den wir vorläufig noch nicht festlegen können. Nur soviel möchten wir sagen, daß wir mit unserer Betrachtung über den Tod die scharfe Trennung von Erde und Unterwelt bei Homer aufgehoben haben, aber nicht etwa so, daß wir eine Korrektur von Homer vornehmen, sondern eher so, daß wir aus einer Gesamtdeutung des Gedichtes die räumliche und innerliche Trennung vom Reich der Toten und des Lebens aufgehoben und beide in einer Geschichte vereinigt haben. Wir müßten jetzt allerdings von rechtswegen eine einzige gemeinsame Bezeichnung für Leben und Tod haben; denn einmal ist das Leben der Gegensatz zum Tode, zum anderen ist es aber eins mit ihm. Wir werden uns auch zur Wehr setzen müssen gegen die Zusammenstellung von der Tod und die Toten. Wir möchten fast sagen: Es fragt sich, ob beide überhaupt etwas miteinander zu tun haben. In der Aranda-Sprache soll der Ausdruck für die Toten und die Vorfahren der gleiche sein.[2] Damit sind die Toten, wenn auch vielleicht etwas grob, zusammengefaßt, und damit ist wenigstens eine Seite des Problems aufgedeckt: Die Vorfahren sind tot, aber auch alle Toten sind jeweilig unsere Vorfahren. Sie haben damit eine feste Stellung im Horizont unseres eigenen Lebens, unserer eigenen Geschichten. Die Stellung ist prekär genug; aber sie ist doch etwas fester gegründet als der Aufenthalt der Toten im Totenreich ohne innere Verbindung mit den Lebenden. Aber so oder so ist für die Toten irgendein Anhaltspunkt gegeben, wo man sie zu suchen hat. Was aber der Tod selbst ist, für diese Frage finden wir keinen Ansatzpunkt, nicht einmal einen Anhaltspunkt, wie etwa im Märchen: Hinter den sieben Bergen, bei den sieben Zwergen.

So kommen wir über Tod und Leben irgendwie zu einer Einheit der Welt Homers, einer Einheit, die die dreigeteilte Welt zusammenhält. Homer selbst sieht diese Einheit noch nicht, er zieht nicht die letzten Verbindungslinien. Es wäre wohl interessant, der Frage nachzugehen, weswegen er sie, die doch ziemlich offen zutage liegen, nicht sieht.

---

[2] Der ursprünglich an dieser Stelle genannte Aufsatz von J. J. Mestschaninow, *Das Problem der Stadialität in der Sprachentwicklung,* in: *Sowjetwissenschaft,* Bd. 1, Berlin 1948, S. 74–93, enthält keinen Hinweis auf das angesprochene Problem (Zusatz der 2. Auflage).

Kapitel III
Vom Trojanischen Krieg zur Theogonie. Die Allgeschichte Hesiods und unser Zugang zu ihr. Der Himmel Hesiods und der gestirnte Himmel Kants, oder das Verhältnis von Geschichten und Sachverhalt. Die verfolgbare Änderung der in Geschichten Verstrickten. Von Naturgottheiten zu Personen. Aber was ist Natur? Für Hesiod gibt es nichts Erkennbares in der Natur. Die Naturwissenschaft handelt nicht von der Natur. Die Geschichte in der Geschichtswissenschaft und unsere Geschichten. Die Deutung der Geschichten Hesiods. Sind Vorstufen zu Hesiod erkennbar? Vorstufen im Sinne von Geschichten? Vorstufen im Sinne von Sachverhalt, von Gegenstand?

Wir wissen heute nicht mehr vom Tod und auch wohl nicht vom Leben und, so können wir fortfahren, wir wissen auch nicht mehr von Geschichten als Homer und Hesiod. Ja, wir mögen uns freuen dürfen, wenn wir so viel davon wissen wie diese, zumal Goethe wohl auch nicht mehr davon gewußt hat.

Wenn wir eine Grundlage haben wollen für das, was die Späteren, die Gelehrten und Philosophen, aus der Welt Homers gemacht haben, mag es zweckmäßig sein, daß wir unsere Betrachtung noch erweitern, wenn wir jetzt auch nicht mehr sicheren Boden unter den Füßen haben. Vom Zorn des Achill und vom Trojanischen Krieg aus erhellt Homer die Vorzeit an vielen Stellen. Er kann sich dabei auf seine Zuhörer verlassen, die seine Andeutungen schon richtig verstehen und ergänzen. Aus der *Ilias* und der *Odyssee* können wir nicht entnehmen, wie lange die Irrfahrten des Odysseus zurücklagen, wie lange der Trojanische Krieg schon zurücklag, als Homer sie besang. Der Abstand Homers ist nirgends ersichtlich. In der *Ilias* sind die Götter täglich, fast möchten wir sagen zu Gast bei den Menschen. Ihr Erscheinen hat nichts Verwunderliches an sich. Uns könnte eine Neugierde plagen, dem Homer die Frage zu stellen, ob er dies alles aus grauer Vorzeit berichtet, oder ob noch zu seinen Tagen die Götter ihm und den anderen erschienen. Vielleicht ist es aber so, daß die Götter und die frommen Menschen, beide auf Distanz halten, auf diese zeitliche Distanz und daß von unseren Geschichten aus immer die Geschichten, in denen Götter erscheinen, schon weit zurückliegen, daß das schon immer und von je her so gewesen ist. Das hat mit Wahrheit oder Falschheit nichts zu tun, sondern ist ganz anders aufzuklären. Wir würden eher von Respekt und Verehrung sprechen. So klar wie der Trojanische Krieg und vielleicht auch noch seine unmittelbare Vorzeit vor uns liegt, wenn auch wahrscheinlich über einen Abgrund gesehen, der ihn schon von Homer trennt, so verloren und immer verlorener liegt die Vorwelt Hesiods im Horizont. Bei Homer ist das Prinzip, daß er uns schrittweise aus der Klarheit des Trojanischen Krieges ein Universum ahnen läßt, in ein Universum führt über die einzelnen Götter und deren Anfänge. Damit wird alles handfest von der Einführung aus und verliert sich von da ins Nebelhafte. Hesiod aber fängt mit einem unvergleichbaren Wagemut mit dem Anfang an, indem er den Stier bei den Hörnern faßt. Die Musen sollen ihm „alles von Anfang an verkünden und was als erstes entstand". Wie bescheiden ist demgegenüber Homer, dem die Musen nur den Groll des Achill zu besingen helfen sollen.

Nach Hesiod entstand zuerst das Chaos und später die Erde, breit gebrüstet, ein Sitz von ewiger Dauer für alle Götter. Zugleich entstand Eros.

„Aus dem Chaos entstanden die Nacht und des Erebos Dunkel;
Aber der Nacht entstammten der leuchtende Tag und der Äther.
[...]
Gaia, die Erde, erzeugte zuerst den sternigen Himmel
Gleich sich selber, damit er sie dann völlig umhülle,
Unverrückbar für immer als Sitz der ewigen Götter,
Zeugte auch hohe Gebirge, der Göttinnen holde Behausung,
Nymphen, die da die Schluchten und Klüfte der Berge bewohnen;
[...]
Himmelbefruchtet gebar sie Okeanos' wirbelnde Tiefe,
[...]
[und schließlich nach anderen Kindern] entstand der verschlagene Kronos".
(*Theogonie*, Vers 123 ff.)

Uranos birgt die Kinder, sobald sie geboren sind, alle tief im Schoß der Erde. Aber es stöhnt im Innern die riesige Erde und sann auf böse, listige Abwehr. Sie macht aus Eisen eine Sichel und gewinnt ihren Sohn Kronos für ihren Plan, den Uranos zu entmannen.

„Ankam mit der Nacht der gewaltige Uranos, sehnend
schlang er sich voller Liebe um Gaia und dehnte sich endlos
Weit."

Da kommt Kronos aus dem Versteck und entmannt seinen eigenen Vater. Im Fluge wirft er dessen Scham hinter sich. Aus der Scham entstehen Erinnyen und schließlich Aphrodite, die Schaumgeborene. Die Nacht gebar dann das Schicksal, den Tod, den Schlaf und die Sippe der Träume. So geht die Genealogie weiter.

Dem Kronos gebar Rheia das Geschlecht der Götter, Hestia und Demeter, Hera, den Hades und Zeus.

Alle Kinder verschlingt aber der gewaltige Kronos, sobald sie ihm auf die Knie gesetzt werden aus dem Schoße der heiligen Mutter. Dieses Schicksal erwartete auch den Zeus. Rhea gelingt es mit Hilfe ihrer Eltern, dem Kronos anstelle des jungen Zeus einen riesigen Stein zum Hinunterschlingen zu geben. Dieser erbricht erst den Stein und dann die Geschwister des Zeus. Zeus befreit sodann die Brüder des Kronos, die dieser einst gebunden. Dafür schenken die Brüder ihm den Donner und den Blitzstrahl. So haben wir in großen Zügen mit vielen Auslassungen Hesiods Götterentstehung, die zugleich eine Weltentstehung ist, uns ins Gedächtnis zurückgerufen.

Was hat dies nun mit unserem Thema zu tun? Bei Homer stießen wir auf Geschichten, auf den Zorn des Achill, auf den Trojanischen Krieg. Diese Geschichten waren wieder ausgefüllt mit vielen Untergeschichten oder Nebengeschichten. Es waren Geschichten von Menschen und von Göttern. Die menschlichen Geschichten schienen uns verwandt mit unseren eigenen Geschichten, und auch zu den göttlichen Geschichten fanden wir noch einen ähnlichen Zugang. Eingestreut in diese Geschichten waren zuweilen fremdartige Geschichten wie die Götterschlacht oder der Kampf des Skamander mit Achill und Hephaistos. Aus dieser im ganzen genommen menschlich-göttlichen Welt des Homer führt uns Hesiod weit über Homer hinaus in eine fremdartige Ur- und Vorwelt; aber auch diese Welt lebt aus Geschichten, wenn auch aus fremdartigen, kaum verständlichen Geschichten. Die in die Geschichte Verwickelten tragen Namen, die uns vertraut sind. Wir gestatten uns dabei, die griechischen und die deutschen Namen als Einheit zu fassen, auch wenn sie nicht im Stamm verwandt sind, weil das Werden dieser Namen in der griechischen Sprache wohl im Durchschnitt mit dem Schicksal der entsprechenden Ausdrücke im Deutschen gleichgesetzt werden kann.

Wenn wir mit diesem Vorbehalt uns in die einzelnen Namen vertiefen und in die Geschichten um sie, so reiht sich da Seltsamkeit an Seltsamkeit, Wunder an Wunder. Welche Beziehung besteht noch zwischen dem Himmel Hesiods, der mit der Nacht ankommt und sehnend sich voller Liebe um die Erde schlingt und sich endlos weit dehnt, und dem Himmel Kants: Der gestirnte Himmel über mir und das moralische Gesetz in mir.

Und wenn wir hier ratlos Umschau halten, wie ist es dann, wenn wir in Königsberg nur einige Straßen weitergehen und Hamann fragen, oder wenn wir von Königsberg bis Weimar eilen und Goethe fragen nach den Beziehungen zwischen ihrem Himmel und dem griechischen Himmel? Wenn wir uns nun weiter in die Deutung der schaurigen Geschichten aus der Vorzeit, die über Zeus so eng verbunden sind mit den Geschichten der damaligen Jetztzeit, versenken, so fehlt uns ein Hilfsmittel, von dem man sonst bewußt oder unbewußt Gebrauch macht. Wir können nämlich nicht den Ausgangspunkt für die Deutung von der Erde und den Sternen nehmen, weil wir nicht davon überzeugt sind, daß damit ein fester Ausgangspunkt gewonnen ist. Wir sind nicht mehr überzeugt davon, daß die Naturwissenschaft uns feststehende Sachverhalte liefert, sondern glauben vielmehr, daß auch diese Sachverhalte sich in Geschichten auflösen bis zu den letzten Theorien von heute und morgen. Für uns ist die Welt der modernen Naturwissenschaft kein Objekt, und insbesondere ist sie kein Objekt, das erkannt wird. Für uns liegt also die Sache nicht so, daß diese naturwissenschaftliche Welt von heute schon ebenso zu Hesiods und Homers Zeiten vorhanden war und von diesen nur unzureichend erkannt worden ist. Für uns ist der Mensch nicht von Hesiod an auf dem Wege zu einer immer besseren Erkenntnis einer materiellen Welt. Für uns ist er aber insbesondere auch nicht auf dem Wege zu einer besseren Erkenntnis des Menschen selbst. Der Mensch besteht bei uns nicht aus seelischen Vermögen und Anlagen, die wieder Gegenstand der Erkenntnis sein könnten, so daß man mit voller Erkenntnis der Seele und der Außenwelt nun die ganze Welt hielte, sondern für uns ist der Mensch der in seine Geschichten Verstrickte. Dies trifft für uns so zu wie für den Menschen Homers. Die Geschichten können nicht erkannt, sondern nur gedeutet werden. Nirgends handelt es sich hier um ein Objekt, welches erkannt wird, sondern immer nur um Geschichten, in die man verstrickt ist, die man erleben und miterleben kann und die man deuten kann. In diesen Geschichten sind Götter und Halbgötter und Erde und Himmel das, was sie für Homer sind. Für unsere Zeitgenossen mögen sie etwas anderes sein. Man kann aber wohl nicht fragen, wer recht hat. Im Kreise seiner Geschichten hat jeder Recht.

Soweit kommen wir mit unserer Auffassung in den menschlichen Geschichten Homers wohl zurecht und auch noch in den göttlichen Geschichten, soweit sie göttlich-menschlich sind. Diese sind für uns in sich verständlich und in gewisser Weise abgeschlossen. Wenn wir aber von diesen Geschichten nun den Sprung machen sollen zu der Vorzeit, zu dem, was für Homer Vorzeit ist, oder gar zu dem, was für Hesiod Vorzeit ist, so geraten wir mit unserer Auffassung in Schwierigkeiten. Wir können zwar noch versuchen, diese als belanglos hinzustellen. Schließlich ist all das, was Hesiod uns vorträgt, über die Entstehung der Welt und ähnlich in *Werke und Tage* über die Entstehung der Menschen, doch nur ein Schatz von Geschichten.

Das ist sicher richtig, aber es ist auch falsch. Vielleicht müssen wir noch einmal mit den menschlichen Geschichten bei Homer anfangen. So konkret und individuell diese Geschichten sind, so tragen sie doch alle einen besonderen Bezug, sagen wir zunächst etwas Gleichnisartiges. Wir glauben nicht, daß damit das letzte Wort gesprochen ist über all die Abwandlungen, in denen Geschichten emportauchen und in denen wir auch wieder in Geschichten verstrickt sind. Wir müssen von vornherein Geschichte nicht gleichsetzen mit einer wissenschaftlich festgestellten Geschichte, sondern wir müssen uns willig führen lassen von der Geschichte selbst. Es gibt neben den Geschichten, die gleichsam durchsichtig sind, die rätselhaften Geschichten, es gibt Sagen, Märchen, Fabeln, Mythen, es gibt Traumgeschichten, es gibt Rauschgeschichten. Alle diese Ausdrücke sind nur Themata zu einem Grundthema. Überall bestehen Übergänge, Verdeckungen, Verzahnungen, Überlagerung von Schichten. Man kann mit einer Fabel eine Antwort in einer wirklichen Geschichte erteilen. Wir sind auch weit entfernt davon, dies Gebiet begrifflich aufgliedern zu wollen oder zu können. Was wir sagen, soll uns nur erleichtern, uns hier zurecht zu finden, in dieser Dämmerung und Dunkelheit. Dämmerung und Dunkelheit ist etwas für sich. Man kann sie nicht beleuchten.

Nach dieser langen Vorrede versuchen wir noch einmal, uns der Vorwelt Homers und besonders der Vorwelt Hesiods zu nähern. Wir verlassen das Klima des Trojanischen Krieges. Der Mensch ist noch gar nicht erfunden, noch gar nicht geplant. Für Hesiod macht das nicht viel aus. Er bezieht sein Wissen von den Musen, die allerdings beim Anfang auch nicht dabei gewesen sind. Aber so kommen wir nicht weiter. Können wir uns nicht mit dem, was Hesiod schildert, zufriedengeben? Was berechtigt uns oder was zwingt uns, immer neue Fragen zu stellen, immer mehr auf den Grund gehen zu wollen und auf den Grund wovon?

Die Geschichten, die Hesiod uns vorträgt, sind nach ihrem inneren Gehalt nicht dazu da, daß wir sie anhören und uns mit ihnen beruhigen, sondern sie reizen und stacheln an zu immer neuen Deutungen und scharf umrissenen Geschichten der Jetzt-Zeit; sie verlangen heute wie schon immer nach einer Deutung, richtiger gesagt, sie ragen mit ihrer Deutung, in ihrer Deutung hinein in die Jetzt-Zeit Homers und Hesiods. Ob und wie das Chaos hineinragt, das wagen wir nicht zu entscheiden, aber die Erde, der Himmel, die Dunkelheit, die Nacht, die Unterwelt, der Ozean, die Winde, das Feuer, sie ragen hinein in die Jetzt-Welt, – in uralten Geschichten und Erklärungen. Man kann sich auch nicht vorstellen, daß es menschliche Geschichten gäbe, in die nicht diese vertraut-unvertrauten Gebilde hineinragen.

Die Dunkelheit, die Erde, der Himmel, die Nacht, das Licht, das Feuer, die Sonne, der Mond, die vier Winde, sie alle haben Eigennamen bei Homer und Hesiod. Ob sie heute bei uns noch alle Eigennamen haben, darüber kann man streiten. Seit die Sonne nur eine Sonne unter Sonnen ist, läuft sie Gefahr, ihren Eigennamen zu verlieren. Seit jeder Trabant eines Sternes Mond heißt, beginnt auch unser Mond, seinen Eigennamen zu verlieren;

seitdem die Erde ein Stern geworden ist, ein erkalteter Stern, ein Wandelstern, läuft sie Gefahr, ihren Namen an die Schicksalsgenossen abgeben zu müssen. Seitdem wir wissen oder zu wissen glauben, daß die Dunkelheit oder die Nacht nichts Substantielles ist, sondern nur ein Mangel an Licht, verlieren die einzelnen Nächte ihren inneren, ihren fortlaufenden Zusammenhang, verlieren sogar die Teile der einzelnen Nächte ihren Zusammenhang. Die Nacht und die Nächte haben weder so noch so Anspruch auf einen Eigennamen. So kann man die ganze Reihe der Urgottheiten und Urdämonen unter dem Gesichtspunkt des Eigennamens durchgehen und vergleichen, was insofern aus ihnen geworden ist.

Bei Homer und Hesiod sind diese Namen aber nicht nur Eigennamen, wie heute etwa Helgoland oder Sizilien oder der Harz – was der Name hier bedeutet, ist schon schwer genug festzustellen –, sondern die Namen sind Personennamen, Personennamen wie Hektor, Achill. Was mit ihnen bezeichnet ist, sind von Anbeginn an Personen. Das Personensein ist dabei dasselbe wie in Geschichten verstrickt sein. Die Geschichten, die wir von der Erde und dem Himmel kennen, sind sehr fremdartig, aber wir verstehen sie noch gerade. Es sind auch nicht Geschichten, die einem materiellen Gegenstand angedichtet, angeheftet sind, sondern das, was wir heute so bezeichnen, müßte wohl eher im Sinne dieser Zeit von Homer und Hesiod als Leib der Personen, die in die Geschichten verstrickt sind, aufgefaßt werden, wenn man es nicht vorzieht, Geschichte und Leib untrennbar als Einheit aufzufassen, ähnlich wie es Homer beim Leib des Menschen macht, wenn er den Leib als den Menschen selbst bezeichnet.

Völlig in Konstruktionen verfällt man, wenn man annimmt, daß in irgendeiner vorgeschichtlichen Zeit etwas vordem Unbeseeltes wie Erde oder Himmel beseelt worden sei, daß also Erde, Himmel, Nacht, bevor sie Personen wurden, etwas Unpersönliches, Sachliches, eine Naturmacht, eine Naturentscheidung gewesen seien.

Homer und Hesiod sind nun nicht allein Sänger in dieser Welt, wobei wir keineswegs vortäuschen wollen, wir wüßten, was Sänger sind, sondern sie sind mitverstrickt in diese Welt. Von Homer erfahren wir nichts Persönliches und damit gleichzeitig schon sehr viel, von Hesiod erfahren wir seine privatesten Angelegenheiten, seinen Erbschaftsstreit mit seinem Bruder und die Folgen in allen Einzelheiten, einen Erbschaftsstreit, der noch heute sich wie zu Hesiods Zeiten ereignen kann; so sind die *Werke und Tage* voll von Selbstdarstellungen Hesiods. Wenn wir wollten, könnten wir Strich für Strich sein Gesicht zeichnen oder, was dasselbe wäre, eine Biographie von ihm geben, in welcher jeder Satz der *Werke und Tage* eine Stelle fände.

Dieser Hesiod nun ist über seine Geschichten und mit ihnen verwoben und einbezogen in die großen Geschichten, die er in seinen drei Werken schildert. Er lebt, mit oder gegen seinen Willen, in dieser Geschichtenwelt. Er opfert der Erde und dem Himmel und den Göttern, er hält auf gute Sitte, er ehrt Vater und Mutter und das Alter, er ehrt das Gastrecht und die Gerechtigkeit und das Recht, die Redlichkeit, er hält sich fern vom Gute der Waisenkinder, von Buhlerei, er schätzt gute Nachbarn, er mißt gut, er meidet schlimmen Gewinn, er mahnt zur Sparsamkeit, er fürchtet die Ehe und die Frauen, er hält mit dem Spruch: Auge um Auge, Zahn um Zahn. Er ist mit seinen Wahlsprüchen gut durch die Welt gekommen und fühlt sich sicher geführt durch den allmächtigen Zeus. Er bringt dem Zeus sein Opfer und ist über Zeus mit der ganzen Welt verbunden, mit allen Göttern und allen Menschen und auch mit den geheimnisvollen Vorfahren oder Vorgängern des Zeus.

Während wir von Hesiod Hunderte von persönlichen Versen kennen, wissen wir von Homer über sich selbst so gut wie nichts. Er hat sich nicht irgendwie in seinen Werken nach Art einiger Maler oder Künstler selbst ein Denkmal gesetzt. Aber seine gesamten Werke setzen ihm ein Denkmal. Daß er in dieser Welt wohnt, von dieser Welt umfangen ist, diese Welt erlebt, aus dieser Welt wieder in die zukünftige Welt greift, tadelt, anspornt, ermahnt, tröstet, vermittelt, das macht, daß er zugleich im Zentrum der Welt steht und vom Zentrum aus wirkt; daß Homer sich selbst mit keinem Wort erwähnt, das macht das Königliche an ihm aus, deswegen ist sein Platz in der Mitte, entfernt von jeder Vertraulichkeit, während Hesiod im Getümmel der Menschen sich schlägt und plagt.

Kapitel IV
Wie bei Homer und Hesiod alle Geschichten zu einer Einheit verschmelzen, und wie wir nirgends auf Sachverhalte stoßen

Wenn wir diese Welt Homers und Hesiods nun prüfen mit dem Maßstab, was bedeutet darin Sachverhalt, was bedeutet darin Geschichte, so nehmen wir Geschichte oder Geschichten in dem weiten Umfang, den wir früher festgelegt haben. Dazu gehören Wachgeschichte und Traumgeschichte, dazu gehören Mythos, Gleichnis, Sage, Märchen und Fabel, dazu gehört die Rauschgeschichte. Und all das gehört nicht in einem Nebeneinander dazu, sondern in einer Durchdringung, oder wie wir es sonst nennen wollen. Diesen Zusammenhang und Zusammenhalt müßten wir noch immer weiter aufklären.

Wir meinen nun, daß wir unter diesem Gesichtspunkt „Geschichten" Homer und Hesiod aufteilen können. Dieses Aufteilen hat allerdings dann eine besondere Bedeutung. Von dem, was man sonst unter Teil versteht, bleibt dabei kaum etwas. Wir sagen vielleicht besser aufhellen oder durchsichtig machen. Bei all dem ist unsere Absicht nur ungefähr angegeben. Wir wollen nicht den Homer in einzelne Geschichten auseinanderlegen und das Verhältnis der einzelnen Geschichten im ganzen darlegen, sondern wir können nicht viel mehr als in der Welt Homers heimisch werden und Hauptpfade und Nebenpfade oder auch Hauptfäden und Nebenfäden unterscheiden lernen und fühlen, wie das ganze eine Einheit ist, eine Welt, die man durchwandern kann, in der jede Geschichte mit jeder verbunden ist.

Man könnte uns dann auch noch fragen, ob wir schon berücksichtigt haben, daß es sich bei Homer und Hesiod um Kunstwerke der höchsten Grade handelt und wie wir das einordnen wollen. Wir würden etwa erwidern, daß zur Welt im Sinne Homers Kunst und Künstler gehören, daß der Held den Dichter erzeugt und der Dichter den Helden; so sieht Homer einen gewissen Trost darin, daß ein Schicksal oder eine Geschichte ein Gesang für spätere Geschlechter werden kann. Er läßt Odysseus seine eigenen Geschichten bei den Phäaken erzählen mit allen höchsten Mitteln der Dichtkunst. Man weiß zum Schluß nicht, ob die Wirkung der Erzählung vom Helden oder vom Dichter Odysseus oder von beiden kommt. Wer will, mag die beiden Verse nach dieser Richtung analysieren, mit denen Homer am Ende des Vortrags von Odysseus den Leser wieder auf die Erde zurückführt. Wenn wir so unsere Streifzüge durch Homer und Hesiod nach allen Richtungen gemacht haben, können wir uns fragen, ob wir irgendwo auf Sachverhalte oder auf Sätze gestoßen sind. Wir wollen uns nicht wiederholen und ausführen, daß die Geschichten nicht aus Sätzen bestehen. Man kann Geschichten weder aus Sätzen zusammenstellen noch in Sätze aufteilen. Das, was äußerlich einem Satz entspricht in der Geschichte, ist für sich nichts. Es wird erst etwas im Zusammenhang der Geschichte und im Hinblick auf die in Geschichten Verstrickten. Wenn wir so gewiß nicht auf Sätze stoßen, so werden wir ebensowenig auf Sachverhalte stoßen. Wir können auf viele Weisen versuchen, dies einleuchtend zu machen, sagen wir lieber, mehr oder weniger einleuchtend zu machen.

So könnte man sagen, daß alles, was uns bei Homer begegnet, die in Geschichten Verstrickten sind und was in Geschichten vorkommt. Wenn wir am Strande des Meeres in der Welt Homers mit der Hand Wasser schöpfen, so gehört dies Wasser, auch noch, wenn es in unserer Hand ist, zum gewaltigen Okeanos. Wir werden nicht ganz fehl gehen, wenn wir dies Wasser als den Leib des Okeanos auffassen, als einen gewaltigen Leib, der in ähnlicher Weise eine Einheit bildet wie der Leib des Menschen oder des Tieres oder des Baumes, und der vor allen Dingen der Leib des in Geschichten verstrickten Okeanos ist. Wir dürfen dabei allerdings nicht vergessen, daß das, was der Leib des Menschen, des Tieres ist, ebenso voll von

Geheimnissen und Wundern ist, wie der Leib des Okeanos es für Homer gewesen sein mag.

Das, was Leib ist, ist noch heute für uns ein Wunder. Dieses Wunder war er auch schon zu den Zeiten Homers. Das geringe Licht, welches auf dies Wunder fällt, ändert sich von Jahrhundert zu Jahrhundert. So ist also außerordentlich wenig damit gesagt, wenn wir das Wasser des Ozeans als Leib des in Geschichten Verstrickten bezeichnen. Mehr wird aber kaum jemand dazu sagen können.

Wir haben uns schon einmal mit dem Flußgott Skamander und seinem Kampf mit Achill beschäftigt. In dieser Schilderung führt Homer den Vergleich des Flußwassers, wenn wir so sagen dürfen, mit einem menschlichen Leib in vielen Einzelheiten durch. Wir verweisen wieder auf den XXI. Gesang. Der Flußgott wird gemartert dadurch, daß das Feuer das Wasser zum Sieden bringt. Andererseits läßt Homer auch wieder unbefangen den Stromgott als Herrscher des Stromes in Menschengestalt auftreten.

Man kann wohl bei Homer und noch besser bei Hesiod zwei Auffassungen mit vielen Übergängen unterscheiden. In der ersten Auffassung werden die Urgötter, die Erde, der Himmel, die Nacht, das Meer, vielleicht auch die Unterwelt als gewaltige Einheiten aufgefaßt, die wieder auf mannigfache Art und Weise andere Einheiten zeugen oder gebären, wie etwa der Okeanos die Flüsse und alle Gewässer. Die andere Auffassung ist die, daß ein königliches Wesen, ein Herrscher, die Herrschaft ausübt im Bereich des Wassers, im Bereich der Erde, der Luft oder der Winde, der Nacht, der Unterwelt. Aber auch im letzten Fall ist noch nicht der ursprüngliche Zusammenhang vergessen. Im Kampf des Skamander mit dem Feuer kann man noch erkennen, wie das Wasser viel näher zum Flußgott gehört als das Feuer zum Feuergott. Für den Feuergott ist zur Zeit Homers das Feuer ein Werkzeug geworden. Wir werden uns dabei aber erinnern, wie eng nach unserer Grundauffassung Werkzeug und Leib zusammenhängen, ja, wie man den Leib auch wieder als Werkzeug auffassen kann, und weiter werden wir bedenken müssen, daß wir Homer nicht stärker auf Begriffe festlegen dürfen, als er selbst für richtig hält. Wer viel fragt, erhält viele Antworten. Wir müssen uns damit zufriedengeben, daß bei Homer und ebenso bei Hesiod vieles im Dämmerlicht bleibt, was wir vergeblich in die Helle des Tages zu zerren versuchen.

Wie nun auch Homer sich die Erde, das Wasser, den Himmel, die Winde, das Feuer vorstellen mag, so stehen sie jedenfalls in engsten Beziehungen zu Gottheiten, sei es als Leib des Gottes, sei es als Reich oder Werkzeug des Gottes. Wir möchten noch weitergehen und sagen, und hier wird die Sache gefährlich, daß sie ohne Gottheiten nichts sind oder nicht sind oder, was nach unserer Sprechweise dasselbe ist, daß sie ohne die in Geschichten Verstrickten nicht sind oder nichts sind. Dies alles ist schwer auszudrücken. Wenn wir uns mit Hesiod darüber unterhielten, würde er etwa meinen, daß doch vielleicht das Chaos bliebe, wenn man alle Gottheiten streichen würde.

Irgend etwas aber wie einen Sachverhalt, der bliebe, wenn man Gott und Mensch aus der Welt streichen würde oder, mit anderen Worten, was außerhalb der Geschichten ein Sein hätte, ist in der Welt Homers und in der Welt Hesiods nicht anzutreffen, wenn man vom Chaos absieht. Dabei dürfen wir aber nicht vergessen, daß wir Welt, Gott und Mensch und selbst Geschichte bei Homer und Hesiod immer nur mit der größten Vorsicht mit dem in Beziehung setzen dürfen, was wir darunter verstehen und was seine Nachfolger darunter verstanden haben.

Hesiod ruft die Musen in der *Theogonie* an:

„Dies verkündet mir, Musen, [...]
Alles von Anbeginn und was als erstes entstanden."

Hesiod fährt fort:

„Wahrlich, zuerst entstand das Chaos und später die Erde."

Wenn man damit die ersten griechischen Philosophen vergleicht, so ist den Worten nach der Unterschied nicht so sehr groß. Wenn man aber auf den Zusammenhang sieht, so will und erwartet Hesiod als Antwort nur Geschichten und immer wieder Geschichten, während die Philosophen auf etwas anderes aus sind, sie wollen Sachverhalte. Das Denkwürdige dabei ist, daß diese Sachverhalte von Anfang an als Diktatoren des Universums auftreten und die Geschichten in den äußersten Winkel verjagen oder besser, aus der Welt hinausjagen. Bei Thales, bei Anaximander und Anaximenes haben die Geschichten keinen Platz und haben auch die Menschen als in Geschichten Verstrickte keinen Platz. Von diesen drei Philosophen geht eine Richtung in der Philosophie aus, geradlinig auf Demokrit zu und auf seine Atomlehre. In dieser Atomwelt haben Geschichten erst recht keinen Platz. Aus den Elementen Feuer, Erde, Wasser, Luft, aus Sternen als Feuerbällen, aus Atomen kann man nicht eine einzige Geschichte aufbauen.

Eine große Seltsamkeit ist dabei, daß die indische und die chinesische Philosophie diesen Sprung von den Geschichten zum Sachverhalt nicht mitmachen und daß auch in der abendländischen Welt tausend oder zweitausend Jahre lang das Denken in Atomen schlief oder eingerostet war.

Für uns ist hier die Frage, ob wir in diesem Zusammenhang über das Verhältnis von Geschichte und Sachverhalt im Anschluß an die hier geschilderten Vorgänge und Geschichten noch etwas Genaueres sagen können, insbesondere, ob unsere Ansicht, daß die Geschichten der Anfang von allem seien und die Sachverhalte irgendwie in Geschichten unterkommen müssen, richtig ist.

Kapitel V
Verstricktsein und Erkennen. Bei Homer kein Platz für das Erkennen, bei den Philosophen kein Platz für das Verstricktsein

Wir versuchen noch einmal, Sachverhalt und Geschichte gegeneinander abzuheben im Anschluß an unsere bisherige Untersuchung, indem wir zwei Reihen bilden; zu der einen Reihe gehören Sachverhalt, Sache, Gegenstand und ihr Verhältnis zum Sachverhalt. Dabei versuchen wir Gegenstand und Sache zu unterscheiden. Gegenstand umfaßt nach unserer Ansicht mehr als Sache. Vom Sachverhalt kommen wir zum Satz, der von Plato bis Husserl Gegenstand der Untersuchung gewesen ist und bei Bolzano am klarsten, wenn auch vielleicht nicht am tiefsten gefaßt ist. Vom Satz aus würden wir weiter zu Begriffen kommen, zu Subjekt, Prädikat und Objekt und vielleicht auch zur Intentio, zur Meinung. Das Schwergewicht dieser Reihe liegt bei Gegenstand und Sachverhalt.

Diese Reihe steht in Verbindung mit einer anderen Reihe, mit Wahrnehmen, Vorstellen, Selbstgegebenheit, Denken, die sich vielleicht fortsetzen läßt über Fragen, Vermuten, kurz mit der Reihe der kognitiven Akte. Die Verbindung zwischen den Akten und den Sätzen stellt man etwa dadurch her, daß man so formuliert: Der Wahrnehmende, Denkende, Fragende nimmt teil an den Begriffen, und in dieser Teilhabe erkennt er die Gegenstände und Sachverhalte. Die letzte Erkenntnis ist dabei das Vordringen bis zum Selbst des Gegenstandes in diesen Akten, wobei schließlich Begriff und Gegenstand sich decken und die Sätze an ihrem vermeinten Sachverhalt verifiziert werden. Wir sind weit davon entfernt zu meinen, daß wir hiermit etwa eine Erkenntnistheorie entwickelt hätten, die als Gerippe in jeder Philosophie, in jedem philosophischen System sich wiederfinden würde, aber wir meinen immerhin, daß jede Erkenntnistheorie an Hand dieser Schablone sich zunächst einmal festlegen und unterbringen läßt mit ihren Abweichungen und Ergänzungen in dem großen Gebäude aller Erkenntnistheorien. Wir selbst aber haben sie Stück für Stück abgetragen und nichts davon übrig behalten. An die Stelle dieser Reihe setzen wir das in Geschichten Verstricktsein. Wir übernehmen dabei nach alter Sprechweise keinen einzigen „Begriff" einer solchen Erkenntnistheorie, insbesondere nicht Gegenstand, Wahrnehmen, Erkennen, Sachverhalt, Satz. Die einzelnen Geschichten sind keine Gegenstände, ebensowenig wie der in sie Verstrickte ein Gegenstand ist. Die Geschichte kann man nicht zum Stillstand bringen wie Plato im *Kratylos* meint, sondern man tötet sie, indem man sie zum Stillstand bringt. Jeder ist durch seine Geschichten und über seine Geschichten mit allen anderen und ihren Geschichten verbunden. Wer dies zunächst unbefangen anerkennt, wird allerdings doch fragen, ob man schließlich nicht auch Geschichten „erkennt". Wir meinen, daß die Begegnung mit Geschichten immer wieder in Geschichten erfolgt. Nur die in Geschichten Verstrickten haben diese Zugänge zueinander, indem sie eben alle schließlich in eine Geschichte verstrickt sind.

Eine solche Welt von Geschichten mit ihren Abhängigkeiten und Verbindungen, wobei man etwa sagen kann, daß jede Geschichte als Geschichte über Zeus Verbindung mit Kronos, Uranos, Gaia hat, finden wir bei Homer und Hesiod, und zwar anscheinend in verschiedenen Phasen, die sich aber in Beziehung zueinander bringen lassen und verschiedene Versionen einer einheitlichen Geschichte bilden.

In alter Sprechweise könnte man auch sagen, diese Welt ist erfüllt und ausgefüllt mit lebenden Wesen oder mit lebender Substanz. Für uns tritt an die Stelle des Lebens das in Geschichten Verstricksein. In Geschichten verstrickt sind Menschen, Götter, Dämonen, Teufel, Tiere, Pflanzen.

Homer und Hesiod kennen dies in Geschichten Verstricktsein nicht als Thema in dem Sinne, in dem wir davon sprechen. Unter ihren Händen wird aber alles zu in Geschichten Verstrickten. Dies ist natürlich falsch ausgedrückt, es wird nicht unter ihren Händen, sondern sie finden es so vor, als seit Urzeiten gegeben. Die Welt ist erfüllt von in Geschichten Verstrickten und ihren Leibern. Wenn man Homer fragen würde, wie nun das Verhältnis von Leib zu dem in Geschichten Verstricktsein wäre, würden wir zuviel fragen, ganz abgesehen davon, daß wir die Frage so wenig beantworten können wie Homer. Nur so viel würden wir festhalten, daß das in Geschichten Verstricktsein das Fundamentale ist gegenüber dem Leib, der irgendwie in Geschichten unterkommen muß.

Die Geschichte ist kein Gegenstand der Forschung, der Erkenntnis. Selbst wenn man mit traditionellen Vorstellungen an die Frage, was Erkenntnis bei Geschichten bedeuten kann, herangeht, sieht man alsbald die naturgegebenen Schwierigkeiten. Die Geschichte ist immer schon mehr oder weniger vergangen. Sie läßt sich nicht irgendwie im Experiment wiederholen. Das mag die erste Schwierigkeit sein. Man kann sich ferner der Geschichte nur nähern über den in Geschichten Verstrickten. Näher kann niemand an die Geschichte herankommen. Soweit in eine Geschichte mehrere verstrickt sind, scheint man nur über diese mehreren an die Geschichte herankommen zu können, womit neue große Schwierigkeiten auftauchen. Die nächste Schwierigkeit besteht darin, daß jede Geschichte mit jeder in Zusammenhang steht oder, etwas anders ausgedrückt, daß jede Geschichte mit sehr vielen in Zusammenhang steht und daß man diesen Zusammenhang bei der „Erkenntnis" jeder Geschichte berücksichtigen muß. Ein Mord ist etwas ganz anderes, je nachdem, ob der Mörder geisteskrank oder geistesschwach oder geistig gesund oder ein Kind ist. Die Zurechnungsfähigkeit gehört zum Mord. Die Unzurechnungsfähigkeit kann sich aus dem einzelnen Mord ergeben. In anderen Fällen kann sich aber die Zurechnungsfähigkeit oder Unzurechnungsfähigkeit nur aus der Kombination von vielen anderen Geschichten ergeben, wobei man dann aber bald überall auf Grenzen stößt und die Unterscheidungen unsicher werden oder auch der Sinn der Unterscheidungen. Je weiter die Untersuchung geht, desto bescheidener wird man. Wenn man etwa die Frage zu prüfen hat, ob ein Mord vorliegt oder ob ein Testament gültig ist, und die Entscheidung abhängt von der Frage der Zurechnungsfähigkeit, insbesondere wenn man dann noch sagen soll, weshalb die Zurechnungsfähigkeit den Sinn der ganzen Geschichte in den Grundfesten ändert.

Selbst aber wenn man dies alles für nicht so wichtig nehmen würde, so kommt als neue Schwierigkeit, daß nur der Mitverstrickte Zugang zu den Geschichten des anderen hat und daß der Zugang immer schwerer wird, je weniger verwandt die Mitverstrickten sind, daß gleichsam erkennbar Partien von Geschichten des andern unbegreiflich werden, unverständlich werden, zuganglos werden oder wie man sich sonst ausdrücken will. In diesem Zusammenhang haben wir auf die Schwierigkeiten des Zugangs zu den Geschichten, in denen Tiere verstrickt sein mögen, bereits hingewiesen.

Soweit bei Homer und Hesiod Geschichten von Göttern, Dämonen, Helden und Menschen vorgetragen werden, handelt es sich um Gebiete, die für eine Erkenntnis nicht zugänglich sind, für die höchstens eine Deutung in Frage kommt, wobei aber schwer zu sagen ist, was nun wieder Deutung sei. Soweit der Himmel, die Erde, der Ozean, die Nacht als eine Art Leib der in Geschichten verstrickten, übermenschlichen Wesenheiten aufgefaßt werden, soweit bilden diese Leiber ebensowenig einen Gegenstand der Erkenntnis wie die Geschichten. Vielleicht kann man bei Homer und Hesiod feststellen, daß das, was zunächst Leib ist, langsam zu etwas anderem wird, zum Herrschaftsbereich einer Gottheit. Mit Herrschaftsbereich ist allerdings nur ganz ungefähr angedeutet, um was es sich hier handeln mag. Vielleicht könnte man eher sagen, daß aus dem Leib langsam ein Kleid wird. Nur soviel scheint sicher, daß Himmel, Erde, Wasser, Luft, Feuer bei Homer noch nicht zu einem Gegenstand der Erkenntnis werden, den man erforschen, über den man Sachverhalte feststellen könnte. Vielleicht kann man dies auch so ausdrücken, daß die Welt noch göttlich bleibt und daß das Göttliche sich jeder Untersuchung entzieht. Diese Deutung würde irgendwie verwandt sein mit unserer Deutung der Geschichten, wenn nämlich der Zugang zum Göttlichen nur in Geschichten und über Geschichten möglich ist.

Wir wenden uns nun von der Welt Homers und Hesiods zu der Welt der ionischen Philosophen. Die Brücke müßten die sieben Weisen darstellen.

Bei diesen finden wir uns aber noch in der Welt Homers und Hesiods. Die knappen Worte, in denen sie zu uns sprechen, sind Geschichten und Überschriften zu Geschichten. Das wird jetzt anders. Mit einer kleinen Übertreibung können wir sagen, daß bei den drei Ioniern (Thales, Anaximander, Anaximenes) Geschichten oder was mit Geschichten zusammenhängt nicht vorkommen, auch Personen oder Götter kommen nicht bei ihnen vor. Wenn es ihre Absicht ist, das All zu erklären, so haben sie übersehen, daß zu dem All auch die Geschichten gehören, die bei Homer im Mittelpunkt stehen.

Die Erde, der Himmel und das Wasser sind keine Gottheiten mehr, sie schweben geschichtenlos, geschichtslos im Raum. Man kann die Entfernungen messen, die sie voneinander haben, und auch ihre Größe. Anaximander glaubt, daß die Lebewesen aus dem Feuchten entstanden sind und daß der Mensch ursprünglich aus andersartigen Lebewesen entstanden ist. Ursprünglich seien Fische entstanden, aus diesen hätten sich Menschen entwickelt. Im übrigen findet eine gewisse Berührung mit Hesiod statt, insofern diese Philosophen nach dem Anfang suchen; während Hesiod aber Hilfe allein von den Musen erwartet und auch nur nach einem Anfang in Form von Geschichten sucht, suchen die drei Ionier nach einem geschichtenlosen Anfang.

In unsere Sprache übersetzt, würde es heißen, die drei Ionier suchen nach Sachverhalten, wie Erde, Himmel und Sterne, Wasser, Feuer, Luft entstanden sein mögen und was der Anfang von dem allen gewesen sein mag. Über die Götter äußern sie sich wenig. Sie brauchen die Götter nicht, und ebensowenig brauchen sie anscheinend die Menschen.

Diese Welt, die sie prüfen, ist eine Welt auch ohne Götter und Menschen. Sie ist sich selbst genug. Sie ist ein Gegenstand der Erkenntnis. Der Mensch mag sie erkennen können. Damit ist das Verhältnis Mensch – Welt auf eine neue Grundlage gestellt. Der Mensch ist nicht der in die Weltgeschichten Verstrickte. Der Mensch ist ein Beobachter oder ein Erkennender geworden; so sagt Alkmaion, „daß sich der Mensch von den übrigen Wesen dadurch unterscheide, daß er allein denkt, während die anderen Wesen zwar Sinneswahrnehmung haben, aber nicht denken." (Capelle, S. 112) Und weiter sagt er: *„Von den unsichtbaren und von den vergänglichen Dingen haben sichere Erkenntnis nur die Götter; den Menschen aber ist nur vergönnt ‚unmaßgebliche' Schlüsse zu ziehen."*

Xenophanes erklärt Sonne und Mond auf natürliche Weise. Nach ihm ist die Quelle des Wassers und Quelle des Windes das Meer. Die Erde ist nach ihm unbegrenzt und würde weder von der Luft noch vom Himmel umfaßt (vgl. Capelle, S. 116–118). Der untere Teil der Erde erstreckt sich ins Unendliche. Xenophanes erklärt weiter, wie im Binnenland und auf den

Bergen Muscheln sich angesammelt hätten. Er sagt, dies sei geschehen, als alles voreinst zu Schlamm geworden war, und daß der Abdruck in dem Schlamm hart geworden sei.

Homer und Hesiod suchen oder finden den Anfang vom Trojanischen Krieg aus. Hesiod leitet zum Schluß der *Theogonie* über zum Trojanischen Krieg. Mittelpunkt für ihn ist die Vorgeschichte des Trojanischen Krieges, während für Homer Mittelpunkt der Trojanische Krieg selbst ist. Der Trojanische Krieg ist dabei nicht irgendeine Geschichte, sondern er ist die Geschichte, die die Griechen ansehen als ihre eigene Geschichte, und zu der wir auch nur Zugang haben, wenn wir sie als eigene Geschichte empfinden, wenn Hektors Abschied von Andromache oder der Bittgang des Priamos oder auch die Geschichten um Odysseus für uns gleiche Bedeutung haben wie für Homer.

Dieser Trojanische Krieg ist der konzentrierte Mittelpunkt des menschlichen Lebens, wobei „menschlich" und „Leben" viel unklarer sind als der Trojanische Krieg. Wir gebrauchen diese Worte nur, um für unsere Leser, welche möglicherweise die Geschichte des Trojanischen Krieges als eine Sagengeschichte auffassen, diese Wendung herbeizuführen, daß sie diesen Krieg als ihren eigensten Krieg, aber natürlich weniger als Krieg denn als Geschichte auffassen.

Wenn wir uns soweit einig sind mit dem Leser über den Trojanischen Krieg als Geschichte und als Geschichte von uns und für uns, so ist der Anfang der Welt, wie ihn Hesiod ausdrücklich sucht oder darbietet und wie ihn Homer auch ständig andeutet, in erster Linie die Verlängerung des Trojanischen Krieges, das, was in der Perspektive des Trojanischen Krieges auftaucht. Die Verbindung ist hergestellt über Zeus, Kronos, Uranos.

Kapitel VI
Der Übergang zum Sachverhalt. Rückwendung. Wie die Philosophen die Verbindung mit dem Trojanischen Kriege verlieren, vielleicht über die Wachgeschichten, und damit mit dem Menschen. Die Entlarvung von Lügengeschichten und ihr Ersatz. Die Erschütterung der Allgeschichte. Wie der Philosoph aus der Welt flüchtet. Wie die Erkenntnistheorie zum Mittelpunkt wird, während bis dahin Erkenntnis nicht Gegenstand war und keinen Gegenstand hatte

Wenn wir nun Homer und Hesiod mit den griechischen Philosophen vergleichen, so scheint uns zunächst das der Unterschied zu sein, daß hier mit einem Ruck der Trojanische Krieg aus dem Gesichtsfeld entschwindet, der

Trojanische Krieg und die ganze Weisheit, die sich in ihm birgt. Die Welt der Philosophen wird nicht, wie bei Homer und Hesiod, um den Trojanischen Krieg herum aufgebaut, nicht um Geschichten, sondern auf andere Art. Wenn wir uns zuerst den drei Ioniern zuwenden, so müssen wir allerdings gleich eine Einschränkung machen, wir meinen Anaximander. Wenn dieser als Urgrund to apeiron, das Unendliche, annimmt, so distanziert er sich damit vom Stoff. Wohin diese Distanzierung führt, ob sie irgendwo den Weg zu Geschichten eröffnet, ist nicht zu erkennen. Nur der eine Satz: „*Woraus aber die Dinge ihre Entstehung haben, darein finde auch ihr Untergang statt, gemäß der Schuldigkeit. Denn sie leisteten einander Sühne und Buße für ihre Ungerechtigkeit, gemäß der Verordnung der Zeit*", ist ohne den Untergrund von Geschichten, ohne den Trojanischen Krieg kaum verständlich (Capelle, S. 82).

Entstehung und Untergang, Sühne und Buße und Unrecht, das alles ist doch wohl sinnlos ohne den Trojanischen Krieg, sinnlos ohne Geschichten. Bei den ersten beiden Ausdrücken, Entstehung und Untergang, mag man noch zweifeln können. Ich könnte sie allerdings ohne Geschichten nicht unterbringen, ohne Leben und Tod, wie wir sie auf der Grundlage der homerischen Geschichten zu deuten versucht haben. Was soll aber Unrecht ohne den Trojanischen Krieg heißen, was Sühne und Buße ohne den Raub der Helena, ohne den Zorn des Achill, ohne den Abschied Hektors von Andromache, ohne das Walten der Menschen und Götter im Trojanischen Krieg.

Dieselbe Bedeutung, die diese Worte im Trojanischen Krieg haben, haben sie auch in der Vorgeschichte dieses Krieges. Diese beginnt mit dem Frevel des Uranos, der seine eigenen Kinder tief im Schoß der Erde birgt. Sein Sohn Kronos rächt an dem eigenen Erzeuger schlimme Schmach; zuerst hat er ja selber gefrevelt. So lebt die ganze Vorgeschichte und der Kampf um Troja von Entstehung und Untergang, von Sühne und Buße und Unrecht. Anaximander wird etwa 65 Jahre alt geworden sein. Wir finden, daß diese Stelle schlecht unterzubringen ist in seine Lehre und in die Lehre der anderen beiden Ionier und ihrer Nachfolger. Fast will es uns scheinen, als ob Anaximander nicht sein ganzes Leben lang dieselbe Lehre verkündet habe oder daß vielleicht auch seine Lehre ganz anders aufzufassen ist und gar nicht zwischen Thales und Anaximenes einzuordnen ist.

Wenn Homer und Hesiod vom Trojanischen Krieg aus nach dem Anfang suchen, oder der Trojanische Krieg die selbstverständliche Brücke oder besser Bastion ist, die zum Anfang führt, und der Anfang immer wieder nur eine Geschichte sein kann, wenn dies bei Homer und Hesiod eine konsequente und in sich geschlossene Welt bildet, dann ist es bei den Ioniern schwer zu sagen, wie sie zum Anfang kommen. Sie suchen nicht mehr den Anfang von Geschichten. Wenn auch sie nach einem Anfang suchen, so ist es fraglich, ob das Anfang in demselben Sinne ist, wie bei Hesiod und Homer. Sicher suchen sie nicht nach einem Anfang von Geschichten, von ihren Geschichten. Wie sie aber aus diesem Kreis von Geschichten, der für Homer und Hesiod ein magischer Kreis ist, aus dem niemand heraus kann, wie sie aus diesem Kreise heraus streben und anscheinend heraus kommen, das ist die Frage.

Wenn für uns der Mensch der in Geschichten Verstrickte ist und wir uns damit in unmittelbarer Nähe von Homer und Hesiod befinden, so ist offensichtlich für die ionischen Philosophen und ihre Nachfolger bis Demokrit und über ihn hinaus dieser Mensch uninteressant geworden, steht höchstens am Rande ihrer Betrachtungen. Er ist nicht eingeplant in das Weltall. Man könnte fast sagen, das Weltall könnte auch ohne den Menschen seinen Platz und Rang behalten.

An die Stelle von Geschichten tritt der Sachverhalt, tritt der Gegenstand, tritt die Sache; an die Stelle von Verstricktsein in Geschichten tritt die Erkenntnis, das Wahrnehmen, Denken, Vorstellen von Sachverhalten; an die Stelle des in Geschichten Verstrickten tritt der Erkennende. Diese Beziehung von Objekt und Erkenntnis des Objektes tritt hier bei den drei Ioniern zuerst auf, und beherrscht seitdem die abendländische Philosophie. Von unserem Standpunkt aus ist das eine Geschichte und muß als Geschichte aufgeklärt, gedeutet werden wie der Trojanische Krieg. Was hat es mit dieser theoretischen Stellungnahme zur Welt und was hat es mit dem Übergewicht dieser theoretischen Stellungnahme in der späteren Zeit für eine Bewandtnis? Wir möchten vermuten, daß diese Wandlung nicht auf einen Schlag erfolgt ist, sondern sich langsam vorbereitet hat.

Wenn man die Geschichten Homers und Hesiods (falsch) übersetzte in das Griechische der späteren Zeit, wenn man die Urgeschichte aus der Dämmerung herausnahm, in der sie ihren letzten Sinn hatte, aus der heraus sie sich gegen lästige Fragen verteidigen konnte, in einer Zeit, in der man wach geworden war und nur noch Wach-Geschichten gelten ließ, keine Träume, keine Mythen, keine Gleichnisse mehr, keine Sagen, keine Märchen und Fabeln mehr, oder dies alles nur schattenhaft gelten ließ, mochte oder mußte die Welt, die Außenwelt die Überhand gewinnen vor den Geschichten, wir könnten auch anders sagen, die Sache vor der Person. Wir haben versucht, die Sachen aufzuklären über die Wozudinge. Die Wozudinge haben ihren Platz in Geschichten, in deren Mittelpunkt aber der in den Geschichten Verstrickte steht. Erst über die Wozudinge kamen wir zu dem Auswas der Wozudinge, dem Stoff, der aber nur aus Geschichten und über Geschichten ist. Bei Homer und Hesiod sahen wir, wie im Wesentlichen die in Geschichten Verstrickten: Menschen, Tote, Götter, Urgötter, die Welt ausmachen mit ihren Geschichten, und wie für den Stoff in einer solchen Welt überhaupt kein Raum ist, sofern man nicht den Leib der Götter und Menschen als Stoff auffassen will, was aber wohl ganz und gar unhomerisch ist.

Als die ionischen Philosophen lehrten, hatten die Urgötter, wenigstens in der alten Lebendigkeit, schon das Feld geräumt. Die Erde war nicht mehr der Leib der Gaia, der Ozean nicht mehr der Leib des Okeanos. Beide waren nicht mehr das, was sie Jahrzehntausende hindurch gewesen waren. So ähnlich ging es auch dem Himmel und der Unterwelt, der Nacht und dem Tage, der Sonne und dem Mond. Diese Geschichte der Entgöttlichung der Welt, wobei wir darauf achten müssen, daß Welt, so oft wir davon sprechen, fast immer eine andere Bedeutung annimmt, diese Entgöttlichung der Welt hat sich sicher nicht von heute auf morgen vollzogen. Sie mag in ihren Anfängen auch Jahrtausende zurückliegen, sie mag sogar schon bei Homer und Hesiod bei schärferem Zusehen nachweisbar sein. Trojanische Kriege fanden weiter statt, aber gegenüber der Zeit Homers und der Vorzeit waren große Leerräume entstanden. Die Göttin Erde war tot, der Sonnengott war tot, Okeanos war tot, aber ihre Leiber, ich möchte nicht sagen ihre Leichname, waren übrig geblieben. Fast könnte man sagen, das Auswas ihrer Leiber war geblieben und wurde zu einem Gegenstand, zu einer Sache, die man untersuchen konnte. Die Entgöttlichung der Welt stand sicher in engem Zusammenhang mit der Ausweitung der Welt in diesen Jahrhunderten, deren Wirkung man sich vielleicht so ähnlich vorstellen kann wie die Wirkung der Entdeckung Amerikas. Die stets vorhandenen Horizonte wurden anders ausgefüllt und gleichzeitig gereinigt von den göttlichen oder fabelhaften Persönlichkeiten und ihren Geschichten.

Es bleibt aber die Frage, aus welchem Grunde die ersten Philosophen sich nun nicht auf den Ausgangspunkt dieser Fabelwelt, auf den Trojanischen Krieg, auf die menschlichen Geschichten als Mittelpunkt der Welt zurückzogen, um von diesem Mittelpunkt aus den Menschen neu zu verankern, wenn Himmel und Hölle sich auflösten, sondern weshalb sie sich nun daran machten, die Erde, das Wasser und die Luft zu untersuchen und von da aus eine Welt aufzubauen, obwohl man vielleicht von Anfang an sagen konnte, daß von dieser Welt, von ihrer Ruhe und Bewegung aus, nie ein Übergang zum Trojanischen Krieg und zur Aufhellung des Trojanischen Krieges möglich war, und zwar noch viel weniger als von den Lügengeschichten Homers oder Hesiods aus. Sie hielten sich doch wenigstens in der Ebene, um die es sich handelt, in der Ebene der Geschichten. Wenn man sich aber der Erde, dem Wasser, der Luft zuwandte, was konnte man sich davon erhoffen? Selbst wenn man alles, was Erde, Wasser, Luft anbetraf, geklärt hatte, wenn man den Gang der Sonne und des Mondes und der Sterne erklärt hatte, so stand man schließlich doch vor einem Nichts, abgesehen davon, daß man vielleicht technische Fortschritte gemacht hatte.

Diese gehören in Geschichten hinein und interessieren uns hier nicht. Im Verhältnis zu Homer und Hesiod konnte man wohl dahin gelangen, daß man die Vorgeschichte als Lügengeschichte entlarvte, wenn man sie wörtlich nahm. Was man aber an diese Stelle setzte, war kein Ersatz für diese Vorgeschichte, sondern entweder etwas Gleichgültiges, Pointenloses, wonach vielleicht niemand fragte, oder wie bei Anaximander eine Ursprungsgeschichte, daß aus Wasser und Erde infolge ihrer Erwärmung Fische entstanden seien. In diesen hätten sich Menschen entwickelt usw. Diese Geschichte ist auch nicht viel mehr wie die Geschichte von Hesiod. Sie interessiert heute als Vorläufer von Darwin. Man wird sie auf keinen Fall höher einstufen können als Darwin. Einen Anschluß an den Trojanischen Krieg gewinnt man damit nicht oder nur, indem man die Fische im Sinne Franz von Assisis als Menschlein auffaßt. Im Hintergrund dieser Geschichte vom Fisch steht wohl die Auffassung, ein Fisch sei leichter gemacht als ein Mensch.

Wenn man sich nun einbildete mit der Lehre von den Elementen den Anfang, den Hesiod suchte, genau an der Stelle, wo Hesiod ihn gesucht hatte, gefunden zu haben und nicht merkte, daß man sich gleichzeitig den Übergang von hier, von den Stoffen zu den Geschichten, zum Trojanischen Krieg hoffnungslos verbaute, so kann man die Frage aufwerfen, was man nun, von uns aus gesehen, betrieb, und als andere Frage, was die damaligen Philosophen glaubten zu betreiben. Wir nehmen die zweite Frage zuerst: Sie entlarvten Lügner, deckten die Unwahrheit von Lügengeschichten auf. Im kleinen hat das die Welt jederzeit getan, das ist an sich nichts Besonderes und gehört zu den Geschichten. Es gehört zu den Geschichten, daß es Lügengeschichten gibt, die sich innerhalb der Geschichten, eines Komplexes von Geschichten, nicht aufrechterhalten lassen. In erster Linie ist der Platz für Lügengeschichten innerhalb der Wach-Geschichten; denn bei den Traumgeschichten, den Gleichnissen, den Rauschgeschichten, den Geschichten der Verrückten oder auch den Sagen, Fabeln und Märchen, ist es schon schwerer zu sagen, was hier noch Lügengeschichten bedeuten sollten. Hier eröffnet sich ein großes Feld für eine Aufklärung, welches wir aber nicht betreten wollen. Von dem Fall, daß in einem Komplex von Geschichten einzelne sich als lügenhaft herausstellen, unterscheiden wir den Fall, daß alle Geschichten, daß das All der Geschichten sich plötzlich als lügenhaft herausstellt. Ein solcher Fall ist schlimmer als ein Erdbeben, denn jetzt wankt nicht nur die Erde, sondern auch Sonne, Mond und Sterne verlieren ihren festen Platz. Eine solche Lage mag ungefähr einige Zeit nach Hesiod entstanden sein, als man, aus welchen Gründen auch immer, zunächst die Götter der Urzeit, dann aber auch die Götter des Trojanischen Krieges für Lügengebilde oder Phantasiegebilde erklärte. Diese Götter durchzogen so die Geschichten der Menschen, daß auch von diesen Geschichten kaum etwas mehr übrig blieb, wenn man die Götter entfernte. Ein Erdbeben machte aus diesen Geschichten einen Trümmerhaufen. Die Wirkungen dieses Bebens sehen wir noch bei Plato, ja es mag sich fortsetzen bis auf unsere Tage. Wenn nun jedenfalls für einen großen Teil der Menschen, und zwar für den rührigsten Teil, diese homerische Welt mit ihrer Vorgeschichte und ihren Nachgeschichten den Stempel von Lügengeschichten erhielt, so war das etwas anderes, als wenn einzelne Geschichten sich als Lügengeschichten herausstellten. Jetzt war man nicht mehr in den Geschichten aufgehoben wie bei Homer. Aus der Weisheit und Wahrheit wurde Dichtung und Lüge. Erdichtet und gelogen wurde nun dasselbe oder auch Geschichten erzählen und lügen (Plato).

So mag es vielleicht verständlich werden, daß man anderswo einen Halt suchte, etwas Festes, Unzerstörbares, wenn man in Geschichten und über Geschichten diesen Halt nicht finden konnte. Als ein solcher Halt bot sich zuerst der Stoff dar, von dem die ionischen Philosophen ausgingen, der Stoff auf der einen Seite und Wahrnehmen und Denken auf der anderen Seite. Man war dabei von Anfang an von Zweifeln nicht frei.

Die Philosophen entdeckten bald, daß der Stoff keinen Ersatz für eine Welt bietet, daß man aus Stoffen keine Welt aufbauen kann, auch nicht aus lebendigem Stoff und auch nicht aus Stoff und Bewegung. Es ist damit aber etwas in Gang gesetzt – und das ist unsere Meinung von den ersten Philosophen und ihren Nachfolgern –, daß nämlich der Philosoph sich nicht als in Geschichten verstrickt fühlt, sondern daß er die Welt von außen ansieht, einen Standpunkt außerhalb der Welt einnimmt, nicht wie Zeus, außerhalb der irdischen Welt, sondern außerhalb aller Welten, um von dort aus zu erkennen, was die Welt zusammenhält. Zwischen den einzelnen Welten, die so in den philosophischen Systemen entstehen, bestehen oft nur lose Zusammenhänge, aber doch in einer Art, daß jede Welt mit jeder noch verwandt ist. Von keiner dieser Welten ist aber ein Abstieg oder Übergang zur Welt Homers möglich.

So können wir die Philosophie der Natur und die Philosophie der Mathematik und ebenso die entsprechenden Wissenschaften bis in unsere Tage verfolgen. Wir haben den Versuch gemacht, diese Wissenschaften aus den Geschichten zu erklären und sie und ihre Erfinder und Anhänger in die Geschichten einzuordnen und aufzuklären, daß ihre Meinung, die Wissenschaften oder ihr Gegenstand ständen außerhalb von Geschichten oder wären die Grundlagen von Geschichten, sich nicht halten läßt.

Zu dieser Naturwissenschaft und zu dieser Mathematik gehört eine Erkenntnistheorie. Diese wird mehr oder weniger kritisch von Anfang an mitgeliefert bis zu Kants großartigem Versuch, der aber bei weitem das nicht leistet, was er sich aufbürdet; so weitgehend Übereinstimmung besteht in den einzelnen Sätzen der Mathematik und der Naturwissenschaft, so wenig Übereinstimmung besteht in der dazugehörigen Erkenntnistheorie oder auch nur in der Aufklärung, was man unter einer solchen Erkenntnistheorie zu verstehen habe. Man kann uns weder sagen, was ein Sachverhalt sei, noch was ein Satz sei, noch was ein Gegenstand, noch was ein Begriff sei, noch was ein synthetischer Satz noch was ein analytischer Satz sei, noch was Wahrnehmen, noch was Denken, noch was auf diesem Gebiete Wahrheit sei.

Für wie wichtig man dies alles hält, das zeigen die Bemühungen um die Aufklärung. Die Philosophie beschäftigt sich eigentlich mehr mit der Erkenntnistheorie für eine Mathematik und Naturwissenschaft als mit diesen Wissenschaften selbst. Wenn wir hier von Erkenntnistheorie reden, so meinen wir damit, daß eine Erkenntnistheorie nicht beigebracht werden kann. Die Voraussetzung für eine Erkenntnistheorie ist, daß man von einem Satz ausgeht. Einen solchen Satz finden wir nirgends. Jeder Satz hat bei uns seine letzte und auch seine erste Stütze in Geschichten und ragt nicht aus den Geschichten heraus.

Die Naturphilosophen verlieren die Verbindung mit dem Trojanischen Krieg, mit dem Menschen des Trojanischen Krieges, mit den in Geschichten Verstrickten. Ebenso ergeht es den Mathematikern, die seit Pythagoras und auch schon vorher die Wahrheit und den Sinn der Welt in der Mathematik suchten.

Der Trojanische Krieg hat keinen Platz bei ihnen. Die Welt geht nicht gleichsam von Anfang an auf den Trojanischen Krieg los wie bei Homer und Hesiod.

Kapitel VII
Versuch zu Anaxagoras: Entstehen und Vergehen der Dinge. Was ist ein Ding? Entstehen und Vergehen der Verstrickten, der Wozudinge. Wo kann man sonst von Entstehen und Vergehen reden? Entstehen und Vergehen und die Geschichten, Entstehen und Vergehen der Geschichten, in Geschichten. Der Irrtum des Anaxagoras. Das Auswas der Wozudinge und Entstehen und Vergehen. Die Lehre vom Stoff, die Lehre vom Raum

Anaxagoras sagt: *„Die Worte ‚Entstehen' und ‚Vergehen' gebrauchen die Griechen nicht richtig. Denn kein Ding entsteht oder vergeht ‚in eigentlichem Sinne', sondern aus ‚schon' vorhandenen Dingen findet eine Mischung wie andererseits eine Trennung statt. Und so dürfen sie wohl mit*

Recht das Entstehen als ein Sich-Mischen und das Vergehen als ein Sich-Trennen ‚von Stoffen' bezeichnen." (Capelle, S. 260)

Wir dürfen wohl annehmen, daß Anaxagoras seine Vorgänger genau kannte. Er wird auch den Satz des Anaximander gekannt haben: *„Woraus aber die Dinge ihre Entstehung haben, darein finde auch ihr Untergang statt, gemäß der Schuldigkeit. Denn sie leisteten einander Sühne und Buße für ihre Ungerechtigkeit, gemäß der Verordnung der Zeit"*; und auch sonst wird er alles gekannt haben, was die Philosophen über das Werden, über den Anfang und über das Ende geschrieben haben (Capelle, S. 82).

Wir stimmen mit Anaxagoras darin überein, daß die Griechen die Worte „entstehen" und „vergehen" nicht richtig gebrauchen, aber auch das Wort „Ding" gebrauchen sie nicht richtig, und dadurch unterscheiden wir uns von Anaxagoras oder führen seine Überlegungen fort.

Wenn wir über Ding, Entstehen, Vergehen, über Anfang und Ende und über das Werden philosophieren, so fangen wir ganz bescheiden an. Unter Ding kann man Verschiedenes verstehen, gerade im Zusammenhang mit Entstehen und Vergehen. Man kann diese Ausdrücke prüfen am Menschen, am Tier, an der Pflanze, an den Göttern. Es mag schon sehr zweifelhaft sein, ob die Ausdrücke hier überall dasselbe bedeuten oder wohin sie führen. Sicher haben die Ausdrücke in den verschiedenen Zeiten bei den verschiedenen Gelehrten schon in diesem engen Umkreis Verschiedenes bedeutet. Man kann den Menschen zurückverfolgen bis zur Geburt, bis zur Zeugung und noch weiter zurück. Es fragt sich aber, was man dabei vom Menschen im Griff hat. Noch unsicherer ist die Sache mit dem Ende. Und wieder ganz anders wird die Überlegung, wenn wir den Menschen als den in Geschichten Verstrickten nehmen. Damit verlassen wir offenbar die Ebene, in die der Grieche das Ding hineinstellt. Was also bei Mensch und Tier und Pflanze Entstehen und Vergehen bedeutet, das wissen wir nicht. Jedenfalls würden wir uns nicht getrauen, auf diesem Grunde eine Philosophie aufzubauen, auch nicht eine Philosophie im Sinne der Tradition.

Vom Entstehen und Vergehen der Dinge mag man noch am ehesten in der Ebene der Wozudinge reden können. Von hier mag die Rede überhaupt ihren Anfang nehmen. Das Wozuding gehört aber in Geschichten und ist nur in Geschichten. Außerhalb von Geschichten kann man nicht von Entstehen und Vergehen der Wozudinge reden. Eine Philosophie im Sinne der Tradition läßt sich nicht auf den Wozudingen aufbauen.

Wenn man diesen Kreis von dem Menschen, dem Tier und der Pflanze und von Wozudingen und ihrem Zubehör überschreitet, so wird die Rede von Entstehen und Vergehen unsicher. Wir gebrauchen diese Ausdrücke noch in viel weiterem Umkreis, aber es fragt sich, ob dieser Gebrauch sich nicht anlehnt an einen der von uns behandelten Ausdrücke oder in der Verlängerung dieser Ausdrücke zu suchen ist. Wenn wir etwa von der Entstehung oder dem Untergang der Erde reden, so ist die Erde damit ähnlich gemeint, wie unser Haus oder unsere Heimat, rückt sie in die Nähe der Wozudinge. Und wenn wir mit einem ungeheuren Satz uns zum Weltall erheben und nach Entstehung und Untergang fragen, so ist das Weltall auch wohl nur als unsere Heimat gedacht. Wenn wir uns selbst, die Tiere, die Pflanzen und die Götter herausnehmen aus dem Weltall, so möchte wohl die Frage schwer zu beantworten sein, was die Griechen dann noch mit Ding, mit Entstehen und Vergehen meinen. Wir können uns auch etwas anders ausdrücken: Was sollte etwa bei einem Stern, der soundsoviel Lichtjahre von uns entfernt ist, Entstehung und Untergang bedeuten, in der Richtung, in der wir diese Ausdrücke verfolgen? Wir sehen jetzt plötzlich: So schwierig und unklar diese Begriffe auch bei Menschen, Tier und Pflanze sein mögen, so schwierig sie auch bei den Wozudingen sein mögen, so jenseits aller Anwendungsmöglichkeit sind sie bei einem solchen Stern, wenn man nicht irgendwie Menschen oder Geschichten in das Spiel hineinschmuggelt. Was insbesondere den Stern anbelangt, so kann man etwa sagen, da wo er steht, ist er nicht, da wo er nicht steht, ist er. Sein Umkreis gehört zu ihm als Feld. Er wandert im Feld, mit seinem Feld? Ist er Mittelpunkt eines Feldes? Die Peripherie des Feldes wandert anders als der Mittelpunkt. Das Schwerkraftfeld ist etwas anderes als das Lichtfeld. In solchen Gedanken mögen wir uns mit Anaxagoras begegnen. Ein solcher Stern entsteht oder vergeht nicht im eigentlichen Sinne.

Wenn wir aber mit Anaxagoras rechten wollen, so hat er Entstehen und Vergehen, und haben auch die Griechen vor ihm Entstehen und Vergehen am falschen Orte gesucht und damit auch Anfang und Ende und das Werden. Wir wollen ihre Lehre nicht verbessern, nicht einmal widerlegen, sondern wir fragen uns, was versteht ihr unter Entstehen, Vergehen, unter Ding, unter Werden außerhalb von Geschichten? Die Geschichten selbst, die Einzelgeschichten haben einen Anfang und ein Ende. Ebensogut kann man allerdings sagen, daß sie keinen Anfang und kein Ende haben, weil sie nach rückwärts und vorwärts immer Fortsetzungen haben und sich im Horizont verlieren. So kann man auch darüber nachdenken, was bei einem Lied oder auch bei einer Melodie Anfang und Ende bedeuten. Vielleicht hat auch ein Lied keinen Anfang und auch kein Ende.

Dagegen kann man bei einer Geschichte nicht ohne weiteres von Entstehen und Vergehen sprechen. In ähnlichem Sinne kann man vielleicht davon sprechen, daß eine Geschichte aufkommt, erfunden wird. Was das in dem letzten Sinne bedeutet, wollen wir hier nicht weiter verfolgen. Im übrigen unterscheidet sich Anfang und Entstehung, Ende und Vergehen vielleicht am besten dadurch, daß die Geschichten selbst zwar keinen Anfang haben, daß in Geschichten aber Entstehen und Vergehen vorkommt in dem mehrfachen Sinn, den wir bereits angedeutet haben, und sicher noch in mancherlei verwandtem Sinn, aber immer nur in Geschichten. So entsteht eine Stadt, ein Gesetz, eine staatliche Einrichtung, aber immer nur in Geschichten.

Schon Hesiod scheint Anfang und Entstehung auseinander gehalten zu haben. Es heißt in der *Theogonie*:

„Dies verkündet mir [...]
Alles von Anbeginn und was als erstes entstanden."

Was die Griechen nun mit Entstehen und Vergehen und, wenn wir das hinzufügen dürfen, mit Anfang und Ende vor Anaxagoras gemeint haben, was sie mit Ding gemeint haben, das festzustellen ist vielleicht nicht so einfach, wie Anaxagoras meint. Wenn wir nun aber das prüfen, was Anaxagoras darunter verstehen will, daß das Entstehen ein Sich-Mischen und das Vergehen ein Sich-Trennen von Stoffen bezeichnet, so verliert er mit dieser Begriffsstimmung, wenn man so sagen will, Entstehen und Vergehen vollständig aus den Augen. Man kann allerdings nicht ohne den allergrößten Respekt seine Lehre vom Stoff, wie der Stoff von Anbeginn an bleibt und nur die Mischung sich ändert, lesen. Anaxagoras irrt aber, wenn er glaubt, damit etwas über Entstehen und Vergehen zu sagen oder diese zu treffen. Er spricht in Wirklichkeit nur über das Auswas der Wozudinge. Dies Auswas läßt vielleicht diese Behandlung, die Anaxagoras ihm zuteil werden läßt, zu. Damit ist aber weder etwas über Geschichten noch über den Anfang und das Ende von Geschichten gesagt, noch gar über die Entstehung der in Geschichten Verstrickten, sondern nur etwas über das Auswas der Wozudinge, wie es in Geschichten begegnet, welches ohne Geschichten nichts ist. In diesem Spielen mit dem Auswas der Wozudinge scheint mir Anfang und Ende, Entstehen und Vergehen und auch weiter Vergänglichkeit und Unvergänglichkeit keinen Sinn zu haben oder jedenfalls nur einen abgeleiteten Sinn.

Ausgangspunkt und Mittelpunkt für Anaxagoras scheint hiernach das starre Wozuding und sein Auswas zu sein, wobei das Auswas den Zusammenhang mit dem starren Wozuding nie aufgibt. Von diesem starren Wozuding aus führt der Weg zu den Verwandlungen in Flüssigkeit und anderen Verwandlungen. Wir nehmen heute drei Aggregatzustände an. Eine nahe Zukunft wird vielleicht ganz anders darüber denken und nur fließende Übergänge sehen, wo wir scharfe Unterscheidungen machen, jedenfalls aber steht Anaxagoras, den wir hier nur als Beispiel für seine Mitphilosophen nehmen, am Anfang einer geradlinigen Entwicklung, die allerdings auch wieder Jahrhunderte ruhte, bis zu unserer Naturwissenschaft.

Wenn diese Wissenschaft eine Wissenschaft wäre, könnte die Philosophie abdanken, sie wäre nur ein mehr oder weniger interessantes Zwischenspiel gewesen. Die Frage, ob sie eine Wissenschaft ist, kann man verschieden auffassen. Ungefähr gleichbedeutend mit dieser Frage ist, ob sie Erkenntnis vermittelt – wir würden die Frage aber nie so stellen –, ob sie wertvolle Erkenntnis vermittelt. Mit dieser Frage sind wir wieder angelangt bei dem Verhältnis von Geschichte und Sachverhalt. Erkenntnis bildet das äußerste Glied einer Reihe, an deren anderem Ende der Sachverhalt steht. Wenn der Sachverhalt fällt, fällt auch die Erkenntnis. Das starre Wozuding gehört in die Geschichte. Wenn der Stoff lediglich das Auswas des Wozudinges ist, so gehört er auch in die Geschichte und ist außerhalb von Geschichten nichts, weder ein Gegenstand noch ein Ding, noch ein Sachverhalt, noch eine sonstige Grundlage.

Von Anfang an geht neben der Lehre vom Stoff die Lehre vom Raum einher, als wenn beide Geschwister wären. So wird auf Thales die erste Lehre vom Urstoff und der erste geometrische Lehrsatz zurückgeführt, wenigstens in der Tradition. Auch für uns besteht diese innige Verbindung zwischen Stoff und Geometrie. Das starre Wozuding, von dem wir ausgehen, taucht in der Geometrie als Körper auf und damit als Grund„begriff" der Geometrie. Von dem starren Körper aus kommt man zur Oberfläche, von der Oberfläche zur Fläche, von der Fläche zur Linie und zum Punkt. Man unterschlägt allerdings in der Geometrie das Moment der Starrheit am Körper. Man setzt es aber ständig voraus. Der Unterschied ist nur, daß man im Verlauf der Entwicklung der Geometrie eine absolute Körperstarrheit zugrunde legt, während unsere Starrheit der Wozudinge relativ bleibt. Für Plato läßt sich die Geometriefigur nicht in der sinnlichen Welt vorfinden. Auch in die gedachte Atomwelt läßt sich die Geometriefigur nicht einplanen. Die Oberfläche eines jeden aus Atomen zusammengesetzten Dinges ist im Verhältnis zur geometrischen Oberfläche höckerig wie ein Teller mit Erbsen, und wie weit die Oberfläche eines farbigen Wozudinges, wie weit die Oberfläche eines durchsichtigen Wozudinges einer geometrischen Oberfläche entspricht, wage ich nicht zu entscheiden.

Kapitel VIII
Homer und Xenophanes. Der Vorwurf der Anthropomorphie.
Gott als Person. Personsein und in Geschichten Verstricktsein

Xenophanes sagt: *„Die Äthiopen stellen sich ihre Götter schwarz und stumpfnasig vor, die Thraker dagegen blauäugig und rothaarig."* (Capelle, S. 121) Xenophanes geht hier von der Gestalt der Menschen aus. Wenn er den Menschen wie wir als den in Geschichten Verstrickten auffassen würde, würde diese Schwierigkeit nicht für ihn auftauchen. Die Frage wäre dann, ob Gott oder die Götter auch in Geschichten verstrickt wären, oder wie anders man sie sich vorstellen solle. Die Zeit Homers – und Entsprechungen würden sich wohl bei vielen anderen Völkern finden – sieht mit Selbstverständlichkeit die Götter als in Geschichten Verstrickte. Xenophanes wendet sich zunächst dagegen, daß sich unter den Göttern Diebe und Ehebrecher befinden. Damit ist nur der Anfang gemacht, die Geschichten der Götter vom allzu Menschlichen zu reinigen. Dieser Gedankengang ist einfach und verständlich. Man kann allerdings fragen, was Homer und seine Zeit mit diesen Geschichten im Auge gehabt haben, und ob diese Geschichten ganz ernst gemeint sind, vielleicht auch, ob sie aus einer Zeit stammen, in der es noch keinen Diebstahl und keinen Ehebruch gab oder beide noch nicht verwerflich waren.

Wenn die Philosophen nach einem geläuterten Gottesbegriff suchen, so müßten sie eigentlich zunächst der Überlieferung dankbar sein, die ihnen erst einmal den Stoff zu dem Problem gab. Man könnte etwa sagen, daß die Philosophen ohne die Tradition nie bis zu Gott vorgedrungen wären, bis zu Gott, der von dieser Zeit an Thema der Philosophie geblieben ist, und zwar ein Thema, ohne welches eine Philosophie oder jedenfalls die historische Philosophie kein Gewicht mehr haben oder unendlich an Gewicht verlieren würde. Man könnte weiter untersuchen, wie sich, traditionell gesprochen, der Begriff von Gott bei den Philosophen ändert, was vom alten Bestande übernommen wird, was aufgegeben wird. Bei Homer ist Zeus der Herrscher der Welt. In diesem Kern scheint sich der Gottesbegriff in den philosophischen Richtungen bis auf unsere Tage erhalten zu haben; man kann dies auch anders ausdrücken, die Auffassung Gottes als Person von Homer bis Scheler. Man kann gegen diese Auffassung nicht mit der Frage kommen, ob Gott schwarz oder weiß ist, sondern nur mit der Frage, ob es Sinn hat, Gott anders als Person vorzustellen, und mit der weiteren Frage, was Personsein heißt. Diese Frage steht dabei ständig im Hintergrunde mit all den vielen Antworten, die seit dem Beginn der Philosophie versucht worden sind. Als Ausgangspunkt kann man die Fragmente des Xenophanes nehmen (Capelle, S. 121 ff.). Die ersten Fragmente sind leicht aufzuklären. Die Fragmente fünf und sechs und die folgenden Fragmente bis Fragment 40 versuchen zu einer positiven Bestimmung Gottes zu kommen, gleichzeitig entfernen sie sich mehr und mehr von dem Gedanken, daß Gott Person sei. Es bleibt allerdings die Frage, ob nicht doch ein Rest von Person übrig bleibt. Die Frage ist schwer zu beantworten, solange man nicht weiß, was Person ist. Es bleibt dann weiter die Frage, wohin Xenophanes Gott versetzt und welche Beziehungen noch zwischen dem persönlichen Gott und seinem Gott bestehen und was Xenophanes schließlich für seine Gottesvorstellung noch der Tradition verdankt. Vielleicht bleibt nicht einmal eine leere Stelle oder nur die Stelle. Oder kann man sagen, daß der persönliche Gott erst beseitigt werden mußte, um Platz für die Gottesvorstellung von Xenophanes zu gewinnen?

Oder ist das, was Xenophanes erst über Gott lehrt, nur der noch nicht vollständig durchdachte Übergang zum Materialismus, zur gottlosen Welt, oder anders ausgedrückt: Nachdem der persönliche Gott entthront ist, welche Möglichkeiten bestehen dann noch für andere Gottesvorstellungen? Alle anderen Meinungen über Gott scheinen nicht die Geschlossenheit der Vorstellung vom persönlichen Gott zu haben. Vielleicht sind sie auch alle nur zu verstehen von dem Ausgangspunkt des persönlichen Gottes aus, vielleicht bleibt in allen ein Rest von persönlichem Gott enthalten. Vielleicht kann man nachweisen, daß die Lehre vom persönlichen Gott die Grundlage für alle anderen Lehren von Gott ist. Vielleicht handelt es sich auch hier wie auf anderen Gebieten nur um einen Vorstoß von Geschichten zum Sachverhalt mit den verschiedensten Modifikationen. Wenn man Gott nicht mehr als Person auffaßt, verliert er die Verbindung mit den Geschichten und wird zu einem Sachverhalt in der Welt. Hätte Gott noch einen Sinn, auch wenn es keine Menschen als Personen gäbe? Neben die personenlose Welt als Welt (die wir leugnen), stellte sich dann ein Gott, der irgendwelche Funktionen in der personenlosen Welt hätte. Von hier aus kann man die Frage, ob man sich Gott menschenähnlich oder mit anderen Worten als Person vorstellen dürfe und müsse, auch dahin erweitern, ob für Gott noch irgendeine Aufgabe, oder wie man es sonst ausdrücken will, übrig bliebe, wenn es nicht den in Geschichten Verstrickten gäbe, oder mit anderen Worten, wenn es nur die naturwissenschaftliche Welt, auf die die alten Philosophen zusteuern, gäbe.

Damit ist allerdings das Problem erst von einer Seite erfaßt, oder, anders ausgedrückt, die Auseinandersetzung mit Gott umfaßt nicht die ganze Metaphysik. Vielleicht ist eine Metaphysik sogar möglich ohne Gottesvorstellung; von Sein, Wahrheit und Wirklichkeit aus oder auch von der Ethik aus, von der Lehre vom Guten. In der historischen Philosophie stehen diese Versuche zur Metaphysik bis auf unsere Tage allerdings in einer mehr oder weniger engen Beziehung zur Vorstellung von Gott.

Schließlich wird auch noch der Mensch verselbständigt und auf verschiedenste Weise ein Objekt der Theorie. Dabei geht stückweise die Verbindung mit dem in Geschichten Verstrickten verloren. Das Spielzeug ist auseinandergenommen, ratlos hält man die einzelnen Stücke in der Hand.

Es ist eine Art Arbeitsteilung eingetreten. Der Dichter, der vordem alles war, ist jetzt nur noch Dichter und im weiteren Sinne Künstler, nicht mehr

Philosoph. Der Philosoph bestimmt seine Stellung, die Stellung des Dichters im Weltganzen, durch den Begriff der Nachahmung mit etwas verächtlichem Beiklang. So mag es bei Plato und abgemildert bei Aristoteles gewesen sein. Die alten Philosophen sind schärfer gegen die Dichtkunst eingestellt.

Kapitel IX
Homer und Heraklit. Wie Heraklit einen Maßstab anlegt an die Geschichten. Was bedeutet Heraklits Beschäftigung mit Geschichten? Das Weltgesetz des Heraklit. Krieg und Gegensätze aus Geschichten entnommen. Gattung und Weltgesetz. Heraklits Einstellung zum Sachverhalt und zum allgemeinen Gegenstand. Heraklit als Deuter der Geschichten. Gewaltsame Deutung? Heraklits persönliches Verhältnis zu Homer. Was treibt Heraklit, was Homer? Die Brücke? Die Spannung der Geschichte. Heraklit und das Christentum. Homer als Schatzkammer Heraklits. Die „Hauptbegriffe" Heraklits

Die Welt Homers, die Gegenwartswelt, hat ein statisches Gepräge. Nicht die Vergangenheitswelt. In dieser ist es wild genug hergegangen, hauptsächlich wenn wir Hesiod noch zur Ergänzung hinzuziehen. In der Gegenwart ist zwar Krieg, wenn wir nicht, was auch zulässig ist, die Gegenwart des Dichters als die Zeit nach Beendigung des Krieges, nach der Rückkehr des Odysseus annehmen, also etwa die Zeit, in der Odysseus Übersicht über sein Leben gibt, in der Königshalle der Phäaken. Aber selbst der gegenwärtige Krieg ist kein Krieg im modernen Sinne, sondern eher ein Krieg, der für den adeligen und für den gemeinen Mann zum vollen Leben gehört, einschließlich seiner Schrecken, etwas, was man überstehen muß, um später am heimischen Herd mitreden zu können. Trotz des Krieges hat man den Eindruck, daß die Jetztzeit im Sinne Homers die beste und glücklichste Zeit ist, die man sich denken kann, trotz der Kritik, die gelegentlich durchbricht. So möchte ich jedenfalls den Vers des Achill auffassen, daß der ärmste Tagelöhner auf Erden gegenüber jedem Bewohner der Unterwelt ein beneidenswertes Dasein führt. Es ist der absolute Gegensatz zu jedem Nihilismus und Pessimismus. Die Zeit hat ihr volles Genüge an sich selbst. Niemand kommt auch nur auf den Gedanken, daß irgendetwas anders sein könnte. Niemand will aus seinen Geschichten, aus seiner Haut heraus oder kommt auf den Gedanken, daß mit den Geschichten, wie sie ablaufen und wie sie offen jedem zutage liegen, nicht alles erschöpft wäre.

Bei Heraklit ist das Neue, daß er einen Maßstab anlegt an die Geschichte. Fast alle Ausdrücke, die er in seine Welt hineinnimmt, sind ungefähr gleichbedeutend in der Welt Homers vorhanden. Sie machen aber eine eigenartige Umwandlung durch, die nicht einfach zu fassen ist. Er geht mit einer fast fertigen Theorie an die Geschichten heran und versucht den Nachweis, daß in den Geschichten alles gemäß dieser Theorie geschieht. Es ist die Theorie des Gegensatzes, daß alles geschieht auf dem Grunde eines Gegensatzes. Die Beispiele, die er nimmt – oder darf man nicht von Beispielen reden – sind alle aus der Welt Homers entnommen. Homers Geschichten erhalten plötzlich einen Hintergrund oder Untergrund, wenn man sie mit den Augen des Heraklit nachprüft.

Für unsere Untersuchung kommt es darauf an, ob das, was Heraklit vornimmt, eher eine Beschäftigung mit Geschichten ist, eine Deutung von Geschichten oder eine Umwandlung von Geschichten in Sachverhalte, ein Zurechtbiegen von Geschichten in Sachverhalte.

Ohne weiteres ist zuzugeben, daß ein solches Umbiegen in Sachverhalte bei den Ausführungen über Sonne und Mond stattfindet und sicher auch noch bei vielen anderen Gelegenheiten. Es fragt sich aber, wo die Grenze zwischen solchem Rationalisieren und einer Deutung von Geschichten verläuft. Eine andere Frage ist, ob seine Deutung von Geschichten nicht irgendwie in gefährliche Nähe von Umdeutungen in Sachverhalte oder, nach unserer Ansicht, in die Irre führt. Bei Homer fehlt ein Ausblick auf die Fortsetzung der Geschichten, ein Ausblick auf das Ende der Tage, eine Eschatologie, obwohl er eine Geschichte vom Anfang gibt. Mit der Jetztzeit sind bei Homer die Geschichten in ein ruhiges Fahrwasser gekommen.

Heraklit kennt auch keine übergreifende, alles umfassende Geschichte vom Anfang bis zum Ende, aber er bietet einen Ersatz dafür in einer Art Weltgesetz. Der Krieg ist der Vater aller Dinge, was sich ereignet, ereignet sich auf Grund von Gegensätzen. Die Gegensätze berühren sich, vielleicht kann man auch sagen, daß die Gegensätze eine gewisse Ordnung schaffen. Die Gegensätze sind dabei zum größten Teil aus Geschichten entnommen. Das soll zunächst nur heißen, daß sie ohne Geschichten nicht aufgeklärt werden können, oder daß der Zugang zu ihnen über Geschichten führt. Man kann auch die Frage aufwerfen, ob sie außerhalb von Geschichten noch etwas sind oder, mit anderen Worten, man kann fast alle Fragen aufwerfen, die wir schon zu beantworten versucht haben. Tag und Nacht, Winter und Sommer, Krieg und Frieden, Sättigung und Hunger, Leben und Tod, Wachen und Schlafen, jung und alt – wohin gehören diese Bestimmungen? Sie sind zunächst Bestimmungen aus Geschichten und können nur verstanden werden im Zusammenhang der Geschichten. Wir würden fortfahren, sie sind ebensowenig Gegenstände oder Begriffe von Gegenständen.

Alles, was wir über Gattungen ausgeführt haben, müssen wir hier wiederholen und ausweiten. Es gibt so und soviel Tage und Nächte, soviel Winter und Sommer, soviel Lebende und Tote, Wachende und Schlafende, Junge und Alte, wie in menschlichen Geschichten vorkommen. Ebensowenig wie es eine Gattung Taler gibt, gibt es eine Gattung Krieg und Frieden, Sättigung und Hunger. Und ebensowenig gibt es eine Gattung Mensch. Alles ist gezählt, die Serie der Taler ist gezählt, der Mensch ist gezählt, Krieg und Frieden sind abhängig von Menschen und so gut gezählt, wie der Mensch gezählt ist. Daß der Mensch gezählt ist, weicht vielleicht am wenigsten von den gängigen Vorstellungen ab. Sein Gezähltsein hängt unmittelbar mit seinem Personsein zusammen. Damit ist aber auch alles gezählt, was den Menschen angeht, was in seine Geschichte gehört. Mit dem Gezähltsein steht aber das, was man unter Krieg und Frieden und unter all den anderen Bestimmtheiten verstehen kann, in einem eigenartigen Zusammenhang untereinander, innerhalb der Geschichten. Der Krieg ist eine Seite der Geschichte, der Frieden die nächste Seite. Darauf folgt wieder Krieg, immer im Rahmen von Geschichten, nicht als Gattung Krieg und Frieden. Was gezählt ist, ist keine Gattung. Der einzelne Krieg ist der 5. oder 50. Krieg von uns aus rückwärts gerechnet.

Man könnte uns einwenden, daß aber die zukünftigen Kriege den offenen Horizont bildeten, der vielleicht zu einer Gattung gehört. Wir möchten zunächst darauf erwidern, daß auch die zukünftigen Kriege gezählt sind.

Man kann uns dann weiter fragen: Aber der Begriff des Gegensatzes selbst rage doch hinaus über diese Gegensätze, die sich feststellen lassen in den Geschichten? Auch hier bleibt unser Gegenargument dasselbe. Es gibt nur soviel Male Gegensatz, als es die Gegensatzpaare gibt, auch diese sind gezählt. Wenn wir sagen, sie sind gezählt, so heißt es, sie haben damit ihre Stellung in einer Serie, die jedem Einzelnen eine Stellung angibt, einen Platz, wie der einzelne Löwe sie innerhalb der Löwen hat.

Ich weiß nicht, ob in dem alten Streit über den allgemeinen Gegenstand schon einmal die Konsequenz beachtet worden ist, die wir ziehen, daß der allgemeine Gegenstand und damit der Sachverhalt jedenfalls in Geschichten keinen Platz hat, weder hinsichtlich der Verstrickten noch hinsichtlich dessen, was in Geschichten vorkommt, es mag nun Krieg oder Frieden, Hunger oder Sättigung, Schlaf oder Wachsein angehen. Dies ist sicher eine Behauptung, die immer wieder nachgeprüft werden muß nach ihrem letzten Grunde und nach den Folgen. Heraklit meint, daß alles Geschehen infolge eines Gegensatzes erfolge und daß der Kampf der Vater von allem ist. Mit diesen beiden Sätzen ist wohl dasselbe gesehen. Mit dem ersten Satz das statische Verhältnis, mit dem zweiten Satz das dynamische Verhältnis. Sicher kann man das auch noch besser ausdrücken.

Man kann dabei die Frage aufwerfen, ob Heraklit bei seinen Gegensatzpaaren allgemeine Gegenstände im Auge hat in der Richtung von Begriff und Gattung, ob er, anders ausgedrückt, den Sachverhalt oder ob er Geschichten im Auge hat und das, worum es sich in Geschichten handelt. Wenn Heraklit in diesem Zusammenhang vom Logos, vom Weltgesetz spricht, so deutet das hin auf Sachverhalt, auf Gattungen und Begriffe. In diese Reihe gehört schließlich als Letztes und Äußerstes Welt im Sinne der physikalischen Welt oder in Richtung auf diese. In dieser Reihe ist von dem in Geschichten Verstrickten keine Rede, es spielt für die Gesamtansicht keine Rolle, ob der Mensch in der Welt ist oder nicht, und schon gar keine Rolle, ob er in Geschichten verstrickt ist.

Man könnte uns auch fragen, ob es noch dritte oder vierte Möglichkeiten gäbe nach Art von Geschichten oder Sachverhalt. Wir sehen keine weiteren Möglichkeiten, und wir meinen weiter, daß Geschichten und Sachverhalt sich ausschließen oder auf eine Quelle zurückgeführt werden müssen, auf einen Ursprung.

Wenn wir uns zu Heraklit zurückwenden, so meinen wir, daß er über Geschichten spricht, mit Geschichten sich beschäftigt, Geschichten deutet, während er glaubt, über Sachverhalte zu sprechen. Ja, wir können noch einen Schritt weitergehen und sagen, daß Heraklit den Geschichten Gewalt antut, indem er sie nach Art von Sachverhalten behandelt. Vielleicht könnte man auch nachweisen, daß nicht alles einheitlich aufgefaßt ist bei Heraklit; wie weit macht er einen Unterschied zwischen Sonne und Mond, naß und trocken einerseits, und Krieg und Frieden, Schlaf und Tod andererseits, d. h. zwischen den Gebieten, die auf den ersten Blick und noch lange weiter zur Rede vom Sachverhalt Anlaß geben und dem Gebiet, welches in erster Linie auf Geschichten hinweist.

Die Gegnerschaft oder Feindschaft Heraklits zu Homer ist schwer zu erklären. Wir finden sie abgeschwächt bei Plato wieder, vielleicht als Fortsetzung von Heraklit. Ist diese Feindschaft so zu deuten, daß Heraklit kein Verhältnis zu Geschichten hat? Heraklit tadelt den Dichter des Verses, es möge doch der Streit aus dem Leben der Götter und Menschen verschwinden. Er zielt hier auf einen Vers des Achill, der dessen Streit mit Agamemnon betrifft und nach dem Zusammenhang wohl kaum als Stellungnahme des Dichters zu Kampf und Streit aufgefaßt werden kann. Die *Ilias* hat doch Krieg, Krieg und immer wieder Krieg zum Gegenstand. Man kann dem Dichter der *Ilias* nicht vorwerfen, daß er kein positives Verhältnis zum Kriege habe. Selbst der Unmut des Achill bezieht sich, was Heraklit entgangen ist, nur darauf, daß sein Streit mit Agamemnon ihn gehindert hat, an der Schlacht von Troja teilzunehmen und seinen Freund Patroklos zu verteidigen. Der Dichter der *Ilias* und der *Odyssee* beleuchtet den

Krieg von allen Seiten. Es ist aber sicher kein Zufall, daß der Krieg der Hauptgegenstand der *Ilias* ist, und wenn die Dichtung oder die Fortsetzung schließlich im Land der Phäaken ein Land und Volk findet, in dem kein Streit und kein Kampf Städte verwüstet und Männer mordet, so ist der Dichter hier anscheinend nicht mit vollem Herzen dabei, ja man könnte sogar den Schlußbericht über die Versteinerung des phäakischen Schiffes dahin deuten, daß der Friede oder der ewige Friede zu einer Versteinerung führe, wie auch manche Gelehrte in der Phäakensage selbst Anspielungen auf ein Totenreich erkennen wollen.

Es müßte uns nun noch besser gelingen, das Verhältnis Homer – Heraklit ins Reine zu bringen. Wir müßten auch nicht dabei stehen bleiben, Homer als Dichter und Heraklit als Philosophen zu unterscheiden, sondern wir müßten auch durch diese begriffliche Fassung hindurch zum Kern kommen. Sicher ist, daß Heraklit etwas anderes treibt als Homer, und doch scheint beides eng verwandt zu sein, vielleicht ist das beste, was man vorläufig dazu sagen kann, daß beide Geschichten deuten oder, wenn man will, auch Welt deuten, wobei wir wieder bei unserem Anfangspunkt angelangt sind, wie das Verhältnis von Welt und Geschichten ist. Homer schreibt für jedermann, Heraklit schreibt gegen jedermann. Heraklit ist stolz und fast arrogant, unnahbar. Homer kommt als Freund und Mitspieler, er ist sicher kein Spielverderber.

Wir könnten versuchen, auf andere Art eine Brücke von Homer, und damit auch von uns, zu Heraklit zu schlagen oder, in der Sprache Heraklits gesprochen, die Gegensätze zu vereinigen.

Wir meinen, daß jede Geschichte eine Pointe hat oder, was vielleicht dasselbe ist, daß Spannungen in ihr entstehen, sich lösen, sich ausgleichen und von neuen Spannungen abgelöst werden, daß die Geschichten ein wenig vergleichbar sind den Wellen mit ihrem Auf und Ab. Dies ist das Element der Geschichte. Wir wollen uns nicht damit aufhalten, wieder zu erklären, daß es sich hier nicht um Wesensgesetze der Geschichten handelt. Wenn wir unter diesem Aspekt der Pointe und der Spannung uns den Geschichten nähern und von hier aus einen Blick auf Heraklit werfen, so würden viele seiner Aussprüche mit einem Schlage eine Bedeutung im Raum der Geschichten gewinnen. Wenn wir meinen, daß jede Geschichte von der Spannung lebe, so mag damit ungefähr dasselbe ausgesprochen sein, wie mit dem Satz Heraklits, daß der Kampf der Vater von allem sei, und daß alles Geschehen infolge eines Gegensatzes erfolge. Beide Sätze hängen irgendwie eng zusammen. So kann man fragen, ob die Spannung in den Geschichten nicht in einem nahen Verhältnis zu dem, was Heraklit Gegensatz nennt, stehe.

Wir könnten nun versuchen, in diesem Sinne die Geschichten Homers zu deuten. Die äußersten Pole in den Geschichten mit der größten Spannung mögen etwa Leben und Tod, Krieg und Frieden sein. Viele andere Gegensätze lassen sich damit in Beziehung bringen und einordnen, wie etwa Wachsein und Schlafen, Tag und Nacht, Licht und Dunkel. Über all diese Gegensatzpaare von Heraklit, die Homer schon in derselben Bedeutung wie Heraklit gebraucht, hat sich unser exaktes Wissen nur wenig geändert. Vom Tode und vom Schlaf wissen wir nicht mehr als Homer oder Heraklit, während wir von der Sonne und den Sternen und der Materie etwas mehr wissen mögen. Bei Tod und Schlaf ist offenbar kein Raum für eine Erkenntnis und auch kein Raum für eine Beschreibung, sondern nur ein Raum für eine Deutung. Bei dieser Deutung handelt es sich um Deutung von Geschichten. Wenn wir einen Versuch über diese Deutung unternehmen, müssen wir gestehen, daß uns vorläufig alles im Dunkeln oder Halbdunkeln liegt und daß wir nur zögernd und mit der größten Vorsicht hier einen Fuß vor den anderen setzen können. Auch Homer deutet seine Geschichten, indem er sie erzählt, schon indem er sie in den großen Zusammenhang stellt. Häufig mag man auch den Eindruck gewinnen, daß er bewußt auf Deutung verzichtet. Es liegt im Schoße der Götter, die auch wieder vom Schicksal abhängig sind.

Heraklit gibt sich mit einer solchen Deutung nicht zufrieden. Seinen Satz, daß der Kampf der Vater von allem sei, können wir als Prüfstein an die Geschichten heranbringen. Die Geschichten erhalten damit eine Geschlossenheit und Vereinheitlichung, die man vordem nicht bemerkt hat. So mögen wir sie etwa an die christliche Heilsgeschichte, die zunächst so fern von diesem Satze zu liegen scheint, heranbringen, um alsbald zu sehen, daß Christus als Kämpfer, wie man nun will, mit Gott oder mit dem Teufel um die Seele des Menschen aufgefaßt werden kann, daß sein Leiden am Kreuz die Endphase dieses Kampfes ist – jede Schwächeanwandlung konnte den Kampf für alle Zeiten zu Ungunsten der Menschen entscheiden. Das Durchhalten am Kreuz entschied den Kampf für alle Zeiten, und doch nicht für alle Zeiten, weil jeder Einzelne auf dem Boden, den Christus bereitet hat, denselben Kampf weiterkämpft. So kann man die Theologie der Christen und Juden unter dem Gesichtspunkt des Kampfes und eng damit in Zusammenhang stehend unter dem Gesichtspunkt der Gegensätze, Gott – Teufel, Tod – ewiges Leben, Sünde – Heil, zu deuten versuchen. So ist das Leben der Apostel und Propheten ein ständiger Kampf. Die Propheten mögen allerdings grundsätzlich zu diesem Kampf eine negative Haltung einnehmen, sie gehen wohl davon aus, daß nur die Verderbnis der Menschen den Kampf, ihren Kampf erfordere, und sind weit entfernt von dem Standpunkt des Heraklit. Der grundsätzliche Unterschied tritt aber erst zutage in der Ansicht vom Jüngsten Gericht und der ewigen Seligkeit bei den Christen und der Ansicht von der Weltenfolge bei Heraklit. Unter einer ewigen Seligkeit würde Heraklit sich nichts vorstellen können.

Ob wir nun mit diesem Zusammenhang zwischen Geschichten, wie wir sie sehen, und der Lehre des Heraklit einen wesentlichen Teil oder sogar die ganze Lehre getroffen haben, das müßte noch näher untersucht werden.

„Den Homer sollte man von den Wettkämpfen ausschließen und mit Ruten züchtigen". (Capelle, S. 156)

Ob Heraklit seine Stellung zu Homer und Homer selbst richtig einschätzt, mag noch die Frage sein. Heraklit ist noch in der Welt Homers aufgewachsen, wenn auch die ihm vorhergehenden Philosophen schon an dieser Welt Korrekturen vorgenommen haben. Nach Heraklits Worten sollte man annehmen, daß er von Homers Welt keinen Stein auf dem anderen läßt. Aus der Geschichtenwelt Homers wird in der Tat eine andere Welt, die zunächst von außen betrachtet, keine einzige Geschichte enthält, so daß ein Übergang von der einen Welt zur anderen Welt kaum stattfinden kann. Wir haben allerdings schon versucht, die Grundbegriffe – man verzeihe diese Anleihe bei der Schulphilosophie – mit denen Heraklit arbeitet, auf Geschichten zurückzuführen oder in ihrem Verhältnis zu Geschichten zu erfassen. Wenn uns nicht alles täuscht, bleibt es Heraklit verborgen, daß er auf den Schultern Homers steht. Auch dieser Ausdruck gefällt uns nicht. Er steht auf den Schultern Homers, wenn alle seine Ausdrücke oder soweit seine Ausdrücke erst volles Leben in Geschichten und über Geschichten erhalten. Die Frage ist dann, ob man auf der Grundlage von Geschichten so philosophieren kann, wie Heraklit es tut, und dabei ist natürlich auch die umgekehrte Frage gestattet, ob die Philosophie Heraklits die Grundlage von Geschichten bildet. Vielleicht ist es aber unrichtig, von einem solchen Verhältnis auszugehen, daß das eine das andere fundiert. Vielleicht sind beide nur zwei Momente eines Einheitlichen. Aber auch das kann man noch verschieden auslegen. Wenn etwa zu jeder Geschichte Spannung gehört, eine Spannung, die den Anfang mit dem Ende verbindet in einem großen Bogen, die aber auch schon bei jedem Fortschritt der Geschichte zutage tritt, wenn diese Spannung die Geschichte trägt, so sind wir schon mitten drin in der Geschichte Heraklits, daß der Kampf der Vater aller Dinge ist.

Die ersten griechischen Philosophen waren aufgewachsen in Geschichten, im Sprechen und Erzählen von Geschichten, in der Geschichtensprache. Wenn sie von Geschichten auf Sachverhalte übergehen wollten, so arbeiteten sie zunächst mit „Begriffen", die sie aus Geschichten übernahmen und die erst aus Geschichten, aus der unendlichen Fülle von Geschichten ihr eigentliches Leben erhielten. Wir könnten auch sagen, sie arbeiteten mit den Begriffen Homers. Das würde in der Richtung dessen liegen, was wir meinen, nur mit der Einschränkung, daß auch die Begriffe Homers gegenüber der Fülle der umlaufenden Geschichten trotz aller Fülle doch nur einen Ausschnitt lieferten, gleichsam nur ein Guckfenster auf diese Fülle öffneten.

Wir versuchen unsere Meinung an Heraklit klarzumachen. Wir zitieren nach Capelle die *Vorsokratiker*, 131 ff.:

Nr. 9: „Herakleitos behauptet, daß das All eins ist: getrennt, ungetrennt, geworden, ungeworden, sterblich, unsterblich, [...], Vater, Sohn, Gott und Gerechtigkeit."

Nr. 14: „*Herakleitos sagt, daß die Wachenden ein und dieselbe gemeinsame Welt haben*, während sich von den Schlafenden ein jeder zu seiner *eigenen* abwende."

Nr. 18: „*Ein und dasselbe offenbart sich in den Dingen als Lebendes und Totes, Waches und Schlafendes, Junges und Altes. Denn dieses ist nach seiner Umwandlung jenes, und jenes, wieder verwandelt, dieses.*"

Nr. 19: „*Alles Geschehen erfolge infolge eines Gegensatzes.*"

Nr. 21: „*Unsterbliche sterblich, Sterbliche unsterblich; sie leben den Tod jener und sterben das Leben jener.*"

Nr. 22: „*Es lebt das Feuer der Erde Tod und die Luft lebt des Feuers Tod, das Wasser lebt der Luft Tod, die Erde den des Wassers.*"

Nr. 24: „Herakleitos tadelt den Dichter des Verses »Möchte doch der Streit aus Himmel und Erde verschwinden!« Denn es könnte [...] keine Lebewesen [geben] ohne das Dasein von männlichen und weiblichen (Prinzipien), die einander entgegengesetzt seien."

Nr. 29: „*Kampf ist der Vater von allem, der König von allem; die einen macht er zu Göttern, die andern zu Menschen, die einen zu Sklaven und die andern zu Freien.*"

Nr. 30: „*Man muß wissen, daß der Kampf das Gemeinsame ist und das Recht der Streit*".

Nr. 35: „*Da suchen sie sich vergeblich zu entsühnen, indem sie sich mit Blut besudeln [...]! Jeder würde doch einen solchen Menschen für wahnsinnig halten, wenn er ihn bei solchem Treiben beobachtete. Und da beten sie zu diesen Götterbildern, gerade wie wenn sich jemand mit toten Steinwänden unterhalten wollte.*"

Nr. 39: „*Der Herrscher, dem das Orakel in Delphi gehört, verkündet nichts und verbirgt nichts, sondern er deutet nur an.*"

Nr. 45: „*Gott ist Tag und Nacht, Winter und Sommer, Krieg und Frieden, Sättigung und Hunger*".

Nr. 46: „*Es ist immer dasselbe, was ‚in den Dingen' wohnt: Lebendes und Totes, Wachendes und Schlafendes, Junges und Altes.*"

Nr. 65: „Von den entgegengesetzten ‚Kräften' würden diejenigen, die zur Entstehung der Dinge führen, Kampf und Streit genannt, dagegen die zum Weltbrande führenden Eintracht und Friede".

Nr. 73: „Den Seelen ist es Tod, Wasser zu werden, dem Wasser Tod, Erde zu werden".

Nr. 74: „Den Seelen ist es Lust oder Tod, feucht zu werden [...]. [...] Wir erlebten den Tod jener und jene unsern Tod."

Nr. 79: „Der Mensch zündet sich selber in der Nacht ein Licht an, wenn er gestorben ist und doch lebt. Im Schlaf berührt er den Toten, wenn sein Augenlicht erloschen ist, im Wachen berührt er den Schlafenden."

Nr. 84: „Der Seele Grenzen kannst du nicht ausfindig machen, wenn du auch alle Wege absuchtest; so tiefgründig ist ihr Wesen."

Nr. 85: „Ich erforschte mich selbst."

Nr. 95: „Der Mensch ist in den Augen Gottes ein Tor, wie der Knabe in denen des Mannes."

Nr. 96: „»Spiele von Kindern« nannte er die menschlichen Meinungen."

Nr. 98: „Die Natur liebt es, sich zu verbergen."

Nr. 104: „Krankheit macht die Gesundheit süß, Übel das Gute, Hunger die Sättigung, Ermüdung das Ausruhen."

Nr. 109: „Wenn das Glück in den Lüsten des Körpers bestände, dann müßte man das Rindvieh glücklich nennen, wenn es Erbsen zu fressen fände."

Nr. 113: „Frevelmut soll man eher löschen als Feuersbrunst."

Nr. 117: „Eins ziehen die Besten allem andern vor: ewigen Ruhm vergänglichen Dingen."

Nr. 118: „Auch wenn sie es gehört haben, begreifen sie davon nichts, sind wie taub. Das Sprichwort bezeugt es ihnen: obgleich da, sind sie doch nicht da."

Nr. 122: „Dem Menschen ist sein Wesen sein Schicksal."

Nr. 123: „Es ist nicht mehr zulässig, sich in Dingen, die man nicht weiß, auf Dichter und Sagenerzähler zu berufen, was doch die Früheren betreffs gar vieler Dinge getan haben; riefen sie doch, wie Herakleitos sagt, unmaßgebliche Schiedsrichter in streitigen Dingen an."

Nr. 124: „Den Homer sollte man von den Wettkämpfen ausschließen und mit Ruten züchtigen".

Nr. 125: „Lehrer der meisten ist Hesiod. Glauben sie doch, der wisse am meisten – er, der doch Tag und Nacht nicht kannte! Sind sie doch eins!"

Wir könnten nun Satz für Satz das, was Heraklit sagt, durchgehen und nachweisen, daß er in Wirklichkeit nur in der Schatzkammer der Welt, seiner geschichtlichen Welt, Expeditionen unternimmt, gleichsam neue Verzeichnisse anlegt, neue Gruppierungen vornimmt. Das würde allerdings der Bedeutung von Heraklit nicht entsprechen. Man kann ebensogut sagen, daß er seine Schatzkammer vollständig ausräumt und sie dann mit den Schätzen wieder neu einrichtet, so daß die alte Schatzkammer kaum mehr zu erkennen ist, obwohl die Schätze im Grunde dieselben geblieben sind. Er mag dabei auch einen großen Teil der Schätze, für die er keine Verwendung hat, auf den Kehrichthaufen werfen. Er mag manches Stück neu fassen, manchen Stein neu schleifen. Immerhin würde Homer seine Welt in der Welt Heraklits wiedererkennen, ja, es wäre ihm vielleicht sogar möglich, Heraklit selbst in seine Welt einzuordnen, was Heraklit umgekehrt offenbar nicht möglich ist. Heraklit hat kein Organ dafür, daß seine Welt eine Ableitung aus der Welt Homers ist.

Wenn Heraklit von Geworden und Ungeworden in Nr. 9 redet, so ist das ohne die Frage nach dem Anfang, mit dem jeder Mythos beginnt, nicht verständlich. Wenn Heraklit Sterblichkeit und Unsterblichkeit in Gegensatz und Beziehung zueinander setzt, so ist die Frage danach eine alterserbte Frage. Wenn Heraklit von Vater und Sohn spricht, so ist dabei alles vorausgesetzt, was Homer und die Überlieferung darüber bereits in Geschichten festgehalten hat. Was Kampf ist und was Streit ist, was Friede und Eintracht ist, ergibt sich nur aus der Fülle der Geschichten, ebenso was Götter sind und was Menschen sind, was Sklaven und was Freie sind. Was die Entsühnung durch Blut bedeutet, ergibt sich nur aus Geschichten, die Heraklit aber offenbar nicht verstanden hat. Auch was das Gebet bedeutet und ob man zu einem Götzenbild beten kann, hat Heraklit nicht ganz verstanden. Das Thema von Nr. 84 und Nr. 85 hätte Homer wohl verstanden. Es ist vielleicht das eigentliche Thema von Homer, wenn unsere Ansicht richtig ist, daß man einen Zugang zur Seele nur über Geschichten hat. Nr. 123: Für Geschichten und Gleichnisse und für den Zugang zur Seele, der mit diesen eröffnet ist, bilden die Dichter die Hauptquelle.

Was der einfache Mann unserer Tage und der einfache Zeitgenosse Heraklits, was Gelehrte und Philosophen oder Dichter beider Zeiten sich unter den Begriffen Heraklits vorstellen, ist im Kern dasselbe. Die unerschöpfliche Quelle für diese Vorstellungen sind Geschichten, in die die Menschen verstrickt sind oder mitverstrickt sind, oder anders ausgedrückt: Jeder ist Vater, jeder ist Sohn. Jeder ist sterblich, jeder hat ein Verhältnis zur Unsterblichkeit. Jeder wacht, jeder schläft; jeder ist jung, jeder alt; jeder lebt und jeder hat ein Verhältnis zum Tode; jeder ist in Streit befangen, jeder lebt in Frieden; jeder ist Mann, jeder ist Weib; jeder ist Mensch, jeder

ist Sklave, jeder ist ein Freier; jeder sucht nach Entsühnung, jeder ist wahnsinnig, jeder betet zu Götzenbildern, jeder hat ein Verhältnis zu Tag und Nacht, zu Winter und Sommer, zu Sättigung und Hunger.
Jeder erforscht sich selbst. Keiner kennt die Grenzen der Seele. Jeder ist ein Tor. Jeder ist ein Knabe, jeder spielt wie ein Kind. Jeder ist krank und gesund, schlecht und gut, hungrig und satt, müde und ausgeruht.
Jeder hat ein Verhältnis zum Glück und zur Lust. Jedem ist sein Wesen sein Schicksal.

Manchen von diesen Sätzen wird man zwei-, dreimal lesen müssen, um zu erkennen, daß er wahr ist oder daß er nicht ganz falsch ist, oder daß er ebensogut wahr wie falsch ist oder daß er wenigstens ein bescheidenes Licht im Dunkel ist, ein Führer durch Geschichten.

Man darf nicht sagen, daß es sich hier um Erfahrungssätze handelt. Wir deuten wenigstens die Lage anders. Wir meinen, daß mit jeder Geschichte im Horizont alle Geschichten gegeben sind, daß der in eine Geschichte Verstrickte Zugang zu allen Geschichten hat und daß man das, was Heraklit meint oder sieht, in jedem Verstrickten zum Aufleuchten bringen kann durch die Magie des Wortes. Man kann es jedem Verstrickten abfragen, ähnlich wie Sokrates dem Sklaven den pythagoräischen Lehrsatz abfragt. Erfahrung und Lernen tragen zur Aufklärung dessen, worauf wir hier aus sind, nichts bei.

Daß wir in Geschichten verstrickt sind und daß wir Geschichten verstehen, diesen Grund allen Grundes können auch wir nicht weiter aufklären. Von diesem Grunde aus aber können wir nachprüfen und, wie wir hoffen, das tiefste Verhältnis zu dem finden, was Heraklit vorträgt, und vielleicht auch Heraklits Gedankengang zu Ende denken. Wir können nicht jeden Hauptbegriff Heraklits in dem Rahmen, der uns gesteckt ist, prüfen und durchdenken und nachdenken, wir beschränken uns auf einige Begriffe als Musterbegriffe. Wir beginnen mit Vater und Sohn.

Jeder in Geschichten Verstrickte ist zunächst Sohn. Das mag von Heraklit aus gesehen sein Schicksal sein. Vielleicht ist er nur Sohn einer Mutter, vielleicht hat er überhaupt keine Eltern. Das interessiert uns nicht, weil er trotzdem Sohn bleibt, und zwar in eigenartiger Fassung als Waise, der besser als andere weiß, was Sohn sein bedeutet, weil er Vater und Mutter entbehrt. Jeder Sohn ist mitverstrickt in die Geschichte seines Vaters und gleichzeitig seiner Familie. Sohn oder Vater können folgen oder eins werden auf dem Hintergrund der Familie zusammen mit Mutter, Bruder, Schwester. Jeder Sohn ist zugleich werdender Vater. Er steht also als Sohn zwischen seinem Vater und sich selbst als Vater.

Wir können nun den einfachen Mann fragen, was er uns alles über Vater und Sohn, Sohn und Vater erzählen kann. Wir können auch den Gelehrten fragen. Wenn wir diesen fragen, wird er zu einem Vortrag ansetzen, der kein Ende nimmt, der vielleicht Wochen und Monate lang dauern wird. Er wird vielleicht als Ausgangspunkt das bürgerliche Recht nehmen, das Familienrecht und das Erbrecht. Er kann nicht anders vorgehen, als daß er die gesetzlichen Bestimmungen an zahllosen Fällen deutlich macht, an Fällen, die wieder auf Geschichten verweisen und nur als Geschichten volles Leben gewinnen. Der Gelehrte wird dann vom bürgerlichen Recht aus zur Rechtsgeschichte übergehen und uns Querschnitte durch die Rechte der verschiedenen Zeiten liefern. Er wird bis in die Prähistorie zurückgreifen können. Immer wird die Methode dieselbe bleiben. Er muß auch die alten Rechte durch Beispiele erläutern. Er kommt dann auf eine Zeit, in der der Vater höchster Richter über den Sohn ist, Herr über Leben und Tod. Er kommt auf eine Zeit, in der Vater und Sohn gegenseitig zur Blutrache verpflichtet sind. Das Gesetz der Blutrache verstehen wir ohne weiteres, während wir zu dem anderen Gesetz schwer Zugang gewinnen.

Der Gelehrte kommt dann weiter zu einer Zeit, in der es anscheinend den Vater in unserem Sinne nicht gibt, in eine Zeit des Mutterrechts. Wir erinnern etwa an die Untersuchungen Bachofens und die Fortführung der Untersuchung durch Klages. Eine Vorstellung über diese Zeiten können wir aber immer nur an Hand von Fällen und Geschichten gewinnen. Wenn der Gelehrte diese mehr rechtliche Untersuchung beendet hat, ist er noch lange nicht am Ende. Er wird uns entsprechende Vorträge halten über das Verhältnis von Vater und Sohn im Gebiet der Sitte, im Gebiet der Moral, im Gebiet der Religion. Er wird dabei vordringen bis zur Opferung Iphigenies und Isaaks und uns über Geschichten mehr oder weniger dies verständlich zu machen versuchen, vielleicht wird dabei aus dem Recht über Leben und Tod ein schauriges Verhängnis zu töten und zu opfern.

Damit mag die Untersuchung bei weitem noch nicht beendet sein. Uns genügt aber das, was wir vorgetragen haben. Jetzt wird niemand mehr wagen, von einem Begriff Vater, von einem Begriff Sohn zu sprechen. Man kann höchstens noch von einem Wunder Vater und von einem Wunder Sohn sprechen, welches in tausend und abertausend Geschichten in immer neuen Fassungen aufleuchtet und vielleicht in letzter Konzentration durchdacht ist in dem Verhältnis Gott-Vater, Gott-Sohn im Christentum, wobei aber auch dies Verhältnis schon vorbereitet und angelegt ist im Vater Zeus bei Homer.

Diese Vater-Sohn-Vorstellung, diese Vater-Sohn-Geschichten findet Heraklit so vor, wie sie Homer in immer neuen Wendungen vorträgt. Jeder Held tritt selbstverständlich auf als Sohn seines Vaters, als Pelide, als Laertiade. Seine Geschichte ist eingewebt in die Geschichte seines Vaters.

Wenn wir jetzt wieder zu Heraklit zurückkehren, so können wir uns vielleicht erlauben, den Ausdruck, daß es sich bei Vater und Sohn um einen Gegensatz handelt, zu bemängeln, wenn dies Heraklits Meinung sein sollte. Eher würde es uns schon gefallen, wenn Heraklit von einem ständigen Werden spricht, und vielleicht noch mehr, daß es das „all eins sein" ist, soweit Vater und Sohn in Frage kommt. Dies liegt etwa in der Richtung, daß der Vater immer zugleich Sohn ist und der Sohn werdender Vater, daß der Vater den Sohn nur verstehen kann, weil er selbst Sohn gewesen ist, und der Sohn den Vater, weil er zukünftiger Vater ist, und daß bei all dem gegenseitigen Verstehen immer eine unübersteigbare Kluft bleibt, wenn der Vater nur Vater sein will oder der Sohn nicht mehr Sohn sein will. Hier ist auch die Rede vom Krieg als Vater aller Dinge oder, modern gesprochen, die Rede von der Spannung am Platze.

Sicher ist das Verhältnis von Vater und Sohn nichts Starres, sondern etwas, was ständig wird, was sich sogar nach dem Tode des Vaters noch weiter entwickelt, wenn einmal die Zeit kommt, daß der Sohn seinen Vater für weiser als sich selbst hält. Einen Zugang zu diesem Verhältnis gibt es aber nur über Geschichten. Ich möchte fast annehmen, daß Heraklit an einigen Stellen den Zusammenhang alles dessen, was er sieht, mit Geschichten spürt.

Wir wollen aber unsere Untersuchung hier abbrechen. Wir sind der Meinung, daß wir die Hauptbegriffe Heraklits in ähnlicher Weise, wie wir das bei Vater und Sohn versucht haben, in Geschichten einordnen können, über Geschichten in die größtmöglichste Klarheit bringen können und über Geschichten auch die Gegensätze in ein eigentümliches Ineinandersein verwandeln können, so daß schließlich der Satz, daß alles Geschehen infolge eines Gegensatzes erfolge, in meinem Sinne weiter gelesen werden kann: „Auf Grund einer Einheit der Gegensätze, so wie jede Geschichte als Geschichte die übergeordnete Einheit ist, die die Gegensätze eint."

Kapitel X
Das Dogma Homers, das Dogma der Physiker. Die Wahrheit in der Physik. Die Zeit der Geschichten, die Zeit der Physik. Wie das Pendel durchschlägt von der Allgeschichte Homers über die Physiker und über Plato zur Allgeschichte des Christentums

Wir brechen hier die Untersuchung über die Zusammenhänge zwischen Homer und der griechischen Philosophie ab. Insbesondere verzichten wir auf einen Vergleich der homerischen Welt mit der Welt des Plato und des Aristoteles, zumal unsere ganze Arbeit eine Auseinandersetzung mit Plato und Aristoteles bildet und die beiden im Hintergrund stehen, auch wo sie mit keinem Worte erwähnt sind.

Die Welt Homers ist dogmatisch. Irgendein Zweifel, daß die Welt anders sein könnte, kommt bei Homer nicht in den Gesichtskreis. Aber ebenso dogmatisch ist die Welt der Naturphilosophen oder sagen wir lieber der Physiker. Es ist allerdings schwer, das noch Dogmatische daran scharf zu fassen. Man kann den Versuch dazu von verschiedenen Seiten aus unternehmen.

Man kann ausgehen von der Erkenntnis und der Wahrheit. Die erste Beziehung zwischen Erkenntnis und Wahrheit ist nicht zu verfehlen. Die Erkenntnis vermittelt Wahrheit. Wer im Besitz der Wahrheit ist, hat Erkenntnis. Die Erkenntnis ist in Sätzen niedergelegt. Wenn diese Sätze sich an einer Wirklichkeit verifizieren lassen, so treffen sie eine Wirklichkeit. Dann sind die entsprechenden Sätze wahr. Wer die Sätze versteht und wer sie an der Wirklichkeit erprobt hat, der ist im Besitz der Wirklichkeit.

Wenn man mit solchen oder ähnlichen Vorstellungen an die Physik und an die Mathematik herangeht, so mag man des guten Glaubens sein, daß hier Wort für Wort das zutrifft, was wir von der Erkenntnis verlangen, daß etwa die mathematischen Erkenntnisse Wahrheit mit der größten Sicherheit geben. Allerdings dürfen wir hier nicht zu viel Gewicht auf die Wirklichkeit legen, sondern eher vom Sein reden oder noch besser vom idealen Sein im Sinne Husserls, welches in diesen Gebieten angetroffen wird und auf welches sich die Sätze beziehen. Unter Mathematik verstehen wir dann Geometrie und Arithmetik und alles, was es in dieser Art geben mag.

Wenn man nun soweit mitgegangen ist und bisher alles hat zugeben müssen, kann man allerdings fragen, welchen Platz dann diese Erkenntnisse haben mögen oder welchen Platz die Sachverhalte, die den Sätzen entsprechen, in der Gesamtheit der Sachverhalte haben mögen. Man kann nicht gut bestreiten, daß es lebendige Menschen gibt, die vom Morgen bis zum Abend nur über die Verhältnisse der Zahlen oder der geometrischen Figuren nachdenken und darüber die ganze Welt vergessen und darin ihr volles Genüge finden. Nehmen wir aber einmal an, daß die ganze Menschheit nur noch Mathematik betriebe – man mag dabei etwa an die von Swift denken –, so hätte eine solche Menschheit offenbar kein Verhältnis mehr zu der Welt Homers oder Vergils oder Dantes oder Goethes. Sie wäre in dem Sinne, von dem wir ausgehen, wohl im Besitz von Wahrheiten und von Erkenntnis. Von diesen Wahrheiten aus gäbe es aber keinen Übergang zur Welt der Menschen, zum Trojanischen Krieg, zum Abschied Hektors von Andromache.

Dieselben Überlegungen können wir hinsichtlich der Physik anstellen. Wenn jemand alle Geheimnisse der Physik erkundet hätte, so hätte er noch so wenig wie der Mathematiker einen Zugang zur Welt Homers.

Nun ist ja nicht schwer einzusehen, wo die Verbindungsstelle liegt zwischen der Welt Homers und dieser anderen Welt. Die Verbindung erfolgt durch die Technik. Man kann mit Hilfe der Technik, der Naturwissenschaft und der Physik innerhalb der Welt Homers messen, berechnen, mischen, ja sogar voraussagen. Die Verbindung tritt etwa klar zu Tage bei einer Person wie Archimedes.

Wenn man aber auf diese Zusammenhänge blickt, will es keineswegs einleuchten, daß das, was der Mathematiker und der Physiker treibt, nun diesen Vorrang habe, den Plato, Descartes, Leibniz und Kant diesem Treiben oder dieser Beschäftigung zuerkennen. Populärphilosophisch gesprochen soll es sich in der Mathematik um Wahrheiten handeln, die auch für Gott gelten. Das ist sehr schön und scharfsinnig ausgedrückt. Die Vorfrage ist aber, ob es Wahrheiten sind und was denn eigentlich Wahrheit ist.

Wenn man von dem Unterschied von Satz und Sachverhalt ausgeht, liegt alles Weitere klar auf der Hand. Allerdings kann man schon innerhalb dieses Systems einige unbequeme Fragen stellen: Ist der Satz notwendig das erste, über welches man zum Sachverhalt kommt, so daß man erst den Satz verstanden haben müßte, um ihn dann am Sachverhalt zu verifizieren? Oder ist es umgekehrt, daß man erst von dem Sachverhalt den Satz abzieht und irgendwie hinterlegt, um ihn bei passender Gelegenheit wieder hervorzuholen? Wir haben uns mit solchen Fragen nicht aufgehalten, sondern haben den Stier bei den Hörnern gepackt oder mit einem anderen Bilde, wir haben, wie das Kind in Andersens Märchen, gemeint, daß wir den Satz nicht sehen und nicht in das Blickfeld bekommen und daß es so etwas wie den Satz nicht gibt. Dann schwindet natürlich die ganze Lehre von Erkenntnis und Wahrheit.

Wir haben dies ausgeführt und sichergestellt in erster Linie an Geschichten und für Geschichten. Im Hintergrund erhob sich aber immer noch drohend der Tempel der Mathematik und der Physik. Die Priester dieses Tempels mochten unwillig unser Treiben beobachten, aber mit der unüberwindbaren Überzeugung, daß wir vor ihren Tempeln Halt machen müßten. Das würde dann darauf hinauskommen, daß für die Wissenschaft, für Mathematik und Physik etwas anderes gelte als für die Welt im Sinne Homers. Wir können uns aber mit einer solchen Zweiteilung der Welt nicht zufrieden geben und wir können auch nicht diese Wissenschaften, dort wo sie thronen, in Frieden lassen. Am weitesten trägt das, was wir gegen Satz und Sachverhalt und damit gegen den traditionellen Erkenntnisbegriff einzuwenden haben. Auf dem Gebiet der Physik beschäftigt uns aber noch ein besonderer Einwand, daß nämlich das Auswas der Wozudinge, der Stoff, die Materie oder, was gleichbedeutend ist, der Gegenstand der Physik doch schon vor allen Geschichten existiert habe und existiert haben müsse, daß es Gold und Silber und Eisen doch schon vor aller menschlichen oder auch vor aller organischen Zeit gegeben haben müsse, und zwar identisch derselbe Stoff, der seit den Griechen unsere Physiker und Mechaniker mit all den Naturgesetzen, die zu ihm gehören, beschäftigt. Die letzte Antwort auf diesen Einwand wird nicht einfach sein. Dagegen ist es leicht, gewisse Schwächen, die ihm anhaften, aufzuzeigen.

Wir haben im ersten Abschnitt die Gegenfrage gestellt: Welchen Sinn soll es haben, von einer Zeit vor der Zeit zu sprechen, in der sich Geschichten abspielten, in der Menschen in Geschichten verstrickt waren? Husserl würde noch versucht haben, eine solche Frage im Rahmen der Phänomenologie zu klären. Wir wollen vorläufig etwa sagen, daß die beiden Zeiten, von denen man redet, vielleicht nichts Gemeinsames miteinander haben. Die Zeit der in Geschichten Verstrickten ist immer orientiert an meiner und deiner Jetztzeit. Ohne unsere Jetztzeit würde alles ins Nichts verschwinden. Der Stein, der Berg, das Atom sollen aber nach der Frage gerade unabhängig von meiner Jetztzeit sein. Wir haben noch eine andere Antwort versucht. Der Stoff tritt auf in den Geschichten als immer schon dagewesen. Als Stoff muß er sich vielleicht so gerieren, als ob er über den Abgrund, der mit der Frage nach der ersten Geschichte angeschnitten ist, hinwegführte.

Sollte es so sein, daß er von Anfang an mit dieser ersten Lüge auf uns zuträte? So kann es auch wieder nicht sein, denn bei Homer finden wir diesen Stoff, der von Anfang an gewesen ist, nicht. Eher könnten wir sagen, daß der Stoff der beseelte Leib der Götter oder der Gottheiten sei, wobei aber der Leib auch wieder nicht aus Stoff besteht, nicht auf Stoff zurückführbar ist. Der Stoff der Physiker setzt die Entthronung der alten Gottheiten voraus. Man kann vielleicht verfolgen, daß diese schrittweise vor sich geht. Die Physiker bekommen aber erst freies Gelände mit dem Augenblick, in dem alles Stoff wird. In dieser stofflichen Welt ist nicht einmal mehr Platz für Leiber und erst recht nicht für Geschichten. Die Welt wird zu einem großen Spielzeugkasten. Aus irgendwelchen Gründen mag man einen ersten Beweger oder den Geist zulassen, der die Welt in Bewegung setzt. Zwischen dieser Welt und der Welt Homers bestehen keine Beziehungen. Damit ist allerdings nur ein Teil der Philosophie getroffen, aber wohl der zugkräftigste Teil, der den größten Einfluß ausgeübt hat. Die anderen Arten zu philosophieren haben nicht so die Verbindung mit der Welt Homers verloren, wie die Naturphilosophen, wie wir dies im einzelnen bei Heraklit aufzuweisen versucht haben. Die Geschichten in unserem Sinne sind allerdings im Abendlande mit den Angriffen der Philosophie für viele Jahrhunderte zurückgedrängt worden. Ein Weltbild nach der Art Homers hat sich nicht wieder durchgesetzt. Wir können vielleicht auch sagen, es konnte sich nicht durchsetzen, weil die göttliche Welt zu viele schwache Stellen aufwies, die durch keine Philosophie repariert oder wegdisputiert werden konnten. Ein vollständiger Umschwung trat erst ein mit der Einführung des Christentums und mit dem Ersatz der Gottheiten Homers durch den Gott der Juden und durch seinen eingeborenen Sohn mit einer ganz neuen Idee vom Weltregiment in einem gewaltigen Bau, der auf jede Frage eine Antwort gab. Jetzt ist es nicht mehr die Muse, die etwas einsagt, sondern Gott offenbart sich in gewaltigen Propheten und in seinem eingeborenen Sohn. Die letzte Verbindung zwischen Gott und den Menschen wird dadurch hergestellt, daß auch Gott sich dem Tode unterwirft, das Todesschicksal mit den Menschen teilt. Erst ein vollständiger Vergleich der homerischen Welt mit dieser neuen Welt im Abendlande zeigt die gewaltige Änderung, die vor sich gegangen ist, und zugleich, welchen Anteil die Philosophie an dieser Veränderung gehabt haben mag. Für uns aber liegt das Wesentliche darin, daß jetzt nach vielen Jahrhunderten wieder eine einheitliche Geschichte an die Stelle der homerischen Weltgeschichte tritt, in der jeder Einzelne wieder aufgehoben ist wie bei Homer. Danach mag es kein Zufall sein, daß für Dante Homer der König der Dichter ist. Diese Welt mag wieder zu Ende gehen, aber niemand wird uns verwehren, uns an den Sonnen dieser Welten zu wärmen, wohin auch der weitere Weg führen mag. Wenn wir so die Allgeschichte Homers und die Allgeschichte des Christentums in Beziehung zueinander bringen und einander gegenüberstellen, so wissen wir wohl, daß viele Einwendungen gemacht werden können. Die Allgeschichte des Christentums ergibt sich aus der Fortsetzung der Allgeschichte des Judentums. Zwar ist diese Wurzel des Christentums im Judentum eine provinzielle, lokale Wurzel, von der aber doch eine eigentümliche Kraft ausgegangen sein muß, die weit über die sonstige Bedeutung des Judentums hinausging. Wir können heute kaum noch unterscheiden, welche Kraft diesen jüdischen Propheten, Königen und Helden von Anfang an innewohnte und welche Kraft sie erst nachträglich durch Rückstrahlung vom Christentum aus erhalten haben.

Trotzdem das Christentum offenbar aus dem Judentum hervorwächst, zieht es doch gleichzeitig seine Nahrung aus dem Griechentum, indem es sich mit Homer und seiner Allgeschichte und mit dem griechischen Geist, wie er sich zwischen Homer und Paulus oder Homer und Augustinus entfaltet hat, auseinandersetzt. Das, was wir die Allgeschichte bei Homer nannten, war in den Köpfen der Antike um Christi Geburt nicht mehr lebendig. An seine Stelle war die Philosophie getreten und mit ihr zugleich die Dichtung.

Die Philosophie hatte aber nicht an die Stelle der Allgeschichte Homers eine andere, tragfähigere gesetzt. Die Physiker und Mathematiker hatten vielmehr an die Stelle der Geschichte den Sachverhalt der Wissenschaft gesetzt, in deren Gebiet weder für Geschichten noch für die Allgeschichte

Raum war. Heraklit verlor nicht so die Verbindung mit den Geschichten und der Geschichte, aber er neigte dazu, beide zu systematisieren und in ein wissenschaftliches Gewand zu kleiden, womit viel gewonnen wurde aber auch viel verloren ging. Die weitere Aufgabe wäre nun, die großen Philosophien der Griechen und die großen Werke der Dichtkunst zu prüfen in ihrem Verhältnis zur Allgeschichte Homers einerseits und zum Sachverhalt andererseits. Sicher würde sich dabei eine Vertiefung und Ausweitung dieses Gegensatzes von Geschichte und Sachverhalt ergeben. Wir würden die griechische Philosophie und die griechische Dichtkunst, der die antike Welt kaum etwas Gleichartiges an die Seite zu setzen hat, aufzufassen versuchen als ein Zwischenreich zwischen der Allgeschichte Homers und der Allgeschichte des Christentums. Zur Zeit der griechischen Aufklärung hätte wohl niemand zu prophezeien gewagt, daß noch einmal eine Allgeschichte nach Art der Geschichte Homers, aber mit der Breite und Tiefe des Christentums zur Herrschaft kommen werde, und daß in diese Allgeschichte die griechische Philosophie eingehen werde und nicht nur diese, sondern auch Homer als Vorstufe der Allgeschichte, und was noch wunderbarer und ganz unglaublich ist, daß diese Philosophie vielleicht die neue Allgeschichte noch wieder überleben oder wenigstens neue Reiser treiben würde, wenn die neue Allgeschichte Perioden der Schwäche durchzumachen hätte. In einer solchen Zeit würden wir uns jetzt befinden. Diese unsere Überlegungen setzen aber voraus, daß wir Plato und Aristoteles und ihre Nachfolger eingliedern in die Zeit zwischen Homer und Christus, so wie wir das mit den Physikern und mit Heraklit versucht haben. Diese Arbeit setzt wieder voraus, daß wir selbst noch viel klarer werden über das, was Geschichten und Allgeschichte sind und über das, was Sachverhalte sind oder, wenn wir das Problem in einer Nußschale zusammenfassen, über das, was ein Satz und ein Begriff und vielleicht auch über das, was das Wort ist. Dazu soll uns der vierte Abschnitt einen Beitrag liefern, nachdem wir vorher noch einen Versuch gemacht haben, uns auf unsere Art mit einem bedeutsamen Stück indischer Philosophie auseinanderzusetzen, mit der *Bhagavadgita*.

C. VERSUCH ZUR *BHAGAVADGITA*

Der Tod und der Mord als Mittelpunkt des Gedichts. Rückblick auf Homer. Die Bekehrung des Arjuna. Von der Philosophie des Todes zur Philosophie des Tötens. Das Töten und die Sünde. Die Verteidigung des Tötens. Das letzte Wort?

Wenn wir die Geschichten als Ausgangspunkt nehmen für unsere Art zu philosophieren, so mag sich diese Anschauung berühren mit der indischen Philosophie. Wie wir Homers Dichtung und Welt als Ausgangspunkt nahmen für alles, was unter Geschichten begriffen werden muß, so könnte man einen ähnlichen Versuch mit der *Bhagavadgita* machen und auch mit dem ganzen Dichtwerk, aus welchem diese nur ein Abschnitt ist. Wir beschränken uns auf diesen Abschnitt.

Wie wir bei Homer dazu kamen, den Tod, von dem wir so wenig wissen wie Homer, als Mittelpunkt der Dichtung zu sehen, der die drei großen Reiche Homers voneinander trennt und zusammenhält, könnten wir ähnlich bei unserer Dichtung nach der Stellung forschen, die der Tod einnimmt. Der Tod steht groß im Anfang dieser Dichtung, er überragt alles. Er wird eingeführt in eine Geschichte von entsprechender Größe. Zwei große Heere, wohl die ganzen Streitkräfte der bekannten Welt, ähnlich wie die Heere der Trojaner und Griechen, stehen einander gegenüber und sind zur Entscheidungsschlacht aufgestellt. Der Dichter führt uns auf die Seite, welche moralisch den größeren Rückhalt hat, also etwa auf die Seite der Griechen, die den Raub der Helena rächen wollen. Für den Feldherrn handelt es sich darum, jetzt das Zeichen zum Angriff zu geben. Der Dichter schildert, was ihn in diesem schweren Augenblick bewegt, im Rahmen eines kunstvollen Zwiegespräches zwischen dem Feldherrn und seinem Wagenlenker. Der Wagenlenker ist der Gott Krishna.

Unzählige Feldherren haben in der Geschichte diesen Moment vor der Schlacht erlebt an der Spitze ihrer Krieger. Auch die Feldherren Homers haben diesen Moment erlebt. Wenn wir aber in Gedanken prüfen, in welchem Verhältnis sie zu dem stehen, was unseren Feldherrn bewegt, so sehen wir keine Verständigungsmöglichkeiten zwischen den beiden Arten von Feldherren. Wir sind nicht genau bewandert in der Geschichte der Feldherren des Abendlandes, aber wir meinen und fürchten fast, daß keiner von ihnen Gedanken wie Arjuna gehabt hat oder auch nur verstanden hätte. Das gilt sowohl für den Ausgangspunkt wie für die sich daran anschließende Vision: Kann der Feldherr es verantworten, daß sich Tausende und

Abertausende töten und daß die ganze menschliche Ordnung zerstört wird? Lieber selbst den Tod erleiden als diese Schuld auf sich laden. Damit ist in wenigen Zeilen die Frage gestellt, die eigentlich die Frage jedes Feldherrn und Kriegsherrn sein sollte und auch in Zukunft sein müßte. Daß diese Frage zuerst in Indien gestellt wurde, mag diesem Volk in Zukunft Recht und Pflicht auferlegen, die Frage immer zu wiederholen.

Die Frage ist beantwortet in dem Gedicht, und sie ist auch nicht beantwortet. Die Antwort fällt noch einmal, so möchten wir sagen, zugunsten des Krieges aus. Aber die Antwort ist wohl nicht endgültig. Wir mit unserer großen Erfahrung von heute würden sagen, der Feldherr stellt die Frage zu spät. In dem Augenblick, in welchem er die Frage stellt, gibt es kein Zurück mehr.

Wir verlieren uns hiermit aber, was nicht unsere Absicht ist, in Aktualitäten. Wir wollten nur den Beziehungen nachgehen zwischen den Geschichten, wie wir sie kennen, und den Geschichten, die in der indischen Philosophie Grundlage sein mögen. Nach dieser Richtung hin hatten wir zunächst festgestellt, daß eine Geschichte ungeheuren Ausmaßes mit ungeheuren Horizonten nach Vergangenheit und Zukunft der Ausgangspunkt ist für das bedeutendste philosophische Gedicht Indiens. Wir sehen hier den Feldherrn in Gewissensnot und Pein und erfahren vom Dichter, welchen Trost die Weisen seiner Zeit für ihn bereit haben.

Dieser Trost steht in einer eigentümlichen Beziehung zu den Geschichten. Selbstverständlich gehört er in Geschichten hinein. Das interessiert uns aber weniger als der Platz, den er in diesen Geschichten einnimmt. Es tauchen hier im Rahmen der indischen Philosophie ähnliche Fragen auf wie in der abendländischen Philosophie über das Verhältnis der Einzelgeschichte zur Allgeschichte und über das Verhältnis der Geschichten zu einem System der Philosophie, während der Gegensatz von Geschichte und Sachverhalt oder Geschichte und Wissenschaft kaum eine Stelle im indischen Denken findet.

Viele von den Fragen, die wir bei Homer und seinen Nachfolgern besprochen haben, können wir auch hier wieder stellen. Soweit das nicht der Fall ist, können wir auch die Gründe für die Verschiedenheit überlegen. Die Übereinstimmungen und die Verschiedenheiten sind beide gleich wichtig. Wenn wir schließlich zu großen Gemeinsamkeiten kommen, so wollen wir uns hüten, das als Gesetzmäßigkeiten anzusprechen. Wir müssen hier noch zwei andere Gefahren vermeiden. Wir könnten die Gemeinsamkeiten auf die Verwandtschaft zwischen den Völkern zurückführen und entsprechend die Verschiedenheiten auf dem Grunde des Gemeinsamen aufklären. Wir können aber auch, und das wird richtiger sein, das Verstricktsein in Geschichten als das Gemeinsame zugrunde legen und unsere Untersuchung nur als ersten Schritt zu einer umfassenden Untersuchung, die alle Völker umfaßt, auffassen.

Wie weit wir mit dem Gesichtspunkt der Geschichten im Sinne Homers und der Allgeschichte kommen bei diesem Gedicht, darüber kann man verschiedener Meinung ein. Den Krieg selbst können wir durchaus mit dem Trojanischen Krieg in seinen Grundzügen vergleichen. Er ist aber, wenn ich so sagen darf, als Heldengedicht auf zwei Druckseiten „abgemacht". Was dann folgt, vollzieht sich im Innern, in der Brust des Helden Arjuna. Der Dichter hält es für richtig, für diese inneren Kämpfe den Platz, auf dem die beiden Heere sich gegenüberstehen und als Zeit die Minuten vor dem eigentlichen Beginn der Schlacht und als Vertrauten den Wagenlenker Arjunas, der zugleich die Verkörperung des Gottes Krishna ist, zu wählen. Mit ähnlicher Wirkung hätte er das, was sich hier abspielt, in eine Ratsversammlung verlegen können, in der allerdings auch Priester oder Fromme, Philosophen oder Denker und vielleicht auch Weltweise zugegen sein müßten, um Wortführer für all das zu sein, was in dem Gedicht zur Sprache kommt. Der Dichter hätte auch den Arjuna einsam am Abend vor der Schlacht in seinem Zelt auftreten lassen können, und der Inhalt der Gespräche hätte sich als Trauminhalt oder Inhalt einer Vision darstellen lassen. Unser Dichter wählt seinen Weg, und zwar soviel ich sehe, mit vollem Bedacht. Während des Gedichtes wächst der Gott vom Wagenlenker, der mehr ein Kamerad des Prinzen und Feldherrn zu sein scheint, zu dem allerhöchsten Wesen, wie es für den Menschen noch gerade faßbar sein mag, welches unendlich weit alle Einzelgottheiten, Götter und Gewalten und was man sich sonst vorstellen mag, übertrifft und welches doch noch irgendwie sinnlich angeschaut wird unter Prädikaten, die für unsere Begriffe aus Himmel und Hölle zugleich stammen, oder, besser gesagt, noch weit hinter Himmel und Hölle liegen.

Dabei geht manchmal die Verbindung mit der Anfangsgeschichte verloren oder ist wenigstens schwer zu verfolgen. Besteht die Einheit des Gedichtes oder der Geschichte darin, daß ihr tragender Grund die Feldschlacht bleibt? Oder besteht die Einheit der Geschichte darin, daß der göttliche Wagenlenker, der über die Feldschlacht eingeführt ist, sich in immer tiefsinnigeren Gesprächen schließlich als der allerhöchste Gott entwickelt? Man wird dem Gedicht vielleicht nur gerecht, wenn man beide Gesichtspunkte gelten läßt.

So einfach wie bei Homer kommen wir aber bei diesem Gedicht nicht zu einer Allgeschichte. Dafür ist sie aber auch fester fundiert als die homerische und bietet nicht wie diese ein Ziel des Angriffs für Fromme und Theologen und für Philosophen und Staatsmänner. Selbst mit dem ganzen Rüstzeug unserer Zeit wird man diesem Weltbild nicht viel anhaben können. Obwohl oder weil das Ganze übersättigt ist mit Religion und Philosophie, bietet es der Vernunft nur wenig Angriffsfläche. Es hält sich in den Gebieten, in welche die Kritik der Vernunft nicht folgen kann. Das hängt damit zusammen, daß das Gedicht sich mehr mit dem Philosophen und der philosophischen Haltung als mit der Philosophie befaßt und mehr mit dem Frommen und Gottesfürchtigen und seiner Haltung als mit einem theologischen Problem. Solange es Philosophen und Fromme gibt, werden sie eine Heimat in diesem Gedicht finden.

Die Frage, wie Gott ein Verhältnis zu den Geschichten gewinnt, löst sich dadurch, daß Gott sich von Ewigkeit her in alle Wesen verwandelt und auch das Gedächtnis an das frühere Sein behält.

Arjuna sieht in dem Gespräch weit voraus in seine Zukunft oder, in unserer Sprache, er sieht seine zukünftigen Geschichten im Horizont vor sich. Wenn er die Schlacht gewinnt, so wäre fortan seine Speise mit Blut befleckt. Er weiß nicht, was ihm mehr frommen würde, Sieger oder Besiegter zu sein. Der Gram über die Ermordung der Verwandten im gegnerischen Heer würde nicht verscheucht werden, wenn er auf der Erde die reichste Krone erhielte oder selbst bei den Göttern die Oberherrschaft.

Damit ist in Geschichtenform eine unendlich wichtige Frage gestellt. Die folgenden siebzehn Gesänge antworten auf diese Frage. Die Antworten setzen Himmel und Hölle in Bewegung. Wir können nicht das ganze Gedicht wiedergeben. Wir machen nur Streifzüge. Es kommt dabei nicht auf unsere Meinung zu den Antworten an, sondern darauf, wie sich über Verstricktsein in Geschichten und Verstricktsein in eine Allgeschichte die Parallele zu Homer durchführen läßt. Der Wagenlenker ändert in den achtzehn Gesängen von Gesang zu Gesang sein Gesicht und sein Wesen. Wir haben vorhin gesagt, daß wir die Rollen, in denen er auftritt, auf die Räte im Rat eines Königs verteilen könnten; damit haben wir aber bereits den Sinn des Gedichtes verfälscht oder uns jedenfalls in eine Gefahr begeben. Man kann mit unserem Bilde einen Teil des Gedichtes treffen durch eine solche Auslegung im Sinne der Auseinanderlegung. Näher kommt man aber wohl dem Dichter und der Dichtung, wenn man all die Phasen des Gedichtes vom zweiten Gesang bis zum letzten zusammenlegt und die Entwicklung des göttlichen Wagenlenkers, wie er sich im zweiten Gesang uns vorstellt, über den elften Gesang bis zum achtzehnten Gesang verfolgt. Diese Entwicklung ist durchaus nicht widerspruchsfrei. Darauf kommt es aber auch nicht an. Es handelt sich zuletzt auch nicht um eine Entwicklung des Gottes. Nach dem ganzen Aufbau des Gedichtes wäre es sinnlos, von einer solchen Entwicklung zu sprechen. Eher könnte man sagen, daß es sich um eine Offenbarung Gottes in verschiedenen Stufen und Absätzen handelt, die dem menschlichen Verständnis angepaßt sind, wobei jede Stufe zur nächsten überleitet, jede folgende Stufe die frühere voraussetzt und jede höhere Stufe nur verständlich ist auf dem Grunde der vorhergehenden. Man kann dabei auch wohl nicht sagen, wie wir es eben versuchten, daß Gott sich nicht entwickele. Ebenso gut kann man sagen, daß Gott sich immer wieder entwickelt, in jedem Menschen von der ersten Stufe bis zur letzten.

Soweit das Gedicht eine Bekehrung des Helden von seinem ursprünglichen Standpunkt enthält, ist das Gedicht in strengem Sinne eine Geschichte wie jede Bekehrung. In diese kleine menschliche Geschichte hat der Dichter nun das ganze Weltall und mehr als das ganze Weltall, Himmel, Erde und Hölle und mehr als Himmel, Erde und Hölle, das Denkbare und das Undenkbare, das Sein und das Nichtsein und die Vereinigung beider hineingebannt. Überall können wir Vergleiche zu den Geschichten und zur Allgeschichte Homers vornehmen. Überall stoßen wir auf Parallelen und mehr oder minder große Ähnlichkeiten, aber immer so, daß Homer nur eine Vorstufe, eine elementare Vorstufe zur *Bhagavadgita* bildet. Die äußere Entwicklung der Welt bei Homer ist hier ganz vom Körperlichen losgelöst, vom Körperlichen und Erscheinenden und auch vom Mythos und schließlich, wenn man will, auch vom Geschichtenmäßigen. Aus einer Geschichte und im Rahmen einer Geschichte ist der Zugang zu einer Welt gefunden, die mit tausend Widersprüchen behaftet ist. Gegenüber dieser Welt, auf die das Gedicht abzielt, sind die Worte des Dichters und seine Bilder und Vergleiche und Geschichten nicht mehr als ein Lallen. Es gehört auch wohl zu dieser Welt, daß sie nur auf diese Weise und nur in unendlicher Weite und nur in verwegenen Bildern erscheinen kann. Vielleicht ist es die letzte Absicht des Dichters, die Welt des Alltags und die Welt des Helden, kurz die irdische Welt und alles, was man darunter verstehen mag, klein werden zu lassen gegenüber der geahnten Welt, die aber nicht so geahnt ist, wie die religiöse Welt einer unserer Religionen, nicht so geahnt, wie der Himmel bei Dante, sondern die nur in Bildern angesprochen wird, die immer nur soweit verständlich sind, wie ihr Gegenteil auch wieder richtig ist. Arjuna singt im elften Gesange:

> „Und diese Söhne all des Dhritarâshtra,
> Zusamt den Scharen königlicher Helden,
> [...]
> Zusamt den Unsrigen, den besten Kämpfern;
> Sie nahen eilend sich zu deinen Rachen". (XI., 26–27)

Im Zusammenhang des ganzen Gedichtes verliert dies schreckliche Bild seine Schrecken. Wir sind nicht imstand, die richtigen Widersprüche im Gedicht von den dialektischen Widersprüchen zu trennen, und wagen auch kein Urteil darüber, ob sich das Gedicht im strengen Sinne als eine Einheit in irgend einem Sinne auffassen läßt. Auf diese Einheit und Widerspruchslosigkeit kommt es auch nicht an. Ich habe vielmehr den Eindruck, daß man dieses Gedicht nie zuende lesen kann:

„Unsichtbar sind die Anfänge der Wesen und ihr Ende auch,
Die Mitte nur ist sichtbar uns". (II., 28)

Wir sind der Ansicht, daß wir mit unseren Erwägungen den Zugang zu diesem Gedicht erleichtern können; daß es sich aber weiter einfügt in oder anfügt an unsere abendländische Welt und auf andere Art an die anderen benachbarten Welten. Bei Homer ist es mit dem Tode aus. Wenn wir auch nicht wissen, was der Tod ist, und dies auch bei Homer nicht erfahren, so ist doch eine gewisse männliche Grundansicht erkennbar, daß es eine Fortsetzung des Lebens nach dem Tode, die irgendwelches Gewicht hätte, nicht gibt. Homer kommt auch nicht auf den Gedanken nachzuprüfen, ob diese Ansicht vom Tode wohl über allen Zweifel erhaben ist. Wir wollen nicht mit Homer darüber streiten, welche Bedeutung die Fortsetzung des Lebens in der Unterwelt hat, da diese Bedeutung zu gering ist, als daß es sich lohnte, sich darüber ausführlich zu unterhalten. Wir Heutigen könnten mit Recht sagen, daß Homer hier ein Dogma vorträgt. Worin dieses Dogma seine Stütze findet und ob es eine gewisse Wahrscheinlichkeit vor anderen Dogmen hat, das wollen wir nicht weiter prüfen. Wir müssen nur anerkennen, daß diese Grundansicht Homers männlich, herb, phantasielos, ehrlich, schwunglos ist; so könnten wir mit vielen, vielen Prädikaten diese Ansicht Homers zugleich in ihrer Ausstrahlung auf das Leben und wahrscheinlich auch auf die Stelle hin, an welcher sie aus dem Leben entsprungen ist, zu treffen versuchen. Zu dieser Charakteristik der homerischen Vorstellung vom Tode kommen wir erst, indem wir sie mit anderen Vorstellungen vergleichen.

In der *Bhagavadgita* ist der Ausgangspunkt nicht eigentlich der Tod, sondern das Töten, das absichtliche Töten, noch genauer, der Mord. Wenn man den Tod von allen Seiten klären will, muß man sich auch auf den Mord einlassen. Unser Dichter faßt den Mord als die ernsteste Angelegenheit auf. Er denkt dabei wenig an den Ermordeten und vielleicht auch wenig an dessen Hinterbliebene. Er denkt in erster Linie an die Bedeutung des Mordes für den Mörder. Wenn wir diese Bedeutung mit zwei Worten charakterisieren sollen, so fällt uns am ersten noch das Bibelwort ein: Unstet und flüchtig sollst du sein. Dabei ist wichtig, daß unser Dichter auch nur vom Verwandtenmord spricht, ähnlich wie die *Bibel*.

Die beiden Heere, die sich gegenüberstehen, sind blutsverwandt. Insbesondere sind die Führer der beiden Heere verwandt oder eng befreundet.

Dieses Moment wiegt schwer bei Arjuna. Man kann darin wohl eine Erinnerung an eine Zeit erblicken, in der der Fremde, der nicht zum Stamm Gehörige, rechtlos war. Arjuna faßt, wenn die mir vorliegende Übersetzung richtig ist, den Mord als Sünde auf. Er sieht diese Sünde deutlich vor sich. Diese Sünde muß fortlaufend Böses gebären. Dieses Böse breitet sich aus auf die Verstorbenen: Verlust der Manenopfer stürzt die Väter aus der Seligen Reiche. Schließlich folgt Höllenpein als Strafe. Es sind nur wenige gedrängte Verse, in denen Arjuna seinen Standpunkt darlegt. Noch heute versucht eine Welt von Gelehrten und Philosophen vergeblich, den entgegengesetzten Standpunkt für das Töten im Kriege unter dem Gesichtspunkt der Notwehr oder des Fehlens der Rechtswidrigkeit, wie der Jurist sich ausdrückt, zu rechtfertigen. Es handelt sich aber nicht um eine juristische Frage, die Arjuna in Zweifel stürzt, sondern um eine Frage der Religionen oder der Philosophie oder um eine noch tiefer liegende Frage. Eine befriedigende Antwort setzt voraus, daß man weiß, was der Tod ist. Solange man das nicht weiß, kann man auch nicht wissen, was das Töten ist. Das ist allerdings nicht genau ausgedrückt. Wer davon ausgeht, daß der Tod für den Getöteten etwas Schlimmes ist oder für seine Hinterbliebenen, der begeht wohl schon eine Sünde, wenn er tötet, selbst wenn er den Tod verkehrt einschätzt. Arjuna fürchtet die Sünde wie den Tod, mehr als den Tod. Er will lieber erschlagen sein, als diese schwere sündige Tat auf sich nehmen.

Der Wagenlenker versucht, in den folgenden siebzehn Gesängen Arjunas Standpunkt zu widerlegen mit allen Mitteln der Philosophie und der Religion und der Lebensklugheit. Die Argumente gehen durcheinander. Krishna beginnt mit einer Untersuchung des Todes. Er geht nicht so vor wie wir, daß er den Tod zum Problem macht, sondern er verfährt dogmatisch wie Homer und doch auf andere Art. Er meint, es gibt keinen Tod. „Vergänglich sind die Leiber nur, – in ihnen weilt der ew'ge Geist, / Der unvergänglich, unbegrenzt –" (II., 18). Den Geist kann man nicht töten. Niemals wird er geboren, niemals stirbt er.

> „Gleichwie ein Mann die altgewordnen Kleider
> Ablegt und andre, neue Kleider anlegt,
> So auch ablegend seine alten Leiber
> Geht ein der Geist in immer andre, neue." (II., 22)

Deswegen darf man den Toten nicht betrauern. Damit ist allerdings nur ein Teil der Gedanken Arjunas getroffen. Wenn der Tod selbst auch so aufgefaßt werden muß, wie Krishna meint, so bleibt doch das Leid der Hinterbliebenen, bleibt die Unordnung in der Welt. Auch beweist Krishna zuviel, denn seine Gedanken gelten nicht nur für das Töten im Kriege, sondern für jeden Mord. Er verweist Arjuna daher weiter auf seine Pflicht zu kämpfen. Dabei gleitet er aber vollständig ab in das Gebiet der Lebensklugheit, er appelliert an die Ehre Arjunas:

„Im Tod gehst du zum Himmel ein! Siegst du, fällt dir die Erde zu!"

(II., 37)

Die Verse 31 bis 38 des zweiten Gesanges fallen etwas aus dem Rahmen. Was dann folgt, ist wohl eine Antwort auf das, was Arjuna am tiefsten beschäftigt, ob er sündigt, wenn er tötet.

Die Antwort auf diese Frage füllt die siebzehn folgenden Gesänge, aber nicht so, daß sie auf die Sünde eingehen oder auf den Zusammenhang zwischen Sünde und Tod, sondern so, daß sie auf das Leben eingehen. Sie scheinen dabei ein naives Leben oder müssen wir sagen, eine naive Stellung zum Leben überall vorauszusetzen, indem sie sich mit diesem auseinandersetzen oder es verurteilen. Dieses naive Leben ist das Leben, wie es die Menge führt. Der Menge gegenüber steht der Philosoph und der Asket. Beide leugnen den inneren, fast könnte man sagen den absoluten Ernst des Lebens der Menge.

Man kann das Gedicht nicht verstehen, wenn man nicht vom naiven Leben ausgeht. Wir meinen, daß dies das Leben in Geschichten wie in den homerischen ist, die sich bei Homer ausweiten zu einer Allgeschichte. In diesem naiven Leben ist wohl auch der Held Arjuna befangen. Wenn er auch das Leben ganz anders auffaßt als die homerischen Helden, so hat er doch das mit ihnen gemeinsam, daß er dieses menschliche Leben, die Geschichte, in die er verstrickt ist und sich für die Zukunft verstrickt fühlt, ernst nimmt. Nur auf einem solchen Boden kann etwas wie Sünde erwachsen. Vor den homerischen Helden hat er die Sünde voraus, oder im Verhältnis zu den homerischen Helden hat er die Sünde sehr viel tiefer gefaßt. Die Sünde setzt voraus, daß man das Leben ernst nimmt. Wer den letzten Ernst des Lebens leugnet, der kann eigentlich für die Sünde keinen Platz mehr haben.

Was Krishna unsern Helden lehrt, das alles hat als Boden, daß der Philosoph und der Asket das Leben nicht ernst nehmen dürfen, daß der Philosoph mit seiner Vernunft erkennt, daß alles nur Schein ist und daß er als Asket die Distanz von dem Leben gewinnt, die dem Sein oder auch dem Nichtsein des Lebens entspricht.

Diese Menschen, die die richtige Distanz zum Leben haben, stehen diesem noch weit freier gegenüber als die griechischen Götter. Selbst indem sie handeln, distanzieren sie sich jederzeit von ihrem Handeln, betrachten sich immer mehr als Zuschauer denn als Handelnde.

Wenn von den Weisen und Asketen trotzdem die Befolgung hoher ethischer Gebote verlangt wird, so ist es mehr so, als ob dies die selbstverständliche Folge der philosophischen und asketischen Gesinnung wäre. Nach unserem Dichter können die Kastenlosen, können, wenn wir es richtig auslegen, Henker und Dirnen Weise und Asketen sein, wenn sie sich von ihrem Tun distanzieren, und das soll möglich sein. Für uns Heutige sind diese Gedankengänge nicht mehr so überraschend. Durch die russische Literatur sind sie uns geläufig geworden, ob auch über sie, weiß ich nicht. Für eine solche Behauptung müßte man noch einige Verbindungsglieder aufweisen. Diesen Gedanken wollen wir hier nicht weiter verfolgen.

Wir kehren noch einmal zu unserem Ausgangspunkt zurück. Die Verbindungslinie zu Homer haben wir, wenn auch stark vereinfacht, gezogen; ohne Rücksicht auf historische Zeiträume können wir sagen, daß die *Bhagavadgita* eine homerische Zeit voraussetzt, und sich von ihr absetzt, ja sie nicht nur voraussetzt, sondern daß sie inmitten einer lebendigen homerischen Zeit entsteht und sich durchsetzt, aber doch wohl so, daß sie ständig von einer homerischen Zeit bis auf unsere Tage getragen wird. Diese Philosophie lebt auf dem Grunde eines Alltags.

Das ist nun nichts Besonderes. Wir können aber weiter diese Philosophie oder diese Weisheit vergleichen mit der Philosophie der Griechen. Es ist dabei sicher möglich, manches Entsprechende zu finden. Es fehlt aber wohl vollständig das Gegenstück zur griechischen Naturphilosophie. Der Grund dafür wird nicht schwer zu finden sein. Sicher hängt dies damit zusammen, daß die Vorstellung vom All bei den Indern anders angelegt ist als bei den Griechen. Die Allgeschichte Homers und Hesiods spielt sich zusammen mit den menschlichen Geschichten in einer einheitlichen Zeit und sogar in einer einheitlichen Welt ab, von Uranos über Kronos und Zeus bis auf die Tage Homers. Damit ist alles eingeschlossen. Auf diese Welt ist der Einzelne angewiesen. In dieser hat er seine Heimat. Eine Entsprechung dazu finden wir bei den Indern nicht.

Wenn dem Inder eine solche Welt des Abendlandes begegnete, so wäre sie für ihn noch immer nur Schein, nicht Wirklichkeit. Den Charakter des Spielerischen, des Unwirklichen hat nicht nur die einzelne Geschichte, sondern auch die Allgeschichte. Natürlich sind dies alles nur Andeutungen. Man kann immer versuchsweise probieren, ob für den Inder nicht auch das Gegenteil richtig ist. Das Feld, auf dem mathematische Aussagen, an welche Descartes und Kant und auch schon Plato ihr Herz verloren haben, möglich sind, ist so klein und unbedeutend von dem Gesichtspunkt des Inders und auch wohl vom Gesichtspunkt Homers aus, daß man von beiden Gesichtspunkten aus von vornherein auf diese Art Klarheit und Exaktheit Verzicht leistet. Vielleicht unterliegen allerdings schon die griechischen Philosophen mit dem Entstehen der Mathematik der Versuchung, überall mathematische Klarheit als Ziel aufzustellen, auch für die großen Lebensgebiete, die mathematikfremd sind. Wenn man mit uns von Geschichten ausgeht, so haben wir damit nicht nur eine Beziehung zur homerischen Welt neu gewonnen, sondern auch eine Beziehung zur indischen Welt. Zwar begegnet uns hier noch nicht die Geschichte, um die wir uns bemühen, wobei wir bekennen müssen, daß wir selbst dem mathematischen Irrglauben vielleicht doch noch ständig stärker verfallen sind, als wir selbst merken. Wenn uns aber die Geschichte nicht begegnet, so begegnen uns doch viele Stellungnahmen, die auch wir abhandeln müssen, mit denen wir uns in unseren Untersuchungen auseinandersetzen müssen. Oft will es uns scheinen, als ob der Inder spürbar an derselben Stelle steht, an der wir uns befinden, um sich im All zurechtzufinden. Wir können dieselben Fragen stellen, die er stellt, oder wenn nicht genau dieselben Fragen, so sind uns seine Fragen doch verständlich:

„Unsichtbar sind die Anfänge der Wesen und ihr Ende auch, / Die Mitte nur ist sichtbar uns". Was vorher und nachher kommt im zweiten Gesang, ist positiver, aber auch unsicherer. Das Hauptgewicht möchten wir auf diesen schon einmal zitierten Satz legen, über den man lange nachdenken kann.

„Die in uns wohnende Natur zwingt Jeden, irgend was zu tun."

(III., 5)

Mit diesem Vers ist der Dichter, wenn wir das Tun weit genug fassen, nahe an dem, daß wir ständig in Geschichten verstrickt sind.

„Außer dem Opfer steckt die Welt ganz in den Fesseln ihres Tuns,
Darum vollbring Du solche Tat, doch ohne dran zu hängen je."

(III., 9)

Die Einführung des Opfers ist hier wohl eine fromme Geste, doch mag sie auch tiefere Bedeutung haben. Dagegen ist der zweite Vers, der in immer neuer Formfassung ständig wieder auftaucht, wert, immer wieder überprüft zu werden. Wir würden dasselbe so ausdrücken, ob der Mensch sich von der Verstrickung in Geschichten freimachen kann. Wir selbst haben die verschiedenen Arten von Verstrickung unterschieden. Wir meinen, daß der Mönch und der Asket auch in Geschichten verstrickt ist, und doch geben wir zu, daß es sich lohnt, hierüber weiter nachzudenken.

„Was ist denn Tat? was ist Nichttun? – das ist's, was Weise selbst verwirrt;
[...] – der Tat Wesen ist abgrundtief.
Wer in der Tat das Nichttun schaut und in dem Nichttun grad' die Tat,
Der ist ein einsichtsvoller Mensch, andächtig tut er jede Tat."

(IV., 16–18)

Es folgt dann der Lobgesang auf die Erkenntnis. Sicher treffen wir nicht alles, was der Dichter sagen will, aber sicher begegnen wir ihm, wenn wir für Erkenntnis der Tat Deutung des Lebens, Deutung der Geschichten setzen und wenn wir für die Andacht eine neue Stellungnahme zu Geschichten, die selbst wieder in einer Geschichte erfolgt, setzen.

„Unter Tausenden von Menschen strebt nach Vollendung Einer kaum,
Von den erfolgreich Strebenden kennt wahrhaft mich kaum Einer noch." (VII., 3)

Wir könnten versuchen, die Erkenntnis, von der der Dichter spricht, in Beziehung zu dem zu setzen, was das Abendland unter Erkenntnis versteht. Sicher würden damit beide Standpunkte sich aneinander aufhellen lassen. Der Dichter geht von den vier Kasten aus, deren Sein für den Inder die selbstverständliche Grundlage der Welt bildet, Priester, Ritter, Techniker und Dienende (achtzehnter Gesang). Mit der Aufteilung der Menschheit in diese vier Kasten hat sich der Dichter bereits festgelegt in der Richtung, daß er die Menschheit, ähnlich wie wir, mit in Geschichten Verstrickten erfaßt.

„Wer Freude hat an seiner Pflicht, der Mann erlangt Vollkommenheit". (XVIII., 45)
„Tat, die mit dir geboren ist, wenn sie auch sündig, gib nicht auf!
Von Sünde ist doch alles Tun wie das Feuer vom Rauch umhüllt." (XVIII., 48)
„Wer mit dem Geist an nichts mehr hängt, sich selbst besiegt und nichts begehrt,
Zur Vollendung der Tatfreiheit kommt er durch der Entsagung Kraft." (XVIII., 49)

Damit ist die Vorstufe zum Brahman erreicht, wie in den folgenden Versen unvergleichlich ausgeführt wird:

„Gegen alle Geschöpfe gleich, faßt höchste Liebe er zu mir.
Durch die Liebe erkennt er mich in Wahrheit, wer und wie ich bin;
Hat er in Wahrheit mich erkannt, kommt er zu mir ohn' Aufenthalt." (XVIII., 54–55)

Es führt keine Brücke von dem Begriff der Erkenntnis, der im Abendlande den Kern dieses Wortes ausmacht, von der wissenschaftlichen Erkenntnis, von der Erkenntnis der Natur, der Außenwelt, der Mathematik, es führt auch keine Brücke von der Erkenntnis im Sinne der Psychologie zu dieser Auffassung. Es sind nur die Outsider oder auch die großen Philosophen in Grenzbetrachtungen, die an das heranführen, was der Dichter der *Bhagavadgita* in den Mittelpunkt stellt: Erkenntnis der Geschichten in ihrer

Nichtigkeit durch Deutung und Abkehr von diesen Geschichten, durch Heiligung.

Wenn der Dichter allerdings glaubt, uns nun überzeugt zu haben, daß Arjuna kämpfen muß, so können wir nicht zugeben, daß uns alle Zweifel verschwunden sind. Irgend etwas in uns lockt hier gegen den Stachel. Der Dichter hat sich seine Aufgabe auch zu leicht gemacht, indem er eine Situation wählt, aus der es für den Helden keinen Ausweg gibt, als zu kämpfen und zu töten.

Wir müssen dem Dichter zustimmen, wenn er das Deuten von Geschichten in den Mittelpunkt stellt. Der Dichter wird aber Verständnis dafür haben, daß wir vieles für dogmatisch halten, was er als sicher hinstellt. Vielleicht scheidet sich da der Priester vom Philosophen. Der P r i e s t e r muß wohl dogmatisch sein, doch mag anderseits die Scheidung von Priester und P h i l o s o p h eine abendländische Eigenart sein. Vielleicht handelt es sich nur um zwei Seiten einer W e l t d e u t u n g.

VIERTER TEIL

DAS WORT UND DIE GESCHICHTE

Kapitel I
Vom stillen Sprechen

Das Drama lebt vom lauten Sprechen. Man kann es von vielen Seiten aus betrachten. Wir haben es bislang wie eine Geschichte behandelt und dabei Ich-Geschichte und Wir-Geschichte, Vorgeschichte, Nachgeschichte und, wenn es darauf ankam, Wachgeschichte, Traumgeschichte, Mythos, Rauschgeschichte, Wahngeschichte unterschieden. Wir kommen jetzt auf eine ganz neue Hinsicht zu sprechen.

Die Personen, die im Drama auftreten, beziehen sich in ihrem Sprechen auf Zusammenhänge, Geschichten, in denen sie zu den andern stehen, und diese Geschichten oder besser Geschichte wird in dem Drama im Reden und Handeln der Personen zu irgend einem vorläufigen Ende gebracht. Wir versuchen nun, den Blick von dem Inhalt dieser Geschichten abzuwenden – selbstverständlich bleibt dieser Inhalt im Hintergrund –, und von diesem Hintergrund hebt sich das ab, was wir jetzt in den Mittelpunkt stellen.

Die Personen, die im Drama jetzt sprechen, haben viel von dem, was ihnen jetzt in den Mund kommt, vorbereitet, zwar nicht so wie ein Redner, aber doch vergleichbar damit. Jeder, der in Geschichten befangen ist, weiß, wie er hin und her überlegt, einen Schritt vorwärts macht, einen Schritt zurückgeht, wie er in Trauer und Mutlosigkeit versinkt, wieder Mut schöpft, umkehrt, vorangeht, sich wehrt. Dies erfolgt im stillen Sprechen, oft besonders eindrucksvoll vor dem Einschlafen. Wenn wir sagen sollten, wie sich dies stille Sprechen dem Umfange nach zum lauten Sprechen verhält, so würden wir sagen, daß von dem gesamten Sprechen noch nicht ein Tausendstel und auch noch nicht ein Zehntausendstel auf das laute Sprechen entfällt. Allerdings verhält sich das leise Sprechen zum lauten Sprechen wie die kürzeste Stenographie zum Schreiben der gewöhnlichen Schrift. Außerdem müssen wir zugeben, daß das Verhältnis bei den verschiedenen Menschen verschieden ist. Wortkarge, verschlossene Menschen kommen täglich mit ein paar Worten aus, während auch bei ihnen das stille Sprechen nie aussetzt.

Wenn wir uns über das Verhältnis, wie das laute Sprechen im stillen Sprechen vorbereitet ist, bei den Dichtern belehren lassen wollen, so mögen wir etwa die *Elektra* von Sophokles oder die Fortsetzung *Iphigenie auf Tauris* daraufhin prüfen. Fast jedes Wort, welches wir von Elektra oder Iphigenie hören, ist viele, viele Jahre hindurch von den beiden Heldinnen in schweren Tagen und schlaflosen Nächten überlegt und hin- und hergewendet. Die beiden Dramen mögen kaum einen neuen Gedanken enthalten, der nicht immer und immer wieder von den Hauptpersonen hin und her erwogen ward. Wir wollen auch nicht verschweigen, daß es bei Sophokles zu diesen Überlegungen gehört, daß Elektra sich verzweifelnd die blutende Brust mit den Händen zerschlug und im Harm um den Vater weinte. Davon wollen wir aber im Augenblick absehen und nur auf das stille Sprechen achten, welches all die langen Jahre hindurch bei Nacht und Tage die immer erneut durchdachte Geschichte begleitete von den Anfängen bis in die ferne Zukunft hinein, bis zum Tage der Rache und des Triumphes und vielleicht bis zu den Wolken, die hinter dem Triumph wieder auftauchen. Dieses leise Sprechen wollen wir, soweit das möglich ist, in die letzte aufdeckbare Beziehung zu dem lauten Sprechen im Drama bringen. Wir meinen, daß dies laute Sprechen vielleicht nur mit Wellenkämmen auf dem Meer des inneren leisen Sprechens zu vergleichen ist, daß es irgendwie gelenkt wird von diesem leisen Sprechen, daß es nicht eine Eingebung des Augenblicks ist, sondern „verwurzelt" ist in vielem und oft wiederholtem leisen Sprechen. Dies laute Sprechen steht aber nicht nur in Beziehung zu dem mehr oder weniger weit zurückliegenden leisen Sprechen, sondern ist auch in dem Augenblick, in dem gesprochen wird, getragen von diesem leisen Sprechen, welches ihm auch wieder wie ein Jagdhund seinem Herrn voraus ist.

Wir sehen hierbei ganz davon ab, wie der Dichter dazu kommt, seinen Personen Sätze und Reden in den Mund zu legen. Der Dichter untersteht selbst diesem Gesetz, von dem wir reden – wobei wir von Gesetz eigentlich nicht reden dürfen –, und er beachtet auch bei seinen Personen, daß diese nur reden können, was sie je nach Lage der Geschichte schon lange überlegt haben. Das Improvisieren beschränkt sich für die Personen und wohl auch für den Dichter auf kurze Augenblicke, und selbst dann ist noch immer zu prüfen, ob es sich um echte Improvisationen handelt oder ob sie auch schon lange vorbereitet sind, wie etwa die Worte Tassos und Antonios, die wie Improvisationen klingen und doch einer uralten Gegnerschaft entspringen, aus welcher heraus sie schon lange im stillen Sprechen auf ihre Geburt warten.

Was wir hier gesagt haben, ist alles grob und bedarf der Vertiefung und Vervollständigung nach vielen Richtungen. Zunächst bemerken wir noch vorweg, daß das, was wir im Drama aufweisen, für alle Geschichten gilt, in welchem Gewand sie auch auftreten. Die Worte Andromaches an Hektor, die Leichenreden Andromaches und Helenas sind lange vorbereitet.

Wir dürfen nicht so ohne weiteres das laute Sprechen als Fortsetzung, Nachmalung, Wiederholen eines leisen Sprechens hinstellen. Mit dem lauten Sprechen verlieren wir die Gewalt über etwas. Das gesprochene Wort holt der schnellste Reiter nicht ein.

In welcher Ebene bewegen wir uns nun, wenn wir das stille Sprechen mit dem lauten Sprechen vergleichen oder beide in Beziehung zueinander bringen? Hat es überhaupt Sinn, das Sprechen, es mag still oder laut sein, abzuheben, herauszuheben aus dem Zusammenhang, aus dem lebendigen Zusammenhang, in dem es sich jederzeit befindet? Vielleicht setzen wir damit schon eine Selbständigkeit voraus, die dem lebendigen Wort nicht eignet, weder dem stillen Wort noch dem lauten Wort.

Wenn wir hier von einem lebendigem Zusammenhang reden, so meinen wir damit den Zusammenhang innerhalb der Geschichte oder innerhalb der Geschichten, in die wir verstrickt sind oder mitverstrickt sind. Wir können bei diesen Geschichten nicht eine Wort- oder Sprechseite und eine andere Seite, etwa eine Art Geschehens-Seite unterscheiden und untersuchen, wie diese zueinander passen. Wir können das Ganze, was hier vorliegt, nicht so deuten, als wenn das Gesprochene oder die Worte das Geschehene treffen oder Vorstellungen von dem Geschehenen erzeugen. Wir können auch nicht fragen: Was ist die Funktion des Wortes in dem ganzen Zusammenhang oder die Funktion des Satzes? Indem wir so reden, reihen wir eine Gewaltsamkeit an die andere. Es ist zunächst nicht die Frage, was die Funktion des Wortes oder des Satzes ist, sondern es ist die Frage, was Wort und Satz selbst sind, ob sie sind und was sie sind. Wir dürfen hier erinnern an unsere Untersuchung in unserer ersten Arbeit,[1] daß der Satz in der Geschichte, im lebendigen Fluß der Geschichte, wie Husserl sagen würde, etwas durchaus anderes ist als der herausgenommene Satz, wie etwa der Übungssatz. Wir hatten dies klarzumachen versucht an dem Satz: „Die Königin ist krank". Dieser Satz kann in hundert Geschichten vorkommen, und doch ist er in jeder Geschichte ein anderer Satz, d. h. er kann nicht in hundert Geschichten vorkommen. Man kann den Satz als Übungssatz verwenden. Dann paßt er in keine Geschichte. Wer sich allerdings lediglich an die Worte klammert, für den sind diese Überlegungen unverständlich.

Wir sind nun bis zu dem stillen Sprechen vorgedrungen und haben damit den Ort erreicht, wo wir, wenn überhaupt irgendwo, in unmittelbare Verbindung mit Sprechen, Sprache, mit Satz und Wort, kommen müßten. Nun ist dies Reich des stillen Sprechens so groß und tief, daß wir kein Ende finden würden, wenn wir, soweit es uns überhaupt möglich ist, es nach allen Richtungen ableuchten und durchschreiten wollten. Wir müssen uns darauf beschränken, einige Stollen in diesen Berg hineinzutreiben, um einige Gesteinsproben mit nach Hause zu bringen, die uns über den Satz und das Wort soviel Aufschluß geben, wie es zur Zeit möglich ist. Die Schwierigkeit ist dabei, daß wir selbst keinesfalls wissen, was Satz und Wort sind,

---

[1] W. Schapp, *In Geschichten verstrickt.*

was also das ist, was wir suchen. Wir können uns natürlich helfen, indem wir sagen, daß wir das in der Tradition gemeinte Gebilde suchen. Das hilft uns aber wenig, wenn wir gleichzeitig feststellen, daß es in der Tradition wohl hundert Meinungen über den Satz gibt und entsprechend wohl nicht weniger Meinungen über das Wort. Wir orientieren uns vorläufig daran, daß wir unter Satz das verstehen, was wahr oder falsch sein kann, und unter Wort das, was einem Gegenstand entspricht oder entsprechen will. Oder wollen wir nicht lieber sagen, der Satz ist vorläufig das, was zwischen zwei Punkten steht, und das Wort ist das selbständige Wort, das gedruckte Wort, wobei dem Punkt und der Abhebung im Druck im Sprechen schon irgend etwas entsprechen wird.

Wir können aber vielleicht die folgende Untersuchung auch schon damit rechtfertigen, daß wir uns einfach mit dem stillen Sprechen als dem eigentlichen Sprechen vertraut machen wollen, wenn auch bloß um festzustellen, daß wir in diesem stillen Sprechen nicht etwas wie Satz oder Wort vorfinden, so selbstverständlich es auch zunächst scheinen mag, daß wir es finden müssen.

Kapitel II
Schweigen

Man kann es uns verbieten, laut zu sprechen. Wo es Vorgesetzte und Untergebene gibt, ist die Aufforderung: „Halten Sie den Mund!" nicht selten, wenn sie auch sehr unhöflich ist. Damit kann man das laute Sprechen, wenn man Glück hat, verhindern. Man kann aber nicht verhindern, daß es nun im Innern kocht, daß im Innern sich die Worte übersprudeln und sich all das fortsetzt, was eigentlich hätte laut gesagt werden sollen.

Etwas Ähnliches kommt vor, wenn in einem Streit der Klügere nachgibt und den Mund hält. Den Mund zu halten ist eine ganz andere Disziplin, als die Fortsetzung der Worte im Kopf zu verhindern. Man kann Meister im rechtzeitigen Schweigen sein und dafür doppelt diesem Weitersummen im Kopf ausgeliefert sein.

Wir ertappen uns auch häufig dabei, wie wir dem Bedenken einer unangenehmen Geschichte oder dem Nachdenken über sie ausgeliefert sind, wie die Sätze, die diese Geschichten betreffen, summen und sprudeln, wie wir ständig den Versuch machen, in andere Gefilde zu entfliehen, und wie doch, nach wenigen Sekunden, die böse Geschichte uns schon wieder gefangennimmt, so daß wir über den Mangel unserer Freiheit selbst lächeln müssen. Ja, vielleicht gelingt es uns sogar, indem wir uns etwa sagen: Wie weise die Natur es eingerichtet hat, daß sie uns zwingt, uns immer wieder mit dieser zwar unangenehmen, aber lebenswichtigen Frage zu beschäftigen, um vielleicht noch einen Ausweg zu finden, während wir viel lieber anderen Gedanken nachhängen würden. Zuweilen gelingt es uns auch, die unangenehme Geschichte loszuwerden, indem wir in eine gleich wichtige, aber weniger unangenehme Geschichte flüchten. Abgesehen davon gibt es mechanische Hilfsmittel. Man geht ins Wirtshaus, man sucht Bekannte auf, man nimmt ein Buch und ist nun für kürzere Zeit die unangenehme Geschichte los.

Dies alles, wie wir es hier beschreiben, ist vom stillen Sprechen begleitet. Es summt dabei fortwährend – nach altem Sprachgebrauch würden wir sagen – in schwer bestimmbarer „Bewußtseinslage". Wir können jederzeit eine eigenartige Wendung machen und fragen: Was ist der letzte Satz, den ich soeben still gesprochen habe? Dann können wir den letzten Satz erhaschen.

Wir können ihn „wieder" holen. Dabei ist er aber nicht mehr derselbe Satz oder er ist es und ist es auch nicht.

Kapitel III
Die Bücher

Wenn wir Heutigen an Worte denken, denken wir vielleicht zuerst an Bücher und Wörterbücher, an die eigene Sprache und an fremde Sprachen, an Bibliotheken mit Millionen Bänden. Nach unseren Überlegungen ist das alles nicht eigentlich Sprache, sondern das alles findet erst seinen Sinn, seine Grundlage im lauten Sprechen und noch mehr im stillen Sprechen, gleichsam in den Millionen Köpfen, in denen das Wort summt, sprudelt und ewig gesummt und gesprudelt hat. An diesem Ort ist aber andererseits das Sprechen so gut wie nichts ohne die Geschichten, ohne die lebendigen Geschichten. Es käme nun darauf an, die Existenz der Worte in den Büchern mit ihrer Existenz in den Köpfen zu vergleichen.

In den Köpfen existieren die Worte für Bruchteile von Sekunden und verschwinden dann anscheinend wieder. Woher sie kommen, wohin sie verschwinden, das wissen wir nicht. Wir können diese Fragen auch so nicht stellen. Wir möchten vorläufig sagen, ebenso wie die Geschichten verschwinden die Worte, ohne ganz zu verschwinden. Mit den Geschichten tauchen sie auch wieder auf. Das ist alles noch ganz grob gesprochen. In den Büchern aber haben sie nicht die Existenz, sondern Existenz nur über das Summen in den Köpfen. Finden die Bücher keinen Anschluß an dies Summen oder finden sie keinen Anschluß mehr, so ist jede Existenz der Worte in den Büchern verloren. Wie die Verbindung zwischen dem Wort in dem Buch und dem Wort, welches im Kopf summt, hergestellt wird, ist eine Frage für sich. Ob es sich dabei nur um einen Mechanismus handelt und was das wieder bedeutet, wollen wir hier nicht untersuchen. Wir weisen nur daraufhin, daß bis zur Erfindung der Schrift, also noch bis in die Zeit hinein, als es schon hochentwickelte Sprachen gab, die Existenz der Sprache außerhalb der Schrift lag, im Summen in den Köpfen, allerdings immer auf der Grundlage von Geschichten. Damit ist dargetan, daß die Existenz in den Büchern der Sprache nicht wesentlich ist.

Kapitel IV
Die toten Sprachen

Die toten Sprachen haben auch einmal dies Sein in den Köpfen Lebender gehabt, wenn man sich so ausdrücken darf, in der Weise des stillen Sprechens und des lauten Sprechens. Die *Reden* Ciceros, der *Gallische Krieg* Caesars sind zu ihrer Zeit im leisen Sprechen im Zusammenhang von Geschichten existent gewesen, sie sind zum Teil laut gesprochen. Die Geschichten, welche die beiden behandeln, mögen sie nun Catilina betreffen, mögen sie Ariovist betreffen, haben in den Köpfen von Cicero und Caesar abends vor dem Einschlafen und tagsüber gesummt oder gesprudelt, nicht anders, als das bei uns der Fall ist.

Die Sprachen sind tot, weil sie heute nicht mehr summen und sprudeln. Wir sehen allerdings gleich, daß diese Ausdrucksweise einen Haken hat. In den romanischen Sprachen summt und sprudelt vielleicht dies alles noch weiter. Wenn man so will, könnte man mit einem gewissen Recht also auch das Altdeutsche oder das Gotische als tote Sprache erklären. Bei allen Sprachen ist es im Großen wohl so, daß immer Großvater und Enkel, Vater und Sohn einander noch verstehen, aber die durch zehn oder zwanzig Generationen Getrennten sich nicht mehr verstehen oder nur unter Schwierigkeiten.

Als tot kann man die lateinische Sprache aber in dem Zustande bezeichnen, in dem sie sich in Deutschland befindet. Ich weiß nicht, ob es Gelehrte gibt in Deutschland, in deren Köpfen es lateinisch oder griechisch zu Geschichten summt. Die große Mehrzahl der Lateinkenner wird aber von diesem Summen im Kopf nichts merken, selbst wenn sie die geläufigen Schriftsteller lesen können. Ob damit der komplexe Tatbestand allerdings vollständig wiedergegeben ist, mag noch die Frage sein. Der Grund dafür, daß es in den Köpfen nicht lateinisch und griechisch summt und sprudelt, liegt wohl darin, daß wir in dieser Sprache keine Geschichten erleben, sondern sie nur literarisch kennen lernen, in weiter Distanz zu den Geschichten, welche in ihnen erzählt werden, wenn wir selbst auch immer noch in diesen Geschichten mitverstrickt sind.

Etwas wie leises Sprechen gibt es auch bei diesen toten Sprachen. Wer einen lateinischen Schriftsteller liest, überfliegt immer schon die nächsten Worte, oder er überfliegt auch einen ganzen Satz, der ihm Schwierigkeiten bereitet, vielleicht auch mehrere Male. Dies stille Sprechen werden wir nicht verwechseln mit dem Sprudeln und Summen in unseren Köpfen als Schatten des Verstricktseins in Geschichten.

Wenn wir einen Schriftsteller in unserer Muttersprache lesen, so sprechen wir nicht nur die Worte, auf denen unser Auge ruht, oder das, was kurz vorher und kurz nachher kommt, sondern es sprudelt und summt im Rahmen der Geschichte, die wir lesen, einmal weit zurück, einmal weit voraus mit Fragen und Antworten, wie etwa: Wer war doch diese Person? oder: Wo schließt dieses Kapitel an? Dies lebendige Sprudeln und Summen kann für uns in mehreren Sprachen vor sich gehen. Es ist wohl ein Zeichen, daß wir eine Sprache vollständig beherrschen, wenn es bei uns je nach Gelegenheit in der einen oder anderen Sprache summt. So spreche ich von Jugend auf plattdeutsch und bin mein ganzes Leben lang nicht aus der Übung gekommen. Je nach Gelegenheit summt es bei mir plattdeutsch oder hochdeutsch. Es gibt wohl auch Kreuzschlüsse und Kreuzungen und Anleihen zwischen den beiden Sprachen.

Kapitel V
Die Tradition

Soviel wir bislang gesehen haben, verliert ohne Geschichten die Sprache und das Sprechen jeden Halt, ja es läßt sich nicht einmal sagen, was Sprache ohne zugrunde liegende Geschichte noch sein sollte. Wo gesprochen wird, sind es in Geschichten Verstrickte, die sprechen.

Wir können vorläufig sagen, daß das Sprechen auf der Brücke von Geschichten weitergegeben wird. Es hat jeweils seinen Platz in den Geschichten, es ist in der Seinsart der Geschichten, sei es der vergangenen Geschichten, sei es der aktuellen Geschichten. Damit eröffnet sich ein unendliches Gebiet, welches wir von einem ganz anderen Standpunkt aus auch unter der Überschrift „Die Gemeinschaft der Toten und der Lebenden" festhalten könnten. Dies ist zunächst nur ein Thema. In der Überschrift gefällt uns nicht die Bezeichnung „Toten". Wir wollen nicht wiederholen, was wir im zweiten Abschnitt dazu gesagt haben. Uns würde es mehr liegen zu sagen: „Die Gemeinschaft der Vorfahren und der Enkel." Zu dieser Gemeinschaft, die jeder fühlt, hat man nur Zutritt über Geschichten, und mit den Geschichten taucht dabei das Sprechen auf. In diesen Zusammenhang ist das Sprechen eingebaut, aus ihm muß es vorsichtig abgehoben werden, wenn man Zugang zu ihm gewinnen will. Wenn man sich in diese Zusammenhänge versenkt, versteht man erst sich selbst in der Reihenfolge der Geschlechter, vielleicht als ewige Wiederholung einer Melodie mit all den Freiheiten und all den Gebundenheiten einer Melodie. Wenn wir eine Melodie hören, fühlen wir immer schon, wie sie weiterklingen wird. Es kann dabei auch einmal ganz anders kommen, als wir vorgefühlt haben. Nachträglich sehen wir aber, daß auch dies Anderskommen im Horizont schon vorgezeichnet war und, was dasselbe ist, im bereits Abgespielten schon angedeutet war.

Wenn wir von Gemeinschaft reden, so reden wir davon in einem neuen Sinn. Nach dem gemeinen Sprachgebrauch kann man wohl in erster Linie nur von einer vertikalen Gemeinschaft reden, in der sämtliche Gemeinschaften leben, gleichzeitig leben. Wenn wir von einer Gemeinschaft der Vorfahren und Enkel reden, so ist zunächst Voraussetzung, daß wir uns von dem landläufigen Bild vom Tode nicht stören lassen. Daß wir auf den Schultern der Vorfahren stehen und daß deren Geschichten noch in uns lebendig sind, darüber brauchen wir kein Wort zu verlieren. Daß aber umgekehrt wir Enkel schon in den Geschichten der Vorfahren vorkommen und wirken, ist ebenso wahr. Das ganze menschliche Leben ist darauf abgestellt, daß man Zeiten besorgen muß, die man nicht „belebt", wie es in einer ostfriesischen Redensart heißt.

Ebenso wie wir auf den Schultern unserer Vorfahren stehen, standen diese wieder auf den Schultern ihrer Vorgänger in einem unübersehbaren Regreß. Ebenso wie wir Geschichten und Sprache oder besser Geschichten und Sprechen übernehmen, war dies bei unseren Vorfahren der Fall. Dies Übernehmen hat zur Voraussetzung, daß Großvater und Enkel sich verstehen. Es ist dabei aber durchaus möglich, daß von Generation zu Generation Verschiebungen im Klang des Sprechers eintreten, das bei zehn, zwanzig Generationen der Zwischenraum schon so groß ist, daß Vorfahr und Enkel sich nicht mehr verstehen würden.

Wir geraten hier allerdings in die Gefahr – und beim Leser wird die Gefahr noch größer sein –, das Wort „Verständigung" zu überfordern. Jede Verständigung setzt voraus, daß die, welche sich verständigen, schon in einer gemeinsamen Geschichte befangen sind und daß sie mit dieser Geschichte in Vorzeiten und Urzeiten verwurzelt sind. Man kann die gegenwärtige Geschichte dem Blatt und der Blüte einer Wasserpflanze vergleichen, die mit ihren Wurzeln tief hinabreicht in den Nährboden des Grundes. Wenn der Gelehrte heute die Entwicklung eines Wortes wie Baum oder Stamm oder sterblich verfolgt, so wird ihm damit etwas sichtbar, was aber auch von dem Ungelehrten irgendwie geahnt wird, ja wir möchten fast sagen, wenn der Ungelehrte es nicht ahnt, könnte der Gelehrte es nicht wissen. Der Gelehrte arbeitet auf den Schultern der Gemeinschaft. Was innerhalb der Gemeinschaft hier und dort als kleines Licht aufflammt, sammelt er zu einer großen Flamme. Wer sich Gedanken darüber macht, weswegen man vom Entzweigehen und vom Zweig spricht, wer überhaupt den Worten auf den Grund geht, der ist auf der ersten Stufe zur Etymologie. Aber auch das wollten wir eigentlich nicht besonders hervorheben. Viel wichtiger ist uns, daß an der Verständigung nicht das wichtig ist, daß einer den andern versteht, sondern daß das Wunder die Empfangsmöglichkeit, die Empfangsbereitschaft und diese Empfangsbereitschaft schon immer den ganzen Menschen mit seiner ganzen Geschichte innerhalb der Menschheit mit ihrer Geschichte voraussetzt. Man kann den Versuch machen, sich vorzustellen, daß jemand aus dem Niemandsland in diese Gemeinschaft hineinschneite. Dieser Jemand müßte aber schon wieder ein ausgewachsener Mensch sein mit Geschichten. Es könnte natürlich auch ein Säugling sein, aber nur ein Säugling, der gleichsam von selbst in Geschichten hineinwächst. Aristoteles hat sicher mit seiner Entelechie einen großen Wurf getan. Die Entelechie ist aber gleichsam nur ein Überwurf, aus dem erst ein richtiger Anzug geschneidert werden muß.

Kapitel VI
Sprechen lernen – Sprachen lernen

Sprechen lernt man in der Kindheit. Man kann nur einmal Sprechen lernen, während man beliebig viele Sprachen lernen kann.

Was das Lernen eigentlich ist, wissen wir nicht. Vielleicht hat das Beste dazu noch immer Plato gesagt, wenn er es als eine Wiedererinnerung bezeichnet, allerdings wohl aber mehr aus dem Gedanken heraus, daß er vor leichtsinnigen Erklärungen warnen will.

Wenn wir die Frage untersuchen, was Sprechenlernen heißt, so müßten wir damit die Frage in Verbindung bringen, welchen Sinn es denn haben könnte, daß wir Geschichten lernen. Wir finden uns jetzt in Geschichten verstrickt, und wir waren in Geschichten verstrickt, soweit wir zurückdenken können. Dies Thema haben wir bereits in der Einleitung angeschnitten. Wir setzen es hier fort. Selbstverständlich kann man nicht davon sprechen, daß wir Geschichten lernen. Wir sind jeweils in Geschichten verstrickt. Die Geschichten kommen nicht irgendwie in uns hinein, und wir kommen auch nicht in die Geschichten. Beide Vorstellungen sind gleich absurd. Das in Geschichten Verstricktsein ist eins, untrennbar. Es ist nicht unsere Art zu sein, daß wir in Geschichten verstrickt sind, so als wenn es daneben noch andere Arten zu sein gebe. Sondern es gibt nur das in Geschichten Verstricktsein, und dies Verstricktsein ist begleitet von diesem Sprudeln und Summen von Anfang an. Man ist nicht erst in Geschichten verstrickt und lernt dann Sprechen, und man lernt auch nicht erst Sprechen und wird dann in Geschichten verstrickt, sondern beides ist gleich ursprünglich.

Kapitel VII
Sprechen und Hören – Sprechen und Verstehen

Beim stillen Sprechen, wie wir es genannt haben, sind Sprechen und Hören so eng miteinander verkoppelt, daß wir es kaum unterscheiden können. Beim lauten Sprechen wird man wieder unterscheiden, ob ich selbst spreche oder ob ein anderer zu mir spricht. Wenn ich selbst spreche, sind Sprechen und Hören irgendwie gekoppelt. Wenn ein anderer zu mir spricht, scheint diese Koppelung auszufallen. In Wirklichkeit spreche ich aber wohl mit und bin im Mitsprechen auch schon jeweils etwas voraus auf den Flügeln der Geschichte, auf den Flügeln des Sinnes. Wie sich nun alles im einzelnen zueinander verhalten mag, das wollen wir nicht näher untersuchen. Wir müssen aber noch einen Blick werfen auf das Verhältnis von Hören und Verstehen, wenn es ein solches Verhältnis gibt.

In meinem stillen Sprechen kann die Frage nach dem, was Verstehen ist, kaum auftauchen. Es hat keinen Zweck zu sagen, daß ich verstehe, was ich still spreche, und noch weniger Sinn hat es, zu sagen, daß ich es nicht verstehe. Es kann hier wohl weder Verständnis noch Mißverständnis geben. Genauso wird es auch sein, wenn ich laut spreche. Selbstverständlich kann ich Worte benutzen, die ich nicht verstehe. Ich benutze sie dann aber als unverstandene oder nur halb verstandene Worte, so daß von einem eigentlichen Mißverstehen keine Rede sein kann. Wenn aber ein anderer zu mir spricht, dann gibt es Verstehen und Mißverstehen. Was dies aber eigentlich ist, werden wir nur aufklären können, wenn wir uns in die Geschichte hineinbegeben, zu der die Unterhaltung gehört. Wenn Odysseus seinen Namen mit Niemand angibt, so ist dies Mißverständnis die Überschrift über eine Geschichte. So sind Mißverständnisse allgemein schlimm oder weniger schlimm, von weittragenden Folgen oder scherzhaft. Sie sind aber immer nur etwas auf dem Boden einer Geschichte. Die Geschichte kann aus vielen Mißverständnissen bestehen. Sie kann aber nicht aus lauter Mißverständnissen bestehen, und vor allen Dingen ist das Mißverständnis nur ein anderes Verständnis. Es ist oft schwer zu klären, wer versteht und wer mißversteht.

Jedenfalls kann man „Verständnis" nicht an „Mißverständnis" aufklären oder umgekehrt verfahren. Mit diesem Wortpaar faßt man nicht das Wesentliche, worauf es vielleicht ankommt, wenn man vom Verstehen redet oder Verstehen zum Thema machen will. Man könnte ebensogut an Unverständnis das Verständnis zu klären versuchen und etwa auf den Unterschied hinweisen, der zwischen einem Vortrag in einer durchaus fremden Sprache und einem Vortrag in der geläufigen Sprache besteht. Auch dieser Vergleich führt keinen Schritt weiter. Im ersten Fall versteht man nichts, im zweiten alles. Damit hat man für das Verstehen selbst nichts gewonnen.

Wenn wir etwas Grundsätzliches über das Verstehen sagen wollen, so müssen wir schon auf die Geschichten zurückgehen. Eine Verständigung gibt es nur insoweit, als die Geschichten gemeinsam sind, nur soweit, als die, die sich verstehen wollen, in eine große Geschichte verstrickt sind. Jede neue Geschichte gründet sich auf eine alte Geschichte und diese wieder auf eine ältere. Das ist genauso wie bei den einzelnen in Geschichten Verstrickten. Wenn ich nun mit einem anderen zusammen eine gemeinsame Geschichte habe, so verstehen wir uns zuletzt fast ohne Worte; so ist es etwa im Familienbetrieb eines Landwirts oder eines Handwerkers und in jedem eingearbeiteten Betrieb. Man versteht sich auf der Grundlage der alten Geschichten ohne viele Worte. Wenn ein Neuling kommt, kann man nicht ganz ohne Worte auskommen. Es ist dabei aber ein Unterschied, ob dieser aus einem ähnlichen Betrieb kommt oder aus einem fremdartigen.

In einem solchen Betrieb ist es nun nicht so, daß das stille Sprechen ersetzt werden kann durch die Grundlage der alten Geschichten wie das laute Sprechen. Das stille Sprechen geht in den Köpfen vom Morgen bis hin zum Abend und im Traum in der Nacht weiter im engen Kreis oder im weiten Kreis. Darauf kommt es nicht an.

Ein Verständnis findet immer nur statt – so ist unsere Meinung – auf der Grundlage der vergangenen Geschichten. Ist das Leben so übersichtlich wie in einem solchen Familienbetrieb, so ist die Verständigung so einfach, weil die vergangene Geschichte so klar vor jedem liegt. Man kann nun das Beispiel erweitern. Es kommt ein Fremder aus demselben Beruf. Es kommt ein Fremder aus einem anderen Beruf oder aus einem ganz anderen Lebenskreise in diesen Familienbetrieb hinein. Er muß immer Anschluß finden auf der Grundlage seiner Geschichten an die Geschichten des andern und muß nach Berührungspunkten suchen, die sich in seinen Geschichten finden. Er kann immer nur aus seinen Geschichten Anschluß finden an die Geschichten der Familie. Je mehr es an diesem Anschluß fehlt, desto schwieriger wird das Zusammenleben. Wenn überhaupt kein Anschluß zu gewinnen ist, sieht es schlecht aus mit dem Zusammenleben. Die Beispiele liegen alle auf der Hand.

Wir nähern uns jetzt dem, was wir aufzeigen wollen, noch von einer anderen Seite.

Kapitel VIII
Anschluß der Geschichten und des Sprechens

Wir nehmen an, daß wir den Ausspruch Caesars, als er den Rubikon überschritt: „Der Würfel ist gefallen", einem anderen erklären wollen. Es kommt nun ganz auf den anderen an, wie weit wir mit der Erklärung gehen müssen. Wir setzen etwa den Fall, daß wir es mit jemanden zu tun haben, der von der Schule noch gewisse Erinnerungen an Caesar hat, ohne daß ihm die Situation bekannt ist, die wir im Auge haben. Hier kann die Erklärung sehr schnell vor sich gehen, der Satz fügt sich in eine Gesamtgeschichte, nach unserer Sprechweise, sehr schnell ein. Wir nehmen weiter an, daß wir einem Chinesen oder Japaner vor siebzig Jahren den Satz erklären wollen, der mit der abendländischen Kultur nicht vertraut ist. Wir müßten in diesem Falle schon weit ausholen, um einen festen Platz für den Satz zu finden. Oder wir nehmen an, wir wollten einem Mann aus Afrika den Satz erklären, so müßten wir noch viel weiter ausholen. Und schließlich könnten wir uns Zuhörer denken, denen wir auf keine Weise die Situation oder den Satz näherbringen können.

Der Ausspruch Caesars mag ein besonders prägnantes Beispiel sein für das, was wir aufzeigen wollen. Wir meinen aber, daß wir jeden beliebigen anderen Satz aus der Geschichte oder aus Geschichten nehmen können und immer auf dieselben Schwierigkeiten stoßen. Der einzelne Satz wird nur verständlich im Zusammenhang einer Geschichte, und jede Geschichte verweist wieder auf einen Zusammenhang von Geschichten, die ihren letzten Aufhängepunkt im Heute haben, in diesem rätselhaften Heute, welches an der Spitze aller vergangenen Geschichten steht und einen Ausgangspunkt zu allen neuen Geschichten bildet.

Wir leben ständig in einer Welt von Geschichten. Die neuen Geschichten, die täglich hinzukommen, sind nur eine Fortsetzung der alten. Wenn wir morgens die Zeitung lesen, so ist es klar, daß der Roman unter dem Strich den Roman von gestern und vorgestern fortsetzt. Mit Fortsetzung ist schon eine unerlaubte Trennung vorgenommen. Eigentlich liegt keine Fortsetzung vor. Ich ahnte die Fortsetzung bereits gestern. Wenn wir genau sein wollten, müßten wir diese Ahnung von gestern in Beziehung setzen zu dem Lesen von heute.

Über dem Strich ist es nicht viel anders. Alles, was wir lesen, sind Fortsetzungen oder auch neue Anfänge. Für diese Anfänge ist aber bereits der Platz, wo sie hingehören, und nicht nur der räumliche Platz, sondern der sinngemäße Platz gegeben: Wieder Mord und Totschlag, wieder der Alkohol, wieder der Verkehr. Wenn wir dies als Rubriken auffassen, sind wir erst auf halbem Wege der Unterbringung. Zur vollen Unterbringung gehört Einordnung in das Meer der Geschichten.

Wenn wir in der Fremde eine Lokalzeitung lesen, ist das Bild etwas anders. Die Nachrichten erscheinen uns nicht als Fortsetzungen, sondern eher als etwas, wozu wir nach dem Vorausgegangenen suchen. Wir suchen gleichsam die Fortsetzung nach rückwärts. Wir haben aber unzählige Anhaltspunkte, die es uns ermöglichen, uns in diesen Geschichten und Nachrichten zurechtzufinden. Wir erklären dies vorläufig damit, daß all die Geschichten, in denen wir selbst verstrickt sind oder in die wir mitverstrickt sind, Anhaltspunkte, Anknüpfungspunkte abgeben für die neuen Geschichten. Wir können die Beispiele nun noch so nehmen, daß die Anknüpfung immer schwieriger wird.

Kapitel IX
Das Wort als Überschrift

Unser Ziel ist, das Verhältnis von in Geschichten Verstricktsein und Sprechen zu klären und nach Möglichkeit auch das Verhältnis von Sprechen und Sprache. Wenn das in Geschichten Verstricktsein immer vom Sprechen begleitet ist und das Sprechen in diesem Sinne auch wieder ohne in Geschichten Verstricktsein nicht vorkommt, so müssen wir uns immer in Acht nehmen, daß wir bei unserer Untersuchung nicht das Sprechen aus den Augen verlieren, d.h. das lebendige Sprechen.

Wenn Geschichtenerleben und stilles Sprechen seit Ewigkeiten eins gewesen sind, so werden wir nicht den Versuch machen, beides zu trennen in der Hoffnung, daß wir dann über den Zusammenhang zwischen beiden etwas sagen könnten. Mit anderen Worten, wir können uns nicht aus dem Strom der Geschichten herausbegeben und dann vom festen Ufer aus sehen, wie Geschichten und Sprechen sich zueinander verhalten. Wir können auch keinen Unterschied machen zwischen erlebten und erzählten Geschichten, da auch die erzählten Geschichten miterlebt sind und in untrennbarem Zusammenhang mit den erlebten Geschichten stehen. Wir können auch nicht die Geschichten aufteilen in Sätze und die Sätze in Worte, um so zu einer Aufteilung der Geschichte in Worte und Sätze zu kommen. So können wir weder die Geschichte selbst aufteilen, noch können wir das Sprechen so aufteilen. Von dem, was wir untersuchen wollen, behalten wir dabei nichts in der Hand. So können wir also auch von der Logik, von der Grammatik und von irgendeiner Erkenntnistheorie keine Hilfe erwarten. Sie befassen sich nicht mit dem, worauf wir es abgesehen haben, sondern mit Gebilden, die es in der Art, die diese Wissenschaften voraussetzen, nicht gibt.

Wenn wir in diesem Zusammenhang über das leise Sprechen nicht zum Satz und auch nicht zum Wort kommen, schlagen wir jetzt einen anderen Weg ein. Das Wort oder auch ein Satz begegnet uns anscheinend selbständig als Überschrift. Wir können auch ungefähr gleichbedeutend sagen als Titel, Thema, Stichwort. Eine Überschrift in diesem Sinne gibt es sowohl für Geschichten wie auch für die Gebilde, die man nicht ohne weiteres in Geschichten einreihen kann, wie etwa der „pythagoräische Lehrsatz", die „Kritik der reinen Vernunft". Die Überschriften treffen wir zunächst an als Überschriften über Einzelgeschichten. Wir können uns am schnellsten anhand der Literatur verständigen. Das Schauspiel hat eine Überschrift, der Roman, die Novelle, und ebenso haben die Geschichten, die uns selbst passieren, eine Überschrift, die sich häufig erst im Laufe der Geschichte bildet. In diesen Geschichten wird immer ein Held auftreten, dessen Name häufig die Überschrift für die Geschichten abgibt. Was dies bedeutet, wie sich in diesem Fall Name und Überschrift zueinander verhalten, darauf kommen wir noch zu sprechen. Zunächst fahren wir in der Sammlung von Überschriften fort. Eine Überschrift gibt es auch in der Biographie, die sich von der Einzelgeschichte wohl dadurch unterscheidet, daß alle mehr oder weniger zusammenhängenden Geschichten einer Einzelperson zusammengefaßt werden. Meistens wird der Name der Person die Überschrift abgegeben. Die Überschrift kann aber auch aus einem Satz, etwa aus einem Sprichwort bestehen.

Verwandt mit der Biographie ist dann die Geschichte einer Familie, eines Geschlechtes, eines Stammes, eines Volkes, eines Weltteiles, der Menschheit. Als Überschrift wird hier regelmäßig der Name auftreten, im weitesten Umkreis das Wort Mensch, das man nach dem bisherigen Sprachgebrauch nicht als Namen bezeichnen darf.

Wir können nun die Grenzen der Menschen überschreiten und kommen zu den Göttern, Halbgöttern, Dämonen, Gespenstern, Geistern, Dschinns und all den sagenhaften Geschöpfen. Auch die Geschichten dieser Wesenheiten laufen um unter der Überschrift eines Namens, oder, wenn es sich um Geschlechter oder geschlechtsähnliche Bildungen handelt, unter dem Namen des Geschlechtes: die Götter, die Kentauren. Von diesen Wesenheiten kommen wir zu den Gestalten des Mythos: Zu Uranos, Gaia, Kronos, deren Geschichten uns auch unter einer Überschrift entgegentreten.

Wir können den Kreis dann noch einmal erweitern und kommen zu den Naturgewalten, die von den Alten in Geschichten als in Geschichten Verstrickte aufgefaßt wurden. Wir können den Kreis noch einmal erweitern und kommen zu den Tieren. Nach unserer Meinung sind die Tiere auch Gebilde, die uns nur über Geschichten als in Geschichten Verstrickte gegenübertreten. Wir gehen dabei zunächst aus von den Tieren, die wir unbefangen als Mitverstrickte auffassen. Als Beispiel nehmen wir etwa den Hund, wie er uns bei Homer, bei Thomas Mann und bei Rilke als Mitverstrickter des Menschen entgegentritt. Auch diese Geschichten treten uns unter einer Überschrift entgegen, und zwar in erster Linie unter dem Namen. Nach unserer Meinung ist es bei den Pflanzen nicht anders. Auch diese Pflanzen haben teilweise Namen, wie etwa die heiligen Bäume oder die Dorflinden.

Wir kommen dann zu dem Leib der Menschen, der Tiere und Pflanzen. Nach unserer Meinung tritt uns dieser Leib nur in Geschichten entgegen. Ebenso sind viele Ausdrücke der Organe mit Geschichten beladen, wie etwa das Herz, die Lunge, die Galle, der Bauch, das Blut, die Adern und viele andere. Ohne die Geschichten, in denen diese vorkommen, wären sie nicht die Gebilde, die sie sind, ich wage sogar zu sagen, daß sie ohne diese Geschichten sich in nichts auflösen würden und daß sie nur von Bedeutung sind im Rahmen der Geschichten, in die die Menschen verstrickt sind. Wir können also die Bezeichnungen für diese Organe mit demselben Recht als Überschriften über Geschichten auffassen. Ebenso wie der Mensch die Überschrift für eine Geschichte bildet, bildet das Herz des Menschen oder meinetwegen auch die Zähne des Menschen eine solche Überschrift. Alles, was man heute z.B. über das Herz und seine Abnutzung schreibt, ist nur über Geschichten verständlich.

Wir können nun diesen Bereich verlassen und einen kurzen Blick auf Überschriften werfen, die aus einem Satze bestehen. Wir meinen dabei die Sprichwörter und meinen, daß diese Sprichwörter die Überschrift bilden für eine Reihe von Geschichten. So mag über jeder Bürgschaft, die im täglichen Leben übernommen wird, zunächst als Überschrift „Die Bürgschaft" stehen, aber dann weiter als obere Überschrift das Wort „Bürge, wahr dich", und über der Geschichte, die uns von Unmäßigkeit erzählt, das Wort: „Nichts zu sehr".

Beim Aufstöbern der Überschriften kommen wir dann noch in die Ebene der Wozudinge. Auch hier können wir die Bezeichnung der Wozudinge als Überschriften über die Geschichten, in denen diese Wozudinge in erster Linie auftreten, bezeichnen, und zwar nimmt die Bezeichnung wohl für sich in Anspruch, als Überschrift die Geschichte vom ersten Anfang des Wozudinges bis zu seinem Ende zu decken. So gilt die Überschrift „Schiff" für den Einbaum, für den Dreiruderer, für die Galeere, für das Vollschiff, für den Ozeandampfer und umspannt im großen Bogen alle diese Erscheinungen. So ist es wohl bei allen starren Wozudingen, bei dem Wagen, bei der Münze und wieder bei allen Unterabteilungen dieser Wozudinge. Der Taler umspannt den bekannten Taler wie die Münze alle Münzen. Diese Bezeichnungen umspannen, so deuten wir die Lage, als Überschrift die Serie.

Auch das einzelne Wozuding, etwa das Schiff, kann eine Bezeichnung haben. Diese Bezeichnung steht dann als Überschrift über allem, was mit diesem Schiff geschehen ist. All dies, was mit dem Schiff geschieht, ist nur verständlich innerhalb von Geschichten. Die Serie ‚Schiff‘ umspannt wieder diese einzelnen so charakterisierten Schiffe. Was wir hier über das einzelne Schiff und die Schiffe sagen, gilt auch für die Stecknadel als Überschrift. Es mag allerdings dann ein Hans Christian Andersen dazugehören, um dies sichtbar zu machen. Das Wozuding ist kein Ding in dem Sinne des üblichen Sprachgebrauchs. Es ist verständlich nur über Geschichten, und es i s t auch nur über Geschichten. Wir würden also etwa sagen, wenn der letzte Mensch gestorben ist und damit die Geschichten endgültig aus sind, verlieren auch die Wozudinge ihren Sinn und ihr Sein. Wir können das allerdings nicht sagen, weil auch die Zeit ihren Sinn verliert, wenn die letzte Geschichte aus ist.

Wir können weiter die Worte als Überschriften antreffen im Bereich des Auswas der Wozudinge. Das Gold, das Silber, das Eisen und die Bronze rechtfertigen sich ohne weiteres als Überschriften über Geschichten, in denen diese Metalle als das Auswas der Wozudinge auftauchen. Soweit man diesen Metallen nur nahekommen kann über Bohren, Sägen und Hämmern, ist es selbstverständlich, daß sie nur über Geschichten erreichbar sind, weil dies Bohren, Sägen und Hämmern nur in Geschichten vorkommen kann.

Wir haben bis hierher das Wort als Überschrift aufgesucht in Anlehnung an eine vorläufige Aufteilung des Alls in „den Menschen" als den in Geschichten Verstrickten, „die Wozudinge" und „das Auswas" der Wozudinge.

Wir können auch versuchen, zu den Überschriften zu kommen über die gängigen Einteilungen der Sprachwissenschaft, welche wieder auf griechische Einteilungen zurückgehen, z. B. Substantiv, Adjektiv, Verbum. Die Einteilungen, die wir bislang gemacht haben, betreffen im Wesentlichen das Substantiv. Eine Reihe von Adjektiven wie gerecht, lieb, stolz und demütig lassen sich ohne weitere Schwierigkeiten als Überschriften über Geschichten auffassen und ebenso die Verba, wie kämpfen und streiten. Im übrigen kommen wir auf diese Einteilung noch ausführlich zu sprechen in den Ausführungen über die Grammatik. Zugleich müssen wir zurückverweisen auf unsere Bemerkungen zu Heraklit, die auch in diesen Zusammenhang gehören.

Wenn wir bislang das Wort als Einzelwort in der Überschrift untersucht haben, werfen wir nun noch einen Blick auf die Kombinationen von Worten in der Überschrift. Ebenso wie „der Mensch" und wie „Caesar" eine Überschrift ist, ist „der weiße Mensch", „der schwarze Mensch", „der gelbe Mensch" eine Überschrift, ist auch „der herzkranke Mensch", „der schwindsüchtige Mensch", „der wahnsinnige Mensch" eine Überschrift. Als Überschrift umfassen diese Worte alle Menschen, die je als solche gelebt haben mit ihren Geschichten, wobei allerdings bei den kranken Menschen die Krankheit im Mittelpunkt steht. Dieselbe Kombination können wir auf allen Gebieten vornehmen. Wir können aus der Reihe der Schiffe die Segelschiffe betrachten oder die Ruderschiffe oder die Dampfschiffe. Sie gehören als Serien in die Reihe der Schiffe, die Serie ‚Schiffe' vom Einbaum bis zum Ozeandampfer. In dem Horizont dieser kleinen Serie stehen jeweils als Verlängerungen die Schiffsarten, die ihnen vorhergegangen sind, so wie etwa der erste Kraftwagen noch ein umgebauter Pferdekutschwagen war.

Über diese aus mehreren Worten zusammengestellten Überschriften können wir wieder viele Betrachtungen anstellen. Der zweite Ausdruck kann den ersten einschränken. Dadurch beschränkt sich die Überschrift auf einen Teil der Serie. Die Einschränkung kann in Wirklichkeit eine Kreuzung mit einer anderen Serie bedeuten. So ist es etwas anderes, ob ich vom Menschen zum gelben und zum schwarzen Menschen komme, denn diesen Unterschied gibt es nur innerhalb der Serie ‚Mensch', oder ob ich zum Unterschied kranker und gesunder Mensch komme, denn Krankheit und Gesundheit gibt es auch bei Tieren und Pflanzen. Im Horizont dieser Teilüberschrift steht also mehr als der Mensch, stehen gleichzeitig Tiere und Pflanzen.

In diesem Kapitel müßten wir den ganzen Restbestand der Überschriften behandeln. Wir würden dabei auf Überschriften kommen, die gleich auf den ersten Blick erkennbar als Überschriften von Geschichten dienen. Dazu gehört etwa das weite Gebiet der Begriffe des Rechts: das Eigentum, der Vertrag, der Anspruch, die Erbfolge, die Familie. So wie der junge Jurist all dies in Fällen vorgesetzt bekommt und wie jeder Fall auf eine Geschichte zurückführt, gründet das ganze System des Rechts in Geschichten.

Schwieriger liegt es mit der Mathematik und den Naturwissenschaften. Daß es auch hier Überschriften gibt, ist sicher. Aber wovon sind es die Überschriften? In welcher Beziehung steht der mathematische Körper zu dem starren Wozuding? In welcher Beziehung steht der Raum zum starren System? Was geht in das Atom letzter Prägung noch ein von dem Sägen,

Bohren und Hämmern? Wenn Atom das nicht mehr Schneidbare ist, so ist seine Abkunft klar, kann es diese Abkunft niemals verleugnen.

Wie verhält sich das Starre zum Flüssigen und zum Luftförmigen? Wie ist es mit den Übergängen und der Verbindung? Geht das alles auf Sägen, Bohren und Hämmern und entsprechendes Hantieren zurück. Was bedeutet für die Fische Wasser? Was bedeutet für sie Flüssigkeit? Was bedeutet für sie das Starre? Wie unterscheidet sich die Hand des Menschen vom Huf des Pferdes, von innen gesehen? Dürfen wir diese Frage so stellen? Mit dem Huf kann man nicht streicheln, auch nichts anfassen. Wir stellen uns das mit dem Huf geboren sein ungefähr so vor, als wenn unsere Hand im eisernen Fausthandschuh steckt, ohne Glieder und Gelenke. Aber traben und galoppieren kann man mit dem Huf. Die Fische, Vögel, Pferde können etwas, was wir nicht können.

Der Verfolg solcher Gedanken mag in die Welt der Biologie führen. In eine ganz andere Welt sehen wir wieder, wenn wir uns den Wolken, der Luft und den Winden, dem Regen, der Nacht, dem Sturm, der Dunkelheit, dem Feuer, dem Donner, dem Blitz, dem Meer zuwenden. Wir können uns hier auf einiges beziehen, was wir schon erarbeitet haben. Wenn wir zusammenfassend all dieses im weitesten Sinne als Gebilde bezeichnen, wobei wir vermeiden, dies Wort fester zu legen als nötig ist, so können wir selbst kaum sagen, was wir unter diesen Gebilden verstehen, wir können aber wohl darauf hinweisen, wie diese Gebilde ständig ihren Sinn oder, sagen wir besser, ihren Platz gewechselt haben und wie sie von dem alten Sinn, den sie bei unseren Vorfahren hatten, noch heute vieles behalten haben. Das Meer mit seinen Wogen, mit seinen Wellenkämmen, im Verhältnis zu Wind und Sturm, zu Klippe und Land, ist noch heute kein mechanisches Spiel von chemischen Körpern; der Rhein ist keine Rinne, angefüllt mit fließendem Wasser. All diesen Ausdrücken können wir nur näherkommen, wenn wir sie als Überschriften über Geschichten fassen.

Kapitel X
Das Wort und die Zeit

Die innige Verbindung zwischen Verbum und Zeit ist uns von der Schule her geläufig. Wir betrachten sie als naturgegeben, obwohl es Sprachen gibt, die diese Verbindung nicht kennen, und obwohl man die Verbindung auch anders auffassen kann, als die Grammatik lehrt. So kann man am Anfang einer Geschichte die Zeit angeben, in der sie spielt, und dann von dieser Zeit aus das Nähere regeln. Das interessiert uns hier nicht. Wir wollen im Anschluß an die bisherige Untersuchung nur darauf aufmerksam machen, wie viele Worte – wir meinen als Überschrift – einen Zeitgehalt, eine Zeitstelle mit sich führen. Wenn ich vom Einbaum spreche, vom Dreiruderer, vom Segelschiff, von Galeere, von Dreimaster, von Dampfschiff, dann ist innerhalb dieser Reihe des Wozudinges Schiff mit jedem Wort ein Platz in der Reihe bestimmt, und zwar ein zeitlicher Platz. Wenn ich aber vom Schiff überhaupt spreche als Überschrift, so führt dies in die Zeit vom Einbaum bis zum Ozeandampfer. Dies ist zwar eine gewaltige Zeit, wenn man von der Dauer des Menschenlebens ausgeht. Immerhin ist diese Zeit vielleicht wenig oder nichts, wenn ich sie vergleiche mit dem ersten Auftreten von Wozudingen überhaupt. Dabei ist dann allerdings die Frage, was in diesen Zusammenhängen unter „Zeit" zu verstehen ist und ob wir nicht hier schon unzulässige Verschiebungen vornehmen. Die Zeit, von der wir hier ausgehen, ist nach Geschichten orientiert, und weiter ist sie daran festgemacht, daß immer von der Jetztzeit, von der Zeit des Ozeandampfers ausgegangen ist. In gewissem Sinne steht dieser Zeitpunkt fest. Er steht nicht nur fest, sondern von ihm gehen wir notwendig aus und werfen dann unser Lasso über Geschichten zurück bis zum Einbaum. Der Einbaum ist aber kein Haltepunkt wie das „Jetzt", sondern er ruht wieder im Horizont älterer Geschichten auf der Grundlage dieser Geschichten. Mit dieser prekären Fassung müssen wir uns zunächst zufrieden geben.

Was wir hier vom Schiff sagen, können wir von jedem Wozuding sagen. Der Ozeandampfer ist nur der zufällig herausgegriffene Mittelpunkt aller modernen Wozudinge, mehr oder weniger verwandt mit allen andern. Sie bilden eine Geschichteneinheit und lassen sich so vielleicht nur als Hinsichten in dieser Einheit zurückverfolgen bis zum Einbaum und weiter in unübersehbare Fernen. Ähnliche Spekulationen können wir auch mit den Menschen, die zu diesen Wozudingen gehören, anstellen, vielleicht auch noch mit dem Auswas dieser Wozudinge.

Wir können den Kreis auch noch erweitern. Wenn wir vom Sklaven sprechen, von Erbpacht, von Pacht, von Kauf und von Eigentum, so haben alle diese Ausdrücke wie überhaupt alle Ausdrücke aus dem Recht den Stempel der Zeit, in der sie Bedeutung hatten. Dabei sind sie immer bezogen auf den Jetzt-Punkt oder besser auf die Jetzt-Geschichten. Ohne diese hängen sie im Leeren. Wir können von den jetzigen Rechtsinstitutionen zurückgehen bis zu den Anfängen, die aber keine Anfänge sind. Jede Institution trägt als Stempel die Zeit, in der sie entstanden ist, blühte und unterging. So hätte man früher gesagt. Wir meinen: Jede Institution geht als Geschichte in die Geschichten ein. Aus ihnen ist der Mensch nicht fortzudenken.

Wenn wir den Kreis aber immer mehr erweitern, kommen wir irgendwo auf Schwierigkeiten, und damit gewinnen wir Anschluß an unsere Untersuchung im ersten Teil, A II. Es taucht nun die Frage auf, ob nicht vor allen

Wozudingen, vor allen Menschen, oder, wenn wir die anderen Lebewesen mit dazunehmen, vor allen Lebewesen auch schon eine Zeit gewesen ist, eine Zeit, in der es Wolken, Luft und Winde gab, vielleicht auch den Ozean schon oder die Erde oder vielleicht sogar die ganzen Gestirne.

Hier würden Homer und Hesiod nicht in Verlegenheit kommen. Die Geschichten beginnen bei ihnen mit der Vermählung von Himmel und Erde, die beide aus dem Chaos stammen. Dann verlaufen ununterbrochen die Geschichten über Himmel und Erde, die Zeit (Kronos), Zeus, die Götter und die ersten Menschen. Hiernach scheint es nicht irgendeine Fabulierkunst zu sein, von der Hesiod und Homer sich leiten lassen, sondern sie lösen hier eine Frage, die auch wir nicht abweisen können, auf ihre Art. Vielleicht ist es sogar so, daß ihre Lösung einhellig und sinnvoll ist, während wir schon bei der Frage einen groben Fehler machen, wenn wir die Geschichten einbetten wollen in etwas, was nicht mehr Geschichten sind oder gar mit diesem in einen zeitlichen Zusammenhang bringen wollen, während die Zeit gerade Geschichten voraussetzt. Wie sollen wir glauben, daß aus einer Materie so etwas wie Leben entsteht, und daß dies Leben in Geschichten verstrickt wird? Schon das wird unvorstellbar sein. Wie sollen wir weiter glauben, daß die in Geschichten Verstrickten diesen unvorstellbaren Ursprung erkennen oder vielleicht sogar erzeugen, d. h. aus Materie Leben erzeugen können, und wie sollen wir dann weiter glauben, daß diese Materie etwas sei, auch ohne die in Geschichten Verstrickten?

Kapitel XI
Namengebung – Taufe

Nachdem wir uns nun mit den Überschriften beschäftigt und den Versuch gemacht haben, die Geschichte oder die Worte der Geschichten in Überschriften aufzugliedern, so daß sich unter einer Hauptüberschrift vielleicht Hunderte oder Tausende von Unterüberschriften zu einer großen Melodie zusammenfinden oder, anders ausgedrückt, daß jede Geschichte sich aufbaut auf dem Untergrund von unzähligen anderen Geschichten, die mit den Worten angeschlagen werden, oder daß jede Geschichte nur die Fortsetzung einer unendlich verzweigten Anzahl von Vorgeschichten ist, die mit diesen etwa so zusammenhängt wie das Blatt mit dem Zweig, dem Ast, dem Stamm, der Wurzel und dem ganzen Baum, wie also jede Einzelgeschichte mit dem All der Geschichten noch ganz anders zusammenhängt als etwa ein Atom mit dem anderen Atom, und wie in das Meer der Geschichten niemand hineinkommen kann, es sei denn in Geschichten oder besser, wie man in das Meer der Geschichten überhaupt nicht hineinkommen kann, sondern ständig schon darinnen ist, kommen wir jetzt auf einen Punkt, der ein neues Licht auf all diese Zusammenhänge wirft, insbesondere auf die Zusammenhänge von Geschichten und Sprechen. Wir meinen die Namengebung oder die Taufe.

Diese Namengebung erfolgt aus Geschichten oder aufgrund von Geschichten, in einer Geschichte, für eine Geschichte, als Überschrift für eine Geschichte. Wir fangen mit dem einfachsten Beispiel an, mit der Namengebung des jungen Menschen, des Neugeborenen. Schon vor der Geburt steht fest – wenn wir von heutigen Verhältnissen ausgehen –, daß das Kind des Vaters Hauptnamen erhält. Aufzusuchen sind die Vornamen. Das ist die Sorge von Vater und Mutter und der nächsten Verwandten. Die Namengebung selbst ist eine Geschichte. Im übrigen weist der Stammname in die Vergangenheit und damit natürlich in die Zukunft. Der Vorname ist nicht so vergangenheitsschwer und doch wichtig. Es gibt Menschen, die können ihren Vornamen nicht leiden, und es gibt Menschen, die ihn zu ändern versuchen. Mit dem Vornamen und dem Stammnamen ist nun dem Neugeborenen nicht eine Erkennungsmarke um den Hals gelegt oder ein Etikett aufgeklebt, sondern damit ist der Titel für eine Geschichte, für die Lebensgeschichte des jungen Menschen festgelegt. Darin besteht das Wesentliche des Namens. Zur Zeit der Namengebung liegt die Geschichte noch in der Zukunft. Die Geschichte füllt sich aus von Jahr zu Jahr, von Jahrzehnt zu Jahrzehnt. Was zunächst in der Zukunft lag, wird Vergangenheit. So ist es für den Verstrickten selbst, der sich entwickelt, so ist es auch für den Mitverstrickten.

Zu seiner Geschichte gehören dann weiter die Geschichten der Vorfahren, die Geschichten der Geschwister und die Geschichten der Abkömmlinge. Bei großen Geschlechtern, die von einem berühmten gemeinsamen Vorfahren abstammen, besteht in den verschiedensten Graden eine Gleichnamigkeit, die Gleichnamigkeit der Geschwister, der Vettern, der Vetterskinder usw. Diese Gleichnamigkeit rührt nicht von einer Gleichheit her, sondern von Verwobenheit oder wohl besser Verwebtheit der Geschichten oder, vielleicht noch genauer, von dem Anteil der Individualgeschichten etwa der Brüder an der Geschichte des Vaters, der Vettern an der Geschichte des Großvaters usw. Es liegt im Sinne unserer Betrachtung, daß die leiblichen Zusammenhänge die geschichtlichen Zusammenhänge widerspiegeln und überhaupt erst Sinn erhalten aufgrund der Zusammenhänge der Geschichten.

Wenn wir sagen, daß die Namengebung das Suchen einer Überschrift für Geschichten ist, so kann dies noch besser gefaßt werden: Vielleicht will man mit dem Namen die Geschichten steuern, die Geschichten beeinflussen, die Geschichten erleichtern, alte Geschichten vertuschen, neue

Geschichten dazwischenmogeln. Das liegt alles auf einem Gebiet, da die Namengebung selbst schon eine Geschichte ist. Mit dieser Namengebung mag das Ziel nicht immer erreicht werden; Nachbarn, Feinde, Freunde sinnen Namen aus, welche die ursprünglichen Namen verdrängen.

Solche Namengebung gibt es nun auf weiten Gebieten. Den Übergang zu den Vorfahren, zur Familie und zum Geschlecht haben wir schon gestreift. Der Träger eines Namens kann den Namen zu einem berühmten Geschlechternamen machen oder gar zu einem Stammesnamen. Dieselben Überlegungen kann man anstellen für die Benennung eines Volkes, einer Rasse, einer Kulturgemeinschaft. Schließlich kommt man auf den Namen für den Menschen selbst als den in Geschichten Verstrickten. In anderer Richtung kommen wir zu Namen für Gespenster, Geister, Dämonen, Teufel, Götter, Gott. Auch hier können wir ähnliche Überlegungen anstellen und insbesondere die Frage nach der Benennung, nach der Benennungsgeschichte aufwerfen. Alle diese Wesenheiten treten auf als in Geschichten Verstrickte. Ein Zugang zu ihnen ist nur möglich über Geschichten, in die sie verstrickt sind. Nur der einzige Gott mag in anderer Beziehung zu den Geschichten stehen.

Wenn wir dann von den menschenartigen Wesenheiten den Blick zu den Tieren wenden, so begegnet uns auch hier die Benennung von einzelnen Tieren, vor allem der Haustiere und sonst von berühmten Einzeltieren, insbesondere etwa von Löwen, Bären und Wölfen, die als Einzelgänger uns bedrohen. Auch hier fasse ich den Namen auf als Überschrift über Geschichten, und zwar soweit Begegnungen stattfinden über ausgewachsene Geschichten, sonst über Geschichten mit Leerstellen. Auch die Tiere treten im Zusammenhang einer Familie auf. Wir sind weiter der Meinung, daß man sich ähnlich auch den Pflanzen nähern kann. Hier begegnet uns überall, daß ein Wort die Geschichte des einzelnen bezeichnen kann, daß es aber auch viele einzelne über Familie, Geschlecht, Stamm, Volk als Überschrift umfassen kann, ohne daß man dabei von Gattung im alten Sinne reden kann.

Von den Menschen als in Geschichten Verstrickten führt uns ein Weg zu den Leibern und den Organen des Menschen. Diese erhalten erst aus den Geschichten ihren Sinn. Dabei tritt auch die unheimliche Geschichte auf, daß die Tiere in Leib und Organen Verwandtschaft mit den Menschen aufzeigen. Wir getrauen uns hier überall nachzuweisen, wie die Namen zurückzuführen sind auf Benennungen und die Benennungen wieder auf Geschichten, in denen die Benennung erfolgt ist.

Wir werfen nun noch einen Blick auf ein neues Gebiet, auf die Wozudinge und ihre Benennung. Hier liegt es auf der Hand, daß die Benennung in einer Geschichte erfolgt. Wir kommen dabei aber auf ein neues Moment zu sprechen. Schiff soll zunächst etwas Ausgehöhltes in Zusammenhang mit Schaben bedeutet haben. Wir glauben nicht, damit einen Anfang aufgespürt zu haben. Wir meinen, daß Geschichten schon immer gewesen sind, und können nur, wenn wir dies zugrunde legen, eine Geschichte aus der anderen und eine Benennung aus der anderen klarmachen. Im übrigen meinen wir, daß das Sprechen so alt ist wie die Geschichten und daß die Geschichten genauso alt sind wie die in Geschichten Verstrickten. Wenn man nun zu irgendeiner Zeit das Schiff als ausgehöhltes Gefäß festhielt, so war das eine Benennung mit einem Blick in die Vergangenheit und einem Blick in die Zukunft. Man kann auch noch genauer sagen, das „erste" Schiff erhielt für seine Lebensdauer diese Benennung und verwies mit dieser Benennung auf die nachfolgenden Schiffe, die diesen Namen gleichsam erbten. Im Laufe der Jahrzehnte oder Jahrhunderte oder Jahrtausende legte sich dieser Name nun in fließenden Übergängen auf Gebilde, die äußerlich nicht mehr viel Ähnlichkeit mit den alten Vorgängern hatten, wenn wir etwa einen heutigen Ozeandampfer mit einem alten Einbaum vergleichen. Dies ist natürlich nur ein Beispiel, wir können ebensogut einen Wagen, eine Uhr, ein Haus, einen Garten nehmen oder besser, was wir an Wozudingen antreffen.

Wenn wir es nun aber auf die äußere Ähnlichkeit abstellen, machen wir einen Fehler. Wir sind von Anfang an davon ausgegangen, daß die Menschen in Geschichten verstrickt sind und daß die Wozudinge in Geschichten und nur in Geschichten vorkommen. Wir können sie als Wozudinge nur verstehen oder uns ihnen nur nähern in Geschichten. Von den Wozudingen haben wir zu unterscheiden versucht das Auswas der Wozudinge, welches wieder von den Wozudingen seinen Sinn, seine Verstehbarkeit oder die Möglichkeit der Annäherung erhält. Die Wozudinge selbst oder das einzelne Wozuding haben ihre Entstehung, ihre Dauer und ihren Untergang, wie wir das im einzelnen ausgeführt haben. Dies Ganze gehört zum einzelnen Wozuding. Es ist vergangenheitsbeladen und zukunftsträchtig, und erst das Ganze ist das Wozuding. Zu ihm gehört aber weiter, daß es in einer Serie steht oder stehen kann, wobei über die Serie noch sehr viel zu sagen wäre. In bezug auf eine solche Serie steht der Ozeandampfer heute am vorläufigen Ende einer Serie, der Einbaum am Anfang, beide zusammengehalten durch den Begriff – wenn wir einmal so sagen dürfen – ‚ausgehöhltes Gefäß'.

Kapitel XII
Viele Namen für eine Geschichte

Es begegnet uns schon im Gebiet der Namengebung, daß der ursprüngliche Name nicht haften bleibt. Er wird im Laufe der Zeit ersetzt durch andere Namen. Bei den Personen sprechen wir in diesem Sinne auch von Ekelnamen. Die Geschichte bleibt dieselbe, obwohl der Name wechselt.

Ebenso kann dieselbe Geschichte auch unter verschiedenen Stichworten auftauchen. Wenn uns etwa ein Personenname nicht einfallen will, suchen wir nach einem Ersatznamen oder einer Ersatzüberschrift in dem Zusammenhang, in dem wir uns befinden, etwa: Es war der älteste Sohn von Schulze, oder es war der Rothaarige. Dies könnte man als vorläufigen Ersatz für die richtige Überschrift Alfred Schulze bezeichnen. Es gibt penetrante Geschichten, in denen fast jedes Wort im nahen Verhältnis zur Überschrift steht, so daß jedes Wort auch als Ersatzüberschrift gebraucht werden könnte. So sagt das Sprichwort: Man soll im Hause des Gehenkten nicht vom Strick reden. Der Vorsichtige wird aber auch nicht einmal vom Bindfaden, vom Galgen, vom Henker, vom Richter, vom Gericht reden, und der Übervorsichtige läuft Gefahr, in einem solchen Hause bei jedem Wort zu stottern. Nach wissenschaftlichem Sprachgebrauch wird man hier von Assoziationen reden. Auf den Namen wird es nicht ankommen. Man muß sich aber gewärtig halten, daß diese Ausdrücke alle in einer Geschichte zusammengefaßt sind und nur durch die Geschichte.

Kapitel XIII
Bedeutungswandel – Gegenstandswandel

Wenn man uns zugibt, daß Personennamen Überschriften über Geschichten sind, so ist soviel klar, daß das, was zur Überschrift, unter die Überschrift gehört, sich bei lebenden Menschen ständig ändert. Von der Geburt aus mag im offenen Horizont schon abgesteckt sein, was an Geschichten kommen kann. Doch muß man auch mit Unerwartetem rechnen, wie das plattdeutsche Sprichwort sagt: Niemand schlage seine Kinder tot, mit der Begründung: Man weiß nicht, was daraus werden kann. Klarer liegt die Sache bei den Toten und ähnlich bei den Personen und Helden der Dichtkunst. Odysseus, Achill und die anderen Helden Homers sind festgelegt auf das, was sie gewesen sind. Man kann nichts mehr hinzufügen und nichts wegnehmen. Wir werden in unserer Betrachtung also die Überschriften für abgeschlossene Geschichten trennen von den Überschriften für die laufenden Geschichten. Diese laufenden Geschichten können eine Art Anfang haben in dem Sinne, wie man bei Geschichten vom Anfang sprechen kann. Dann gehört unter die Überschrift der Anfang, während das Ende noch nicht abzusehen ist. So ragen aus der Zeit Homers noch Überschriften über Geschichten bis in unsere Zeit: Sparta und die Spartaner, die Hellenen, die Böotier und viele Völkernamen. Die Geschichten, die damit überschrieben sind, können in ganz verschiedenem Sinne verlaufen. Was haben die Spartaner heute noch mit den Alten gemein, was die Hellenen von heute? Ist das heutige Gebilde nur ein Nachklang, nur ein Ausklang?

Wenn die Geschichte von Odysseus und damit die Überschrift „Odysseus" eindeutig festlegt, so mögen auch die Überschriften „Sparta", „Die Hellenen" in gewissem Sinne festliegen, soweit die Geschichte abgerollt ist, während es für die Zukunft ähnlich wie bei lebenden Personen ist. Man weiß nicht, was daraus werden wird.

Ebenso kann man zu den Wozudingen Stellung nehmen. Die Überschrift „Schiff" vervollständigt sich laufend vom Einbaum bis zum Ozeandampfer und darüber hinaus. Was zur Geschichte des Schiffes bis heute gehört, steht fest oder ist feststellbar, was werden wird, weiß man nicht. Auch hier gibt es wieder die Parallele zum Einzelschiff, dessen Geschichte erst erfüllt ist, wenn es abgewrackt ist. Wir können diese Betrachtungsart immer weiter ausdehnen, indem wir von dem Gegensatz ‚abgeschlossene Geschichte – laufende Geschichte' ausgehen, wobei wir aber auch immer wieder betonen, daß dieser Gegensatz nicht überfordert werden darf.

Wir haben aber damit das eigentliche Gebiet, welches das größte Interesse erregt, welches allerdings auch die größten Schwierigkeiten hat, noch nicht einmal betreten. Bei dem, was wir behandelt haben, handelt es sich um einfache Feststellungen. Was aber mag Homer unter Seele, unter Tod, unter Vernunft, unter Denken, unter Gerechtigkeit, unter Tugend, ja, was mag er unter Sonne und Mond verstanden haben, und wie weit können wir so fragen? Wissen wir selbst, was wir darunter verstehen, und können wir in leidlich vernünftiger Darstellung das, was wir darunter verstehen und was die Zwischenzeit darunter verstanden hat, mit dem, was Homer darunter verstanden hat, vergleichen? Bevor wir überhaupt anfangen, möchten wir an das Wort erinnern, welches Fichte über die Seele und die Erkenntnis an den Anfang stellt.

Wir möchten hiernach fast annehmen, daß es sich kaum lohnt, den Gegenstandswandel der mit diesen Worten intendierten Gegenstände oder den Bedeutungswandel zu untersuchen. Eine solche Untersuchung würde viele Vorbereitungen erfordern, und es wäre sehr die Frage, ob das Ergebnis der Mühe entspräche. Wenn unsere Meinung richtig ist, daß man nur über Geschichten Zutritt zu der Menschheit und zu dem einzelnen Menschen gewinnt, so ist ganz klar, daß Homer die denkbar nächste Beziehung zu den Seelen der Menschen hatte und daß wir bei ihm noch jederzeit in die Schule gehen können, wenn wir Menschen und Menschsein studieren wollen. Wir dürfen ihn aber nicht fragen, was die Seele sei, oder er gibt uns abstruse Antworten. Auch das könnten wir vielleicht noch aufklären. Das liegt aber außerhalb der Aufgabe, die wir uns gestellt haben.

Kapitel XIV
Die Reihe: Überschrift, Satz, Inhaltsverzeichnis, volle Geschichte, erlebte Geschichte, Erfüllung

Aufgrund unserer bisherigen Überlegung ist die Bildung dieser Reihe in sich verständlich. Wir können fortschreiten von der vollen Geschichte zur Überschrift: „Nach allem, was geschah, nenn' ich das Stück den Raub der Helena." Wir können ebenso fortschreiten von der Überschrift zur vollen Geschichte und bis zur erlebten Geschichte. Wir haben uns auch schon darüber unterhalten, daß der letzte Seinsort der Geschichte die erlebte Geschichte ist. Das Mitverstricktsein in die Fremdgeschichte ist dem Sein dieser Geschichte benachbart.

Wir meinen nun, daß mit jeder Überschrift die Geschichte auftaucht, oder daß uns die in Geschichten Verstrickten begegnen als Mitverstrickte, und zwar einerseits in der konzentriertesten Form, aber andererseits mit der Möglichkeit der Ausdehnung bis zur originärsten Form über all die Stufen, die wir gezeigt haben, also etwa bis zur Erzählung der eigenen Geschichte, die noch andauert. Darunter würde ein Teil der Erzählung des Odysseus bei den Phäaken oder vielleicht auch die ganze Erzählung fallen, oder bei uns würde darunterfallen der Kampf mit dem Finanzamt, die Abwehr einer häßlichen Anzeige, die wir vielleicht auf Stunden vergessen haben und die wieder nackt hervortritt, wenn die Überschrift fällt.

Wir wollen keine Tests veranstalten, aber wir rufen hier etwa dem Leser zu: Rotkäppchen, Dornröschen, Schneewittchen, Heideröslein, König Lear, Hamlet, Die Räuber, Hektor. Mit diesen Namen wollen wir es bewenden lassen. Der Leser mag selbst urteilen, wie diese Namen Geschichten nach sich ziehen, und wenn er seine Aufgabe genau genommen hat, wird ihm auffallen, daß mit Heideröslein sich keine Geschichte einstellt, sondern nur die Frage: Was soll das dazwischen?

Wir brauchen uns nun nicht auf die Eigennamen zu beschränken bei diesem Versuch. Wir könnten dem Leser zurufen: das Schiff, das Auto, der Garten. Der Leser wird hier nicht so sicher feststellen wie oben, was das Wort soll, weil das Wort nicht eindeutig ist. Er wird aber sofort die Sicherheit gewinnen, wenn wir sagen, „das Schiff, d. h. seine Entwicklung von der

Urzeit bis heute". In diesem Sinne kann das „Schiff" verstanden werden. In diesem Sinne können wir wohl alles Technische über Geschichten gegenwärtig werden lassen. In diesem Sinne können wir aber weiter jedes Wort in diese Sonderstellung als Überschrift hineinzwingen: die Demut, der Stolz, der Kampf. Dies ist der gründlichste Zugang zu dem geschichtlichen Gebiet, den wir mit dieser Überschrift gewinnen. Wir wollen, um nicht zu ermüden, die Proben nicht fortsetzen. Dem Leser wird nichts anderes übrigbleiben, als sich selbst in dies Verhältnis von Überschrift – Geschichte hineinzuversenken. Nach unserer Ansicht ist, allerdings auch nur in gewissem Sinne, das Sein die umfassendste Überschrift, die Überschrift über das All aller Geschichten; etwas Ähnliches wie das, was der Mathematiker auf seinem Gebiet unter der Menge der Mengen verstehen mag. Wenn man das Sein so auffassen könnte, so wäre es zugleich das Konkreteste, was es geben kann. Es kann keine Bestimmung der einzelnen Geschichten dahin geben, daß sie existieren. Sie existieren immer nur im Ganzen. Wir sind dabei allerdings noch weit von der Klarheit entfernt, die man verlangen kann. Das Verhältnis der Überschrift zur vollen Geschichte kann man leicht mißdeuten. Wir bilden uns nicht etwa ein, mit der Überschrift das Wort gefunden zu haben, das Wort, welches im Anfang alles war. Die Überschrift marschiert nur an der Spitze der Geschichten wie ein Feldherr an der Spitze seines Heeres. Kommen die Soldaten im Hintergrund nicht nach, so ist der Feldherr kein Feldherr mehr. Die Überschrift ist stets Überschrift der Geschichte und damit selbst schon Geschichte in komprimierter Form. Es ist dabei einerlei, ob es sich um eine bekannte Geschichte, eine selbsterlebte Geschichte oder um eine erwartete Geschichte handelt. Von der Überschrift führt ein Pfad in den Anfang der Geschichte. Mit jedem Wort, mit jedem Satz tauchen neue Erwartungen auf. Das alles hat seine Parallelen auch bei den originären selbsterlebten Geschichten.

Zur Geschichte kommt man nur über den Menschen. Jeder Mensch ist aber Mitverstrickter. Die Geschichten haben einen Menschen zum Mittelpunkt. Das ist schon mißverständlich gesagt, man kann Geschichte und Mensch nicht so trennen. Die Geschichten sind nun nicht aus Sätzen und aus Worten zusammengesetzt. Sie lassen sich aber in Überschriften zusammenfassen, und wenn wir erst einmal dies Verhältnis zur Überschrift gewonnen haben, so ist es lediglich ein zweiter Schritt auf diesem Wege, wenn wir in Geschichten selbst nun zwar nicht Worte und Sätze vorfinden, aber etwas Ähnliches wie Überschriften, ich möchte sagen Unterüberschriften, die sich auch noch wieder vielfach in Stufen ordnen lassen. Mit diesen Unterüberschriften sind Geschichten in anderer Weise angeschlagen als mit der Hauptüberschrift. Und doch gehört wohl zum Verständnis der Geschichte, einer Geschichte, daß die Unterüberschriften lebendig werden oder, wie wir jetzt auch sagen können, zu jeder Geschichte gehören die Untergeschichten in unübersehbaren Zusammenhängen und in vielen Graden und Stufen. Wer all diesen Unterüberschriften nachgehen wollte, wäre verloren. Wer sie aber nicht irgendwie gegenwärtig hat, ist taub und blind. Wenn ich in einem Gespräch höre: Mein Bekannter, Pastor Müller, machte eine Reise nach Afrika im Flugzeug, so gehört dazu die Geschichte meines Bekannten, die Geschichte von Afrika und der Afrikaner und die Geschichte des Flugzeuges. Das alles ist in diesem Satz ‚blitzartig' gegenwärtig. Wenn mein Bekannter Missionar ist, hat der Satz nichts Auffälliges, fügt er sich in die Geschichte des Missionars ein. Wenn mein Bekannter ein gesetzter Dorfgeistlicher ist, gerate ich mit diesem Satz in Erstaunen und erwarte irgendeine Erklärung.

Wenn auch jede Geschichte um einen Menschen herum ist, um einen Menschen als Mittelpunkt, so kann der Mensch sich doch in der Geschichte verstecken. So ist es etwa, wenn man von Schiff und Wagen und Flugzeug redet, ohne des Menschen zu gedenken.

Unsere Lehre über die Überschrift als geballte Geschichte und ihr Verhältnis zu der erzählten Geschichte und zu der Geschichte, wie sie wirklich gewesen ist, hat Berührungspunkte mit Husserls Lehre von der leeren Intentio oder Bedeutung und der Erfüllung in der sinnlichen Vorstellung oder in der Wahrnehmung. Bei Husserl bildet diese Lehre ein Kernstück. Sie ist ein Übergang von dem, was man vor ihm gebracht hat, zu unseren Bemühungen. Bei nachträglicher Betrachtung möchten wir sagen, daß Husserl die Phänomene Bedeutung und Wahrnehmung noch nicht in ihrer Eigenart erfaßt hat. Der Unterschied kehrt wieder in dem Verhältnis von Satz oder gemeintem Sachverhalt und selbstgegebenem Sachverhalt, wobei die Wahrnehmung der klarste Fall der Selbstgegebenheit sein soll. Der Welt der Geschichten gegenüber handelt es sich hier, wie wir meinen, um eine Konstruktion. Wenn man bei den Geschichten von Selbstgegebenheit sprechen will, so wäre die letzte Selbstgegebenheit das Verstricktsein in aktuelle Geschichten. Schon bei diesen aktuellen Geschichten sind die vergangenen Phasen, sind im fünften Akt die vorausgehenden Akte der letzten Selbstgegebenheit entzogen. Noch ferner stehen die ganz vergangenen Geschichten der Selbstgegebenheit. Immerhin können wir aber in diesem Bereich der Selbstgegebenheit, wie Husserl sie im Auge hatte, einen Sinn abgewinnen, und es wird sicher nützlich sein, über Husserls Untersuchungen immer wieder nachzudenken.

Kapitel XV
Die Grammatik

1. Wortarten

Hauptwort – Eigenschaftswort – Zeitwort; Wurzel und Endung. Der Satz innerhalb der Geschichte. Der Beispielsatz. Der Satz in der Novelle. Der Satz als Überschrift über die Novelle. Die Grammatik kennt nicht die Geschichte. Besser etwas Verkehrtes lernen, als gar nichts lernen

Im Mittelpunkt der humanistischen Bildung steht das Erlernen von Griechisch und Latein. Das Kernstück des Unterrichts ist dabei wieder die Grammatik, die in neun Jahren, immer dem Verständnis angepaßt, behandelt wird. Dieser Grammatik verdankt der Studierende viel, und doch könnte ich mir den grammatischen Unterricht noch ganz anders vorstellen, mit unvergleichbar größerem Ergebnis. Der Studierende, und insbesondere der Philosophie Studierende, braucht ungefähr ein Leben, um sich von den Vorurteilen, die ihm in der Grammatiklehre eingehämmert werden, wieder zu befreien. Ein großer Teil der Lehren der Grammatik gibt sich mit einer Apodiktizität, die keine innere Berechtigung hat. Dieser Anspruch beginnt schon mit der einfachsten Satzlehre in den ersten Schultagen mit der Unterscheidung von Subjekt, Prädikat und Objekt im Satze und damit, daß der Satz vorausgesetzt ist, genauso wie die Verbindung der Sätze. Ebenso wird als selbstverständlich die Einteilung der Worte nach Wortklassen vorausgesetzt: Substantiv, Adjektiv, Verbum, Hilfszeitwort, Zahlwort, Präposition. So wird als selbstverständlich weiter vorausgesetzt, daß man das Substantiv dekliniert, daß es Einzahl und Mehrzahl gibt, daß das Adjektiv sich in Numerus, Genus und Kasus nach dem zugehörigen Substantiv richtet. Es wird als selbstverständlich hingenommen, daß das Verbum Aktiv und Passiv hat, daß es transitive und intransitive Verba, Indikativ und Konjunktiv gibt, daß die Zeitformen so ausgedrückt werden können, wie sie ausgedrückt werden, daß es Imperative vom Verbum gibt. Dabei steht immer im Mittelpunkt, daß durch Abwandlungen des Stammes oder der Wurzel all diese fast unzählbaren Bedeutungsänderungen erzielt werden können.

Die Frage, die sich überall erhebt, ist, was eigentlich der Gegenstand der Grammatik ist. Sicher ist mit Stamm und Wurzel im Unterschied von der Endung ein zunächst gewichtig erscheinender Anfang gemacht. Der Unterschied verliert allerdings sehr an Bedeutung, wenn die Endung selbst sich wieder als Wurzel von etwas anderem herausstellt. Dann wird nämlich aus der eleganten Verbindung oder Brücke von Wort zu Wort nur eine Aneinanderreihung von Worten, wenn nicht die Aneinanderreihung als neuer Sinn, der sich nicht aus Teilsinnen zusammensetzt, empfunden wird, die Aneinanderreihung somit ein neues Wort ergibt.

Bei der Endung liegt es zunächst nahe, einen einheitlichen Sinn oder gar einen einfachen oder elementaren Sinn anzunehmen. So ist auch die Sprechweise der Grammatik, als ob all die grammatischen Unterschiede formalen Unterschieden entsprächen, die an der Labilität der materialen Worte nicht teilnehmen. Dies kann man allerdings nicht durch die ganze Grammatik durchführen. So zum Beispiel langt dieser Gesichtspunkt nicht, wenn im Wort das Geschlecht zum Ausdruck kommt oder wenn gar das Geschlecht zum Ausdruck kommt auf einem Gebiet, auf dem wir uns unter Geschlecht nichts mehr vorstellen können, oder wenn gar bei den Adjektiven oder Verben im Hinblick auf das Substantiv das Geschlecht zum Ausdruck kommt. Auch hier wird es sich nicht um Spielerei handeln. Die Beziehung kann insbesondere bei kompliziertem Satzbau die Zugehörigkeit der Worte leichter erkennen lassen. Trotzdem wird man grammatische Regeln dieser Art zunächst von dem Gros zu trennen versuchen. Es ist dabei allerdings nicht ausgeschlossen, daß gerade der hier offenliegende Gesichtspunkt für ein weit größeres Gebiet, wenn auch schwerer erkennbar, von Bedeutung ist.

Für uns gibt es keinen Weg von der Geschichte zum Satz und vom Satz zu dem Wort in der Art, daß wir das Wort noch irgendwie als Bestandteil des Satzes auffassen können. Wohl kennen wir Worte, die für uns eine Geschichte bedeuten und ebenso Sätze, die so gut eine Geschichte bedeuten wie eine langatmig erzählte Geschichte. Dazu gehören etwa die Sprichwörter, die wir ebensogut als Überschriften wie als Kurzgeschichte deuten können, wobei denn überhaupt manche Überschrift über einer Geschichte schon eine Geschichte, schon eine Kurzgeschichte ist. So können wir einen Teil der Sätze im Rahmen der Geschichten unterbringen, etwa: Hochmut kommt vor dem Fall, während wir die anderen Sätze, die willkürlich aus einer Geschichte herausgegriffen sind, etwa: „Die Königin ist krank", für ein Gebilde halten, das in der Geschichte selbst nur einigen Takten einer Melodie vergleichbar ist, die für ihre musikalische Existenz auf das angewiesen sind, was vorher und nachher kommt. Dabei ist der Satz vielleicht noch weniger als die paar Takte aus der Melodie. Ein Dichter kann allerdings um diesen oder um einen solchen Satz eine Novelle aufbauen und den Satz auch als Überschrift über eine Novelle benutzen; nur bleibt dabei von dem Satz in diesen drei Funktionen nichts Gemeinsames übrig, wenn auch Beziehungen zueinander übrig bleiben.

In welcher Ebene allerdings diese Beziehungen liegen, das bedürfte noch einer genauen Untersuchung. Wenn ich die Sätze numeriere (Satz Nr. 1 innerhalb der Geschichte, von der ich ausgehe; Satz Nr. 2, der aus dieser

Geschichte herausgegriffene Satz als Beispielsatz; Satz Nr. 3 in der Novelle, die in Bildung begriffen ist; Satz Nr. 4, Überschrift über die Novelle), so sind das zunächst nur einige von vielen Möglichkeiten, den Satz unterschlüpfen zu lassen; was hierbei aber Satz bedeutet, abgesehen von dem Klang der Worte, das ist schon sehr schwer festzustellen. Als ersten Eindruck kann man vielleicht festhalten, daß der Satz eine Einheit ist. Damit ist aber nicht viel geholfen, weil wir nicht einmal die Ebene bezeichnen können, in der diese Einheit zu suchen ist. Der Satz hat mehr den Charakter eines Irrwisches. Etwas anders liegt die Sache, wenn wir uns den „Bestandteilen" zuwenden, nämlich „die Königin" und „krank". Mit „die Königin" sind wir auf eine feste Ebene gelangt. Wir können dieses Gebilde als Überschrift über die Reihe aller Königinnen auffassen, mit den großen Herrscherinnen als Ruhepunkten, mit Verlängerungen nach rückwärts und nach vorwärts, und haben damit wieder den Anschluß an Geschichten. Ebenso führt uns das „krank" ins Zentrum des Menschseins, des in Geschichten Verstricktseins. Wir haben dabei allerdings einen Trick gebraucht, denn die Königin, um die es sich jetzt handelt, ist nicht die Königin von vorher; allerdings stehen beide in Beziehungen zueinander, in Beziehungen, die man vielleicht bis ins einzelne anhand der Überlegungen dieses Abschnittes festlegen könnte. Wir könnten die Königin Nr. 1 mit einer kleinen Änderung auch wieder ähnlich festmachen wie die Königin im letzten Sinne, wenn wir nämlich ihren Namen einführen. Wenn es sich in der Geschichte Nr. 1 um Kleopatra handelt, besteht wieder ein festes Verhältnis zwischen Kleopatra, Königin Kleopatra und die Königin als Überschrift über die ganze Serie der Königinnen. Sobald wir also die Beziehung zu Geschichten herstellen, haben wir einigermaßen Boden unter den Füßen, obwohl wir sicher noch weit davon entfernt sind, das letzte Verhältnis zwischen Wort und Geschichte aufgedeckt zu haben. Ohne Beziehung zu den Geschichten tappen wir aber vollständig im Dunkeln.

Wenn wir von unseren Überlegungen aus nun versuchen, ein Verhältnis zur Grammatik oder, im weiteren Sinne, zur Sprachwissenschaft zu gewinnen, so besteht die Schwierigkeit darin, daß die Grammatik und die Sprachwissenschaft die Geschichten in unserem Sinne überhaupt nicht kennen, während ihnen Satz und Wort nie so zum Problem geworden sind, wie das für uns der Fall ist. Wir beschränken unsere Untersuchung darauf, in einigen Hauptpunkten die Abweichungen festzustellen, die unsere Art, die Gebilde zu sehen, von der gängigen Art, mit diesen Gebilden fertig zu werden, unterscheidet.

2. Das Hauptwort

a) Die Arten des Hauptwortes. Die Einheit der Person, die Einheit des Wozudinges. Kant, Plato, Descartes. Die Einheit des Tieres, die Einheit der Pflanze im Verhältnis zur Einheit der Geschichte. Die Einheit des Auswas, des Stoffes: Das Gold, der Knochen, das Holz, alles als Überschrift. Das Verhältnis des Stoffes zur Zeit. Funktionale Verhältnisse von Wozuding und Stoff. Die Substantivierung der Eigenschaftswörter und Zeitwörter, der Sätze

Für den Grammatiker ist zunächst ein wichtiger Punkt die Einteilung der Worte nach Arten, wobei die Unterscheidung von Substantiv, Adjektiv und Verbum im Mittelpunkt steht. Diese Untersuchung in der sprachlichen Ebene soll Unterschiede in der sachlichen Ebene widerspiegeln. Eine genaue Durchforschung der sachlichen Ebene gibt es noch nicht oder besser, das, was in der sachlichen Ebene diesen Unterschieden entspricht, ist noch nirgends geordnet dargestellt. Was die Unterschiede aber in irgendeiner anderen Sphäre, die man als vorhanden voraussetzt, etwa in der Sphäre der Bedeutungen zu besagen haben, ist noch weniger festgestellt. Das, was man unter Substantiv meint, kommt am nächsten dem, was wir unter dem in Geschichten Verstrickten meinen und dann dem, was wir unter Wozuding und dem Auswas des Wozudinges verstehen. Wir meinen nun keineswegs, daß wir damit das, was in der Grammatik in erster Linie unter Substantiv verstanden wird, erschöpfend untergebracht haben. Wir können uns aber schnell orientieren über die sachliche Übereinstimmung, wenn wir einen Blick auf die entsprechende Zusammenstellung bei Zimmermann werfen. Das Eingehen auf die Einzelheiten zeigt, daß, wenigstens von unserem Standpunkt aus, von dem eigentlichen Substantiellen, was man gewöhnlich mit dem Wort Substantiv verbindet, so gut wie nichts übrig bleibt. Unsere Substantive ordnen sich eher in Fluß und Fließen ein als in etwas Beharrendes, Substantielles. Die letzte Einheit, zu der wir vordringen können, ist die Einheit der Person, des Menschen in seinen Geschichten. Das ist allerdings eine Einheit, die an Lebendigkeit und auch an Evidenz jede andere Einheit, von der die Philosophen reden, übertrifft.

Vergleichbar mit dieser Einheit der Person ist die Einheit des Wozudinges. Beide Einheiten stehen wahrscheinlich in engem Zusammenhang miteinander. Ebenso wie wir die Person nicht erfassen können, wenn wir auf den Körper, auf den Leib starren, ebenso wenig bekommen wir das Wozuding in den Blick, wenn wir das Körperliche in den Vordergrund stellen. Die Versuchung dazu ist allerdings so groß, daß – wie wir im zweiten Teil zeigen konnten – Plato, Descartes und Kant dieser Versuchung erlegen sind. Sie haben – wie wir in diesem Zusammenhang wiederholen müssen –

den Wagen, den Hut, den Mantel, den Taler nicht als Wozuding gesehen, es nicht in den Zusammenhang der Geschichten hineingestellt. Sie haben nicht gesehen, wie diese „Dinge" erst in dem Zusammenhang und in der Geschichte und in „ihrer" Geschichte zu dem werden, was sie sind. Descartes ist allerdings der Vorsichtigste. Er geht von dem Stück Wachs aus, ich möchte annehmen in der Meinung, daß er sich auf diese Art von der Wozudinglichkeit noch am ehesten freihalten kann. Er übersieht dabei aber, daß das Stück Wachs in unserer Sprechweise schon ein Halbfabrikat ist, welches zwischen der Honigwabe und der Wachskerze steht und als Halbfabrikat schon alle Zeichen der Wozudinglichkeit – wenn auch in einem Vorstadium – trägt.

Man könnte sich nun Gedanken darüber machen, wie es kommt, daß die drei großen Philosophen, die doch wohl darauf ausgehen, zu prüfen, was das Ding und seine Erkenntnis ist, unbefangen von Wozudingen ausgehen. Sie hätten doch auch denken können, daß die Wozudinge gleichsam schon verfälscht wären, daß die Wozudinglichkeit schon eine verfälschte Dinglichkeit wäre und hätten sich nach anderen Dingen umsehen können, bei denen diese Gefahr nicht vorlag. Wenn man die Frage so stellt, sieht man allerdings, daß es gar nicht so einfach ist, andere Beispiele zu finden. Man kann leicht die Beispiele auf die Tier- und Pflanzenwelt erweitern. Auch hier findet man geschlossene Einheiten, wie den Hund, den Walfisch, die Eiche, die ohne weiteres der Untersuchung standhalten oder standzuhalten scheinen. Hier wäre man allerdings sofort darauf gestoßen, daß man ohne den Sinnzusammenhang, der für uns wieder gleich dem geschichtlichen Zusammenhang ist, keinen Schritt weiterkommt und daß eine Erkenntnis von außen hier auf keine Weise den Namen Erkenntnis verdient. Sicher läßt sich nachweisen, daß sich alle drei Philosophen auch mit diesen Gegenständen als Gegenstand der Erkenntnis befaßt haben. Wir selbst gehen ganz behutsam vor und meinen, daß wir all diesen Gebilden, die schon längst keine abgegrenzten körperlichen Gegenstände mehr für uns sind, nur über Geschichten und in Geschichten nahe kommen können, wobei in jeder Geschichte der Mensch an einem anderen Orte steht als der Hund, der Hund anderswo als die Eiche, die Eiche anderswo als das Schiff aber doch alle an ihrem Ort zusammengehalten werden durch die Einheit der Geschichte.

Wenn wir so eine erste vorläufige Übersicht über diese Substantiva gegeben haben, bei welchen der Überschriftencharakter der Worte: Der Mensch, Der Hund, Die Eiche, Das Schiff, in die Augen springt, so ist das schon schwieriger bei dem Auswas der Wozudinge, also bei dem, was man heute Materie oder Stoff nennt. Man kann hierzu noch grob unterscheiden die Halbfabrikate von dem Rohstoff, wobei die Grenze im einzelnen aber flüssig ist. Das Stück Wachs des Descartes ist schon ein Halbfabrikat und kann wohl mit dem Wozuding auf eine Stufe gestellt werden. Es wäre ja nicht auf diese Art bearbeitet worden, wenn nicht der Weg zur Kerze, zum Weihnachtsbaum schon vorgezeichnet gewesen wäre. Wenn wir solche Halbfabrikate nun aber weiter zurückverfolgen, so kommen wir zu einem Stadium, in dem sie anscheinend noch völlig unberührt, und zwar richtig unberührt sich auf der Erde befinden in Verstecken aller Art. Wenn sie erst aus diesen Verstecken herausgeholt sind, sind sie auf dem ersten Schritt zum Wozuding. Dies drückt sich juristisch etwa dadurch aus, daß sie in das Eigentum von jemandem fallen. Was sind sie aber, solange sie noch im Versteck liegen?

Zur selben Frage gelangt man auf einem anderen Wege. Was ist „das" Gold, „das" Silber, „das" Holz, aus dem diese und jene Wozudinge gemacht sind?

Worauf bezieht sich dies „Das Gold"? Wir haben diese Frage schon einmal aufgeworfen und auch eine vorläufige Antwort gegeben, als wir dies Wort als Überschrift auffaßten. Jetzt handelt es sich darum, ob diese Überschrift mit den andern: Mensch, Tier, Wozuding als Substantiv in einer Reihe steht, oder ob diese sprachliche Bezeichnung und Gleichsetzung irreführend ist und berichtigt werden muß.

Wir haben früher vom Wozuding das Auswas des Wozudinges unterschieden. Es handelt sich jetzt also, wie wir auch sagen können, um die Frage, ob wir mit dem Auswas in eine andere Ebene geraten.

Wir wollen uns nicht damit aufhalten, zu untersuchen, ob nicht die Sprache selbst, obwohl sie Tisch und Gold als Substantive bezeichnet, bei genauerem Hinsehen doch schon zeigt, daß es sich nur um eine äußere Gleichheit handelt. So gibt es vom Gold keinen Plural und es fallen auch sonstige bei Wozudingen substantivisch mögliche Formen fort. So kann ein Gold nicht vorkommen im Sinne von ein Schiff. Damit wollen wir uns jetzt aber nicht begnügen, sondern wir wollen scharf den Kurs halten auf dies Auswas. Dies Auswas ist jetzt die Überschrift für die Geschichte oder die geschichtlichen Zusammenhänge, auf die wir es abgesehen haben. Dies Auswas ist zunächst wieder vieldeutig.

Wir gehen aus auf das Auswas des Wozudinges. Wir lassen also wenigstens zunächst das Auswas in Sätzen wie: „Aus was besteht Bronze" oder: „Aus was setzt sich ein Stoff zusammen" beiseite, obwohl wahrscheinlich eine Verwandtschaft mit dem gesuchten Auswas besteht.

Das Auswas, welches wir suchen, läßt eine Ergänzung zu: Aus was „gemacht", aus was „angefertigt". Hier treffen wir nun gleich auf fundamentale Unterschiede. Es ist etwas anderes, ob eine Pfeilspitze aus Eisen, aus einem Knochensplitter oder aus einem Steinsplitter gemacht ist. Es ist etwas anderes, ob ein Schlittschuh aus Eisen oder aus Knochen, ob ein Becher aus Holz oder aus Lehm oder aus Silber gemacht ist. In all diesen Fällen verstecken sich unter dem „Machen" die verschiedensten Bearbeitungsarten, die wieder innerlich zusammenhängen mit dem Stoff und dem Wozuding, welche zusammen gehören. Ich kann Eisen glühend machen und dann behämmern und härten. Ich kann es auch gießen, ich kann es feilen, drehen. So mag es wohl hundert und tausend Arten geben, wie man Eisen bearbeitet immer im Hinblick auf seine weitere Verwendung. All das kommt bei Holz nicht vor. Beim Holz muß man Rücksicht auf seine Struktur nehmen. Ich kann allerdings Holz auch zu einem Holzbrei machen. Was ich dann aber mit diesem Brei verfertige, ist wohl nicht mehr in demselben Sinne aus Holz wie etwa dieser Tisch. So scheint sich sowohl unter dem „Aus" wie unter dem „Was" wie unter dem „Machen" als Überschrift sehr Verschiedenes zu verbergen.

Nun müßte man die Untersuchung noch erweitern. Man kann aus Fleisch einen Braten machen, Wurst machen, Konserven machen. Man kann aus Trauben Wein machen. Auch dies läßt sich noch wohl einordnen unter Wozuding und unter Auswas der Wozudinge.

So meinen wir auch, daß das Eisen das ist, was sich so und so bearbeiten läßt in Richtung auf Wozudinge und das Holz und vielleicht auch das Fleisch Entsprechendes ist. Dann würde sich das Eisen erschöpfen in diesem Zusammenhang. Könnte man dann noch fragen, ob das Eisen noch etwas außerhalb dieses Zusammenhanges wäre? So ist jedenfalls die allgemeine Meinung, daß das Eisen ist, was es ist, ohne Rücksicht auf die Verwendung durch irgend jemanden. Dieser Zwiespalt zwischen der allgemeinen Meinung und uns taucht überall auf. Wir halten uns zunächst aber an die Frage, wovon das Substantiv das Eisen, wenn es schon eine Überschrift ist, nun eigentlich die Überschrift ist. Als Überschrift mag es mehrdeutig sein. Es kann heißen: das Eisen, welches gewonnen ist und zur Verfügung der Menschen irgendwo lagert. Damit scheint man aber noch nicht genau den Sprachgebrauch zu treffen. Von Eisen in diesem Sinne kann man wohl erst sprechen, wenn das Eisenerz von den fremden Bestandteilen, den Schlakken, gereinigt ist. Hier sehen wir also den Übergang von Eisen zu Eisenerz und noch weiter zurück, den Übergang von Eisenerz und dem noch in der Erde vorhandenen Vorrat an Eisenerz. Hier bewegen wir uns offensichtlich in der Linie Rohstoff-Wozuding. In dieser Linie liegt es auch noch, wenn man nach den gesamten Vorräten der Erde an Eisen oder Eisenerz fragt.

Dieselben Fragen können wir auch für Kohle und für Holz stellen. Es finden sich Parallelen und Unterschiede, aber im Ganzen zeigen sich auch hier wieder Möglichkeiten vom Tisch heraufzusteigen zum Rohstoff und den umgekehrten Weg zu gehen.

Allerdings treffen wir auf das Holz an zwei Stellen in unseren Überlegungen. Das Holz, wenigstens das lebendige Holz ist der Leib des Baumes. Nach unserer Auffassung „ist" dieser Leib nur als Leib des lebendigen Baumes. Das ist der Ort seiner Existenz. Das Holz ist der gestorbene oder präparierte Leib, der in ganz eigenartigem Verhältnis zu dem lebendigen Holze steht. Das Holz hat für uns nichts Leichenartiges an sich. Man könnte fast sagen, es feiert als Möbel, als Tisch, als Tür eine gewisse Auferstehung, und wenn es verbrennt, so ist das ein würdiger Übergang oder Untergang in der Flamme. Solche Überlegungen können wir beim Eisen oder Gold nicht anstellen. Dies erschöpft sich und seine Existenz in dem Auswas des Wozudinges und tritt nicht wie das Holz über den Baum in eine Reihe mit den in Geschichten Verstrickten. Was wir hier vom Holz ausführen, wird mehr oder minder auf alle pflanzlichen oder tierischen Produkte zutreffen. Wir müssen hier allerdings vorsichtig sein. Dies Weltbild oder Geschichtenbild über das Verhältnis von Holz und Baum, von Fleisch und Tier und das Verhältnis zu den Produkten, die hiermit in den Gesichtskreis kommen, ändert sich von Jahrhundert zu Jahrhundert, von Jahrtausend zu Jahrtausend. Es wird noch nicht so lange her sein, daß jedes Mahl ein Opfermahl war. Für uns ist davon nur das Tischgebet übriggeblieben und, allerdings mit einer unfaßbar kühnen Rückwendung, das Abendmahl.

All dies, was in der Richtung des Organischen nach dem heutigen Sprachgebrauch liegt, müssen wir auch in dieser Betrachtung, in der wir uns jetzt befinden, streng scheiden vom Anorganischen. Bei jenem gelingt es uns leicht, die Brücke zu den Geschichten zu schlagen über den Leib, wenn auch alles dabei dunkel und geheimnisvoll bleibt. Wir meinen, daß dies auch die Sprache andeutet, daß wir hier immer noch auf Einheiten treffen, deren Grundlage im letzten Sinne die Geschichte oder die Geschichten sind. In diesem Sinne ist Eichenholz, Tannenholz eine übersehbare und regierbare Einheit, welche abgeleitet ist von der Einheit oder von der Serie der Eichen und Tannen. Jedes Brett, welches in unser Haus kommt, hat in dieser lebendigen Einheit einen Platz, aber auch jeder Apfel, jede Birne, jede Erdbeere, jedes Stück Elfenbein, ebensogut wie der Schädelbecher, der vor einigen tausend Jahren beim Opfermahl mit dem Rauschtrank kreiste.

Diese Einordnung in diese großen Zusammenhänge über Geschichten ist nun bei den anorganischen Stoffen, bei Eisen, Gold, Silber nicht möglich. Nach unserer Meinung treten diese erst über die Wozudinge in den Gesichtskreis, begegnen uns erst als das Auswas der Wozudinge.

Wir möchten nicht reden von einer Zeit, als es noch keine Wozudinge gab und entsprechend auch nicht davon, daß das Auswas der Wozudinge erst mit diesen auftaucht in den Geschichten. Wir meinen nur, solange es Wozudinge gibt, begegnet uns auch das Auswas der Wozudinge. Beide sind voneinander abhängig. Je vielfältiger die Wozudinge werden, desto gegliederter wird auch das Auswas. Dies Auswas ist aber im Verhältnis zu dem Wozuding immer das, wovon es mehr gibt, als zu diesem Wozuding nötig ist. Wenn das Auswas oder das Was erst mit dem Wozuding auftaucht und uns begegnet, so begegnet es von Anfang an mit einem Mehr als für das Wozuding erforderlich ist. Es begegnet als Kloß von einem größeren Ganzen oder besser von einem größeren Etwas. Von diesem bleibt ein Teil als Abfall, ein anderer Teil als Lager, in seinem Lager zurück. Erst dies ganze Verhältnis gibt wenigstens zur Hälfte die Unterlage für die Redeweise vom Auswas. Diese kann man nämlich dahin auslegen, daß das für das Wozuding Erforderliche aus dem größeren Etwas herausgenommen wird, wie man etwa aus einem Lehmlager einen Kloß herausnimmt, um eine Puppe zu machen. Wir möchten die Lage also nicht so auslegen, daß uns das Was hinleitet auf alles, was dem Was gleich sei, sondern uns scheint es eher so, als ob von Anfang an das Was als Teil von etwas Umfassenderem erscheint. Dabei können wir natürlich nicht sagen, ob dieses Umfassendere nun unerschöpflich ist oder ob es begrenzt ist. Diese Fragen bleiben zunächst im Dunkeln. Ob sie aufgeklärt werden können oder nicht, mag dahingestellt bleiben. Es kann schon Sinn haben, von einem Auswas zu reden, wenn nur eine Lagerstelle bekannt ist, deren Umfang begrenzt ist, selbst wenn man davon ausgeht, daß nirgends sich noch andere Lagerstellen befinden. Wir sehen hier allerdings schon, daß das Auswas eine Fundstelle, eine Lagerstelle voraussetzt und damit in Beziehung tritt zum starren System, in dem die Wozudinge bereitet werden. In solchen Zusammenhängen müßten wir suchen, was nun die Substantive Gold, Eisen, Lehm, Ton nach alter Sprechweise bedeuten oder nach unserer Sprechweise, wovon sie die Überschriften sind. Hiermit wäre der erste Versuch gemacht, diese Worte in Beziehung zu setzen zu den leichter zugänglichen Worten. Wir müssen dabei allerdings bedenken, daß wir immer wieder nachprüfen müssen, ob unsere Auslegung für die Zeit von der Entstehung dieser Worte bis heute gilt. Wir hatten schon gefunden, wie die Bezeichnungen der Wozudinge sich im Laufe der Zeit ständig anreichern, wobei die Kategorie der Wozudinge, wenn man so sagen darf, vom ersten Schiff, dem Einbaum, bis zum Ozeandampfer verhältnismäßig fest bleibt. Etwas Ähnliches findet auch bei dem Auswas statt. Wozudinge und Auswas befruchten sich gegenseitig. In immer neuen Behandlungsweisen treten, von außen betrachtet, immer neue Seiten des Was zutage. Von unserem Standpunkt dürfen wir allerdings nicht von neuen Seiten reden. Es ist für uns schwer, ein passendes Wort zu finden. Etwas treffender würde Induktion sein. Die Entdeckung neuer Seiten am Stoff hält genau Schritt mit der Entwicklung der Wozudinge. Wir begehen dabei immer noch den Fehler, daß wir Wozudinge und Stoff fast wie selbständige Einheiten behandeln, obwohl sie erst Sinn und Realität erhalten im Zusammenhang der Geschichte.

Dabei lassen wir noch dahingestellt, ob die Stoffbezeichnungen wie Gold, Eisen eindeutig sind, oder ob sie nach unserer Sprechweise gleichzeitig Überschriften für Verschiedenes sind. Wenn ich die Sätze: „Dieser Becher ist aus Gold gemacht", „Gold findet sich hauptsächlich in Flußbetten", „Der Vorrat der Erde an Gold wird auf X kg geschätzt", „Der Vorrat der gesamten Welt an Gold ist unschätzbar", bilde, so mag noch fraglich sein, ob überall Gold in demselben Sinne gebraucht wird.

Wenn wir aber in dieser Richtung unsere Forderung oder Nachforschung betreiben und dann zurückblicken, so fällt es uns wie Schuppen von den Augen, daß wir nun Gefahr laufen, das Gold vollständig aus dem Blick zu verlieren oder vielmehr das eigentliche Gold. Zu dem eigentlichen Gold gehört doch wohl die Sage von Midas, der Nibelungen-Schatz, gehört der Drache Fafnir, gehört Siegfrieds Tod, gehört Goethes Vers: „Am Golde hängt". Von all dem haben wir mit unseren Betrachtungen fast nichts eingefangen. Wenn wir die Überschrift „Gold" oder „das Gold" nehmen, so gehört aber dies alles dazu, steht dies alles sogar im Mittelpunkt, dies alles, was nur über Geschichten und in Geschichten erreichbar ist und was auch wieder unerschöpflich ist.

Man kann uns nun allerdings entgegenhalten, daß wir, wenn wir von dem Auswas der Wozudinge reden, nun nicht gerade Gold in den Mittelpunkt stellen dürfen. Wir finden allerdings, daß es bei Gold nur besonders leicht aufweisbar ist, was wir auch bei anderen Stoffen zeigen könnten. Wir möchten nur darauf hinweisen, daß wir das schlichte Wort Gold nur verstehen können, wenn wir es als Überschrift auffassen zu all dem, was mit seinem Fluch und Segen zusammenhängt und daß es unmöglich ist, von diesem Gold etwas abzutrennen, was dann nur Materie wäre. Wir halten dies nicht nur für unmöglich, sondern meinen auch, daß die Sprache für eine solche Untersuchung keine Worte bereitstellt. Man könnte uns etwa erwidern, daß man doch Gold rein als Element untersuchen könne. Hier hätten wir aber doch schon wieder Gold in der Überschrift.

b) Der Genitiv. Der Genitivus possessivus, Besitz und Eigentum und ihre Beziehung zum Genitiv. Genitiv und Wozuding. Der Verwandtschaftsgenitiv. Das Problem des Genitivs und der anderen Fälle. Schopenhauers Glaube an den Genitiv

Nach dem Sprachgebrauch in der Grammatik kann man Adjektive und Verba substantivieren. Man kann auch Substantiva adjektivieren, man kann Verba adjektivieren und vielleicht noch andere Kombinationen vornehmen. Man kann schließlich jede Wortart substantivieren, ja, man kann ganze Sätze substantivieren. Was das alles bedeuten mag und ob es hier Gesetzmäßigkeiten gibt, oder ob der Anschein von Gesetzmäßigkeit sich in Dunst auflöst, das können wir an dieser Stelle nicht nach allen Richtungen untersuchen. Wir können nur einzelne Stichproben machen, um zu sehen, was hinter den grammatischen Unterscheidungen steckt. Wir beschränken uns zunächst auf die Kasuslehre. Auch hier können wir keine vollständige Untersuchung bringen. Wir beschränken uns auf den Genitiv oder das „Des".

Die lateinische Grammatik unterscheidet sieben oder mehr Arten Genitiv: Genitiv des Besitzes, der Qualität, des Preises, den erklärenden Genitiv, den Genitiv des Inhalts oder der Materie, Genitivus partitivus, Genitivus subiectivus und obiectivus. Hiernach bedeutet der so anspruchsvoll auftretende Ausdruck Genitiv im Lateinischen etwas anderes als im Deutschen. Nur in einem beschränkten Teil decken sich die Kreise, die, rein äußerlich betrachtet, mit Genitiv bezeichnet werden. Ob die sieben Arten des Genitivs im Lateinischen oder die zwei, drei Arten im Deutschen eine Einheit bilden und wie diese Einheit zu fassen wäre, ist noch nirgends untersucht worden. Mit einer gewissen Selbstverständlichkeit geht man in der Grammatik von der lateinischen oder griechischen Form = Endung aus. Diese Endungen sind in verschiedenen Deklinationen derselben Sprache auch noch verschieden. Die Gleichwertigkeit dieser verschiedenen Formen ergibt sich aus der sogenannten 1. bis 5. Deklination, aber wohl ohne Schwierigkeiten aus dem Sprachgebrauch, also insbesondere aus der Zusammenstellung. „Die Schönheit dieses ‚Gartens horti' und insbesondere dieser ‚Bäume arborum' überraschte mich." Darin wird also kein Problem liegen.

Wenn wir oben meinten, daß die sieben Arten des Genitivs sich nicht ohne weiteres unter einen einheitlichen Gesichtspunkt bringen lassen, so ist ebenso fraglich, ob die einzelne Unterart, so etwa der Genitivus possessivus, ein einheitliches Gebilde darstellt. Wenn wir nämlich zu dem eigentlichen Sinn von Genitiv vordringen wollen, so müßten wir zunächst doch wohl einen klaren Fall von Genitiv haben. Wir beschränken uns zunächst auf den Genitivus possessivus. Nach einer geläufigen Erklärung bezeichnet dieser „den Besitzer, in weiterem Sinne die Person oder Sache, von der etwas ausgeht oder auf die etwas zurückzuführen ist, also den Urheber und Veranlasser, die Ursache und Veranlassung." Bei einer solchen Erklärung kann man schon einen Schreck bekommen. Wir vereinfachen, um überhaupt voranzukommen, die Sachlage noch einmal und beschränken uns auf den Genitiv des Besitzes. Wenn wir aber meinen, daß wir damit zu einer leidlichen Klarheit kommen, sind wir abermals im Irrtum. Wenn wir Auskunft haben wollen über das, was der Besitz oder der Besitzer ist, müssen wir uns schon an den Juristen wenden, der hierzu über das reichhaltigste Material verfügt und jedenfalls überall Anschluß an den allgemeinen Sprachgebrauch hat, wenn es sonst auch nicht gerade zur Stärke des Juristen gehört, die Verbindung seiner technischen Ausdrücke mit den Ausdrücken des allgemeinen Sprachgebrauchs zu pflegen und sicherzustellen. Wenn wir uns so mit den Juristen in Verbindung setzen, erfahren wir, daß der Besitz ein Buch mit sieben Siegeln ist. Die Bücher, die von den Römern bis heute und wahrscheinlich auch bei den älteren Völkern über den Besitz geschrieben worden sind, werden kaum in einem großen Bücherschrank unterzubringen sein. Wir müßten uns auf ein jahrelanges Studium einrichten, wenn wir diesen einfachsten grammatischen Ausdruck, um den es sich bei dem Genitiv des Besitzes handelt, so klarstellen wollten, wie es heute möglich ist. Der Genitiv des Besitzes umfaßt aber ferner unter Besitz auch Eigentum. Wir müßten also auch, ebenso wie wir uns über den Besitz unterrichten, uns über das Eigentum unterrichten, und zwar über das Eigentum bei den Römern, bei den alten Deutschen, bei den heutigen Deutschen, bei den Sowjets. Wir müßten weiter berücksichtigen, daß das Eigentum außerdem von Jahrhundert zu Jahrhundert, von Jahrzehnt zu Jahrzehnt und heute noch schneller seinen Inhalt wechselt. Wir müßten weiter berücksichtigen, daß Besitz und Eigentum in vielen Beziehungen zueinander stehen und nach vielen Seiten hin sich nur gegenseitig klären. Mit Besitz ohne Eigentum kann man nichts Rechtes anfangen und erst recht nicht mit Eigentum ohne Besitz. So ist ein Zusammenhang etwa, daß Besitz ohne Eigentum keine Sicherheit gibt und Eigentum ohne Besitz keinen rechten Nutzen.

Unser Eifer hat uns etwas reichlich weit geführt. So schnell wollen wir nicht verzagen. Indem der Genitiv Beziehungen zum Eigentum aufnimmt oder sich zu einer Klärung auf das Eigentum berufen muß, hat zunächst der Genitiv in jedem Jahrhundert eine etwas andere Bedeutung. Er wechselt mit dem Inhalt des Eigentums. Dieser Satz gilt für den legitimen Genitiv, d. h. für einen kleinen Teil des Genitivus possessivus, der nun wenigstens in der Wissenschaft einen Rückhalt findet bei einem großen Bruder, nämlich in der juristischen Lehre vom Eigentum. Damit erhält dieser Genitiv aber gleichzeitig einen sachlichen Gehalt, den niemand dem einfachen Buchstaben, etwa dem „I" der zweiten Deklination im Lateinischen, ansah. Aus der bloßen Deklination wird die Beziehung auf große geschichtliche Zusammenhänge deutlich. Der Genitiv dient dazu, wenn wir vorläufig so sagen dürfen, etwas in diesen geschichtlichen Zusammenhang einzureihen. Dieser Zusammenhang über das Eigentum steht bei dem einfachsten Satz im Hintergrunde: Das Haus des Sohnes ist prächtig eingerichtet. Das ist ein Satz, der erst in einer Geschichte volles Leben gewinnt. In dieser

Geschichte hat er Anschluß über den Genitiv an die gesamte Tradition des Eigentums in dem Lande und in der Zeit, in der die Geschichte spielt. Zugleich ergibt sich daraus, daß der Satz außerhalb der Geschichte in der Luft schwebt, und zwar auch aus dem Grunde, weil er keinen Anschluß an das Eigentum, d. h. an ein historisches Eigentum hat.

Wenn wir die Juristen nun fragen, was Eigentum und Besitz „eigentlich" sei, so wird er uns an den Philosophen, also an uns selbst verweisen. Wir erinnern uns dann unserer Untersuchung über den in Geschichten Verstrickten und die Wozudinge und sehen, wie Eigentum und Besitz aufgeklärt werden müssen in dem großen Komplex um Wozudinge und den in Geschichten Verstrickten. Hier findet Eigentum und Besitz eine Stelle. So mag die Entstehung des Eigentums[2] in engster Beziehung stehen zu der Schaffung von Wozudingen und auch der Besitz wird keinen rechten Sinn haben außerhalb von Wozudingen. Hiermit schließt sich der Kreis unserer Fragen über den Genitivus possessivus. Wir müssen nur noch darauf hinweisen, daß es sich bei Eigentum und Besitz nicht um eine Beziehung zwischen dem Verstrickten und dem Wozuding handelt. Es ist nicht so, daß zwischen zwei mehr oder weniger selbständigen Gegenständen Beziehungen wie Eigentum und Besitz stattfinden oder festgestellt werden können. Wenn wir vielmehr dem, was hier vorliegt, keine Gewalt antun wollen, müssen wir bei Heraklit in die Lehre gehen. In dem Verstrickten ist immer schon etwas oder viel von Wozuding angedeutet und das Wozuding ist schon gar nichts ohne den Hinweis auf den Verstrickten. Hier liegen keine Relationen vor, sondern beides wird auf dem Hintergrund von Geschichten in Geschichten lebendig, so wie die Mitverstrickten lebendig werden und wie das Auswas lebendig wird. Nichts ist für sich. Nichts ist auch ein Teil des Ganzen, sondern alles lebt in Geschichten und nichts hat einen höheren Seinsgrad als die Geschichten.

Man darf uns auch nicht einwenden, daß es methodisch verfehlt wäre, wenn wir uns für die Auslegung des Besitzes auf Recht und Rechtswissenschaft beziehen. Alles, was die Rechtswissenschaft lehrt, ist vorbereitet in den Geschichten das täglichen Lebens. Selbst die feinsten Unterschiede im Besitz und Eigentum können jedem Laien je nach seiner Begabung mehr oder weniger schnell erklärt werden auf dem Grunde der ihm präsenten Geschichten. Wenn diese Verbindung nicht bestände, würde das Recht in sich unverständlich sein. So sind auch alle Schattierungen und Abwandlungen von Eigentum und Besitz von den zwölf Tafeln bis heute jedem Laien klarzumachen. Die Sprache verdeckt alle diese Unterschiede unter dem Genitiv. Sie geht aber mit diesem Genitiv noch weit darüber hinaus

---

[2] Vgl. erster Teil, B, Kap. II, 3. b.

im Anschluß an diesen Gedanken, d. h. richtig genommen, geht sie nicht darüber hinaus, sondern sie drückt ein weiteres ungeheures Sachgebiet mit diesem Genitivus possessivus aus, in welchem Besitz und Eigentum einen mehr oder weniger greifbaren Kern bilden, von dem aus man Ausflüge machen kann in die andern Gebiete. So kann man zu klären versuchen, was „das Nest des Vogels", „der Leib des Menschen", „das Heer des Kyros" für ein Genitivus ist.

Wenn wir so einen Teil des Genitivs aufklären können über das Wozuding, können wir einen anderen Teil wieder über die Verwandtschaft aufklären. Der Sohn des Vaters, die Frau des Mannes, der Mann der Frau usf. Wenn wir bei dieser Aufklärung auf die Grundlagen zurückgehen, so finden wir wieder dasselbe Schauspiel vor wie bei Besitz und Eigentum. Was Verwandtschaft ist, läßt sich nur aus Geschichten oder in Geschichten klären. Die Juristen haben sich an sich mit der Verwandtschaft beschäftigt, und zwar bis in die graue Vorzeit hinein. Bei ihnen können wir erfahren, welche Wandlungen und Verwandlungen stattgefunden haben und noch heute stattfinden. Auch hier finden wir nichts Festes vor. Die Verwandtschaft selbst ist nichts Festeres als die Geschichten bis zurück zu den Geschichten der Vorzeit. Wenn Bachofen eine Untersuchung über Vaterherrschaft und Mutterherrschaft anstellt, eine Untersuchung, die wir persönlich sehr hoch schätzen, so macht er doch wohl den Fehler, daß er allzusehr einen starren Begriff oder den starren Gegenstand Mutter-Vater seiner Untersuchung zugrunde legt. Wir würden etwa sagen: Der Vater der Vaterherrschaft ist ein anderer als der Vater der Mutterherrschaft, und vielleicht käme es gerade darauf an, dies Anderssein zu untersuchen. Die äußere Beziehung oder die äußere Ähnlichkeit, die zwischen dem Vater aller Zeiten besteht, verdeckt nur die grundlegenden Unterschiede – wir würden nicht sagen – in der Entwicklung des Vatertums. Wir können andererseits auch nicht sagen, wie wir das, was wir fühlen, richtig ausdrücken könnten. So will es uns fast scheinen, als ob am Mann bei dem Übergang von der einen Zeit zur anderen ganz andere Seiten lebendig werden. Soweit der Mann allerdings nur an die Stelle des mütterlichen Bruders tritt, würde es sich um einen ganz anderen Vorgang handeln, als wenn der absolute Outsider zum Ehegatten wird, zum Vater in unserem Sinne.

Hier schwebt der Genitiv wieder über einem Gebiet, welches einigermaßen abgrenzbar ist und sich einordnet in das große Gebiet der Sozietät, der Beziehungen der Menschen untereinander. Doch auch hier handelt es sich nicht um eigentliche Beziehungen, sondern um Geschichten der in Geschichten Verstrickten.

Unsere Untersuchung über den Genitiv ist weit entfernt davon, vollständig zu sein. Die Untersuchung verspricht auch weniger positive Ergebnisse, denn wir werden am Schluß bekennen müssen, daß wir nicht wissen, was der Genitiv ist. Die Untersuchung dient mehr dazu, die Ordnung, welche die Grammatik in den Köpfen aufgerichtet hat – wir wollen nicht sagen, zu zerstören – als vielmehr problematisch zu machen, und die festen Grenzscheiden, welche die Grammatik aufrichtet, in umstrittene Gebiete zu verwandeln, die nicht nur als Grenzgebiete umstritten sind, sondern von denen auch nicht feststeht, wo ihr Kern eigentlich liegt, in Gebiete zu verwandeln, von denen keineswegs feststeht, daß sie ewig sind, sondern die auch eines Tages mehr oder weniger verschwinden können, wie etwa das Eigentum in einem kommunistischen Staat mit dem dazugehörenden Genitiv. Das ist selbstverständlich nur ein Beispiel. Wenn der Genitivus possessivus auf einem Gebiete verschwindet, kann sich auch der Dativus auf diesem Gebiet nicht halten. Soweit das Eigentum aufgehoben ist, ist auch das Geben oder Schenken aufgehoben.

Mit dem Genitiv befaßt sich auch Schopenhauer in seinen Materialien zu einer Abhandlung: *Über die, seit einigen Jahren, methodisch betriebene Verhunzung der Deutschen Sprache.* Diese Abhandlung ist besonders interessant wegen der Grundlage, von der sie ausgeht. Man kann diese kurz damit kennzeichnen, daß Schopenhauer offenbar noch an den Genitiv glaubt, wie sich insbesondere aus seinen Bemerkungen Band 12, Seite 396, der Ausgabe von Cotta, ergibt. Er spricht hier von dem Ablativ, von dem Genitiv, als wenn es nur einen einzigen Ablativ und Genitiv gäbe und deren Funktion für alle Zeiten feststände. Ihm ist noch nicht zum Bewußtsein gekommen, was sich in der Sprache alles unter dem Genitiv und selbstverständlich auch unter dem Ablativ versteckt, wie alles fließt unter dem Genitiv und schwer abgrenzbar gegen die anderen Fälle ist.

c) Der Nominativ als Kasus. Die Unselbständigkeit der Nominativform. Der Vokativ

Wir brechen die Untersuchung hier ab und schlagen nur noch einen Bogen zurück zu unserer Untersuchung über die Überschrift. Man kann den Eindruck haben, daß der Nominativ verhältnismäßig der selbständigste Kasus sei. Man könnte ihn als die Urform der Fälle bezeichnen, von der die anderen Abwandlungen sind. So tritt uns auch etwa die Überschrift in der Nominativform entgegen. Dieser Gedankengang wird sich aber nicht halten lassen. Wir haben schon darauf hingewiesen, daß auch die Überschrift, die in Nominativform auftritt, nicht selbständig ist, daß sie vielmehr die Geschichte hinter sich herzieht und in Nichts zerfällt, wenn man diese Geschichte abschneidet. Die Nominativform kann zum Ausdruck bringen: Das Glück = jetzt kommt die Geschichte vom Glück; Caesar = jetzt kommt usw. Die Nominativform hat sicher noch viele andere Funktionen. Eine nähere Untersuchung würde wohl dieselben Ergebnisse haben wie die Untersuchung des Genitivs.

Bei einer solchen planmäßig durchgeführten Untersuchung würde es sich wieder weniger um eine Wissenschaft handeln als um die Zurückweisung oder Aufdeckung einer unechten Wissenschaft oder besser um die Entlarvung einer unechten Wissenschaft oder wenigstens um Zurückführung von Prätentionen auf ein berechtigtes ganz kleines Maß.

Ein Staatsmann macht sich in seinen Memoiren lustig über die Grammatik. Er ist nachträglich stolz darauf, daß er als Sextaner mit dem Vokativ „o Tisch" nicht fertig werden konnte. Der Staatsmann hat recht. Der Vokativ ist ebenso ein Problem wie der Genitiv. Allerdings kann man sagen: „o, du verfluchter Tisch", wenn man sich im Dunkeln im Schlafzimmer an dem Tisch, der dazu neigt, seine Stellung zu wechseln, eine Beule geholt hat.

3. Das Eigenschaftswort

Die sprachliche Verbindung mit dem Hauptwort. Sachliche Einheit.
Eigenschaft

Wir brechen hier die Untersuchung des Substantivs ab und wenden uns dem Adjektiv zu. Wir stellen auch hier zunächst die Grundfrage ähnlich wie beim Substantiv, was ein Adjektiv denn eigentlich sei. Wir finden nirgends eine Antwort auf diese Frage oder man antwortet uns in Beispielen. Die Grammatiker sind keinen Augenblick im Zweifel über die Worte, die zu den Adjektiven gehören. Die Bestimmung scheint sich aber mehr nach äußeren Kennzeichen zu richten. Das Adjektiv ist deklinierbar und dient zur näheren Bestimmung eines Substantivs. Es richtet sich in Kasus, Numerus und Genus nach dem Substantiv. Diese Bindung des Adjektivs an das Substantiv ist allerdings nicht in allen Sprachen gleich streng. In den modernen Sprachen geht sie mehr und mehr verloren. Das Türkisch-Tartarische kennt sie überhaupt nicht. Wenn man anfängt, nachzudenken, ist auch kaum einzusehen, welches der innere Grund für diese Bindung sein könnte, aus welchem das Adjektiv gehorsam dem Substantiv in dieser Beziehung folgt. Man hat schließlich den Eindruck, als ob nur die Zugehörigkeit des Adjektivs zum Substantiv damit ausgedrückt werden soll. Mit diesem Gesichtspunkt wird man aber nicht auskommen, obwohl er sicher schon wichtig genug ist. Wenn die Deklination des Adjektivs in den modernen Sprachen langsam aufhört, so ist das keineswegs ein Beweis dafür, daß dies einen Fortschritt bedeutet, auch nicht, daß es einen Rückschritt bedeutet. Es kann sich um eine Verlagerung handeln. Die Annäherung an die türkische Sprache darf nicht als innere Annäherung bewertet werden. Es kann sich um Entsprechungen handeln, die jeweils im Zusammenhang des Ganzen ganz verschiedenes Gewicht haben. Wir sehen nun von einer weiteren Behandlung der Deklination des Adjektives ab, weil diese wohl nicht in die tieferen Schichten führen kann und versuchen, uns dem Adjektiv selbst oder, nach alter Sprechweise, der Kategorie zu nähern. Man hat heuristisch versucht, die Adjektiva zu ordnen, und zwar, indem man sie dem Substantiv zuordnete.

Man meint dabei zu finden, daß jede Substantivart entsprechende Adjektivarten um sich schart. Wir würden zunächst die Bezeichnung Eigenschaft, Eigenschaftswort, Adjektiv nur mit größter Vorsicht anwenden; wir halten das, was in den Grammatiken an Aufteilungsprinzipien oder auch an sachlichen Gesichtspunkten geboten wird, für dürftig und fehlerhaft. Das, was in der Regel aufgeführt wird an Eigenschaften, läßt sich nur mit Gewalt auf eine Ebene bringen. So meine ich nicht, daß ein roter Mensch, eine Rothaut, ein rotes Auto und rotes Kupfer hinsichtlich der Verbindung von rot und Substantiv in irgend einer tieferen Schicht vergleichbar seien oder daß man irgend eine Einsicht ausspräche, wenn man sagte, daß rot eine Eigenschaft von ihnen sei.

Wir wagen heute nicht mehr zu sagen, ob und inwieweit eine Porzellantasse mit aufgemalten Blumen weiß, rot oder grün im Sinne einer anhaftenden Farbe sei. Ist die Farbe der aufgemalten Blume gleichzeitig die Farbe der Tasse und die Farbe der Blume? Oder ist sie in gleichem Sinn Farbe der Tasse wie Farbe der Blume? Oder ist sie bald dies bald jenes? Oder ist sie all dies in fortwährendem Wechsel, und zwar in der Art, daß es einem nicht gelingt, eine bestimmte Auffassung auch nur einen Augenblick festzuhalten? Dabei sind die Unterschiede, die wir hier hervorheben, nur einige ganz grobe Unterschiede, die sich ständig verfeinern lassen. Was unterscheidet die auf Porzellan aufgemalte Blume im Hinblick auf anhaftende Farbe von der Blume, die eingebrannt ist in dem Verfahren der Porzellantechnik? Was ist eine Glasur im Bereich der Farbe, was ist Lack im Bereich der Farbe, was läßt sich über die Farbe der Maserung eines Holzes nach dieser Richtung sagen? Spottet dies nicht alles einer begrifflichen Fixierung oder, anders ausgedrückt, kann man hier nur Richtlinien geben, um auf die immer neuen Möglichkeiten der Verbindung von Farbe und Ding hinzuweisen? Ist das Verhältnis von Farbe und Ding schließlich ebenso schwierig zu behandeln, wie das Verhältnis des in Geschichten Verstrickten zu seinen Eigenschaften? Ist das Verhältnis immer unausschöpfbar, etwa so unausschöpfbar wie die Zusammensetzung der Blume eines edlen Weines auf einem ganz anderen Gebiet?

Man könnte uns dies nun zugeben, aber dann denselben Versuch auf einem ganz anderen Gebiet anstellen, nämlich auf dem Gebiet der Elemente und ihrer Farbigkeit, etwa auf dem Gebiet der Metalle. Wenn wir dabei von reinen Metallen ausgehen als Beispielen von Elementen, so scheinen wir zunächst den Vorteil zu haben, daß wir das zu untersuchende Gebilde nach gewissen Regeln immer wieder herstellen können und also ein sicheres Objekt für die Untersuchung haben. Aber auch damit ist nichts gewonnen. Es scheint mir sehr fraglich, ob sich die Farbigkeit – als Eigenschaft genommen – von Gold, Silber, Kupfer, Zinn überhaupt auch nur als Farbigkeit vergleichen ließe, auf einer Stufe stände. Mir scheint vielmehr, daß die Farbigkeit so mit dem inneren Charakter dieser Metalle verschmolzen ist, daß es einem nicht gelingt, aus diesem Gebilde ein Moment Farbigkeit, welches dann eine Eigenschaft der Metalle wäre, herauszulösen. Man vergegenwärtige sich nur, wie Goldgelb, Bernsteingelb, Honiggelb jeweils als Gelb etwas vom Charakter von Gold, Bernstein, Honig in sich aufnimmt.

Dabei ist Rot oder Farbigkeit das, was am liebsten als Beispiel einer Eigenschaft gebraucht wird. Nimmt man etwa hinzu, der Mensch ist schwer, die Teekanne ist schwer, Gold ist schwer, so bestätigt der Augenschein, daß unter dem „Schwer" in den drei Fällen nur eine geringe Verwandtschaft besteht. Der Mensch kann zu schwer sein, die Teekanne kann reichlich schwer sein, Gold kann niemals zu schwer sein. Wenn ich aber bei den Menschen von Schwere rede, so kann das wieder vielfältige Bedeutung haben. Es kann sich um eine Krankheit handeln. Es kann sich um die Konstitution handeln, aber immer steht dies „Schwer" in einem ganz anderen Verhältnis zum Menschen als etwa stolz, bescheiden usw. In welchem Sinne aber wieder stolz, bescheiden, demütig Eigenschaften sind, das steht auf einem ganz anderen Blatt. Auch scheint der Übergang vom Eigenschaftswort „stolz" zu „der Stolz" ein ganz anderer zu sein, als der von demütig zu Demut und der von schwer zu Schwere.

4. Das Verbum

Die Abwandlungen des Zeitwortes. Zeitwort und Person. Die Befehlsform. Das Zeitwort und die Akte. Das Zeitwort und seine Ergänzungen: Akkusativ, Dativ, Instrumentalis. Seine Ergänzungsbedürftigkeit. Die Person im Zeitwort. Das Zeitwort im Verhältnis zur Geschichte. Wurzel und Endung. Das lebendige Wort, das erstarrte Wort, insbesondere das Zeitwort als Überschrift. Wie das Zeitwort schon den bestimmten Menschen enthält. Der Sachgehalt der Endung

Bei den Verben können wir zunächst wieder nach ihrer Zugehörigkeit zu den Verstrickten, zu den Wozudingen, zu dem Auswas der Wozudinge und allem, was davon abgeleitet ist, und schließlich nach der Zugehörigkeit zu einem möglichen Rest, den wir mit dieser Dreiteilung nicht erfaßt haben, fragen. Man übersetzt das Verb ins Deutsche mit Tätigkeitswort und Zeitwort. Beide Übersetzungen deuten schon einen engen Zusammenhang mit dem Verstrickten an. Das Tätigkeitswort nimmt Bezug auf das Tun, welches in erster Linie seinen Platz bei den Verstrickten hat, so unklar auch seine Beziehung zu dem Verstrickten im übrigen sein mag. Mit der Übersetzung Zeitwort ist die Beziehung zur Zeit angedeutet, der wir in erster Linie in den Geschichten begegnen.

Die Einteilung in aktiv und passiv weist wieder auf Tätigkeit und Tun hin, so daß wir hier wohl auf den ersten Blick die Hauptbeziehung des Verbums in seinem Verhältnis zu dem Verstrickten suchen müssen.

Nach der üblichen Darstellung verläuft die Konjugation in den Aussageweisen: Wirklichkeit, Möglichkeit, Befehl und etwaigen sonstigen Weisen anderer Sprachen nach dem Schema: ich, du, er, sie, es; wir, ihr, sie. Die einzelnen Sprachen differenzieren sich noch dadurch, daß das Geschlecht in den einzelnen Fällen noch genauer oder weniger genau erfaßt ist als im Deutschen.

Nun ist zunächst klar, daß die Konjugation mit ich, du und wir, ihr nur auf Personen, auf Verstrickte Anwendungen finden kann, wenn wir von der übertragenen Bedeutung absehen. Das Verhältnis von Einzahl und Mehrzahl ist bei ich und du, wir und ihr sehr schwer festzustellen. Es wird überhaupt nicht eindeutig zu bestimmen sein. Sicher ist „wir" nicht die einfache Mehrzahl von ich und es ist auch fraglich, ob „ihr" die Mehrzahl von du ist in dem Sinne, wie man bei den Wozudingen von Mehrzahl spricht. Jeder kann „ich" von sich sagen, niemand kann „wir" in diesem Sinne sagen und wenn eine Mehrheit im Chor das Wir ausspricht, liegt auch wohl etwas anderes vor, als wenn das Ich ich ausspricht. In dieser Richtung setzen wir die Untersuchung nicht fort. Wir kommen jetzt zu der sogenannten dritten Person und finden hier etwas sehr Merkwürdiges: Die dritte Person kann die Ich-Du-Reihe und die Wir-Ihr-Reihe fortsetzen. Dann sind in der dritten Person Verstrickte gemeint in einer besonderen Stellung, und zwar in der Er-Stellung. Diese Stellung ist gegeben, wenn ich und du über eine dritte Person sprechen. Außerdem kann sich die dritte Person aber auch auf anderes beziehen, was nicht mehr Person ist, etwa auf ein Wozuding und sicher auch noch auf vieles andere. Wir sehen davon ab, eine Übersicht davon zu geben. Hiernach ist die dritte Person von Anfang an mehrdeutig oder vieldeutig. Die sogenannte dritte „Person" gehört in den Bereich „Ich-Du" hinein. Insofern ist die grammatische Anordnung mit ich-du-er berechtigt. Sie gehört aber auch noch in einen ganz anderen Bereich hinein, in dem es kein ich und du geben kann, wie etwa im Bereich der Wozudinge und insofern ist die dritte „Person" aufs Schärfste von jener ersten Reihe zu trennen. Es ist auch nicht so, daß ein Verbum bald in die erste Reihe gehört, bald in die zweite Reihe, sondern was in die erste Reihe gehört, wird kaum in die zweite einzuordnen sein und was in die zweite Reihe gehört, kann nicht in die erste Reihe eingeordnet werden. Der Sinn oder Gegenstand des einzelnen Verbums oder das Materiale des Verbums bestimmt darüber, in welche der beiden Ordnungen es gehört. Sätze wie: die Glocke läutet, der Wagen knarrt, das Feuer brennt, die Sonne scheint, die Flamme leuchtet, der Stein fällt, gehören in die zweite Reihe.

Im Zusammenhang mit dieser Scheidung steht die andere Frage, für welche Verba es einen Imperativ gibt. In erster Linie gibt es natürlich nur einen Imperativ für den Verstrickten. Dabei ist dann aber wieder das Besondere, daß man nicht alles befehlen kann.

Die Ich-Du-Reihe ist in sich nicht eindeutig. Man kann sie noch wieder in viele Unterabteilungen einteilen. Ein großes Gebiet nehmen die sogenannten Akte ein, das Fühlen, Denken, Wollen, Wahrnehmen nach einer bekannten Einteilung, die wir hier nur benutzen, um ganz von außen her das Gebiet, welches wir hier im Auge haben, zu kennzeichnen.

In diesem Gebiet kann man wieder unterscheiden die Ich-Akte, die unabhängig sind vom Du, von den Akten, die sich auf das Du beziehen und von einem Ich ausgehen, wie etwa lieben, hassen, fürchten. Einen gewissen Zusammenhalt in sich haben die Akte, die sich auf den Körper beziehen, wie gehen, laufen, essen, atmen. Ebenso bilden eine gewisse Einheit die Akte, die sich auf Wozudinge beziehen, wie schaffen, vernichten, ausbessern, und die Akte, die sich auf das Auswas der Wozudinge, wie schneiden, bohren und hämmern, beziehen.

Wenn man diese Untersuchung fortsetzt, kommt man von der einfachen Zusammensetzung von Person und Verbum der Ich-Du-Form zu all den möglichen Ergänzungen, die in der Grammatik mit Akkusativ, Objekt,

Dativ, Instrumentalis usw. angedeutet sind. Diese Ergänzungen sind in Wirklichkeit schon mit dem Verbum gegeben. Das Verbum ist in dieser Richtung ergänzungsbedürftig, wie man früher sagte oder wie wir vielleicht heute sagen würden: das eine liegt im Horizont des anderen. In der vollen Aktion, d. h. wenn das Verbum in einer Geschichte auftritt, bringt diese es schon mit sich, daß es fort und fort ergänzt wird. Wir sind damit wieder bei dem Verhältnis von Geschichte und Sprechen angelangt.

Wir können dann noch fragen, ob das „Ich" immer dasselbe ist, das „Ich", welches denkt, will, fühlt, liebt, haßt, läuft, spaziert, sich wäscht, schläft, träumt. Bei all dem handelt es sich um Geschichten des in Geschichten Verstrickten, die zusammengehören und auch innerlich zusammenhängen, vom Innerlichsten bis zum anscheinend Äußerlichsten.

Man kann auch noch genauer eingehen auf das Ich des Menschen in diesem Sinne, auf das Ich der Götter, der Dämonen, der Toten, der Vorfahren, der Tiere, der Pflanzen, der Naturerscheinungen, so wie sie für die Alten lebendig waren.

Wenn wir nun von hier aus die Verbindung mit unseren zugrunde liegenden Untersuchungen suchen, so ist das Verbum im Sinne dieser Überlegungen in seiner letzten Faßbarkeit eine Geschichte oder steht zu einer Geschichte in einem Verhältnis, welches irgendwie bestimmbar ist. Wir haben uns daran gewöhnt, das Verbum in seiner Infinitivform als Ausgangspunkt zu nehmen, obwohl wir andererseits auch die Infinitivform in eine Reihe setzen mit anderen Formen: amo, amavi, amatum, amare. Bei der ersten Form liegt die Beziehung zur Geschichte eher auf der Hand. Für den Araber ist die Beziehung zur Geschichte noch einleuchtender, weil er als Grundform Kataba hat: Er hat geschrieben. In der Grammatik macht man den Unterschied von finiten und infiniten Formen. Die finiten Formen lassen sich am leichtesten als eigenartige Bruchteile einer Geschichte oder auch als Überschrift einer Geschichte verstehen, soweit sie überhaupt verstehbar sind. Ordnet man sie in diesen Zusammenhang ein, so erhält man ein ähnliches Gebilde wie „die Königin ist krank" als einen aus dem Zusammenhang gerissenen Satz. Es ist also nicht so, daß die Grammatik in der Lehre vom Verbum nur Formen darbietet, sondern die Lehre wenigstens vom finiten Verbum enthält oder stützt sich schon immer auf diese eigentümlichen Sätze, die so dem Wortlaut nach in Geschichten vorkommen können und die unabhängig von der Geschichte dies seltsame Dasein des Beispielsatzes führen. Dabei kann ein solcher Satz für sich eine gewisse Geschlossenheit aufweisen, wie „ich gehe", „ich lebe", und er kann Ergänzungen verlangen, um die erste Stufe für die Einreihung in eine Geschichte zu erklimmen, für eine Einreihung, die aber keine Einreihung ist: „ich gebe meinem Freunde das Buch", oder noch besser, „ich schenke meinem Freunde ein Buch", was offenbar schon die Überschrift einer Novelle sein kann und damit prädestiniert ist für die Aufnahme in eine Geschichte.

Wir wollen uns hier nicht mit den infiniten Formen weiterbeschäftigen. Sie sind entweder unselbständiger als die finiten Formen oder, was ebenso nahe liegt, sie werden uns in der Grammatik in einer verstümmelten Form dargeboten. So ist zum Beispiel „lieben", „zu lieben" verstümmelter als das „Lieben", „geliebt" verstümmelter als der „Geliebte", „liebend" verstümmelter als der „Liebende".

Man kann noch die Frage aufwerfen, wie man von den Formen der ersten Stufe des Verständnisses wie „ich liebe" zu den sogenannten Wurzeln kommt und was die Wurzel ist. Hier stoßen wir auf eine Frage, die für die Grammatik und die Sprachwissenschaft von der allergrößten Bedeutung ist. Wir können wohl sagen von unserem Standpunkt aus, daß „ich schreibe" in dem Zusammenhang steht mit Geschichten, den wir zugrunde legen. Dieser kleine Satz kehrt millionenfach oder milliardenfach im stillen oder lauten Sprechen wieder. Er ist nicht derselbe Satz, aber er gehört in die Reihe der unzähligen Sätze, die gewissermaßen Stationen auf dem Wege der Entstehung und Anwendung der Schreibkunst sind. Während wir aber schon Schwierigkeiten haben, wenn wir die Sätze aus den Einzelgeschichten herausheben, um sie für sich zu betrachten, und wenn wir sie dann nur als Beispielsätze oder tote, mumifizierte Sätze aufrechterhalten können, so geraten wir vollständig ins Gedränge, wenn wir diesen Weg nun weitergehen und bis zu den Wurzeln vordringen wollen. Die Wurzeln sind noch weniger etwas als die Beispielsätze. Ebensogut mögen wir allerdings sagen können, die Wurzeln verhalten sich ähnlich zu den Geschichten wie die Beispielsätze, nur daß sie noch einen Grad weiter entfernt sind von den Geschichten. Man kann dies auch so ausdrücken, daß man sagt, zu den Wurzeln kommt man, wenn man gewisse Prozeduren an dem „Worte", etwa an dem Überschriftsworte vornimmt, wenn man etwas am Worte streicht, wobei man aber keine Aufklärung geben kann, was dies nun eigentlich für eine Prozedur sei. Jedenfalls können wir aber von unserem Standpunkte aus nicht sagen, daß der Wurzel ein Sinn zukomme, der in den einzelnen Formen, mit denen die Wurzel verbunden wird, als derselbe Sinn wiederkehre. Der erste faßbare Sinn tritt erst zutage mit Wurzel und Endung zusammen und mit der damit gegebenen Möglichkeit, dies Gebilde in eine Geschichte einzuordnen und dann aus der Geschichte herauszunehmen und irgendwie auf dem Hintergrund der Geschichte, wobei die Geschichte der fortwährende Nährboden bleibt, abzuleuchten. Wir stellen also dem lebendigen Wort, dem Wort in Funktion, dem Wort der Geschichte, dem Wort in der Geschichte gegenüber das erstarrte Wort, das Wort als Beispiel, das Wort in der Grammatik. Es ist durchaus möglich, daß wir mit dieser Hauptunterscheidung noch nicht auskommen. Aber es ist zunächst eine Richtung damit gegeben für die weitere Untersuchung. Wenn ich Unterricht in einer fremden Sprache bei einer Lehrerin habe, kann ich den Satz bilden: „Ich liebe sie". Dies kann als Beispielsatz vorkommen. Mit einer unsichtbaren kleinen Wendung kann dieser Satz zu einer Liebeserklärung werden und damit in eine Geschichte eingehen. Auch das erste Gebilde „ich liebe sie" gehört zu einer Geschichte, nämlich zu der Geschichte, wie ich die fremde Sprache erlerne. Solange man sich das Verhältnis zwischen diesen beiden Sätzen nicht klargemacht hat, hat man nicht den richtigen Zugang zu unseren Überlegungen.

Die Liebeserklärung in der Geschichte gehört zu der großen Reihe der kleinen und großen Liebenden und ihrer Geschichten, die alle zusammen unter der einen Überschrift stehen.

Wenn wir so die Verba durchgehen, die regelmäßigen und die unregelmäßigen, wie wir sie in der Schule gelernt haben, die Verba, die in der Ich- und Du-Form auftreten, so sehen wir bald, wie sie alle ohne Ausnahme Überschriften über gewaltige Geschichten des Menschengeschlechtes von Anfang an sind und wie sie ohne diese Geschichten nichts sind. Man kann dabei in jeder beliebigen Grammatik vorne anfangen und hinten aufhören: loben, schelten, liegen, zähmen, unterwerfen, verbieten, neiden, stehen, hindern, geben, übergeben, helfen, waschen, zerstören, weinen. Wenn wir auch nur einen Augenblick uns in diese Worte versenken, so erhalten sie ihr Gewicht aus den Geschichten von der ersten Geschichte an, in der sie auftreten, bis zu den Geschichten unserer Tage und nur aus diesen Geschichten, ohne welche sie vollständig wesenlos sind.

Bei den Verben sind wir zu dem Ergebnis gekommen, daß die Konjugation einen Sachverhalt zum Ausdruck bringt. Soweit die Konjugation mit den Verbindungen Ich-Du in Verbindung steht, enthält in Wirklichkeit jede Wortbildung schon den Menschen, den Caesar und die Ergänzung. Denn das Ich-Du steht stets für einen bestimmten Menschen, der in der Geschichte auftritt; wenn das Verbum amo, amas also in Funktion tritt, so ist damit stets schon ausgedrückt, ich, Caesar liebe usw. Die Endung „o" ist also ebenso sachhaltig wie das, was wir sonst als Stamm oder Wurzel bezeichnen. Die Endung dient also auch nicht dazu oder nicht in erster Linie dazu, zwei Sachgehalte miteinander zu verknüpfen. Zunächst jedenfalls hat es den Anschein, als ob nur zwei Gebilde nebeneinander gestellt werden. Wir dürfen allerdings nicht in dieser Weise reden, da für uns die Worte in dieser letzten nicht mehr aufklärbaren Beziehung zur Geschichte stehen.

5. Die Verbindung von Sätzen. Der Wenn-Satz

Wir wissen nicht, was „Wort" im üblichen Sinne und was „Satz" im üblichen Sinne ist. Wir können auch mit der Deklination und Konjugation nicht den üblichen Sinn verbinden; damit ist schon gesagt, daß wir auch unter der Verbindung von mehreren Sätzen nicht das Gerüst erkennen können, welches Grammatik und Logik zu sehen behauptet. Wir beginnen unsere Untersuchungen mit den Wenn-Sätzen.

Sätze können durch verschiedene Partikel verbunden werden. Wir können nicht nur dem einzelnen Satz ansehen, daß er an sich in eine Geschichte hineingehört und ohne Geschichte jede Stütze verliert. Wir können dieselbe Frage auch für das Satzgefüge untersuchen. So leuchtet auf den ersten Blick ein, daß der sogenannte Accusativus cum infinitivo nur in einer Geschichte vorkommen kann, weil er immer abhängig ist von Verben, die nur in Geschichten vorkommen können. So kann selbstverständlich die indirekte Rede, die in ihrer Struktur verwandt ist mit dem A.c.i., nur in Geschichten vorkommen. In der Grammatik spielen die Konditionalsätze eine große Rolle. Das sind die im Deutschen durch „wenn" eingeleiteten Sätze. Ob dies „Wenn" in allen Sätzen dasselbe Wort ist, scheint mir fraglich. Wir beginnen unsere Untersuchung mit dem Irrealis: Wenn ich Geld gehabt hätte, hätte ich Dir welches gegeben. Der Satz gehört in eine Geschichte genau wie der Satz „die Königin ist krank". In der Geschichte kann er verschiedene „Bedeutungen" haben. Der Satz kann in einer Erzählung vorkommen. Die Fortsetzung kann lauten: Gott sei dank hatte ich kein Geld, sonst wäre es jetzt verloren. Die Fortsetzung kann auch lauten: Du glaubst zwar nicht, daß ich damals kein Geld hatte, oder: Deshalb darf ich Dich auch wohl bitten, mir jetzt Geld zu leihen, oder: Ich habe damals meiner Frau noch gesagt: Wie schade, daß ich kein Geld habe, sonst würde ich es meinem Freunde sofort leihen.

So kann dieser Schulsatz in unendlichen Variationen in Novellen unterkommen. Ob wir allerdings Variationen sagen dürfen, ist fraglich. So ist der Schulsatz aber auch in wirklichen Geschichten in Serien untergekommen und diese Unterkunft bedeutet die Existenz dieses Satzes, diese Unterkunft in meiner Geschichte oder in der Geschichte meiner Mitverstrickten.

Wenn wir nun das „Wenn" in dem Satz in den Blickpunkt stellen, so sind wir jetzt an derselben Stelle angelangt wie vorher, als wir den Genitivus possessivus über den Besitz zu haschen versuchten. Wir sehen gleich, daß das „Wenn" hier noch verschiedene Bedeutungen haben kann: Das „Wenn" kann heißen, „nach meiner charakterlichen Veranlagung" und „nach meinen Beziehungen zu Dir, meinem Freunde", ist mit Sicherheit anzunehmen, daß ich Dir Geld gegeben hätte, wenn ich selbst Geld gehabt hätte. In diesem Falle wäre nicht erforderlich, daß die Geldhingabe jemals in meinen Gesichtskreis getreten wäre. Es handelt sich um eine Art Wahrscheinlichkeitsberechnung.

Man kann den Satz aber auch dahin auslegen, daß mein Freund mich damals um Geld gefragt hat und ich wegen Geldmangels ablehnen mußte, oder auch so, daß mir die Notlage meines Freundes bekannt war, ich aber nicht eingesprungen bin, weil ich kein Geld hatte. Wenn man so anfängt, nachzudenken, dann eröffnen sich hundert weitere Möglichkeiten und Untermöglichkeiten, die sich alle friedlich unter dem Wenn-Satz verbergen. Der Mangel an Geld scheint die eine Säule des Satzgefüges zu sein. Das Gefüge enthält wohl indirekt die Behauptung, ich hatte kein Geld und schon deshalb konnte ich Dir kein Geld geben. Nun ist der Besitz von Geld noch nicht die zureichende Grundlage dafür, daß man einem anderen davon abgibt. Mit dem Wenn-Satz will man eine Grundlage behaupten. Diese Grundlage ist aber offenbar wieder eine komplizierte Geschichte oder in dem jetzigen Stadium unserer Überlegungen können wir ohne große Mühe zehn oder hundert Grundlagen für die Fortsetzung finden: Unsere Freundschaft, unsere Verwandtschaft, meine Freigebigkeit, mein Reichtum, Scheu vor Nachrede, Neigung zu prahlen usw. Dies alles verbirgt sich hinter dem Wörtchen „wenn".

Ganz anders ist zum Beispiel das „Wenn" in dem Satze: Wenn ich Geld haben werde, werde ich Dir welches geben. Hier handelt es sich um ein Versprechen, welches in volle Wirksamkeit tritt, sobald das Geld da ist. Selbstverständlich kann ein solcher Satz auch nur in einer Geschichte vorkommen. Er bedeutet hier den Abschluß eines Rechtsgeschäftes. Diese Bedingung ist in der Jurisprudenz mit aller Schärfe untersucht worden, allerdings noch mehr mit den Mitteln der Scholastik.

6. Die Logik. Der Buchstabensatz. Das Seriengesetz

Die Logik unterscheidet Aussagen, die wahr sind aufgrund ihres Gehalts von den Aussagen, die wahr sind aufgrund ihrer Form: Wenn jeder Athener ein Grieche ist und jeder Grieche ein abendländischer Mensch, so ist jeder Athener ein abendländischer Mensch. Dieser Satz ist wahr, oder soll wahr sein, aufgrund seiner Form. Zu was verhält sich dieser Wenn-Fall und was bedeutet das „Wenn". Gibt es eine Grenze für die Form: Wenn jeder Stein ein Topf wäre und jeder Topf ein Mensch, so wäre jeder Stein ein Mensch, oder: Wenn jeder Stein eine Zahl wäre und jede Zahl eine Lunge, so wäre jeder Stein eine Lunge, oder: Wenn jeder Lehrsatz ein Unrecht wäre und jedes Unrecht eine Ohrfeige, so wäre jeder Lehrsatz eine Ohrfeige.

Gibt es hier Grade des Unsinns? Die Vorfrage ist wieder, wohin gehört der Wenn-Satz? Man könnte auch fragen, ist der Wenn-Satz ein Satz, ist er eine Aussage, oder was verbindet ihn mit dem unbedingten Satz?

Wenn wir den Unterschied machen zwischen dem Satz, der in Geschichten steht und jetzt schon kein Satz mehr ist, weil er nach allen Seiten festgewachsen ist und dem Beispielsatz – und wenn wir uns mit diesem Unterschied zunächst begnügen –, so können wir zunächst fragen, wohin der Beispielsatz gehört. Wir haben bislang gesagt, daß wir das nicht wissen. Wir können dann aber weiter fragen, ob unser Wenn-Satz als eingemauert in eine Geschichte vorkommen kann, oder ob er nur ein Dasein außerhalb von Geschichten hat, oder wo er sein Dasein führt. Der Satz über die Athener weist eine Eigenart auf, die ihn in Verbindung mit einer Gattung bringt oder, nach unserer Sprechweise, in Verbindung mit einer Serie. Wenn etwas zu einer Serie gehört und die Serie sich wieder in eine größere Serie einfügt, so gehört dies Etwas auch zu der größeren Serie oder läßt sich auch in die größere Serie einfügen. Wenn die Athener zur Serie der Griechen gehören und die Griechen wieder zur Serie der Abendländer, so gehören die Athener auch zur Serie der Abendländer. Das ist ein ganz konkreter Satz. Es mag eine Million Griechen geben, die ihrerseits wieder zu den zweihundert Millionen Abendländern gehören, alles von heute gerechnet. Für das Jahr 1000 lautet die Rechnung anders. Selbst in Wenn-Form hat – und das ist ein wichtiger Punkt – der Satz eine Beziehung zur konkreten Zeit und gilt nur für diesen Zeitpunkt. Will man weitergehen, so muß man den Satz anders fassen: Wenn jeder Athener ein Grieche war zu jeder Zeit und jeder Grieche zu jeder Zeit ein Abendländer war, so war jeder Athener zu jeder Zeit ein Abendländer.

Setzt dieser Wenn-Satz das Vorhandensein von Serien voraus? Handelt es sich bei diesem Wenn-Satz etwa versteckt um ein „Gesetz" über die Serien? Sind dabei die Serien wieder so gut gezählt, wie die Athener gezählt sind, und ordnen sich die Serien wieder in Serien oder andere Gebilde? Setzt der Wenn-Satz dieser Art schon voraus, daß man innerhalb der Serie bleibt, d. h. innerhalb der größten Serie oder daß man irgendwie die Reihenfolge der Serien berücksichtigt, oder kommt eine verschiedene Art von Unsinn heraus, auch im Wenn-Satz, je nachdem, wie man die Serienstruktur vernachlässigt? Wie weit läßt sich dabei die Behauptung, daß eine Aussage aufgrund ihrer Form wahr sein kann, aufrechterhalten? Wenn jeder Athener eine Zahl ist und jede Zahl ein Stern, so ist jeder Athener ein Stern.

Wir blicken hier zurück auf unsere Gedanken über die Überschrift. Wenn Athener, Zahl und Stern Überschriften über Geschichten sind und die Geschichten schon im Gefolge dieser Überschrift im Horizont aufleuchten, so ist der Unsinn dieses Satzes schon mit dem Hören gegeben.

Aber kann man nicht immerhin sagen, wenn ich den Satz in den Konjunktiv setze, ist er dann nicht doch mehr als Unsinn? Oder muß man nicht in der alten Redeweise sagen, der Satz ist unvollziehbar?

Im Anschluß hieran wäre auch zu untersuchen, was die Benutzung von Buchstaben bedeutet, was sie insbesondere in der Logik bedeutet. Ich verstehe z. B. den Satz, wenn etwas zu einer Serie gehört, gehört das Etwas auch zur übergeordneten Serie. Ist dieser Satz gleichwertig mit dem entsprechenden logischen Satz, und in welches wissenschaftliche Gebiet gehört dieser Satz? In welchem Verhältnis steht zu diesem Satz der vorgenannte Unsinns-Satz? Ist dessen formale Wahrheit in Wirklichkeit nur die Richtigkeit des Seriensatzes, und was ist die Richtigkeit dieses Seriensatzes? Ist dieser Seriensatz schließlich auch nicht sicherer als die Serie selbst, die wieder teilnimmt an der Labilität alles dessen, was in Geschichten verstrickt ist und was in Geschichten vorkommt: Wenn jeder Athener ein Grieche wäre und jeder Grieche ein Abendländer, so wäre jeder Athener ein Abendländer. Nun ist aber schon sehr zweifelhaft, ob jeder Athener ein Athener, jeder Grieche ein Grieche und jeder Abendländer ein Abendländer ist. Die Antwort fällt verschieden aus, je nach dem, ob wir von dem Geburtsschein ausgehen, oder von dem Bürgerrecht oder von der kulturellen Zugehörigkeit oder vom Jahr 500 vor Christi Geburt oder von irgend einem anderen Jahr bis zum Jahre 1956. Immer sind die Antworten verschieden. Wir dürfen also nicht stolz sein auf unser Seriengesetz. Andererseits brauchen wir uns auch nicht entgegenhalten zu lassen, daß mit dem Seriengesetz auch bei uns der Pferdefuß zum Vorschein kommt, der Pferdefuß insofern, als wir dann doch schließlich bei Gattung, Begriff, Gegenstand, Sachverhalt, Satz landen. Wir können das, was wir unter „Athener" verstehen wollen, immer mehr verfeinern und kommen doch niemals zu dem hieb- und stichfesten Athener, immer marschiert der Athener an der Spitze einer Geschichte, an der Spitze der Geburtsschein-Athener, der Athener von Mutters Seite, von Vaters Seite, der Kultur-Athener, der Wahr-Athener usw. Dabei gibt es noch Mischungen dieser Athener, so daß ein Ende dieser Unterabteilungen nicht abzusehen ist. Wenn man den Beispielsatz mit dem Abendland bildet, denkt man in erster Linie an den Kultur-Athener um 400 oder um 500 vor Christi Geburt und vergißt dabei, daß der erste Abendländer erst einige tausend Jahre später geboren wurde.

Wir führen dies nicht aus, um uns mit dem Beispiel auseinanderzusetzen, sondern nur, um darauf hinzuweisen, daß das, was wir als Seriengesetz bezeichnen, auf einer unsichtbaren Grundlage steht. Es gibt nicht mehr Serien-„Gesetze", als es Serien gibt, so hatten wir gesagt, aber dazu kommt noch, daß es sichere Serien im Sinne dieser Sätze nicht gibt, wenigstens nicht in der Sphäre der in Geschichten Verstrickten, der Wozudinge, des Auswas der Wozudinge. Der biologisch geschulte Leser wird vielleicht einwenden, daß die Gattungen und Arten in der Tierwelt doch Beispiele für Serien darstellen könnten. Die Reinheit dieser Serien scheitert aber schon daran, daß es Kreuzungsmöglichkeiten gibt und stets gegeben hat, die unübersehbar sind. Wenn heute eine Kreuzung möglich ist, so spricht eigentlich alles dafür, daß im Laufe der Entwicklung auch Kreuzungen vorgekommen sind. Dann kann wirklich niemand mehr sagen, daß dieser Löwe hier ein Löwe ist, oder dieser Weiße ein Weißer. Ja, man könnte noch weiter gehen: Wenn auch nur die Möglichkeit einer Kreuzung vorliegt, die Kreuzung aber noch niemals vor sich gegangen ist, so ist der Löwe doch kein Löwe mehr, wenn man nämlich die Zukunft mit einbezieht, die auch zum Löwen gehört.

7. Husserls Idee der reinen Grammatik. Die kopernikanische Wendung. Der Satz, die Aufweisung des Satzes, die Aufweisung des Begriffes

Die Aufgabe, die wir uns stellten, ist verwandt mit dem, was Husserl unter reiner Grammatik zu erforschen versuchte. Wir persönlich haben auch lange versucht, die Überlegungen Husserls in seinem Sinne fortzuführen. Der Bruch in diesen Überlegungen folgte, als uns der Satz und damit auch der Sachverhalt und damit der Gegenstand entschwand; als wir merkten, daß eine Geschichte nicht aus Sätzen aufgebaut werden kann, und als wir uns davon überzeugten, daß die Geschichten das letzte sind, zu dem man als Phänomenologe vordringen kann.

Kant hat sich mit Kopernikus verglichen. Beide sind Revolutionäre. Kopernikus nahm der Erde den Ruhm, Mittelpunkt eines Weltalls zu sein. Kant nahm dieser Entdeckung einen Teil ihres Gewichtes, indem er das Weltall zu einer Erscheinungswelt degradierte, deren Gesetzlichkeit irgendwie mit der Gesetzlichkeit der menschlichen Vermögen in Verbindung stand, wodurch die Begriffe Erkenntnis und Wahrheit einen neuen minderen Sinn erhielten, wenn auch einen Sinn, an dem Kant keine Kritik mehr übte, nachdem ihn die Kritik der Vernunft zu diesem Sinn geführt hatte. Vielleicht durfte Kant nicht mehr von Erkenntnis reden, nachdem er das Ansich des Objektes, des Weltalls, geleugnet hatte. Vielleicht hätte er auch die Frage zur Diskussion stellen müssen, ob nun das Ganze: Ding an sich, Erscheinungswelt, Erkenntnis, aufgespalten in Erkenntnis der Sinne, des Verstandes, der Vernunft, als Ganzes doch wieder ein Ding an sich sei.

Wenn wir unsere Art zu philosophieren in die Geschichte der Philosophie einreihen müßten, so möchten wir es dafür auf einen Vergleich mit diesen beiden kopernikanischen Wendungen ankommen lassen.

Die Entthronung der Erde wird man heute nicht mehr so wichtig nehmen. Man kann heute auf vielen Arten mit ihr fertig werden. Sie berührt uns heute kaum noch. Für den, der wie wir die Geschichten in den Mittelpunkt der philosophischen Überlegungen stellt, betrifft die kopernikanische Frage eine technische Äußerlichkeit, ganz abgesehen davon, daß schon für Kopernikus vielleicht jede Stelle im Weltall die gleiche Bedeutung hatte und jede Stelle auch als Mittelpunkt angesprochen werden konnte, jedenfalls insofern, als der Gedanke eines Endpunktes des Weltalls schon vollends unvollziehbar war. Hinsichtlich der Geschichten brachte die Entdeckung keine Umwälzung. Die Geschichten gingen ihren Gang weiter und blieben nach wie vor Mittelpunkt der Welt. Wir sehen dabei davon ab, daß die neuen Vorstellungen Schwierigkeiten mit sich brachten, die bis heute nicht überwunden sind. Wenn man zu jedem Stern seine Hülle und materielle Umgebung mitrechnet, so verschwinden die Grenzen der Sterne. Wenn man aber gar die Ausstrahlungen mit hinzurechnen muß, so umgibt jeder Stern jeden und es durchdringen sich alle Sterne. In beiden Fällen kann man nur noch von einem Sternkern reden oder von einem zwiebelartigen Gebilde, welches in seinen äußersten Schalen bis ans Ende der Welt reicht, in dessen Innerem sich aber ständig der Kern verlagert. Dies ganze Gebilde läßt sich aber nicht mehr als koexistierender Gegenstand fassen wie ein irdisches Objekt.

Unsere Beziehung zu Kant liegt auf der Hand. Im Mittelpunkt unserer Untersuchung steht der Satz und der anscheinend selbe Satz steht auch bei Kant im Mittelpunkt. Aber Kant übt keine Kritik an dem Satz als Gebilde, sondern er verhält sich gegenüber dem Satz dogmatisch. Er übernimmt im Wesentlichen das ihm von der Vorzeit überlieferte Gebilde als festes Objekt der Untersuchung. Er prüft nicht einmal, ob dies Gebilde so fundiert ist, daß es die Untersuchung tragen kann, noch ob es innerlich so fest ist, daß es eine Untersuchung aushält. Wir nehmen für unsere Untersuchung des Satzes eine dritte kopernikanische Wendung und mehr als das in Anspruch. Wir setzen uns über den Einwand hinweg, daß der, der den Satz angreift, selbst bekennt, daß mit ihm nicht zu diskutieren ist, indem er für seine Stellungnahme, die sich doch nur in Sätzen ausdrücken läßt, Richtigkeit und Wahrheit in Anspruch nimmt. Wir können uns über diesen Einwand hinwegsetzen, weil wir nicht mit Sätzen beginnen, sondern mit Geschichten. Die Geschichte aber besteht nicht aus Sätzen und ebenso besteht unsere Unterhaltung nicht aus Sätzen. Müßte dies dann nicht der Ursatz sein, daß eine Geschichte nicht aus Sätzen besteht? Wir müssen das bestreiten. Um diesen Punkt kreist unsere ganze Untersuchung. Die Geschichte besteht so wenig aus Sätzen, daß man nicht einmal irgendeinen Sinn für einen solchen „Satz" ausfindig machen kann. Wenn man nun einen solchen Sinn auch nicht ausfindig machen kann, so kann man wohl aufzeigen, wie es zu einer solchen ungereimten Vorstellung kommen konnte. Dabei ist allerdings das Eigentümliche, daß bislang nirgends in der Philosophie eine solche Behauptung aufgestellt wurde, aber nur aus dem Grunde, weil man sich bislang nicht mit der Geschichte befaßt hat. Wir können zwar nachweisen, daß die Sätze, die Beispielsätze der Philosophen in Geschichten hineingehören und aus Geschichten stammen, allerdings häufig direkt, häufig mittelbarer, so daß sie in Geschichten aber keine Sätze mehr sind. Wir wenden gleichsam das Verfahren der Vivisektion an, während die anderen das tote Gebilde Satz untersuchen. In Wirklichkeit ist der Unterschied aber größer, als man nach einer solchen Unterscheidung annehmen sollte, weil das tote Gebilde nichts mehr vom Lebenden enthält. Allerdings wird man bei der Untersuchung von Lebenden und Toten auch nicht mit Sicherheit feststellen können, was dabei noch gleich ist.

Wir können unsere Stellungnahme auch so ausdrücken: Wenn uns jemand vom Satz spricht, so bitten wir ihn, uns einen Satz aufzuweisen. Die Gebilde, zu denen er uns führt, können wir wohl kaum als Nicht-Sätze dartun, weil wir selbst nicht wissen, was ein Satz ist. Wir können uns aber gutwillig ihm anschließen und alle Versuche mitmachen, die er anstellt, um uns zum Satz zu führen. Das Kunststück wird ihm nicht gelingen. Darüber handelt eigentlich unser ganzes Buch.

Wenn unser Partner uns nun dagegen auffordert, ihm aufzuweisen, was eine Geschichte ist, so geraten wir nicht in dieselbe Verlegenheit. Wir können gleich ins Zentrum vorstoßen und ihn an seinen Kampf mit dem Finanzamt, an seinen Verlust an der Börse, an seine gerade aufgelöste Verlobung erinnern. Dann ist er mitten in Geschichten drin. Er weiß nun zwar nicht, was Geschichten an sich sind, wie auch wir das nicht wissen, aber er kann nun von einer Geschichte zur anderen kommen und wird auch einsehen, oder wie man es sonst nennen mag, daß er nur auf der Brücke von solchen Geschichten zu seinen Vorfahren und deren Geschichten und zu Julius Caesar oder zur Erschaffung der Welt kommen kann oder, wenn das zuviel gesagt wäre, kommt, jedenfalls heute kommt und bislang gekommen ist.

Auch darüber handelt unsere ganze bisherige Untersuchung in immer neuen Wendungen und von immer neuen Seiten.

Ebenso wie der Satz für uns etwas nicht Aufweisbares ist, ist auch der Unterschied von konkretem Satz und allgemeinem Satz inhaltslos. Auch diesen Unterschied wird uns niemand aufzeigen können. Wir wollen allerdings zugeben, daß unsere Untersuchung über die Mathematik und die Naturwissenschaft und ihr Verhältnis zu den Geschichten noch eingehender sein muß.

Wenn Kant Urteile apriori und aposteriori unterscheidet und bei beiden wieder analytische und synthetische, so dürfen wir zunächst Urteile gleich Sätze setzen. Die Grundlage für die synthetischen Urteile aposteriori soll die Erfahrung bilden, während die Grundlage für die analytischen Urteile eine Zergliederung des Subjektbegriffs in seine Teilbegriffe sein soll. Wenn wir uns zunächst auf diese Sätze aposteriori beschränken, so können wir, um überhaupt zu einem Vergleich mit Kant zu kommen, seine Riesenschritte nicht mitmachen. Wenn er mit dem Subjekt beginnt und mit dem, was darin enthalten ist, so könnten wir uns nicht anders wehren, als nun mit einem Subjekt zu beginnen, etwa mit einem Menschen wie Caesar oder einem Wozuding oder einem Auswas des Wozudinges. Es leuchtet nun bald ein, daß jedenfalls in diesen drei Sphären nicht die Rede davon sein kann, was in dem „Begriff" enthalten ist und was nicht darin enthalten ist. Dabei ist es einerlei, ob ich sage, Caesar oder der Römer, ob ich von der Uhr ausgehe, die ich in der Tasche trage, oder von der Serie Uhr, ob ich von Gold oder Bernstein ausgehe oder von irgend einem neuesten Element. Je mehr ich mich vertiefe in diese „Begriffe", desto klarer erkenne ich, daß es sich um Überschriften von Geschichten handelt, in deren Horizont wieder andere Geschichten auftauchen. Es hat dabei keinen Sinn, von Grenzlinien zwischen Geschichten zu sprechen, wie es vielleicht auch nicht einmal Sinn hat, von Grenzen zwischen Körpern zu sprechen, weil ständig alles auf alles wirkt und alles alles hält. Wenn es aber keine Grenzen gibt, die etwa den in seine Geschichten Verstrickten absondern von dem Mitverstrickten, dann verliert auch die Rede von synthetischem und analytischem Urteil auf diesem großen Gebiet ihren Sinn. Das ist allerdings nur ein anderer Ausdruck dafür, daß es den Satz nicht gibt, denn wenn es diesen nicht gibt, kann es auch die Unterschiede in den Urteilen nicht geben.

Ebenso könnten wir auch den Untersuchungen Kants über das apriorische Urteil nachgehen. So kann der pythagoräische Lehrsatz als Satz für sich verstanden werden. Zu seinem vollen Verständnis gehört aber der sogenannte Beweis, der aber wieder zu seinem vollen Verständnis viel mehr erfordert, als den Schulbeweis. Zum vollen Verständnis gehört der allgemeine pythagoräische Lehrsatz und zu dessen vollem Verständnis wieder eine Flächenlehre, so daß auch hier eins das andere trägt. Wenn man aber so die Untersuchung immer weiter ausdehnt, kommt man zuletzt zu den Grundlagen und wohl auch zu der Frage der Anwendbarkeit dieses Systems auf Wozudinge und auf das starre System. Die Geometrie ist aus der Feldmeßkunst erwachsen. Sie kann nie so selbständig werden, daß diese nicht ihre Grundlage bleibt. Es wäre sogar eine besondere Untersuchung wert, was die Geometrie noch ohne Meßkunst bedeuten könnte. Dabei ist einerlei, ob ein Acker oder das Dreieck Sirius–Sonne–Erde vermessen wird. Ob es auf diesem Gebiet Urteile apriori gibt und in welcher Beziehung diese Urteile zu den Sätzen stehen, wie sie in Geschichten vorkommen oder vielmehr nicht vorkommen, diese Frage ist noch völlig ununtersucht. Wenn man sie untersucht, muß man jedenfalls beachten, daß solche Fragen ganz neuen Datums sind. Vor der Zeit der griechischen Philosophen wäre diese Frage wohl als Frage unverständlich gewesen, weil es Wissenschaft im Sinne unserer Zeit nicht gab.

Kapitel XVI
Die Geschichte im Verhältnis zur Kultur unserer Tage

Wenn wir unsere Untersuchung einreihen wollen in das geistige Leben unserer Zeit, so haben wir zunächst die Wachgeschichte erweitert über die Traumgeschichte, über die Geschichte in der Hypnose, die Rauschgeschichte, die Geschichte des Wahnsinnigen, den Mythos, die Gleichnisgeschichte und alles, was es in dieser Richtung sonst noch geben mag.

Von der Geschichte ist es nur ein kurzer Schritt zum Fall der Jurisprudenz, der Medizin und wo man sonst noch vom Fall reden mag. Auch der Witz mag etwas vom Fall an sich haben. Wie sich dies alles trennen läßt und sich auch wieder zu einem Ganzen zusammenfügt, das ist schon für sich ein unausschöpfbares Thema.

Von den menschlichen Geschichten können wir dann zu den Geschichten der Tiere übergreifen oder wie Menschen mit Tieren in eine Geschichte verstrickt sind; das gibt es so sicher wie es einen Rilke, einen Thomas Mann, einen Traven gibt. Es ist nur die Frage, ob dies ein Gebiet für die Wissenschaft im Sinne unserer Zeit ist. Schon diese Untersuchung kann man nicht führen, ohne viele andere Gebiete zu berühren. Wir können aber dann die Untersuchung unter anderem Gesichtswinkel vornehmen. Wir können fragen, wie sich unsere Betrachtungen einfügen in die Philosophie und ihre Unterabteilungen.

Wir können dabei wieder trennen zwischen abendländischer Philosophie und ähnlichen Erscheinungen anderer Völker; und andererseits können wir unterscheiden das Verhältnis zur Geschichte der Philosophie und zur Philosophie und dabei wieder traditionell unterteilen, etwa nach Metaphysik, Erkenntnistheorie, Logik, Ethik.

Wir können dann weiter fragen nach dem Verhältnis zur Religion und zu den Religionen, etwa auch nach dem Verhältnis zu den Heilsgeschichten und den Heilsbringern, den Propheten und Heiligen, den Priestern und Mönchen.

Wir können weiter fragen nach dem Verhältnis zur Kunst, insbesondere zur Dichtung, aber auch zur Musik und zur bildenden Kunst, etwa in dem Sinne, daß die Musik die Fortführung der Wort- und Dichtkunst mit anderen Mitteln ist.

Wir können weiter fragen nach dem Verhältnis zu den Wissenschaften, etwa zur Sprachwissenschaft und zur Grammatik und nach dem Verhältnis zu den anderen Wissenschaften, nach dem Verhältnis zur Lehre von der Seele in den verschiedensten Ausprägungen und in ihren historischen Erscheinungen. Hier sollte die Verwandtschaft besonders nahe sein. Wenn sie es nicht ist, so liegt die Schuld nicht bei uns, sondern an der Verworrenheit der Wissenschaft von der Seele. So wie die Dinge heute stehen, finden wir die meisten Berührungspunkte bei den Lehren von Freud, Jung und Adler, wie Hermann Lübbe[3] mit Recht hervorhebt. Wir wollen damit aber keineswegs all das, was sonst zu diesem Thema gesagt worden ist, geringschätzen. Mit Freud und seinen Nachfolgern verbindet uns, daß auch sie von Geschichten ausgehen, ohne allerdings die Zusammenhänge zu sehen, die für uns im Mittelpunkt stehen, oder auf die wir umgreifend unsere Untersuchung auszudehnen versuchen. Auch auf diesem Gebiet wird es sich lohnen, zu den historischen Erscheinungen der Psychologie und insbesondere auch zu dem, was die Phänomenologen und ihre unmittelbaren Vorgänger dazu zu sagen haben, Stellung zu nehmen. Wir müßten allerdings gleichzeitig eine Fülle von Begriffen als unergiebig oder dürftig preisgeben, wie schon die Unterscheidung zwischen Seele und Leib, die Lehre von dem seelischen Vermögen, die Lehre von den seelischen Akten.

Wir kommen dann zu dem Verhältnis unserer Überlegungen zur Geschichtswissenschaft. Hier liegt das Thema auf der Hand. Dabei handelt es sich aber um außerordentlich schwierige Fragen.

Wir kommen dann weiter zu dem Verhältnis unserer Überlegungen zur Lehre von dem Lebendigen, zur Biologie der drei Reiche. Auch diese Reiche gehen wir an von den Geschichten aus.

Schließlich bleibt übrig das Verhältnis zu den exakten Wissenschaften, insbesondere zur Mathematik und zur theoretischen Physik.

Der Leser, welcher aufmerksam unseren Weg mitgegangen ist, wird bemerkt haben, daß wir im Verlauf unserer Untersuchung keiner Frage ausgewichen sind und versucht haben, überall Brücken zu schlagen von unseren Geschichten aus. Wir konnten dabei nicht gleichmäßig vorgehen. In vielen Fällen handelt es sich nur um Notbrücken oder leichte Stege. Wenn wir Nachfolger finden sollten, so glaube ich, daß man immer wieder von der

---

[3] H. Lübbe, *Das Ende des phänomenologischen Platonismus.*

gegenwärtigen Geschichte ausgehen sollte, um in all diese Gebiete vorzudringen, von der gegenwärtigen Geschichte, die nur ein Moment im Ozean der Geschichten bildet.

Wenn man uns aber fragt, was wir mit unseren Überlegungen bezwecken, oder ob wir überhaupt etwas damit bezwecken, so mag man das, was wir vortragen, für den Entwurf einer Allgeschichte nehmen, in der alle Völker und Kulturen Platz haben. Es würde uns genügen, wenn alle fühlen würden, daß wir alle in einem Boot fahren, etwas mehr als Schiffbrüchige im Nichts und als solche zusammenhalten müssen.

SACH- UND NAMENREGISTER

Abendland 27, 41 f., 49, 54, 103, 211, 267 f., 270, 278, 280, 339
Abendmahl 46, 320
Abstammung 111 f.
Achill 47, 213–222, 225–227, 230, 233, 240, 252, 255, 308
A.c.i. 336
Addition 94
Adjektiv 168, 300, 313 f., 316, 322, 329
Agamemnon 47, 214 f., 255
Ahnen 63, 110, 118, 201, 217, 226
Ähnlichkeit und Unähnlichkeit 182, 184, 186
Akkusativ 331 f.
Alkmaion 238
All 197, 238, 243, 259, 278 f., 300, 304
Allah 43
Allgeschichte 32, 44–46, 191, 193 f., 197–199, 201–213, 225, 239, 264, 268 f., 271–274, 277 f., 346
All-Wirgeschichte 204
Alter 61, 108, 117–122, 124–126, 128, 131, 134–137, 141 f., 147 f., 231
Altes Testament 41–44, 137, 208, 237
analytisch 165 f., 245, 343
Anaxagoras 245–248
Anaximander 234, 238, 240, 243, 246
Andacht 280
Anderskommen 292
Andromache 52, 216, 219, 239 f., 265, 286
Anfang 26, 31 f., 34, 38, 44, 49, 56, 60 f., 63, 92, 97, 99, 102, 130, 135, 137, 147, 156, 162, 176, 189, 194 f., 210, 214–216, 221, 226, 229, 234, 238–250, 255, 258, 261, 267 f., 270, 294, 299, 302 f., 307–309, 311, 313, 332, 335

Anfänge 54, 226, 242, 275, 279, 286, 294, 303
Angriff 267, 270, 272
anhaftende Farbe 129, 138, 329
Ansich der Atome 107
Aphrodite 221 f., 226
Apollo 214, 222
aposteriori 329, 343
Aranda-Sprache 224
Arbeit 26, 35, 41, 65, 81, 114, 155, 173, 198, 264, 269, 287
Aristoteles 52, 100, 160, 199 f., 210, 252, 264 f., 269, 293
Arithmetik 55 f., 94, 265
Arjuna 47, 270, 272–274, 276 f., 281
Arten 40, 50, 67, 104 f., 122, 125, 133, 139, 147, 170, 186, 267, 270, 279, 294, 316, 319, 323, 340 f., 348
Asket 277–279
Astyanax 220
Athene 221 f.
Äthiope 249
Atom 50, 54, 56, 61 f., 97, 101, 104–107, 112, 116, 120–123, 125–128, 133, 136, 144 f., 148, 201, 267, 301 f., 304
Atome 54, 61, 93, 102 f., 107, 122, 133, 147, 234, 249
Aufklärung 46, 79, 83, 132, 141, 148, 187, 204, 243, 245, 262, 269, 326, 334
auftauchen 32, 44, 49, 86, 88, 90, 100 f., 105, 110, 113, 116, 129, 133, 139, 158, 170, 208, 236, 250, 286, 294, 300, 308, 343
Auge 24 f., 31 f., 51, 54, 56, 67, 73, 89, 93, 99, 100, 106, 111, 114, 126, 131, 133–135, 143, 149, 156 f., 159–161, 178, 182, 189, 205, 215, 231, 248, 250, 253, 255, 291, 296 f., 312, 317, 322, 332
ausgehöhlt 307

Außenwelt 112, 156f., 161, 186, 228, 241, 280
Auswas 38, 50, 56, 60, 104, 107, 118f., 121f., 125f., 130, 199, 241f., 245, 248f., 266, 300, 303, 307, 316–322, 325, 331f., 340, 343

Babylonier 124
Bachofen 263, 326
Bedeutung 23f., 60, 70, 77, 82f., 91, 93, 95, 98, 109f., 112, 116, 121f., 144, 147, 156, 167f., 171f., 186, 196, 211, 223, 231, 239f., 242, 256f., 261, 268, 275, 279, 299, 303, 312–314, 316, 324, 330f., 334, 336, 341
Befehl 331
begegnen 56f., 65, 67, 92, 100, 113, 115, 120, 122, 140, 149, 161, 180, 203, 221–223, 247, 279f., 310, 320, 331
Begegnung mit uns selbst 145
Begriff 26, 55, 57, 60, 63, 73, 84, 94, 124, 130, 133, 139, 155–158, 160f., 163–167, 178, 190, 211
Beispiel 27, 48–50, 52, 61, 70, 81, 83, 88, 93, 97f., 101, 105, 114, 118, 123, 134, 137f., 149, 157, 159–161, 163, 169f., 172, 176, 178f., 185, 188, 205, 207, 222, 248, 253, 263, 295–297, 299, 305, 307, 314, 317, 327f., 330, 334, 337, 339f., 343, 345
Beispielsatz 170, 174, 313, 315, 333, 335, 338f.
Beispielsätze 173, 334, 342
Bejahung 174
Bekehrung 44f., 205, 270, 274
Beleuchtung 123, 135, 139
Berührung 112, 133, 147, 211, 238, 295
Besitz und Eigentum 67, 322, 324–326
Bestandteile 77, 126, 178f., 315, 319
Bhagavadgita 41f., 137, 201, 211, 213, 269f., 274f., 278, 280, 348f.
Bilder 149f., 152, 167, 274
Blume 188, 329
Blutrache 263
Böse 176, 184, 276

Bohren 104–106, 300, 302
Brahman 280
Brechen 104f.
Bücher 72f., 102, 176, 289f., 324, 347
Buchstabensatz 337
Bürgerrecht 339
Buße 240, 246

Caesar 160, 290, 296, 301, 327, 335, 342f.
Cassirer 115
Chaos 43, 193f., 199, 226, 229, 234, 304
Christentum 45f., 53, 191, 252, 263f., 268f.
christlich 42f., 45f., 201, 205, 257
Christus als Kämpfer 257
Chromosomen und leibliche Erscheinung 109
Chrysa 214
Chryseis 214f.
Chryses 214

Dampfschiff 301, 303
Dante 38, 42, 47, 51, 54, 213, 263, 268, 274
Darwin 51, 62, 101, 243
Dasein Gottes 155, 157
Dativ 327, 331, 333
Demokrit 104, 132f., 135, 234, 241
Denken 33, 55, 57–59, 133, 160, 164, 167, 174f., 177, 182, 184, 186–188, 214, 234f., 241, 244f., 271, 309, 332
Denker 272
Descartes 61, 153, 155, 187–190, 193, 266, 278, 316–318
Deutlichkeit 120, 122–124, 129, 144–146, 215
Dichter 25, 31, 37f., 100, 144, 171, 194, 199, 210, 213, 215f., 218, 232, 251f., 255f., 259–261, 268, 270–275, 278–281, 285f., 314
Dichtung 34, 36–39, 47, 193, 197–201, 210, 220, 222, 244, 256, 268, 270, 273, 345

Die Königin ist krank 172f., 287, 314
Diebstahl 69, 250
Ding 26, 49f., 108, 126, 129f., 133, 135, 140f., 150f., 157f., 163f., 166, 176, 179, 182, 184, 186f., 190, 195, 232, 238, 240, 245–249, 253, 258–260, 264, 294, 300, 317, 329, 340, 345
Dinglichkeit 190, 317
Dostojewski 52
Drama 37, 176, 285f.
Drehen 104f.
Dreieck 61, 90–92, 97, 101, 105, 124, 344
dritte Person 332
Dunkelheit 136f., 140–145, 198, 229f., 302

Ehebruch 250
Eigenschaft 136–138, 144f., 147, 187, 313, 316, 328–330
Eigenschaftswort 313, 316, 328–330
Eigentum 64–79, 86–89, 301, 303, 318, 322, 324–327
Einbaum 61, 68, 300f., 303, 307, 309, 321
eindeutig 76, 309f., 322, 331f.
Eindrücke 182f.
Einheit des Menschengeschlechts 198
Eins 38, 56, 93f., 184, 224, 259f., 262, 264, 293, 297, 343
Einzelgegenstand 161
Einzelgeschichte 45, 63, 86, 97, 194, 197f., 201f., 204–207, 210, 216, 247, 271, 298, 304, 334
Eisen 101, 146, 226, 267, 300, 318–322
Eisenerz 319
Elektra 285f.
Elemente 147, 175, 234, 243, 330
Empfindung 61, 131f., 144, 156, 188
Ende 26, 32, 44, 47, 58, 64, 68, 101, 113, 117, 120f., 132, 135, 140, 200f., 205, 216, 232, 246–249, 253, 258, 262f., 268, 275, 279, 285, 287, 299, 307, 309, 339, 345
Endung 313f., 323, 331, 334f.

Engel 119, 140, 145, 161f.
Enkel 39, 290–292
Entdeckung 24, 43, 62, 102, 166, 206, 214, 242, 321, 340f.
Entelechie 293
Entgöttlichung 242
enthüllen 137
Entscheidungsschlacht 270
Entstehen 245–248, 278
Entsühnung 261f.
Erde 41, 44, 47, 50, 54, 59f., 62, 92, 100, 107, 118, 120, 122, 126, 128–132, 140f., 194, 196, 198, 201, 210, 213, 217f., 220, 222–224, 226–234, 237f., 240, 242f., 247, 252, 259f., 273f., 277, 304, 318f., 322, 340f., 344
Erde, Wasser, Luft 234, 237, 242
Erebos 226
Erfahrung 155–157, 161, 164, 190, 262, 271, 343
Erfahrungssätze 262
Erfüllung 65, 72, 78, 81, 310, 312
Erinnye 226
Erkenntnis 26, 55–57, 59, 106, 116, 133, 156, 164, 167f., 177–181, 183f., 186, 190, 193–195, 228, 235–239, 241, 245, 249, 257, 265f., 280, 309, 317, 340
Erkenntnis des Dinges 190
Erkenntnistheorie 112, 168, 235, 239, 244f., 298, 344
Ermordung 273
Etymologie 293
Existenz 41, 68, 93, 98, 160, 164, 166, 173, 190, 193f., 196, 289f., 314, 320, 336
Existenz in den Büchern 290

Fabel 161, 218, 229, 231, 241, 243
falsch 51, 62–64, 87, 94, 122, 148, 158, 161, 164, 167–176, 181, 184, 202, 228, 236, 241, 247, 262, 273, 288
Falschheit 53, 167f., 170–175, 181, 225
Farbe 56, 99, 102, 109, 123, 129, 136–145, 148, 164, 180, 182, 219, 329
Farbempfindung 131

farbige Welt 136, 143
Farbigkeit 109, 136–141, 143 f., 330
Fassade 56, 111
Feldschlacht 272
Feuergott 48 f., 119, 222, 233
Fichte 309
Fiebergott 48
Fisch 62
Fische 238, 243
Fleisch 104, 111, 115 f., 319 f.
fliegt 168 f.
formale Wahrheit 339
Fortschritt 31, 186, 207, 242, 258, 328
Fortsetzung 37, 88, 122, 139, 141, 147, 205, 217, 247, 253, 255 f., 268, 275, 285 f., 288, 296 f., 304, 336 f.
Fremder 168, 295
Fromme 272 f.
Funktion 39, 103, 113, 134, 167, 251, 287, 314, 327 f., 334 f.

geahnte Welt 274
Gebet 261
Geburtsschein 339
Gefäß 307
Geist 25, 38, 80, 99, 110, 145, 187, 189, 214, 267 f., 276, 280, 306
Gelehrte 27, 51 f., 59, 100, 114, 147, 156, 175, 215, 225, 246, 256, 261–263, 276, 290, 292 f.
Gemeinschaft 96, 117 f., 121, 203, 291–293
Generationen 177, 190, 290, 292
Genitiv 322–328, 336
Genitivus possessivus 322–327, 336
Geschichten des Menschengeschlechts 198, 335
geschichtliche Zusammenhänge 234
Geschlecht 62, 168, 218, 226, 298, 306, 314, 331
Gesetz über die Serien 338
Glasur 329
Gott 39, 41–44, 47 f., 50, 62 f., 101, 145, 155, 160–163, 184, 199, 208, 221 f., 234, 249–251, 257, 259, 263, 266, 298, 270, 272–274, 306, 336
Götter 37, 41, 44, 47, 50 f., 119 f., 162, 193 f., 196 f., 203 f., 213–216, 218, 221, 223, 225 f., 228, 236, 238, 240–244, 247, 249 f., 255, 257, 261, 267, 272, 277, 298, 304, 306, 333
Grammatik 33, 168, 202, 298, 300, 302, 313–316, 322 f., 327–329, 332–336, 340, 345

Halbfabrikat 317 f.
Halbgötter 50, 193, 196, 203, 216, 228, 298
Halluzination 54, 159, 161
Halt 31, 67, 104, 108, 111, 187, 189, 244, 257, 266, 273, 288, 291
Hämmern 104–106, 300, 302
Hartknoch 157, 159
Harun Al Raschid 161
Hauptwort 168, 313, 316, 328
Hauptwörter 174, 176
Heilsgeschichte 204, 257, 344
Hektor 52, 215 f., 219 f., 230, 239 f., 265, 286, 310
Held 25, 47, 52, 196, 232, 237, 263, 268, 272, 274, 277, 281, 298, 308
Helena 215, 219 f., 240, 270, 286, 310
Helligkeit 123, 129, 136, 141–143
Hephaistos 49, 222, 227
Heraklit 180, 211, 252–264, 267, 269, 301, 325
Herz 41, 114, 150, 175, 220, 222 f., 256, 278, 299
Hesiod 42, 44 f., 51, 120, 139, 143, 145, 178 f., 193 f., 210, 213–216, 225–234, 236–243, 245, 248, 252, 260, 278, 304
Himmel 27, 41, 44, 47, 50 f., 54, 122, 124 f., 128 f., 131, 151 f., 194, 196, 198, 201, 213, 214, 217, 223, 225–231, 233, 237 f., 242, 259, 272–274, 277, 304
Hiob 51
Hölle 41, 50 f., 201, 217, 242, 272–274
Holz und Baum 320
Hölzer 178

Homer 32, 38, 41–43, 47f., 51, 53f., 58, 70, 139, 143, 146, 156, 191, 193f., 196–245, 249f., 252f., 255–258, 260f., 263–278, 299, 304, 308f.
Hören 129, 187f., 294, 338
Horizont 34, 38, 43–45, 50, 52, 58, 60, 62, 69, 71, 88–89, 92, 98, 100–103, 105, 109, 165f., 190, 193, 209f., 225, 227, 244, 266, 278, 316, 340f., 343
Huf 118, 222, 302
Husserls Idee der reinen Grammatik 340
Hut, Mantel, Taler 317
Hüte 187, 189
Hypnose 34, 344

Ilias 38, 137, 213, 215, 217–222, 225, 255f.
Illusion 54, 122, 124, 135f., 140, 148
Imperativ 313, 332
indirekte Rede 336
indische Philosophie 203, 234, 269, 271
Inhaltsverzeichnis 310
Innenwelt des Atomes 147
Institution 303
Instrumentalis 331, 333
Ionier 238, 240f.
ionische Philosophen 237, 241f., 244
Iphigenie 263, 285
Irrtumsquellen 108, 193–195

Jetzt 31f., 57–60, 69, 84, 119, 127f., 131, 134, 136, 147, 194, 229, 303
Juden 44
Judentum 45, 218, 268
jüdische Allgeschichte 201, 204, 206
jung und alt 253
Jurisprudenz 85f., 337, 344
Juristen 65, 72f., 76, 324–326

Kamera 150
Kant 23–27, 61, 92, 153, 155–166, 190, 193, 209f., 225, 227, 244, 266, 278, 316, 340f., 343

Kapitel 108
Kataba 333
Kentauren 161f., 298
Kind 96, 109, 111, 128, 133, 150, 172, 202, 215, 236, 262, 266, 305
Klages 115, 263
Klavierspieler 113f.
Kleider 187, 189, 276
Kluge 111
kognitive Akte 185, 235
Kombinationen von Worten 301
Kompromisse 211
Konditionalsätze 173, 336
König David 47f.
Konjunktiv 313, 339
konkret 64f., 67–69, 71, 76–78, 88, 98, 119, 122, 143, 157, 159–163, 202, 228, 338, 342
kopernikanische Wendung 340f.
Kopernikus 340f.
Kosmos 193
Kronos 193f., 214, 221, 226f., 236, 239f., 278, 298, 304

Lamarck 62
lautes Sprechen 175, 285–290, 294f., 334
Lavater 51, 115
Leben 31f., 34, 38, 40, 62, 65, 112, 122, 144, 156, 159, 173, 185, 203, 217–220, 223–225, 236, 239f., 252f., 255, 257–259, 263, 275, 277, 280, 291f., 295, 299, 304, 313, 324f., 344
Lebendes 259
lebendiges Holz 320
lebenswichtig 289
lebt 35, 53, 187, 199, 217, 219, 227, 231, 240, 259–261, 278, 285, 325
Leere 140, 303
Leib 46, 51, 92, 95, 98, 103, 105, 107f., 111–115, 117f., 120f., 129, 143–145, 178, 182, 198f., 213f., 230, 232f., 236f., 242, 267, 299, 306, 316, 320, 326, 345
leibliche Erscheinung 63, 107, 109f.

leibliche Zusammenhänge 305
Leiden 32, 257
Licht 56, 123, 130, 135 f., 139, 141, 143 f., 151, 199, 207, 223, 229 f., 233, 257, 260, 262, 293, 305
Lichtjahre 131 f., 247
Lichtreflex 139 f.
Liebe 31, 213, 226 f., 280
Lied 150, 247
Linie 26, 57, 73 f., 83, 93, 96, 103, 112, 125, 129 f., 134, 150, 156, 177, 203, 208, 219, 239, 243, 249, 255, 266, 275, 292, 299, 316, 319, 331 f., 339
Logik 23, 298, 336 f., 339, 344
Logos 255
Luft 114, 220, 233 f., 237 f., 242, 259, 302, 304, 325
Lügengeschichten 163, 174, 239, 242–244
Lunge, Leber 114

Macbeth 35
Magen 114
Mann 40, 96, 100, 103, 108, 110 f., 156, 189, 220, 252, 260–262, 272, 280, 296, 299, 326, 344
Märchen 36–39, 53, 72, 159, 161 f., 165, 188, 197, 200, 218, 224, 229, 231, 241, 243, 266
Maßstab 92 f., 231, 252
Materie 36, 43, 56, 58, 187, 195, 257, 266, 304, 317, 322 f., 341
Mathematik 23–27, 55–57, 60, 89, 211, 244 f., 265 f., 268, 278, 280, 301, 342, 345
Mechanismus 99, 290
mehrdeutig 149, 319, 332
mehrdimensionales Kontinuum 150
Mehrzahl 168, 290, 313, 331
Meinung 35, 40, 44, 51, 65, 81, 95, 97, 104, 106, 110, 132, 138, 144, 150, 157, 162, 169 f., 174 f., 181, 188, 198, 201, 209, 211, 218, 220, 235, 244, 259, 264, 272 f., 295, 299, 306, 309, 317, 319 f.
Melodie 115, 247, 292, 304, 314

Mendel 109
Menschenkenntnis 156
Metalle 300, 330
Metaphysik 23–25, 187, 251, 344
Mißverständnis 35, 160, 163, 294 f.
Mitverstrickte 26, 32, 43, 117, 179, 193, 196 f., 209, 237, 299, 305, 310 f., 325, 336, 343
Möglichkeit 40, 67, 78 f., 89, 98, 105, 125 f., 145, 163, 177, 195, 251, 255, 297, 307, 310, 315, 319, 331, 334, 337, 340
mohammedanisch 42
Moleküle 105, 111
Mond 59, 100, 107, 123, 129, 131, 134, 140, 229, 238, 242 f., 253, 255, 309
Monotheismus 45
Mord 236 f., 270, 275–277, 297
mumifizierte Sätze 334
Musen 44, 194, 226, 229, 234, 238
Mutter und Kind 111
Mutterherrschaft 326
Mythos 36–39, 231, 261, 274, 285, 298, 344

Namengebung 304–306, 308
Natur 24, 50, 56 f., 74, 140, 156, 161, 183, 198, 225, 244, 260, 279 f., 288
Naturgewalten 50, 199, 299
natürliche Welt 143 f., 149
Naturwissenschaft 23–27, 43, 48, 50, 57, 60, 89, 134, 144, 156, 161, 211, 225, 228, 244 f., 248, 266, 301, 342
neue Seiten 113, 116, 321, 342
Neugeborenes 183, 305
Niemand 68, 165, 183, 252, 294, 308
Nominativ 327
Notwendigkeit 156, 206
Novelle 171, 173, 298, 313–315, 334, 336

Oberfläche 39, 92 f., 137, 151 f., 249
Oberherrschaft 273
Objekt 71, 116, 182, 202, 228, 235, 241, 251, 313, 330, 332, 340 f.

Odyssee 156, 200, 213, 215, 217, 220, 225, 255
Odysseus 156, 200, 215, 217, 225, 232, 239, 252, 294, 308–310
Ohren 134
Okeanos 214, 216, 226, 232 f., 242
ontologischer Beweis 155, 157
Opfer 88, 231, 279
Opfermahl 320
Ordnung 42, 53, 59, 63 f., 69, 71, 78, 87, 90, 98, 100–103, 112, 149, 215, 253, 271, 327, 332
Organ 113, 261, 299, 306
Ozeandampfer 61, 68, 300 f., 303, 307, 321

Partikel 336
Patroklos 215, 255
Peloponnes 131
Person 151, 161, 173, 225, 230, 238, 241, 249–251, 266, 285 f., 291, 298, 308 f., 316, 323, 331 f.
Personennamen, Überschriften 230, 308
Personifizierung 199
Pferd 40, 94, 118, 143, 162, 176, 182, 302
Pflanze(n) 36, 40, 46, 50 f., 62, 118, 122, 125, 133, 137, 198, 234, 246 f., 299, 301, 306, 316, 333
Phäaken 200, 232, 252, 256, 310
Phänomenologie 23, 47, 57, 62, 85, 122 f., 133, 136, 144, 155, 167, 267
Philosoph 101, 144, 193–195, 199, 204, 239 f., 244, 252, 277
Philosophie 23, 25–27, 37–39, 47, 50, 54, 57, 133, 169, 183, 185 f., 194, 196, 205–207, 210 f., 213, 234 f., 241, 244–246, 249–251, 258, 264, 267–271, 273, 276, 278, 313, 340, 342, 344
Physik 55 f., 60, 93, 100, 127, 144, 264–269, 345
Physiologie 182
Plato 56, 61, 93, 140, 149, 153, 155, 160, 166–178, 181–190, 193, 209 f., 235, 244, 249, 252, 255, 264, 266, 269, 278, 293, 316
plattdeutsch 291, 308
Platte 151 f.
Pointe und Spannung 256
Porzellan 329
Porzellantechnik 329
Poseidon 222
Position eines Dinges 158
positive Welten 44
possessivus 322–327, 336
Prädikate 163 f., 172, 175
Prägstock 164
Priamos 52, 216, 218, 220, 239
Priester 25, 214, 266, 272, 280 f., 344
Prometheus 221
Protagoras 179 f., 184
Puppen 187, 189
pythagoräischer Lehrsatz 90, 200, 262, 298, 343

Ratsversammlung 272
Raum 23, 56, 58, 60, 92, 105, 108, 125, 135 f., 139, 150 f., 201, 238, 242, 245, 249, 256 f., 301
Raumvorstellung 134
Rauschgeschichte 34, 36–39, 197, 229, 231, 243, 285, 344
Rauschtrank 186, 320
Rechtsinstitution 303
Reformationen 205
Reihe 51, 55, 57, 60–64, 68–72, 86–93, 95–105, 110 f., 116, 125, 130, 148, 152, 179, 203, 230, 235, 249, 255, 299–301, 303, 310, 315, 318, 320, 332–335, 347
Reißen 104 f.
Religion 32, 36–39, 41, 45 f., 53 f., 102 f., 208, 210 f., 218, 263, 273 f., 276, 344
Renaissance 54
Richtung 26, 36, 41, 46, 64, 68, 80, 87, 89 f., 92, 96, 104 f., 108, 115, 118, 121–124, 128, 131, 141 f., 145–147, 152, 171, 175, 200, 203, 215, 232, 234, 247, 255, 264, 280, 286 f., 320, 322 f., 329, 333, 344

roher Stoff 156
Rohstoff 317, 319
Roman 171f., 296, 298
Romeo und Julia 32
Ruderschiffe 301

Sachverhalt 25f., 33, 55, 57, 133, 148, 172, 191, 194, 200, 204, 208, 225, 228, 231f., 234f., 237–239, 241, 245, 249, 251–255, 258, 265f., 268f., 271, 312, 335, 339f.
Sagen 36–39, 53, 162, 197, 200, 218, 229, 231, 241, 243
Sägen 104–106, 300–302
Salomo 139, 161
Satz 25f., 33, 35, 46, 55, 57, 60, 90f., 94, 102f., 106, 124, 132–134, 156, 163, 165–180, 206–208, 230, 232, 235, 240, 245–247, 254, 256f., 264–266, 269, 286–289, 291, 296–316, 318, 322–325, 332–344
Satzgefüge 336f.
Säugling 95, 108, 116, 293
Sättigung und Hunger 253f., 259, 262
schaben 104, 307
Schatzkammer 252, 261
Schauspiel 85, 171, 177, 206, 221, 223, 298, 326
Scheinbehauptung 171
Scherz 82, 169–171, 174
Schicksal 125, 157, 218, 221, 223, 226f., 232, 257, 260, 262
Schiff 47, 52f., 61, 68, 102, 145, 256, 299–301, 303, 307, 309–312, 317f., 321
Schimmelbildung 204
Schlaf 116, 141, 145, 226, 254f., 257, 260
schlafen 175, 185f., 253f., 257
Schlafende 35, 254, 259f.
Scholastik 337
Schopenhauer 322, 327
Schöpfungsgeschichte 45, 62
schwer 33, 38, 141, 150, 157, 173, 182, 219f., 270, 276, 285, 289, 330
Segelschiffe 301

Sehen 120, 129, 131, 136, 187, 189
Sein 23, 36, 40, 57, 158, 184f., 274, 311
Sein und Nichtsein 182, 184, 186
Selbst 25f., 55, 62, 85, 120, 145f., 148, 235
Selbstgegebenheit 48f., 58, 61, 65, 235, 312
Selbstdarstellung 61f., 103, 120, 122, 129f., 144–146, 230
Serien 91, 97, 157, 301, 336, 338–340
Seriengesetz 337, 339
Seriensatz 339
Shakespeare 213
Sicherheit 88, 96, 108, 144, 159, 193–196, 204, 265, 310, 324, 342
Sieger 273
sieben Weisen 26f., 237
Simois 222
Sinnesdata 143
Sinnesqualitäten 180, 182f.
sinnliche Empfindung 156
Sirius 59, 124–128, 131f., 344
Skamander 213f., 221f., 227, 233
Sokrates 136, 177, 179f., 183f., 262
Sonne 59, 100, 123, 129, 135, 178, 229, 238, 242f., 253, 255, 257, 268, 309, 332, 344
Sophist 167f., 172, 175
Sparta 309
Sprachen lernen 293
Sprechen 33, 146, 175, 258, 285–298, 305, 307, 333f.
Spiegelung 128f., 139, 148
starr 92f., 104f., 142, 180, 218, 248f., 264, 300–302, 321, 326, 343
Starrheit 92f., 105, 130, 249
Stempel 244, 303
Stichwort 45, 73, 298, 308
Stoff 36, 43, 50, 54, 56, 61, 65, 102, 104–107, 109, 111, 116f., 119–123, 136–138, 140, 144–146, 148, 152, 156, 195, 240–246, 248–250, 266f., 316–322
Streit 84, 159, 166, 195, 222, 254–256, 259–261, 288

Streitroß Xanthos 218
Substantiv 168, 300, 313f., 316–319, 321f., 328f.
Subtraktion 94
Sühne 240, 246
Sünde 96, 257, 270, 276f., 280
sündigt 277
synthetisch 85, 100, 165f., 245, 343
System 59, 72f., 80, 85f., 99, 180, 190, 203, 206–210, 235, 244, 266, 271, 301, 321, 343

Tag und Nacht 253, 257, 259f., 262
Takt 314
Taler 38, 62f., 75, 155, 157–165, 190, 254, 300, 317
Tanz und Spiel 114
Tasse 187–189, 329
Tasso 286
Tat 276, 279f.
Taufe 46, 304f.
technische Fortschritte 242
Theaitetos 167–173, 176–184
Thema 26, 41, 70, 96, 98, 107, 113, 145, 169, 182, 215, 221, 227, 236, 250, 261, 291, 293, 295, 298, 344f.
Thraker 249
Tier 36, 40, 50f., 62f., 65, 94f., 104, 109, 116, 118f., 122, 133, 137, 141, 143, 183, 198, 232, 236, 237, 246f., 299, 301, 306, 316–318, 320, 333, 344
Tiersein 40
Tischgebet 320
Titel 33, 86, 298, 305
Tod 41, 46, 66, 70, 95, 117f., 176, 203, 213, 218–226, 240, 253, 255, 257, 259f., 263f., 268, 270f., 275, 277, 292, 309, 322, 349
Tote 37, 115, 193, 196, 198, 202–204, 210, 213, 217, 220, 223f., 241, 254, 260, 276, 291, 308, 333, 342
tote Sätze 344
Töten 263, 270f., 275f., 281
Totenreich 194, 196, 198, 217, 224, 256

Tradition 33–35, 54, 172, 246, 249–251, 288, 291, 325
Traum 34–36, 159, 162, 167, 177, 183–186, 190, 195
träumen 35, 142, 159, 161, 185
Traumgeschichten 34, 37–39, 159, 161f., 165, 197, 229, 231, 243, 285, 344
Traven 90, 344
Trigonometrie 130
Trojanische Kriege 242
Trümmerhaufen 244
Türkisch-Tartarisch 328

Überschrift 47, 81, 83, 103, 140, 165, 189, 201, 215, 238, 291, 294, 297–306, 308–319, 321f., 327, 331, 333–335, 338, 343
Überschriftencharakter 317
Überzeugtsein 170f.
Übungssatz 287
unangenehme Geschichte 289
Universalhistorie 216
Unrecht 240, 337
Unsinn 338f.
Unsinns-Satz 339
Unterillusion 124
Unterüberschriften 304, 311f.
Unterwelt 41, 47, 50, 196, 204, 213, 217f., 220, 223f., 229, 233, 242, 252, 275
Uranos 193f., 213f., 221, 226, 236, 239f., 278, 298
Ureinreihung 96
Urgötter 233, 241f.
Urteile apriori 343f.
Urtyp 145

Vater 39, 51f., 64, 111f., 202, 214, 218, 220, 226, 231, 253f., 256–258, 261–264, 276, 286, 290, 305, 326, 339
Vaterherrschaft 326
Verbindung 23, 26, 33, 37f., 43f., 46f., 51, 54f., 58–60, 65, 68f., 77, 85, 88f., 94, 98f., 102, 105, 108, 110, 112, 115, 118, 127, 129, 137, 142f., 148, 151,

355

155, 174, 182, 194, 205, 207, 211, 220, 223 f., 235 f., 239, 245, 251, 266, 268, 272, 287, 302, 313, 324, 328 f., 333, 335 f., 338, 340
Verbindungsstellen 207
Verbum 168, 300, 302, 313, 316, 331–335
Vererbung 67, 111
Vergangenheit 31, 34, 39, 55, 58–60, 63, 66, 69, 71, 97, 108, 120 f., 126–128, 130–132, 134, 166, 183, 188, 195, 205, 271, 305, 307
Vergehen 245–248
Vergil 213, 265
verlorener Sohn 39, 52, 64
Vermögen 70, 112, 163, 184, 228, 340, 345
Verneinung 84, 174
Verständigung 292 f., 295
Verständnis 35, 40, 49, 69, 71 f., 184, 216, 273, 281, 294 f., 311, 313, 334, 343
Verstehen 58, 264, 294
Versteinerung 42, 256
Verwandtschaft 38, 45, 74, 101, 112, 117, 169, 207, 271, 306, 318, 326, 330, 337, 345
Verwandtschaftsgenitiv 322
Viele Namen für eine Geschichte 308
Vivisektion 342
Vokativ 327 f.
volle Geschichte 171, 310
Vorfahren 32, 34, 99–101, 103, 120, 145, 147, 158, 198, 202 f., 217, 221–224, 231, 291 f., 302, 305 f., 333, 342
Vorgeschichte 32, 37, 74–76, 80, 83, 85, 106, 124, 214 f., 239 f., 243 f., 285, 304
Vorrat 319, 322
Vorstadium 317
Vorstellung 48 f., 59, 63, 101, 112, 119 f., 123 f., 130 f., 135 f., 141, 148, 156, 158, 160, 164 f., 167, 169, 174, 177–179, 181, 183–185, 198, 201, 236, 251, 254, 261, 263, 265, 275, 278, 287, 293, 312, 341 f.

Wachen und Schlafen 175, 253
Wachende 254, 259
Wachgeschichte 31, 34–39, 231, 239, 285, 344
Wachs 155, 187–189, 190, 317 f.
Wagen 49, 68, 103 f., 145, 155, 167, 177–179, 190, 300, 307, 312, 317, 332
Wahnsinn 34–36, 167, 177, 183–186
Wahnsinniger 35 f., 162, 344
Wahnsinnsgeschichte 34, 39
wahr 40, 126, 156, 159, 162, 167–176, 181, 184, 262, 265, 337 f.
Wahrheit 24, 27, 53, 55, 57, 167 f., 170–175, 181, 193 f., 207, 225, 244 f., 251, 264–266, 280, 339–341
Wahrnehmung 48 f., 57 f., 61, 103, 106, 112, 120–135, 140 f., 143–155, 160 f., 164, 167, 169, 173–175, 177–188, 190, 195, 312
Waise 111, 262
weiß 109 f., 139, 151, 250, 301, 329, 340
Welt 23, 29, 32, 34, 36, 38–67, 97 f., 100–103, 112, 117, 119, 121, 129, 134–137, 140–146, 148–150, 153, 176, 180, 183, 185, 193 f., 205, 209, 213 f., 220, 224, 227–253, 256, 259, 261, 265–269, 274–280, 296, 302, 312, 342
Weltgesetz 252 f., 255
Weltlinie 148, 152
Weltweise 272
Wenn-Satz 336–338
Wesen 23, 62 f., 76, 82, 138, 143, 148, 158, 160–162, 164, 166, 172, 178, 183 f., 190, 208, 218, 222, 233, 236, 238, 260, 262, 272 f., 275, 279
Winde 222, 229, 233, 238, 302, 304
Winkel 63, 90 f., 134, 213, 234
Winter und Sommer 253 f., 259, 262
wirklich 40, 77 f., 90, 138, 140, 149–151, 155–168, 174, 197, 199 f., 229, 312, 336
Wirklichkeit 39, 44, 50, 73, 75–78, 86, 92, 113 f., 140, 147, 157–159, 164–166, 180, 185, 187, 190, 193–195, 251, 265, 278, 331

Wissenschaft 23–27, 46–48, 55–57, 75, 124, 185f., 201, 203, 205–207, 210f., 213, 244, 248f., 266, 268, 271, 298, 324, 328, 344f.
Wolken 50, 119, 124, 149f., 198, 286, 302, 304
Wort 26, 33, 45, 49, 58, 94, 111, 167f., 171–173, 176, 201, 214, 220, 240, 245f., 262, 269f., 283, 285–291, 293–295, 297f., 300–304, 306, 308–311, 313–318, 321f., 331, 334–336
Wörterbücher 38f., 50f., 56f., 60–70, 75, 86, 95, 97–99
Wozuding 101, 105–107, 113, 115–122, 124f., 133, 140, 144–146, 148f., 179, 187–190, 195, 199, 241, 245–249, 266, 299–301, 303f., 306f., 309, 316–322, 325, 331f., 339, 343
Wunder 205, 227, 233, 263, 293
Wünschen 171
Würfel 296
Wurzel 24, 72, 268, 292, 304, 313, 334f.

Wurzel und Endung 20, 313, 331, 334

Xenophanes 238, 249–251

Zahlenreihe 93, 101
Zeit 23, 36, 42, 44, 54–58, 61, 71, 100, 114, 117, 121f., 124, 126, 128, 135, 150, 187, 197, 210, 229, 250, 252, 263f., 267, 278, 300, 302–304, 316, 320f., 338
Zeitgehalt 303
Zeitstelle 135, 303
Zeitwort 168, 313, 331
Zeitwörter 174, 176, 316
Zelluloidplatte 151
Zeus 43, 194, 198, 214, 218, 221–223, 226f., 231, 236, 244, 250, 263, 278, 304
Zugehörigkeit des Adjektivs zum Substantiv 328
Zurechnungsfähigkeit 237
Zweifel 171, 266, 276, 281, 328

NACHWORT DER HERAUSGEBER

Das vorliegende Buch *Philosophie der Geschichten* (Leer 1959) gehört neben den beiden anderen Büchern *In Geschichten verstrickt. Zum Sein von Mensch und Ding* (Hamburg 1953) und *Metaphysik der Naturwissenschaft* (Den Haag 1965) zum Spätwerk Wilhelm Schapps. Zweifelsohne ging von diesen drei Büchern Schapps in den letzten Jahren eine immer größere Wirkung aus. Dabei ist besonders erfreulich, dass Schapps Geschichtenphilosophie nicht nur in philosophischen Kontexten rezipiert wurde, sondern auch interdisziplinär in den unterschiedlichsten Zusammenhängen große Resonanz fand und findet.

Diese zunehmende Verbreitung des Denkens von Wilhelm Schapp hat nicht zuletzt den Anstoß gegeben, endlich eine Neuauflage der *Philosophie der Geschichten* zu realisieren. Während die erste Auflage der *Philosophie der Geschichten* bereits vor 55 Jahren, nämlich 1959 im Verlag Gerhard Rautenberg im Leer/Ostfriesland erschienen ist, wurde die 2. Auflage 1981 von Prof. Dr. Jan Schapp und Peter Heiligenthal herausgegeben. Der Text der 1. Auflage wurde hierbei durchgesehen und redaktionell überarbeitet, wobei diese Überarbeitungen im Wesentlichen von Peter Heiligenthal vorgenommen wurden. Hierbei wurden einige Stellen der 1. Auflage gekürzt, Sinnabsätze neu gestaltet oder bspw. auch Zitate von Referenzautoren, die Wilhelm Schapp in der 1. Auflage zu Wort kommen lässt, verändert, und zwar im Sinne einer Angleichung an die jeweiligen philologischen und philosophischen Standardwerke.

Dem jetzt vorliegenden Text der 3. Auflage lag der Entschluss zugrunde, den Text der 2. Auflage der *Philosophie der Geschichten* ein weiteres Mal zu überarbeiten, um wieder eine möglichst große Nähe zum Original der 1. Auflage gewinnen zu können. Denn im Zuge der Überarbeitung der Erstausgabe durch die 2. Auflage wurden auch Eingriffe in den Textkörper vorgenommen, um gewisse Mängel auszugleichen, z.B. in der Orthographie und – wie gesagt – in der Gliederung der Absätze, und es wurden geringfügig Streichungen vorgenommen.

Konkret bedeutet dies für die vorliegende Auflage, dass eine Reihe von Veränderungen der 2. Auflage wieder zurückgenommen wurde. Insbesondere in Bezug auf die Setzung von Anführungszeichen wurde Wilhelm Schapps Verwendungsweise von doppelten Anführungszeichen wieder aufgenommen, auch wenn dies der gegenwärtigen Verwendungsweise nicht vollständig entspricht. Allerdings gelingt es auf diese Weise wohl eher, den

Lesenden im Sinne Schapps in eine Unterhaltung mit dem Buch einzuladen und ihn zu ermutigen, sich lesend darüber zu verständigen, in welchem Sinne Wilhelm Schapp die in Anführungsstriche gesetzten Worte verstanden haben will. So öffnet sich wie 1959 der Auslegungshorizont für den Leser, da es ihm überlassen wird, eine Interpretation der in Anführungszeichen gesetzten Wendungen und Worte vorzunehmen – und sich nicht durch Umsetzung in unterschiedliche Arten der Kennzeichnung (einfache Anführungszeichen oder doppelte) wie in der 2. Auflage von 1981 einer gewissen Engführung gegenüber zu sehen. In diesem Punkte war der Rückgriff auf das Original auch deshalb möglich, weil Wilhelm Schapp die Anführungszeichen 1959 in keinem Fall in einem Sinne verwendet hatte, den man als völlig unüblich hätte bezeichnen müssen.

Auch für die Absatzverteilungen, Schreibweisen und Interpunktionen wurde der Text von 1959 weitestgehend wiederhergestellt, soweit er bei weitherziger Auslegung der Regeln akzeptabel erschien. Hierbei wurde jedoch auf Vereinheitlichung der Schreibweise grundlegender Ausdrücke, Wendungen und Autorennamen geachtet.

Allerdings wurden zur besseren Übersicht für den Lesenden auch Werke – im Unterschied zur 1. Auflage – mittels Kursivdruck ausgezeichnet. Darüber hinaus wurden im Unterschied zur 1. Auflage genauere Quellenangaben in den Text eingefügt und Versangaben zur Anführung von Passagen aus der *Theogonie*, der *Ilias*, der *Odyssee*, der *Bhagavadgita* gemacht. Um das ‚freiere Zitieren' Schapps etwas zurückzunehmen, wurde anhand der 1. Auflage der Versuch unternommen, sämtliche Quellentexte, die Wilhelm Schapp aller Wahrscheinlichkeit nach beim Erstellen der *Philosophie der Geschichten* zu Rate gezogen hat, zu rekonstruieren und den Wortlaut der jeweiligen Ausgabe im Text der 3. Auflage festzuhalten.

Im Einzelnen heißt dies, dass bei der Zitation der *Theogonie* und der *Odyssee* auf die Übersetzungen von Thassilo von Scheffer und bei der *Ilias* auf die Übersetzung von Johann Heinrich Voß zurückgegriffen wurde. In Bezug auf die Zitation vorsokratischer Philosophen wurde Wilhelm Capelles Schrift *Die Vorsokratiker* verwendet. Zitate platonischer Dialoge folgen entsprechend der 1. Auflage Schleiermachers Übersetzungen; Textstellen der *Bhagavadgita* folgen der Übertragung von Leopold von Schroeder.

Die Quellenangaben der 1. Auflage wurden nur insoweit in der 3. Auflage verändert, dass sie in Hinsicht auf Rechtschreibung und auf Auszeichnung der wörtlichen Zitate korrigiert wurden.

Folgende Ausgaben wurden der 3. Auflage zugrunde gelegt:
– Homers Ilias, übers. v. Johann Heinrich Voß. Text der ersten Ausgabe, Leipzig 1942.

- Bhagavadgita. Des erhabenen Sang, übertr. v. Leopold von Schroeder, Jena 1922 (Neuauflage: Düsseldorf/Köln 1952).
- Die Vorsokratiker. Die Fragmente und Quellenberichte, übers. und eingel. v. Wilhelm Capelle, Stuttgart ⁴1953.
- Hesiod. Sämtliche Werke: Theogonie / Werke und Tage. Der Schild des Herakles, deutsch v. Thassilo von Scheffer, Wiesbaden 1947.
- Homer. Odyssee, übers. v. Thassilo von Scheffer, München/Leipzig 1918.

Die vorliegende 3. Auflage enthält im Hinblick auf das Register weitere Veränderungen zur Erstausgabe. Zwar folgt das Register der 3. Auflage der Fassung der 1. Auflage, jedoch wurden Doppelungen gestrichen, die Rechtschreibung angeglichen (z. B. Chronos/1. Aufl. wird zu Kronos/3. Aufl.), die Kursivierung von Werktiteln herausgenommen und sämtliche Anführungszeichen entfernt. Um die vorgenommenen Streichungen zu verdeutlichen, kann exemplarisch auf folgende verwiesen werden: Finden sich beispielsweise in der ersten Auflage die Einträge „Heraklit bis Hegel" und „Heraklit zu Homer", werden diese beiden Einträge nun zu „Heraklit" verkürzt. Und die Wendungen „Leben und Tod" oder „Leib der Menschen", die man im Register in der Erstausgabe finden konnte, wurden nun auf die Worte „Leben" und „Leib" zurückgeführt. Auf diese Weise ließ sich eine Konzentration auf die wesentlichen Begriffe vornehmen und die Nennung von lediglich einer Seite, die es häufig in der 1. Auflage hinter einem Stichwort gab, vermeiden.

An dieser Stelle darf dankbar an Peter Heiligenthal erinnert werden. Er hat sich in den Jahren 1976–1981 mit großem Engagement für die Geschichtenphilosophie und für die Neuherausgabe der Werke der Spätphilosophie Wilhelm Schapps eingesetzt und sich um sie sehr verdient gemacht. Sicherlich hätte man auch mit seinem Verständnis rechnen können, wenn jetzt bei der Redaktion des Textes der *Philosophie der Geschichten* für die 3. Auflage Modifizierungen vorgenommen wurden.

Jede Herausgabe einer Neuauflage bringt es mit sich, eine Vielzahl der unterschiedlichsten Aufgaben zu bewältigen. Dies gelingt umso besser, je mehr Augen und Hände aufmerksam und tatkräftig am Erreichen des Ziels mitwirken. Beim Erstellen dieser 3. Auflage der *Philosophie der Geschichten* haben Herr Karl-Olaf Bergmann und Frau Dr. Nicole Thiemer, denen unser aufrichtiger Dank gilt, unverzichtbare Hilfe geleistet. Sie haben uns kompetent, mit einer ins Penible reichenden Sorgfalt und mit einem Blick für das Detail und das Ganze unterstützt.

So hat beispielsweise Herr Bergmann den Textcorpus der 2. Auflage eingescannt, diesen Scan überarbeitet und eine Textgrundlage erstellt, die er

u. a. hinsichtlich der Rechtschreibung erstmals korrigierte. Frau Dr. Thiemer hat u. a. einen vollständigen Textabgleich zwischen der Textvorlage von Herrn Bergmann und dem Text der 1. Auflage sowie der 2. Auflage vorgenommen, die verwendeten Quellen in Bezug auf die Zitation angeglichen, das Register von der 1. Auflage her erstellt und eine Vereinheitlichung der Rechtschreibung vorgenommen.